李二曲「體用全學」之研究

許　鶴　齡　著

文　史　哲　學　集　成
文史哲出版社印行

國家圖書館出版品預行編目資料

李二曲「體用全學」之研究 / 許鶴齡著. -- 初
版. -- 臺北市：文史哲, 民 93
　　面： 公分. -- (文史哲學集成 ；492)
參考書目：面
ISBN 957-549-569-1 (平裝)

　　1.（清）李顒（1627-1705） - 學術思想 -
哲學

127. 1　　　　　　　　　　　　　93014152

文史哲學集成　492

李二曲「體用全學」之研究

著　　　者：許　　　鶴　　　齡
出 版 者：文 史 哲 出 版 社
http://www.lapen.com.tw
登記證字號：行政院新聞局版臺業字五三三七號
發 行 人：彭　　　正　　　雄
發 行 所：文 史 哲 出 版 社
印 刷 者：文 史 哲 出 版 社
臺北市羅斯福路一段七十二巷四號
郵政劃撥帳號：一六一八〇一七五
電話886-2-23511028 傳真886-2-23965656

實價新臺幣五〇〇元

中華民國九十三年(2004)八月初版

黎　序

　　鶴齡擬把她最近的著作「李二曲『體用全學』」集結出書索序於我，我覺得她的作品很有品味，對世道人心也很有助益。

　　查，李顒（1627～1705）字中孚，陝西盩厔人。山曲曰盩，水曲曰厔，學者因稱二曲先生。李二曲肆力學問，經傳史志，百家之書，靡不觀覽，以反躬自行，見之日用爲是。李二曲爲學主倡「明學術，正人心」，以闡揚關學爲己任。誠如鄂善薦疏所云：「刊行緒論，咸洞源達本之談；教授生徒，悉明體適用之務。」康熙三十三年（1694），閩中鄭重爲《二曲集》作序：「盩厔李先生以理學倡關中，以躬行實踐爲先務，自人倫日用、語默動靜，無一不軌於聖賢中正之說，而尤以『悔過自新』一語，爲學者入德之門。建瓴契綱，發矇起瞶。學者或親受業於先生，或聞先生之緒餘而私淑向往者，幾遍天下也。」

　　李二曲對當時的社會現況進行反思，以社會現實所產生的現實狀況爲「寡廉鮮恥」，李二曲力扶義命、力振廉恥，希望達成救世濟時的抱負。當然，李二曲也發現問題所在之處，他由政治、學術、人心三者的微妙關係，闡明「天下之大根本，人心而已矣；天下之大肯綮，提醒天下之人心而已矣。是故天下之治亂，由人心之邪正；人心之邪正，由學術之晦明」且「世道隆污，由正人盛衰；而正人盛衰，由學術明晦。故學術明則正人盛，正人盛則世道隆，此明學術所以爲匡時救世第一務也。」因此「今日急務，莫先於講明學術，以提醒天下之人心。嚴義利，振綱常，戒空談，敦實行。一人如是，則身心康平；人人如是，則世可唐虞。此撥亂反治、匡時定世之大根本、大肯綮也。」又「督學，學術之宗，人才風教所從出也。以正學爲督，則人以正學爲尙。學正則心正，心正則立身行己無往非正。正人多，而後世道生

民有所賴。李二曲深知講學乃是關鍵，聖賢的千言萬語，唯有透過講學活動，才能使人了知「不過明此心，體此理，修此身」，人能從爲己上用功，不論資稟高下，皆可達到聖賢地位，此學即是爲己之學、儒者之學、盡性至命之學，聖人之學即在能全天之所以與我者也。爲何所學無助益於當時局勢，問題緣由於何？李二曲從講學活動反思，認爲不論教法、教育目的及價值之取向都有所偏頗，或可言本末倒置，致使受學之人心念不正，在社會上不僅不能提供協助，反成另一主要亂源。李二曲自身之治學理路也有一重要轉折，在三十一歲前，博覽群籍，三十一歲以後，強調心性修養，就其學術思想而言，後期主要側重心性義理與悔過自新之學。李二曲認爲「人生喫緊要務，全在明己心，見己性，了切己大事。誠了大事，焉用著述？如其未也，何貴著述？口頭聖賢，紙上道學，乃學人通病。」其心性修養論，即「明體適用」之「明體中之明體」、「明體中之功夫」的部分，這亦是李二曲爲何提倡講學，其後半生更致力於東南講學的原因。

　　他考察了學術思想的發展變化，認爲「先覺倡道，皆隨時補救，正如人之患病，受症不同，故投藥亦異。孟氏而後，學術墮於訓詁詞章，故宋儒出而救之以『主敬窮理』；晦庵之後，又墮於支離葛藤，故陽明出而救之以『致良知』，令人當下有得。及其久也，易至於談本體而略工夫，於是東林顧、高諸公，及關中馮少墟出而救之以『敬修止善』。」所以李二曲對所承繼之理學系統，認爲學術之有程朱、陸王，「猶車之有左輪，有右輪，缺一不可，尊一闢一皆偏也。」故擇其長處，有所繼承發揮，擇其弊處，有所揚棄批判，且設法補弊，透過兼採眾長的方式，提出「學問兩相資則兩相成，兩相闢則兩相病」的主張綜觀李二曲之學，既深入辨析朱陸教人之異同，進而探討朱王後學末流之弊，直達朱王學術要旨，其學問大本雖以王陽明心學爲宗，即以良知爲本，然亦汲取朱熹的主敬窮理存養工夫，以顯其用。

　　李二曲更謂「道不虛談，學貴實效，學而不足以開物成務，康濟時艱，真擁衾之婦女耳。」並發展出第三條路－「明體適用之實學」。李二曲認爲儒學的本來面目是以「經世爲宗」，他說：「吾儒之教，原以『經世』爲宗，自宗傳晦而邪說橫，於是一變而爲功利之習，再變

而爲訓詁之習。浸假至今，則又以善筆札、工講誦爲儒教當然，愈趨愈下，而儒之所以爲儒，名存而實亡矣。」爲恢復儒學本來宗旨，「使斯世見儒者作用，斯民被儒者膏澤」他反對「所學非所用，所用非所學」，也反對尋章摘句，高談性命，應關心「生民之休戚、兵賦之機宜、禮樂之修廢、風化之淳漓」並指出「明體而不適於用，便是腐儒；適用而不本於明體，便是霸儒；既不明體，又不適用，……便是俗儒」故提出「明體適用」的主張。

　　在以上所引用鶴齡的論述中，清楚的看出來二曲先生在體用方面着力之深，對世道要求之強，而對應於鶴齡的處世爲人，可以說是彼此相得益彰，鶴齡從大學部到研究所到博士班，這十多年的時間都在輔大度過，她一直堅特自己生命的理想，勤勤懇懇的努力做學問，實實在在的待人處事，在現代如此功利的社會中實在是少見的果實，因此樂於爲之序。

輔仁大學校長

黎　建　球謹識

二〇〇四年七月

陳　序

　　晚明至清初，因著王學末流空談心性帶來的流弊，多數知識份子足不出戶，游談無根，束書不觀，無裨於國計民生；隨之而來的是經世致用之學的萌動與實踐，顧、黃、王、顏並世而起。李二曲生當斯世，對當時的社會現況進行反思，力扶義命、力振廉恥，以期救世濟時，主「今日急務，莫先於講明學術，以提醒天下之人心。嚴義利，推綱常，戒空談，敦實行。」而「學術明則正人盛，正人盛則世道隆」明此心、體此理、修此身，從己上用功，以臻聖賢之地。二曲治學理路先是博覽群籍，卅一歲以後強調心性修養，後期則側重心性義理悔過自新之學；以「明體適用」之「明體中之明體」、「明體中之功夫」為心性修養之鵠的。為學之大本以陽明心學為宗、以良知為本；同時融通朱熹的主敬窮理存養工夫，進至「明體適用之實學」。

　　許鶴齡君畢其博士修讀期間之努力，撰寫《李二曲「體用全學」之研究》一書，值可成就風雨名山之業。全書以李二曲之「體用全學」思想為研究對象，一方面希冀瞭解李二曲學說，通過其對朱王思想的研究，指出二曲當世思想家對本體工夫之學的見解，以把握相關思想發展的脈絡；另一方面因二曲深研《道藏》、《釋藏》，其儒學思想有與釋道會通者，許君擬透過對其「體用全學」之探究以明瞭三家交涉之觀點；進而指出二曲的「體用全學」思想，突破傳統詮釋之所在，並以茲彰顯儒學的時代精神。本書的內容除緒論與結論外，共分為五章，分別就李二曲之學思歷程及其思想淵源，「體用全學」之義涵、理論、特色與應用為論，殿之以「體用全學」思想之地位、價值與影響作出客觀之評述，以指出在哲學史及文化脈絡中的定位。作者為文樸實無華，文字簡潔流暢；通過理性的反省，深入淺出地將二曲的「體用全

學」思想有條不紊的論述，批判角度亦屬客觀週延，深刻而有意義；
對清代學術之研究深具價值，故為序推薦之。

輔仁大學哲學系教授兼
文學院院長**陳福濱**謹識
二〇〇四年六月

自　序

　　吾人之碩士論文撰寫《六祖惠能思想研究》，而至攻讀博士，選擇以清初三大儒之一的李二曲作爲研究主軸。實因對宋明理學之興趣，亦發覺其中有許多值得深究，卻又乏人問津的哲學家；另一方面，也肇因對儒、釋、道三教思想會通的研究取向。於是，在經過與乃師陳福濱教授反覆討論後，最終擇選以明末遺老李二曲爲研究主題；且因李二曲與顧炎武的往返書信中，主張體用思想爲六祖惠能首先提出，作爲連貫過去相關禪宗的研究，撰述有關李二曲與惠能思想的會通比較。另值得一提，乃爲本文構思撰寫初期，蒙陝西師範大學關學研究中心副主任林樂昌教授，協助蒐羅於 2000 年在李二曲的故鄉陝西盩厔縣所刊印《李二曲學術思想研討論文集》，在僅有之鳳毛麟角的相關研究中，更顯彌足珍貴，且其中文章的某些觀點具有參酌的價值，亦給予吾人許多啓發。

　　本文中的相關篇章，在攻讀博士學位期間，已先後陸續發表。而首篇關涉李二曲文章的催生，主要緣由實受政治大學哲學系曾春海教授之邀，參與政治大學哲學系於 2001 年所舉辦之「宋明理學中的關學學術研討會」，並在會中發表〈釋析李二曲之修養論〉乙文(此文後刊載於輔仁大學哲學系之《哲學論集》第卅六期)。同爲與會參與發表之陝西師範大學關學研究中心主任陳俊民教授(即《二曲集》的點校者)，除對該文予以肯定嘉勉外，並提示研究李二曲能加以著力處，期許吾人將大陸目前許多學者疏忽未鑽研之處，予以開發深究；因此，在後續研究中，吾人也對相關問題予以處理並撰述〈李二曲與顧寧人論證「體用」思想〉乙文。

　　其次，並於 2002 年 4 月以「李二曲『體用全學』之研究」計畫，申請「中央研究院九十一年度人文社會科學博士候選人培育計畫」，而

於當年 7 月榮膺中央研究院中國文哲所之培育博士候選人，中國文哲所豐富的學術研究資源，對本文之研究具有莫大的助益；且所上指導教授鍾彩鈞研究員對本文的思維及撰寫過程中，惠予諸多寶貴的建議，實銘感在心。後又陸續將相關的研究分別在《東方人文學誌》、《哲學論集》及《哲學與文化》等學術性刊物，發表〈李二曲所開展之「真儒」典範〉、〈李二曲與顧寧人論證「體用思想」－兼論其「體用全學」與惠能「定慧等學」思想之會通〉、〈李二曲的教育理念〉等篇文章。

　　環顧研究，本文透過以「體用全學」的架構作爲研究李二曲思想的主軸，能對李二曲「體用全學」的義涵、理論、特色及引伸予以瞭解。

　　其次，李二曲面對整個大時代的趨向，即王學末流走到空疏，程朱之學最後變爲章句支離，亦即不是淪於「務上達而舍下學」，就是落於「談工夫而略本體」的治學失衡現象，李二曲切中時弊，欲將此趨勢予以扭轉，使本末予以廓清，欲由末返本。因而對陸王的工夫予以批判，輔以程朱細密的下學工夫，旨在矯治人的習心習氣；指出程朱末流之弊，在於本源不清，本體不明。李二曲融攝程朱及陸王之學，以兼採眾長的方式，主張學問兩相資則兩相成，兩相闕則兩相病，期下學上達能一以貫之，透過立足陸王心性本體及不遺程朱主敬窮理，將二者融爲「體用全學」格局中的明體類，並以明體中之明體及明體中之功夫，標舉出二者的特色及優點所在。

　　第三，李二曲對於儒釋道三者之辨，李二曲有其清楚的區辨。李二曲認爲關涉身心性命學問，只須儒學則足夠受用；但若要研究辨析學術同異，並非只探究儒學內部主張即足夠，必須能出入各家，對異質學說至少進行基礎內涵的瞭解，才能奪贓定罪，而非僅靠淺層表面的認知，或者學術門戶偏見予以對待，如此無有客觀公正立場，作爲學術比較研究的論斷，就難能使異質學說信服。李二曲面對學術的客觀標準，了知聖賢發掘真理，乃是其處於不同時空，在面對環境衝撞而產生的片羽靈光，李二曲並瞭解人的生命經驗實是受到制約的；因此對於異質學說的優點，要能有正確及持平的肯認，不能因其屬於異質學說主張，就一味反對拒斥。對於儒釋道三教在核心理論基礎的部

分，此爲三教的中心價值，李二曲當然是嚴守壁壘分明，秉持身爲儒者的一貫態度及原則，於是三教在此部分是無有溝通對話的餘地；但另外一方面，儒釋道三教卻又有彼此能溝通及對話的部分，屬於實踐方法的運用及語彙的使用，亦即對於彼此學說的闡釋或在面臨操作時，能相互借鑑援引，助於自家學說的闡揚，這是三教能會通的部分。此外，李二曲認爲有些辭彙實有其避諱的必要性；但相反的，有些儒家聖賢提出的語彙，則不能因與異質學說相同就避諱不言，換言之，不能因使用語彙的相同，即表示兩者的內涵相同，或者兩者的思想有必然聯繫。

　　第四，李二曲以「體用」範疇，來架構其所承載的學術思想及所處的社會政治局勢，面對明末學術呈顯的的景況，及儒者所學不能經世致用，造成亡國；另外再加上西學的浸透，李二曲能以體用來反思，也就是以理學與經濟，亦即道德與經濟的體用關係，並提出「體用」二字並舉，爲中國禪宗六祖惠能所標出。李二曲希望透過明體適用，以實心行實政，期儒者能學以致用，而不是束手談心性，要能符應時代的需求，所以身爲知識份子須能識時務而作適恰的調整，對於兵法、農田、水利、行政、軍事、奏議等皆要能學習，酌古準今而鑑往知來，如此的內聖外王格局才是恢宏的。

　　第五，李二曲深刻了解「學術、人心、政治」，三者具有環環相扣的密切關係，儒學乃是以經世爲宗，而當時學術卻是處於晦暗，亦即不明體也不適用，人心是不正，於是朝中缺乏正人及人材，唯有透過明學術、醒人心才能匡時救世。學術晦暗來自於口舌爭辯，人人只圖舉業，所以在面對聖賢承傳的寶貴資源，雖然物質性的文本是相同，但所採取的態度，卻不能體貼聖賢心意，從中萃取聖人精神血脈，將其涵化充實個人生命；相反的，卻個個以讀書爲敲門瓦，藉資獲取掌握通往仕途富貴的保證書，終使目的淪喪爲手段。至於人心不正所呈顯的景況，即患有追逐名利聲色病根，於是終身蒙昧過一生。李二曲以中醫治病的方法，透過應病與藥、辯證論治及培本顧源等方法，運用到治學及治國。在治學方面，即學須達學髓而非學膚及學骨，李二曲針砭當時知識份子普遍致力於青紫之階及梯榮取貴之術；在治國方

面，守令要能對地方除害興廢，如同應病與藥，才堪稱爲人民的父母官。

統觀而言，李二曲「體用全學」思想具有「爲天地立心，爲生民立命」的志抱，並倡導實修實證，透過真修實證而真成，此爲其思想所具有的人生價值。李二曲一生甘貧清苦，卻能成爲清初三大儒之一，並作〈觀感錄〉以勵志達人，此爲其思想所具有的社會價值。李二曲深入辨析朱陸教人的異同，批判對朱王後學末流之弊，爲對儒學內部的綜合批判性；對釋道二氏的涉獵，使其學問具有廣博性，而能有同情的理解，因此能敞開會通學術的門戶，展現其治學的融通性，此爲其思想所具有的學術價值。李二曲期許「在乾坤謂之孝子，在宇宙謂之完人，今日在名教謂之賢聖，將來在冥漠謂之神明，方不枉活人一場」，其高風亮節，所學強調躬行實踐，此爲其思想所具有的倫理價值。

然吾之資質愚鈍，復陋于見聞，所言或有乖當未宜者，且於闡述校讎諸役，竭盡心力，然謬舛在所不免，但卻真心誠意，望能拋磚引玉，對李二曲思想的研究，略盡棉薄之力，懇祈師長前輩碩學鴻儒，不棄愚拙而予以誨正教之。

中華民國九十三年六月**許鶴齡**謹識
佛光大學宗教學系研究室

李二曲「體用全學」之研究

目　錄

緒　論

　　李顒（1627~1705）字中孚，陝西盩厔人。山曲曰盩，水曲曰厔，學者因稱二曲先生。李二曲肆力學問，經傳史志，百家之書，靡不觀覽，以反躬自行，見之日用爲是。李二曲爲學主倡「明學術，正人心」，以闡揚關學爲己任。誠如鄂善薦疏所云：「刊行緒論，咸洞源達本之談；教授生徒，悉明體適用之務。」康熙三十三年（1694），閩中鄭重爲《二曲集》[1]作序：「盩厔李先生以理學倡關中，以躬行實踐爲先務，自人倫日用、語默動靜，無一不軌於聖賢中正之說，而尤以『悔過自新』一語，爲學者入德之門。建瓴契綱，發矇起瞶。學者或親受業於先生，或聞先生之緒餘而私淑向往者，幾遍天下也。」[2]

　　李二曲對當時的社會現況進行反思，以社會現實所產生的現實狀況爲「寡廉鮮恥」[3]，李二曲力扶義命、力振廉恥，希望達成救世濟時

1　〔清〕李顒撰，〔當代〕陳俊民點校：《二曲集》，北京：中華書局，1996。爲《二曲集》的四十六卷本。本文引文採用資料以此版本爲據，以下凡引本書，只注卷數、卷名及頁數。

　　《二曲集》的原刻本：李顒弟子王心敬所編，卷中匯輯著者自撰及弟子所記講學語錄成書。前卷爲李顒論學文及書牘、雜著。其中，〈悔過自新〉、〈觀感錄〉、〈關中書院會約〉爲著者手筆，〈學髓〉雖爲其弟子所記，但實爲著者學說精要所在。二十三卷以後，附錄弟子所記〈襄城記異〉等述其家世詩文。

　　《二曲集》的四十六卷本：在原本之二十六卷之後，增入〈聖室錄感〉、〈司牧寶鑑〉、〈歷年紀略〉、〈潛確錄〉編爲四卷。並將《四書反身錄》原八卷析爲十六卷，共計四十六卷，爲較完整的保留著者的論學資料。於李足發謹書之〈四書反身錄引〉提到：「其《反身錄》一書，凡進修之要、性命之微、明體適用之大全、內聖外王之實際，靡不一一開關啓鑰，合盤托出，蓋欲讀者深體力踐，爲一己樹真品，爲國家樹真才，爲千秋扶綱常，翊世運。」（頁 394）

2　〈附錄四・序〉，頁 705。

3　「士人有廉恥，斯天下有風俗。風俗之所以日趨日下，其原起於士人之寡廉鮮恥。」（卷三十八〈四書反身錄・論語下・子路〉，頁 490）

的抱負[4]。當然，李二曲也發現問題所在之處，他由政治、學術、人心三者的微妙關係，闡明「天下之大根本，人心而已矣；天下之大肯綮，提醒天下之人心而已矣。是故天下之治亂，由人心之邪正；人心之邪正，由學術之晦明」[5]且「世道隆污，由正人盛衰；而正人盛衰，由學術明晦。故學術明則正人盛，正人盛則世道隆，此明學術所以為匡時救世第一務也。」[6]因此「今日急務，莫先於講明學術，以提醒天下之人心。嚴義利，振綱常，戒空談，敦實行。一人如是，則身心康平；人人如是，則世可唐虞。此撥亂反治、匡時定世之大根本、大肯綮也。」[7]又「督學，學術之宗，人才風教所從出也。以正學為督，則人以正學為尚。學正則心正，心正則立身行己無往非正。正人多，而後世道生民有所賴。」[8]李二曲深知講學乃是關鍵[9]，聖賢的千言萬語，唯有透過講學活動，才能使人了知「不過明此心，體此理，修此身」[10]，人能從為己上用功，不論資稟高下，皆可達到聖賢地位，此學即是為己之學、儒者之學、盡性至命之學，聖人之學即在能全天之所以與我者也。為何所學無助益於當時局勢，問題緣由於何？李二曲從講學活動反思，認為不論教法、教育目的及價值之取向都有所偏頗[11]，或可言

---

4 「若夫今日吾人通病，在於昧義命，鮮羞惡，而禮義廉恥之大閑，多蕩而不可問。苟有真正大君子深心世道、志切拯救者，所宜力扶義命，力振廉恥，使義命明而廉恥興，則大閑藉以不踰，綱常賴以不毀，乃所以救世而濟時也。當務之急，莫切於此。」（卷十〈南行述〉，頁 76）

5 〈附錄二・二曲先生窆石文〉，頁 611。

6 卷十七〈書二・答許學憲〉，頁 172。

7 卷三十四〈四書反身錄・論語上・述而〉，頁 456。

8 卷十七〈書二・答許學憲第三書〉，頁 173。

9 「立人達人，全在講學；移風易俗，全在講學；撥亂反治，全在講學；旋乾轉坤，全在講學。」（卷十二〈匡時要務〉，頁 105）
　「匡時要務，在乎講學，當今世而聞斯言，或啓人之大寤，又惡知夫世道陵夷，四維安託！」（同註 5，頁 614）
　「學之所以為學，只是修德；德若不修，則學非其學。『講學』，正講明修德之方也，不講則入德無由。」（同註 7，頁 455）

10 卷三〈常州府武進縣兩庠彙語〉，頁 24。

11 「今之教者，不過督以口耳章句、屬對作文，朝夕之所啓迪而鼓舞者，惟是博名媒利之技。蒙養弗端，童習而長安之，以致固有之良，日封日閉，名利之念，漸萌漸熾。誦讀之勤、文藝之工，適足以長傲遂非、率意恣情。今須力反其弊，

本末倒置，致使受學之人心念不正，在社會上不僅不能提供協助，反成另一主要亂源。李二曲自身之治學理路也有一重要轉折[12]，在三十一歲前，博覽群籍，三十一歲以後，強調心性修養，就其學術思想而言，後期主要側重心性義理與悔過自新之學。李二曲認爲「人生喫緊要務，全在明己心，見己性，了切己大事。誠了大事，焉用著述？如其未也，何貴著述？口頭聖賢，紙上道學，乃學人通病。」[13]其心性修養論，即「明體適用」之「明體中之明體」[14]、「明體中之功夫」[15]的部分，這亦是李二曲爲何提倡講學，其後半生更致力於東南講學的原因。

　　他考察了學術思想的發展變化，認爲「先覺倡道，皆隨時補救，正如人之患病，受症不同，故投藥亦異。孟氏而後，學術墮於訓詁詞章，故宋儒出而救之以『主敬窮理』；晦庵之後，又墮於支離葛藤，故陽明出而救之以『致良知』，令人當下有得。及其久也，易至於談本體而略工夫，於是東林顧、高諸公，及關中馮少墟出而救之以『敬修止善』。」[16]所以李二曲對所承繼之理學系統[17]，認爲學術之有程朱、陸

教子弟務遵此章從事。」（卷三十一〈四書反身錄・論語上・學而〉，頁 429）
12　「余之不敏，初昧所向，於經、史、子、集，旁及二氏《兩藏》，以至九流百技、稗官小說，靡不泛涉。中歲始悟其非，恨不能取疇昔記憶，洗之以長風，不留半點骨董於藏識之中，令中心空空洞洞，一若赤子有生之初，其於真實作用，方有入機。」（卷十五〈富平答問〉，頁 126）
　　「余初茫不知學，泛濫於群籍，汲汲以撰述辯訂爲事，自勵勵人，以爲學在是矣。三十以後，始悟其非，深悔從前自誤誤人，罪何可言。自此，鞭辟著裏，與同人以返觀默識相切砥，雖居恆不廢群籍，而內外本末之辨，則晰之甚明，不敢以有用之精神，爲無用之汲汲矣。」（卷十九〈題跋・聖學指南小引〉，頁 225）
13　卷十六〈書一・答徐斗一第二書〉，頁 158。
14　卷七〈體用全學〉，頁 50。
15　同註 14，頁 52。
16　同註 4，頁 76。
17　「孟氏而後，學知求心，若象山之『先立乎其大』、陽明之『致良知』，簡易直截，令人當下直得心要，可爲千古一快。而末流承傳不能無弊，往往略工夫而談本體，舍下學而務上達，不失之空疎杜撰鮮實用，則失之恍忽虛寂雜於禪。程子言『涵養須用敬，進學在致知』，朱子約之爲『主敬窮理』，以軌一學者，使人知行並進，深得孔門『博約』家法。而其末流之弊，高者做工夫而昧本體，事現在而忘源頭；卑者沒溺於文義，葛藤於論說，辨門戶同異而已。吾人生乎

王,「猶車之有左輪,有右輪,缺一不可,尊一闢一皆偏也。」[18]故擇其長處,有所繼承發揮,擇其弊處,有所揚棄批判,且設法補弊,透過兼採眾長[19]的方式,提出「學問兩相資則兩相成,兩相闢則兩相病」的主張[20]綜觀李二曲之學,既深入辨析朱陸教人之異同,進而探討朱王後學末流之弊,直達朱王學術要旨,其學問大本雖以王陽明心學爲宗,即以良知爲本,然亦汲取朱熹的主敬窮理存養工夫,以顯其用。

　　李二曲更謂「道不虛談,學貴實效,學而不足以開物成務,康濟時艱,真擁衾之婦女耳。」[21]並發展出第三條路－「明體適用之實學」。李二曲認爲儒學[22]的本來面目是以「經世爲宗」,他說:「吾儒之教,原以『經世』爲宗,自宗傳晦而邪說橫,於是一變而爲功利之習,再變而爲訓詁之習。浸假至今,則又以善筆札、工講誦爲儒教當然,愈

其後,當鑒偏救弊,舍短取長,以孔子爲宗,以孟氏爲導,以程朱陸王爲輔,『先立其大』、『致良知』以明本體,『居敬窮理』、『涵養省察』以做工夫,既不失之支離,又不墮於空寂,內外兼詣,下學上達,一以貫之矣。」(卷四十二〈四書反身錄・孟子下・盡心〉,頁532)

「學者當先觀象山、慈湖、陽明、白沙之書,闡明心性,直指本初。熟讀之,則可以洞斯道之大原;然後取二程、朱子以及康齋、敬軒、涇野、整菴之書,玩索以盡踐履之功,收攝保任,由工夫以合本體,下學上達,內外本末,一以貫之。至於諸儒之說,醇駁相間,去短集長,當善讀之。不然,醇厚者乏通慧,穎悟者雜竺乾,不問是朱是陸,皆未能於道有得也。」(同註5,頁611)

18　同註17,頁532。

19　「僕學兼採眾長,未嘗專主一家,非區區阿其所好,私一姚江,而真是真非之所在,實難自昧。」(卷十八〈書三・答范彪西徵君第三書〉,頁200)

「先生之學以陽明先生之『致良知』爲明本始,以紫陽先生之『道問學』爲做工夫,脈絡原自井然。……先生獨探奧祕,勘破朱陸兩氏補偏救弊之苦心,而一以貫之,滴骨之血,一口道盡,有功於斯道,有功於天下萬世。」(卷二〈學髓序〉,頁14-15)

「學術之有程朱,有陸王,猶車之有左輪,有右輪,缺一不可,尊一闢一皆偏也。」(同註17,頁532)

20　同註12,頁129。

21　同註14,頁54。

22　「德合三才之謂儒。……士頂天履地而爲人,貴有以經綸萬物。果能明體適用而經綸萬物,則與天地生育之德合矣,命之曰『儒』……能經綸萬物而參天地謂之『儒』,務經綸之業而欲與天地參謂之『學』。」(卷十四〈鏊厓答問〉,頁120)

趨愈下，而儒之所以爲儒，名存而實亡矣。」[23]爲恢復儒學本來宗旨，「使斯世見儒者作用，斯民被儒者膏澤」[24]他反對「所學非所用，所用非所學」[25]，也反對尋章摘句，高談性命，應關心「生民之休戚、兵賦之機宜、禮樂之修廢、風化之淳漓」[26]並指出「明體而不適於用，便是腐儒；適用而不本於明體，便是霸儒；既不明體，又不適用，……便是俗儒」[27]故提出「明體適用」的主張。

一、研究動機及目的

(一)研究動機

本文以李二曲的「體用全學」[28]思想爲研究對象，何謂「體用全學」？根據其門人張珥在《二曲集》卷七〈體用全學〉謹識李二曲之言：「儒者之學，明體適用之學也。欲爲明體適用之學，須讀明體適用之書；未有不讀明體適用之書，而可以明體適用者也」[29]，另惠龗嗣在卷十五〈富平答問・小引〉亦識李二曲所言：「凡進修之要，性命之微，明體適用之大全，內聖外王之實際，靡不當可而發，因人而啓。要皆口授心受，期於躬體實詣，不以語言文字爲事。」[30]對於「明體適用」的內涵，李二曲將其定義爲：「窮理致知，反之於內，則識心悟性，實修實證；達之於外，則開物成務，康濟群生。夫是之謂『明體適用』。明體適用，乃人生性分之所不容已，學焉而昧乎此，即失其所

---

23 同註 22，頁 122。
24 卷三十六〈四書反身錄・論語下・先進〉，頁 480。
25 同註 24，頁 480。
26 同註 24，頁 480。
27 卷二十九〈四書反身錄・大學〉，頁 401。
28 於此須說明採用「體用全學」四字，並非狹義地限指《二曲集》卷七的篇名〈體用全學〉，誤認純粹研究單卷內容，而是採以廣義的意涵，在綜觀李二曲的思想，「體用全學」可視爲其整體思想的重心主軸，相關闡述請參看本文第二章。
29 卷七〈體用全學・識言〉，頁 48。
30 卷十五〈富平答問・小引〉，頁 124。

以爲人矣！」[31]由此可知，李二曲的「體用全學」，即爲「明體適用之學」，它能充份完備體現並發揚儒家的「內聖外王」的精神，所以「體用全學」實即是「內聖外王」之道，本文的研究動機主要有下列幾個原因：

1、由於後世對於李二曲的學說，鮮有整理評述，因此，欲以李二曲的「體用全學」思想作爲研究的主題，冀望本文能使吾人對其思想有更進一步的瞭解。

2、中國哲學史上對程朱陸王異同及融攝探討，至李二曲而開闢出第三條路徑，其思想具有承先啓後及總結之功。透過其對朱王思想的研究，可以瞭解當時思想家對本體與工夫關係的看法，並能把握相關思想發展的脈絡。

3、由於李二曲深研《道藏》、《釋藏》，其儒學思想有與釋、道會通者，故擬透過對其「體用全學」的探究以便明瞭三家交涉的觀點。

4、李二曲的「體用全學」思想突破傳統的詮釋，說理精深剴切，故有深入研究的價值。

5、「體用全學」爲明清諸儒思想的主要課題，故有志詳加參研，以彰顯儒學的時代精神。

(二)研究目的

本文是以李二曲適值社會變遷逐漸加劇的動盪時代，一個知識份子在面對社會的諸多變化，如何以一個儒學的命題進行省思及創新，使其具批判性且切實體現在現實社會中。李二曲生在一個社會轉變的時代，面對王學末流之弊，空談心性，所呈顯的空疏學風，不重經世，儒學名存實亡，通過對其「體用全學」思想的考察及研究，發現其應用傳統儒學的舊題，卻能跳脫宋明儒者囿限的範疇框架，本文的研究即在呈顯「體用全學」理論思辨。當處在政治、社會、經濟、文化各方面變遷加速的時期，社會呈顯諸多價值觀矛盾的現象，李二曲如何爲知識份子定位，在國家社會中所應扮演的角色及功能，進而剖析其

---

31 同註 22，頁 120。

對宋明儒的學風改革，論其「體用全學」不僅為走入偏狹的儒學開闢出第三條路，亦為社會另闢新的思考方向，注入新的思維，也影響當時社會發展的新動向。李二曲所主倡的經濟實學，實修實證，開物成務，康濟群生，經綸天下及社會責任，實展現出明末清初之經世思想。

　　本文研究選定的目標，以李二曲的「體用全學」為主要線索，希望將李二曲的「體用全學」思想作一明確而清晰的展示。包涵李二曲的為人及其影響層面，在學術上融攝朱王、會通佛道，均足以作為研究題材。透過對李二曲的生命軌跡及學習歷程的回顧追溯，明其在治學歷程中的抉擇轉變，瞭解他是如何漸循走上「體用全學」的道路。李二曲融合朱王二學，在本體論方面側重王學，在修養論方面則攝取朱學較多，以兼採眾長，兼容並蓄的態度，消除儒家的門戶之見，結合朱、王二說，對理學功不可沒，其「體用全學」的觀念，實已反對明末以來放蕩恣意的風氣，對政治、社會、學術，有正面積極意義，此為李二曲在「天崩地解」之衰亂時代所做的極大貢獻。探究其思想傾向為何？其講求實用之學的根據為何？本文就學術內部，即問題產生的歷史脈絡；另於外緣條件，即學術背景，進而剖析朱學及王學的末流所面對的內在危機，從中窺探李二曲對此採取的應對方式，如何教人「明體適用」；另外，關於儒佛交涉的情形，擬通過本體、工夫、體用、語言經典等面向，探究李二曲在思維方法及用詞與禪宗會通之處，進而檢視二者的會通契點，及開放融通二者系統基礎做一比較。冀望本文的研究，能有助於對李二曲「體用全學」的瞭解。

二、研究範圍及方法

(一)研究範圍

　　本文研究的範圍，以代表李二曲思想的作品，《二曲集》、《四書反身錄》為體裁，本文引文採用資料版本主以〔清〕李顒撰，〔當代〕陳俊民點校，北京：中華書局，1996 年版。《二曲集》的原刻本為二十六卷本，是由李二曲弟子王心敬所編，二十六卷中匯輯李二曲自撰

及弟子所記講學語錄成書。前二十二卷爲李二曲論學文及書牘、雜著。
其中,〈悔過自新說〉、〈觀感錄〉、〈關中書院會約〉爲李二曲手筆,〈學
髓〉雖爲其弟子所記,但實爲李二曲學說精要所在。二十三卷以後,
附錄弟子所記〈襄城記異〉等述其家世詩文。另外《二曲集》的四十
六卷本,乃是在原本之二十六卷之後,增入〈堊室錄感〉、〈司牧寶鑑〉、
〈歷年紀略〉、〈潛確錄〉編爲四卷。並將《四書反身錄》原八卷析爲
十六卷,共計四十六卷,爲較完整的保留著者的論學資料。茲將各卷
之卷名羅列如下:卷一〈悔過自新說〉、卷二〈學髓〉、卷三〈兩庠彙
語〉、卷四〈靖江語要〉、卷五〈錫山語要〉、卷六〈傳心錄〉、卷七〈體
用全學〉、卷八〈讀書次第〉、卷九〈東行述〉、卷十〈南行述〉、卷十
一〈東林書院會語〉、卷十二〈匡時要務〉、卷十三〈關中書院會約〉、
卷十四〈盩厔答問〉、卷十五〈富平答問〉、卷十六〈書一〉、卷十七〈書
二〉、卷十八〈書三〉、卷十九〈題跋、雜著〉、卷二十〈傳〉、卷二十
一〈墓誌、行略、墓碣、贊〉、卷二十二〈觀感錄〉、卷二十三〈襄城
記異〉、卷二十四〈義林〉、卷二十五〈家乘〉、卷二十六〈祠記〉、卷
二十七〈堊室錄感〉、卷二十八〈司牧寶鑑〉、卷二十九四書反身錄〈大
學〉、卷三十〈中庸〉、卷三十一至卷三十五〈論語上〉、卷三十六至卷
四十〈論語下〉、卷四十一〈孟子上〉、卷四十二〈孟子下〉、卷四十三
反身續錄〈孟子上〉、卷四十四〈孟子下〉、卷四十五〈歷年紀略〉、卷
四十六〈潛確錄〉等,進而研究李二曲「體用全學」思想的義涵。然
思想的產生,與時代、環境有密切關係,所以李二曲的一生行誼,除
於《關中三李年譜》[32]、卷四十六〈歷年紀略〉、附錄之〈年譜〉有詳
盡之記載,另外,李二曲與其他學者的交遊及書信往來、朝廷的關係
亦可窺其思想風格。

(二)研究方法

　　本文以「體用全學」爲主軸來展開探究,主要以歷史與問題研究
法處理原文資料,其次透過哲學的觀點與對問題的分辨,尋求其理論
與實踐上的內在一致性及闡發其主要內涵。

32　〔清〕吳懷清撰;〔當代〕陳俊民校編:《關中三李年譜》,台北:允晨文化,1992。

　　就時代背景及生平而言，主要採歷史文獻分析法，透過對李二曲的原始傳記資料，如卷四十五〈歷年紀略〉及附錄三之〈二曲先生年譜〉，以瞭解其形跡與思想的概略，以明李二曲一生的行誼，作爲研究其思想的基礎。繼而考察並詳究與李二曲相關的史料，以明其時代背景，輔以其他相關歷史文獻作交叉性比對分析，再以宏觀檢視學流及時代，即溯源儒學、朱學、王學、關學、實學等，明其思想之淵源；並透過對明清之際時代背景的探究，以便能在整體時代環境下，深刻論述李二曲的思想特徵及其時代意義。

　　李二曲「體用全學」思想的釐清與分析爲本文之研究重點，總括李二曲的言論與各項主張，進行分析與研究，從中提出其核心理論，並論述其三教會通等各方面的思想，以對其「體用全學」作一較全面性的研究。求其兼顧到時代的歷史背景因素與學術的義理思想因素，並運用哲學觀念研究法，分疏李二曲之「體用全學」的理論層次與哲思內涵，且循其「思維脈絡」以見其問題意識之主軸。通過對於「體用全學」的基本觀念的分析、比較、歸納，因而獲致闡釋其思想內涵的基本思維進路，即相應本體、工夫、境界，對每一研究主題，既追溯其產生的原因，復深入探討其具體內容。因中國哲學的用心是在內聖外王，它是能對現世產生作用的學問。所以，本文亦將體認法納入運用之列。

　　總而言之，本文將視論題所需，運用歷史文獻、問題研究、哲學解析、對比等研究方法，通過主觀的體認印證，客觀的舖陳爬梳，透入本文論題的核心，期能建構李二曲「體用全學」的思想體系。

(三)研究理路

　　關於本文研究進行理路，茲分五點說明如下：

1、本文首先是將明末清初之學術、社會、政治背景分析，以便窺知李二曲所處的時代背景。

2、對於明清之際儒學環境，知識份子思想的研究，將有助於了解李二曲當時的思想重心。

3、知人才足以論事，在討論過時代背景後，即是對李二曲的生平行迹、志抱及遊學講學情形的考察，透過對其生平的了解，

全面瞭解李二曲其人,亦能爲後續思想的分析提供研究基礎。

4、對李二曲思想作全面的分析研究,論述其「體用全學」所建構的本體、工夫、境界、德行之知、體用、教育及政治思想,以及與釋道之會通,並從中闡明其思想核心與特色;進一步與當時學術思潮相結合,以明其思想的時代意義。

5、總結上述面向研究,客觀論述李二曲在中國思想史上的地位及其影響。

歸結上述五要點,本文之研究理路是先從外圍因素加以探討,再深入核心探討。首由明清之際的時代背景因素,諸如政治經濟文化等烘襯,便益對李二曲所處的時代環境作一鳥瞰。其次,略述其生平行誼及學思歷程的轉折及側重面向,以對其一生作全盤的瞭解。透過生平志抱及著作思想的綜合探討,結合背景因素,以究明李二曲「體用全學」思想與時代意義,最後總結李二曲的地位與影響。

三、後人研究概況及檢討

李二曲與孫奇逢(1584~1675)、黃宗羲(1610~1695)並稱清初三大儒[33]。雍乾間學者全祖望(1705~1755)說:「關學[34]自橫渠而後,三原(馬理)、涇野(呂柟)、少墟(馮從吾),累作累替,至先生(李顒)而復盛。」[35]並認爲李二曲「起自孤根[36],上接關學六百年之統,寒餓清苦之中,守道愈嚴,而耿光四出,無所憑藉,拔地倚天,尤爲莫及。」

---

33 「嘗是時,北方則孫先生夏峰,南方則黃先生梨洲,西方則先生,時論以爲三大儒。」(同註 5,頁 614)

34 「關學不振久矣。……若夫留意理學,稍知斂華就實,志存經濟,務爲有用之學者,猶龜毛兔角,不但目未之見,耳亦絕不之聞。提倡振興,是在執事。……須以明體適用爲導,俾士知務實,學期有用。」(卷十七〈書二・答許學憲第五書〉,頁 177)

35 同註 5,頁 612。

36 〈附錄三・二曲先生年譜〉,「崇禎十六年癸未」條載:「太翁既征賊陣亡,母子煢煢在疚,形影相弔。是時,無一椽寸土之產,所僦邑內小屋,房租不繼被逐,東移西徙,流離失所。」(頁 626)

[37]顧炎武(1613~1682)讚許李二曲「堅苦力學，無師而成，吾不如李中孚。」[38]李二曲之學繼承陸王，又獨成風格，在理學衰頹之時，仍孜孜於修身養性之學，不願出仕，終生貧困。李二曲主倡「道不虛談，學貴實效」的學風，不僅針砭明末空疏學風，對清初務實學風的形成，也頗具推波助瀾之功。今人陳俊民先生認為：「『關學』作為宋明理學思潮中一個獨立學派，它的終結，也同整個理學一樣，是終於明清之際的理學自我批判的思潮中。這恰恰又是由李顒完成的。」[39]

　　在許多中國哲學史書中，對李二曲皆是略而不談，即使有所提及，亦是一筆帶過。例如梁啓超先生(1873~1929)於《中國近三百年學術史》[40]中探討「陽明學派之餘波及其修正」有簡略介紹，並於《清代學術概論》[41]中認為李二曲的思想傾向是「為舊學(理學)堅守殘壘」、「其學風已由明而漸返於宋」。錢穆先生在其著作《中國近三百年學術史》也只是約略提及而已[42]。所以，李二曲之思想對大多數人而言是陌生的，更遑論深究，進而一窺李二曲思想之堂奧。李二曲的思想距今約三百年，但檢視近年學術界研究李二曲成果概況，不論就專著或期刊的量及質而言，皆屬鳳毛麟角，仍有待開發。以台灣目前研究的現況為例，就專著而言，目前僅有林繼平先生所著之《李二曲研究》[43]最具代表性，已有相當的成果；就期刊篇數而言，自民國六十二年至八十六年

37　同註 5，頁 614。
38　《亭林文集》，卷六〈廣師〉。
39　陳俊民：《中國哲學研究論集》，台北：臺灣商務，1994，頁 143。
40　梁啓超：《中國近三百年學術史》，五、〈陽明學派之餘波及其修正〉，台北：華正書局，1989，頁 47-49。
41　梁啓超：《清代學術概論》，台北：臺灣商務，1994，頁 8。
42　錢穆：《中國近三百年學術史》(上冊)，台北：臺灣商務，1996，頁 1：「且言漢學淵源者，必溯諸晚明諸遺老，然其時如夏峰、梨洲、二曲、船山、桴亭、亭林、蒿菴、習齋，一世魁儒耆碩，靡不寢饋於宋學。」頁 21-22：「余又考無錫東林道南一脈，自鼎革以來，尚縣綴不騾絕。主其事者有高彙旃世泰，乃景逸從子也。一時大儒碩望，南方如太倉陸桴亭，北方如關中李二曲，皆來講學。而河北有容城孫夏峰，浙東有山陰劉蕺山，其學風所被，幾分中國，跡其先皆與東林顧、高聲氣相胖蘁，蓋亦聞東林之風而起者，即謂清初學風盡出東林，亦無不可。」
43　林繼平：《李二曲研究》，台北：臺灣商務，1999。

間，所發表之短篇論文共有二十篇，但若將其中與專著重覆者及大陸學者發表論文[44]刪除，則僅有八篇[45]，文中對李二曲思想的研究，大多屬單項部分研究，難以涵蓋李二曲的整體思想，再加上自八十三年之後，迄今近八年之間，尚乏人深入探索，上述諸多原因皆為本文所企欲彌補之缺憾。在大陸學者的研究方面，由侯外廬、邱漢生、張豈之等人主編《宋明理學史》[46]、陳祖武著《清初學術思辨錄》[47]、王茂等著《清代哲學》[48]及陳鼓應、辛冠洁、葛榮晉等主編《明清實學簡史》[49]，由劉蔚華、趙宗正主編《中國儒家學術思想史》[50]及陳俊民著《張載哲學與關學學派》[51]其中的相關章節有對李二曲思想稍作簡介；由陳俊民先生點校的《二曲集》，於 1996 年出版，資料完整，

44 陳祖武：〈李二曲思想研究〉，《淡江史學》第 5 期（1993，7），頁 185-202。
45 劉滌凡：〈李二曲體用思想發微〉，《孔孟月刊》第 32 卷第 6 期（1994，2），頁 40-50。
　方慶雲：〈李二曲的讀書論〉，《逢甲中文學報》（1991，11），頁 187-192。
　吳自甦：〈林著《李二曲研究》（林繼平）評介〉，《哲學年刊》第 1 期（1981，12），頁 148-157。
　張正藩：〈清初講學書院之三大師（孫夏峰、黃梨洲、李二曲）〉，《反攻月刊》第 427 期（1980，9）頁 13-17。
　鍾彩鈞：〈李二曲思想概說〉，《陝西文獻》第 41 期（1980，4），頁 5-10。
　鍾彩鈞：〈李二曲（顒）思想概說〉，《孔孟月刊》第 18 卷第 3 期（1979，11），頁 16-19。
　許春雄：〈李二曲研究（下）〉，《臺北商專學報》第 2 期（1973，6），頁 362-395。
　許春雄：〈李二曲研究（上）〉，《臺北商專學報》第 1 期（1973，1），頁 370-400。
46 侯外廬、邱漢生、張豈之等編：《宋明理學史》（下卷），第三編「明末清初對理學的總結及理學的衰頹」之第二十九章〈李顒的反身悔過之學〉，北京：人民出版社，1997，頁 823-853。
47 陳祖武：《清初學術思辨錄》，第八章之〈李顒與關學〉及第九章之〈從孫奇逢到顏李學派〉，中國社會科學院出版，1992，頁 152-183。
48 王茂等：《清代哲學》，第十四章之〈清初北方心學的餘波〉，人民出版社，1992，頁 433-462。
49 陳鼓應、辛冠洁、葛榮晉主編：《明清實學簡史》，第四十二章〈李顒的「明體適用」思想〉，北京：社會科學文獻出版社，1994，頁 619-629。
50 劉蔚華、趙宗正主編：《中國儒家學術思想史》，第四十八章第二節〈李顒及其明體適用的學術思想〉，濟南：山東教育出版社，1996，頁 1546-1555。
51 陳俊民：《張載哲學與關學學派》，〈關學思想源流論〉、〈關學形成發展論〉，台北：學生書局，1990，頁 1-60。

有助學人探究李二曲的思想。香港學者鄭宗義著《明清儒學轉型探析
－從劉蕺山到戴東原》[52]也有相關章節提到李二曲，皆可供參考。

四、本文內容概要

本文之內容由首尾之緒論、結論及正文五章所構成，茲略舉各章
的大意於下：

緒　論：分為四部分，一、研究動機及目的；二、研究範圍及方
法；三、後人研究概況及檢討；四、本文內容概要。內容涵括論題說
明、問題的提出、文獻依據、研究方法。闡明本文問題意識之所在，
此論題所以受到重視的原因，以及題材擷取、界定研究對象及研究焦
點，復論及本文研究態度及處理問題的方法及研究遭遇的相關限制。
同時回顧清人及時人對李二曲的評價，次而整理當前學界對李二曲的
研究，並根據學人的研究成果，作一概覽性的認識。前人研究此論題
的成果如何？檢討前人的研究成果，對他們忽視的地方，嘗試作補充
說明，最後，說明本文的架構及概要。

第一章：「李二曲之學思歷程及其思想淵源」，此章分為四節。思
想的產生必與時代環境有密切的關係而相互呼應，客觀環境及真實人
生中的種種遭遇及衝擊，皆因李二曲自身的經驗與體驗，而內化凝煉
為其思想風格。第一節對明清之際的學術與政治的社會現況加以瞭
解，以便掌握學術思想的脈動，俾為研究的張本。第二節李二曲的生
平事蹟，由李二曲自身的根源、生命遭遇及其求學借讀、講學教化與
朝廷關係，對於其一生的行誼作概略的陳述。第三節闡述李二曲學思
歷程的轉折，期了解思想的轉折與影響，藉以釐清其思想發展的脈絡
並且作一縱貫的瞭解。透過其生平遭遇，把握其思想歷程，以明其「體
用全學」提出的前後關鍵，形構李二曲「體用全學」思想的基本思維
模式及詮解進路，影響其思想的實際內容與體驗型態。第四節為李二

---

52 鄭宗義：《明清儒學轉型探析－從劉蕺山到戴東原》，第四章之〈心學系統內的
　　救正（下）-孫夏峰與李二曲〉，香港：中文大學，2000，頁95-103。

曲的思想淵源，此節從宏觀、微觀的視角，時空交織所對焦出的定點，探究李二曲思想的淵源，思想方面的內在關聯性，就思想發展的歷程來看，其間關聯性的溯源及互相補足融攝，實為吾人所不容忽略，梳理其融會各家思想的理論淵源，以明其思想風格的諸多因素；客觀環境以及真實人生中的種種遭遇與衝擊，皆因李二曲自身的經驗與體認而內化凝煉為其思想風格。在爾後數章，將分別闡明「體用全學」思想之義涵、理論、特色，期使其思想形成的原因和內容，並非懸空各自獨立，而能有層層相因、脈絡相連的關係，從而得其「體用全學」思想的整體概念。

　　第二章：「李二曲『體用全學』之義涵」，此章分為三節。對核心問題的釐清與界定，深入剖析與探究李二曲「體用全學」思想的義涵及其所揭舉的終極意義。藉由李二曲思想內容與的程朱、陸王二學對照比較，以了解李二曲所接受的王學心學、朱學理學思想程度為何？如何融攝程朱陸王之間的學說，並找出其創新的見解，以掌握其在思想上有何新的突破及發展。第一節闡述「體用全學」之義涵，包括對「體用全學」提出的背景、「體用全學」的名稱及意義、「體用全學」呈顯之內容。第二節「體用全學」之明體，首言「明體中之明體」的書單，知李二曲立足陸王心性本體，李二曲「體用全學」對陸象山「先立乎其大」、陽明「致良知」等思想，所開的頓教上達之學的承繼，及對王學末流所衍生的諸多問題予以糾弊、修正，並援以道問學。次言「明體中之明體」的書單，以知不遺程朱主敬窮理，李二曲「體用全學」對程子之「涵養須用敬，進學在致知」、朱熹格物窮理思想，所開的漸教下學之學的闡揚，及補足朱學之限，並資以尊德性；最後言融攝尊德性道問學，此節所言乃屬於內聖部分。第三節「體用全學」之適用，闡明李二曲對於經濟適用之學的主張，透過李二曲所編輯之〈司牧寶鑑〉，瞭解其對為官者的期許，此節所言屬於外王部分。

　　第三章：「李二曲『體用全學』之理論」，此章分為五節。李二曲的思想觀點與時代思潮互相呼應，大都涉及本體心性問題、修養問題、境界問題、知識問題及體用問題。第一節本體論－學髓之理，瞭解性形來源，聖凡所同具，及何以會有差異，探討本原障蔽的相關因素，

最後須透過刮磨洗剔以化解心性之障，而能明善復初。第二節修養論
－悔過自新，李二曲提「悔過自新」四字爲要訣，以學問著力處在於
靜，若能持靜謹獨，則能俯仰無愧；並倡無念之念乃爲正念，有意爲
善橫豎胸中，則心反被善所累；則須具收攝保任工夫，使工夫以合本
體。第三節境界論－理欲兩忘，由了知人生本原而達學髓，透過每日
靜坐三炷香程及齋戒工夫，而達虛明寂定本體，進而能經綸參贊，至
終期能化而無滯，回返本原之無聲無臭。第四節德行之知－良知，聞
見之知雖爲外來之知，李二曲認爲不廢聞見，亦不專靠聞見；真知爲
本性所固有，司掌聞見進行擇識；知識之知爲虛明之障，來自意見、
才識、客氣及塵情；良知之知爲知善知惡之知。李二曲主張真知乃有
實行，實行乃爲真知。須善疑善問，乃爲切問近思，語言文字能悟道
亦能障道，學道應以心行取代辯行。第五節體用論－體用一源。「體用」
關係之思維，對於李二曲主張「體用全學」中體與用二者關係的探究；
與顧炎武書信討論「體用」二字對舉連稱的來源，其中亦論及儒釋道
之辨；李二曲「體用全學」與惠能「定慧等學」思想的會通，透過對
本體、修養工夫、體用、語言經典的對比，以見兩者的相應會通。

　　第四章：「李二曲『體用全學』之特色」，此章分爲四節。李二曲
於面對承傳儒學的內涵特色及使命，回應時空環境所衍生的弊端，提
出符應當時環境的良方。第一節說明李二曲對當時「儒」的反思，先
由傳統對「儒」的界說，復闡李二曲對舉業及德業的反思；第二節李
二曲對「真儒」之闡釋。以德合三才定義儒，並以道德及經濟爲人所
需，兼具道德及經濟才堪稱真體真用之全儒。並以「體用全學」區辨
「腐儒、霸儒、異端」、「儒學、俗學」、「博學、雜學」、「爲己、爲人」、
「理學、應付」、「真、虛體用」、「大道、小道」。第三節注重實修實證、
強調靜坐觀心。李二曲反對口頭聖賢，紙上道學，聖賢的嘉言善行，
不在伴口度日，因此強調戒空談及敦實行；並以恭默靜坐，以心觀心，
使性靈澄澈，虛明本體自然朗現。第四節和會學術異同、重視經世致
用。闡述三教各自其傳宗晦闇所面臨的問題、論三教的異同、三教異
端、釋道之輪迴報應、釋氏空心空理，以觀李二曲對三教的基本主張
及其對三教定位情形。李二曲主張力行仁政，平治天下須靠聖君賢相，

透過擇吏、重農耕、輕稅斂、禁暴力爲王道之始，並以明禮法、正學術、正學術、興賢人爲王道之成。

第五章：「李二曲『體用全學』之引伸」，此章分爲三節。透過倫理、教育、政治等諸多關係網絡中交叉定位，呈顯儒者終身學習並努力完成，包括道德及知識、經世致用的生涯規劃，期理論能落實並與實踐合而爲一的動態歷程。第一節在倫理上之引伸，就己而言，透過立志、立品、修身、立身及保身；就與人而言，透過人倫關係的和諧處理；就與物而言，展現於謹慎辭受取予之間；就與境而言，對於外在毀譽，聽順自然；就與天而言，知生則知死，須超然無累而逝才是好散場。面對窮達得喪，以真實有命看待，反對堪輿家專講地理而昧天理。第二節在教育上之引伸，講學的目的在立人達人，講學足以移風易俗，政治翔治。施教者須清楚講學與講書實屬不同；受教者須知學的真義在明心復性，在覺明己所固有及學所以敦倫。學校之設在於聯群會講，教化必始於學校。教育的內容，包括所使用的教材及提供相關讀書學程及指導方法；教育的原則爲反本窮源、有教無類、貴講貴行及會約學程；適切的教育方法，如反觀自照、應病與藥、辯證論治、循序漸進，以因材施教而助受教者解惑析疑，並倡聯群會講，會友輔仁。第三節在政治上之引伸，對於時政提供相關建議，包括政治措施的救急策略。舉賢揭能，悉心採訪人物，不私立桃李門戶，並杜絕妄舉非人及刻意蔽賢的風氣。欲興學校以教民，須先制民恆產。對於古法制度，亦不必盡遵，端視能否適時適地，而因時制宜。基於荒旱之災，治本之道要能鑿井以蓄水源，以禦缺水之苦。

結　論：就上述各章節的探討作一綜合總結性的論述，並加以批評檢討及評價。李二曲「體用全學」思想的理論特色、與釋道思想交涉、時代意義以及對後世的影響、正負面評價以檢討其優劣得失、研究成果及心得，揭示本文所探得的成果，並標舉研究中的啟示，做一整體性的歸納，以管窺其「體用全學」思想在歷史發展中的地位及價值。由李二曲「體用全學」之價值，論其卓識，肯定其突破傳統的先進思想，予以宏觀適切的定位，務求能對李二曲「體用全學」思想的地位、價值與影響作出客觀的評述。就李二曲在理學史上的地位，闡

明其思想影響，行遠有耀。並論定其在思想史上的地位及價值，將其思想納入當時歷史、哲學、政治的演進歷程中及其整體生命，來評價李二曲及其「體用全學」思想的在哲學史及文化脈絡中的定位，以彰顯本文研究的價值。最後，預估此一論題未來繼續研究的展望，針對本文未竟之處稍作補充說明，提示本文未來研究的可行向度及建議。

　　附錄：「李二曲年譜」。

第一章　李二曲之學思歷程
及其思想淵源

　　本章旨在探究李二曲之學思歷程及其思想淵源。然思想的產生，必與時代環境有密切的關係而相互呼應，欲探究李二曲的思想，可藉由四個進路予以勾勒，首由較大範圍藉明清之際的時空背景環境，做為其思想外緣條件之土壤，烘托映照出李二曲所處的外在生存環境，即相關的學術、社會及政治等狀態；其次以較小範圍，即李二曲自身根源、生命遭遇變遷及其求學借讀、講學教化等經驗，對於李二曲一生的行誼作概略的陳述；再針對李二曲的學思歷程的趨向轉折予以說明，觀知李二曲於何時標出「體用全學」的命題，而此命題的拈出，實展現李二曲思想的核心菁華；最後，就李二曲思想淵源的傳承，藉由抽絲剝繭以廓清其思想所汲取的相關因素及所承載的豐沛資源。

第一節　明清之際的時代背景

　　明清之際的思想家，身處鼎革之變，在面對亡國之傷，新政之痛，進而對亡國的政治、社會、學術等作整體的反思批判，拋出問題意識，企欲解決過去諸多弊病。首先回顧明代的景狀，就政治而言，明統治者政治腐敗，貪污充斥，宦權橫行；就經濟而言，橫征暴斂；就學風而言，宋明以來空談性理的學風。

　　晚明理學為對王學予以修正，東林學派顧憲成（1550~1612）批

判王陽明（1472～1528）四句教[1]之「無善無惡」：「大學言致知，文成恐人認識為知，便走入支離去，故就中間點出一良字；孟子言良知，文成恐人將這個知作光景玩弄，便走入玄虛去，故就上面點出一個致字，其意最為精密……獨其揭無善無惡四字為性宗，愚不能釋然耳。」（《小心齋劄記》）顧憲成譏諷王門後學：「所謂無善無惡，離有而無邪？離有而無，于善且薄之而不屑矣。何等超卓！即有而無，于惡且任之而不礙矣。何等灑脫！是故一則可以抬高地步，為談玄說妙者樹標榜，一則可以放鬆地步，為恣情肆欲者決隄防。宜乎君子小人咸樂其便，而相與靡然趨之也。」（《小心齋劄記》）顧憲成對於王學批評極為嚴厲：「以考亭為宗，其弊也拘。以姚江為宗，其弊也蕩。拘者有所不為，蕩者無所不為。拘者人情所厭，順而決之為易；蕩者人情所便，逆而挽之為難。昔孔子論禮之弊，而曰與其奢也寧儉。然則論學之弊，亦應曰與其蕩也寧拘。此其所以遜朱子也。」（《小心齋劄記》）可知顧憲成欲以朱學修正王學末流之弊，但其仍能肯認王學的長處：「陽明先生開發有餘，收束不足。當士人桎梏於訓詁詞章間，驟而聞良知之說，一時心目俱醒……然而此竅一鑿，混沌幾亡，往往憑虛見而弄精魂，任自然而藐兢業。陵夷至今，議論益玄習尚益下，高之放誕而不經，卑之頑鈍而無恥，仁人君子又相顧裴回，喟然太息，以為倡始者殆亦不能無遺慮焉而追惜之。」（《小心齋劄記》）

　　高攀龍（1562～1626）批判王陽明之「無善無惡心之體」：「陽明先生所為善，非性善之善也；何也？彼謂有善有惡者意之動，則是以善屬之意也。其所謂善，第曰善念云而已。所謂無善，第曰無念云而已。吾以善為性，彼以善為念。吾以善自人生而靜以上，彼以善自五性感動而後也。故曰非吾所謂性善之善也。」（《高子遺書》，卷九〈方本菴先生性善繹序〉）高攀龍認為姚江之學非孔子之教：「姚江挺豪傑，妙悟良知，一破泥文之蔽，其功甚偉。豈可不謂孔子之學；然而非孔子之教也。今其弊略見矣。始也掃聞見以明心耳，究且任心而廢學。

1　「無善無惡是心之體，有善有惡是意之動，知善知惡是良知，為善去惡是格物。」（《傳習錄・中・答顧東橋書》）

於是乎詩書禮樂輕而士鮮實悟。始也掃善惡以空念耳，究且任空而廢行。於是乎名節忠義輕而士鮮實修。蓋至於以四無教者弊，而後知以四教教者，聖人憂患後世之遠也。」（《高子遺書》，卷九〈崇文會語序〉）

　　東林學派雖批判王學末流之弊，而宗朱學，但卻又非完全恪守朱學。對朱王之學多有評擊，又欲調和朱王之學，顧憲成：「尚解悟的，不無露出個脫灑相來；尚持修的，不無露出個莊嚴相來；這是習氣。尚解悟的聞說脫灑話便喜，聞說莊嚴話便厭；尚修持的聞說莊嚴話便喜，聞說脫灑話便嗔；這是習情。須盡數拋入大海中，莫留些兒影響方好。」（《小心齋劄記》）主張悟修並進：「學不重悟則已，如重悟，未有可以修為輕者也。何也？舍修無由悟。學不重修則已，如重修，未有可以悟為輕者。何也？舍悟無由修也。曰：然則悟修雙提可乎？曰：悟而不落於無，謂之修；修而不落於有，謂之悟。」（《小心齋劄記》）

　　高景逸批判王學末流之弊，矯之以「半日讀書，半日靜坐」及「讀書、靜坐不可偏廢」：「自姚江因俗學流弊，看差了紫陽窮理，立論偏重，遂使學者謂讀書為徇外。文士不窮探經史，布衣只道聽塗說。空疏杜撰，一無實學。經濟不本於經術；實修不得其實據。」（《高子遺書》，卷三〈示學者〉）「學者靜坐是入門要訣，讀書、靜坐不可偏廢。」（《高子遺書》，卷五〈會語〉）、「靜坐以思所讀之書，讀書以考所思之要。」（《高子遺書》，卷八〈與逯確齋書〉）重實修實悟：「夫道，人所自道也。譬之適長安者，聖人第示以至之之塗，示以至之之具爾。塗不辨不可得而至，用不具不可得而至；及其至，則長安自見，不以言而見也。後之教者不然，每侈言長安而學者亦宛若身親其地，然而心遊千里，身不越跬步也。彼其侈言長安者，夫豈身至之者乎？以為言塗與具非長安也，乃不知徒言長安者之非真長安也。」（《高子遺書》，卷九〈重刻諸儒語要序〉）「今時講學主教者，率以當下指點學人，此是真親切語。及叩其所以，卻說飢來喫飯睏來眠，都是自自然然的，全不費工夫。見學者用功夫，便說本體原不如此，卻一味任其自然，任情從欲去了。是當下反是陷人的深坑，不知本體工夫，分不開的。

有本體自有工夫，無工夫即無本體……往李卓吾講心學於白門，全以當下自然，指點後學，說個個人都是見見成成的聖人，聞有忠孝節義之人，卻云都是做出來的，本體原無此忠節孝義。學人喜其便利，趨之若狂。後至春明門外，被人論了，才去拿他，便手忙腳亂，卻一切自刎。此是殺身成仁否？此是舍生取義否？自家且如此，何況學人？故當下本是學人下手工夫，差認了卻是陷入深坑，不可不猛省也。」（《明儒學案・東林學案三》，卷六十〈史玉池論學〉）

　　明末，一方面由於王學末流空談心性的學風泛濫，大多數知識份子，「足不出戶」、「游談無根」，束書不觀，從事清談，置民生疾苦及國家危亡於不顧。另一方面經世致用之學也開始萌動，顧炎武（1613~1682）批判如此「置四海之困窮不言，而終日講『危微精一之說』」且在《亭林文集》卷一〈生員論〉，對於明政府未來官僚儲備人才的五十萬生員，極力撻伐，指出生員之弊，只知學作八股文，以獵取功名；占有大量土地，並可免除賦役；與官府勾結，欺凌鄉民，甚至妨礙公事[2]；黃宗羲（1609~1695）也說：「自明中葉以後，講學之風，已為極弊，高談性命，束書不觀，其稍平者，則為學究，皆無根之徒也。」（《鮚埼亭集》外編，卷十六〈甬上證人書院記〉）又云：「儒者之學經天緯地，而後世乃以語錄為究竟，僅附答問一二條伊洛門下，便廁儒者之列……一旦有大夫之憂，當報國之日，則蒙然張口，如坐雲霧，世道以是潦倒。」（《南雷文定》後集，卷三〈贈編修弁玉吳君墓誌銘〉）評此平日高談「為生民立命，萬世開太平」，一旦國家有事，則「蒙然張口，如坐雲霧」。顧炎武云：「劉石亂華，本於清談之流禍，人人知之，熟知今日之清談，有甚於前代者，昔日之清談談老莊，今日之清談談孔孟，以明心見性之空言，代修己治人之實學，股肱惰而萬事荒，爪牙亡而四國亂，神州蕩覆，宗社丘墟。」（卷七〈夫子之言性與天道〉，《日知錄》）王夫之（1619~1692）亦云：「王氏之學，一傳而為王畿，再傳而為李贄，無忌憚之教立，而廉恥喪，道賊興，皆惟怠于明倫察物，而求逸獲，故君父可以不恤，名義可以不顧，陸子

---

2 詹海雲：《清初學術論文集》，台北：文津，1992，頁 24-25。

靜出而宋亡，其流禍一也。」（《張子正蒙注》，卷九下）

　　適用對當時那個時代而言，是一個共同課題，強調有利於國計民生的實事，透過對當前所處的現況進行深刻反思，並期能與學術研究相互結合，這樣的思潮主張，就地域分布而言，在南方的代表人物為黃宗羲（1609~1695）、顧炎武（1613~1682），中南有王夫之（1619~1692），北方河北、山西、陝西一帶有顏元（1635~1704）、李塨（1659~1733）、孫夏峰（1584~1675）、李二曲（1627~1705）。明清之際的思想家不論在研究哲學、歷史、政治、自然科學，都相當關切「經世致用」。因此著重實踐及實證的精神，廣泛進行社會調查及歷史考察。如顧炎武之《天下郡國利病書》「足迹半天下，所至交賢豪長者，考其山川、風俗、疾苦、利病，如指諸掌。」（潘來：〈日知錄序〉）「所至阨塞，即呼老兵逃卒，詢其曲折，或與平日所聞不合，則即坊肆中發書而對勘之。」（全祖望：〈亭林先生神道表〉）王夫之「自少喜從人間問四方事，至於江山險要，士馬食貨，典制沿革，皆極意研究。讀史、讀注疏，於書、志、年表，考駁同異，人之所忽，必詳慎收閱之，而更以見聞證之。」（王敔：〈姜齋公行述〉）明清之際的學風思潮，所展顯的潮流趨向，對於當時自然科學知識的鑽研汲取，甚至有顯著的成果展現，例如李時珍著《本草綱目》、宋應星（1587~？）著《天工開物》、徐光啟著《農政全書》、徐宏祖著《徐霞客遊記》、方以智（1611~1671）著《通雅》及《物理小識》。

　　顧炎武（1613~1682），字寧人，初名緯，明亡後改名炎武，學者以其家鄉有亭林湖，尊稱亭林先生，亦自號蔣山傭。康熙十七年（1679）開博學鴻詞科，朝臣薦其應試，顧炎武不願表示：「刀繩具在，毋速我死。」顧炎武自少至老，未曾一日廢書，閱讀涉獵範圍廣博，國家典制、郡邑掌故、天文儀象、河漕、兵農及經史百家、音韻訓古之學，皆有研究，且以經史見長。晚年治經著重考證，對重考據的吳派、皖派有其影響。《四庫全書總目提要》卷一一九：「炎武學有本原，博贍而能通貫，每一事必詳其始末，參以證佐而後筆之於書，故引據浩繁而牴牾者少，非如楊慎、焦竑諸人偶然涉獵，得一義之異同，知其一而不知其二者。」顧炎武之著作有《日知錄》、《天下郡國利病書》、《肇

域志》、《亭林詩文集》。顧炎武所著之《天下郡國利病書》,對實際問題有其務實研究,爲資料完備的經濟地理書。顧炎武所著之《日知錄》對明代中葉後流行的空談良知的學風,予以批判,他認爲魏晉時代的清談以老莊中心,今日之清談以孔孟爲中心,「以明心見性之空言,代修己治人之實學,股肱惰而萬事荒,爪牙亡而四國亂,神州蕩覆而宗社丘墟。」(《日知錄》,卷七〈夫子之言性與天道〉)批評當時的學風「陷於禪學而不自知,其去堯、舜、愚授受天下之本旨遠矣。」(《日知錄》,卷十八)顧炎武認爲當時所謂理學實是禪學,所以顧炎武主張經世致用:「故凡文之不關於六經之指、當世之務者,一切不爲」(《亭林文集》,卷四〈與人書三〉)並提出以經學即理學的主張:「理學之名,自宋人始有之。古之所謂理學,經學也,非數十年不能通也。」(《亭林文集》卷三)康熙十年(1671),翰林院掌院學士熊賜履邀他預修《明史》,顧炎武覆以:「果有此舉,不爲介推之逃,則爲屈原之死矣。」(〈記與孝感熊先生語〉,《蔣山傭殘稿》)康熙十七年(1678),清廷詔舉「博學鴻辭」,朝野皆欲以顧炎武列名,顧炎武:「人人可出,而炎武必不可出矣。」「七十老翁何所求?正欠一死,若必相逼,則以身殉之矣!」(《亭林文集》,〈與葉訒庵書〉)

　　黃宗羲(1610~1695),字太沖,號南雷,學者稱梨洲先生。黃梨洲學識淵博,對天文、算術、樂律、地理、經史百家,以及釋道之書均有研究。黃梨洲反對「測度想像,求見本體,只在知識上立家當,以爲良知。」(《明儒學案・姚江學案》)《明夷待訪錄》,批判君主專制:「爲人君者……以爲天下利害之權皆出於我,我以天下之利盡歸於己。」(《明夷待訪錄》,〈原君〉)法制原是爲天下萬民服務的「天下之法」,如今卻成了荼毒百姓的「一家之法」,進而提出政治經濟改革的相關主張,政治上恢復宰相制度,經濟上改革土地賦稅及幣制,且主張「工商皆本」。其重要著作有《明夷待訪錄》、《易學象數論》、《孟子師說》、《明儒學案》、《宋元學案》、《南雷文定》、《南雷文案》、《南雷文約》等。

　　王夫之(1619~1692),字而農,號姜齋,晚年居衡陽石船山,學者因稱船山先生。研究著述四十年,對天文、曆法、數學、地理學皆

有研究，尤精於經學、史學、文學。王夫之曾預撰墓銘，表達生平志抱：「抱劉越石（劉混）之孤憤而命無從致，希張橫渠之正學而力不能企。」（《詩文集》）王夫之繼承發展張載的氣本論，其重要著作《張子正蒙注》、《周易外傳》、《尙書引義》、《讀四書大全說》、《思問錄》、《黃書》、《噩夢》、《老子衍》、《莊子通》等；重要歷史評論性著作有《讀通鑑論》。王夫之，希張橫渠之正學，站在當世理論思維發展的最高點。

　　清初經歷明清更迭的社會動盪，王陽明心學已成爲強弩之末而分崩離析。一時理學營壘中人，或出於王而非王，或由王返朱，重起朱陸學術之爭愈演愈烈。然而，在順治及康熙初葉的三四十年間，主持學術士占風會者，卻依舊是王學大師。這便是以孫夏峰（1584~1675）爲代表的北學，以黃梨洲（1610~1695）爲代表的南學，和以李二曲代表的關學，故而當時有並世三大儒之稱。近世考論清代學術史者，去夏峰、二曲而取亭林（1613~1682）、船山（1619~1692），以顧、黃、王三大師並稱三大儒。這樣的看法固然有其道理，無可非議，但是由此以往，對夏峰、二曲之學的研究，相形之下，則未能深入，所得也就不及其他三家。即以二曲論，譬如對他的學術淵源及演變趨向的研究，對二曲思想的特徵的把握，以及二曲學說的歷史地位的評價等，這都有待學術界對其做進一步的探討。[3]爲何原在當時頗具影響力的清初三大儒，於後世卻不重視李二曲及孫夏峰，且無予肯認的地位，取而代之顧炎武、王夫之？此中轉變，發生在清光緒年間朝臣議奏將顧、黃、王三人從祀孔廟[4]，於是稱顧、黃、王爲三大儒就漸蓋過原稱孫、李、黃爲三大儒之說。晚明諸遺老，或避居海外以全其節，或拒不仕出以盡其忠，爲學多對姚江有所修正，而重實修、實用，爲有清一代理學另闢蹊徑，功不可沒。

3　陳祖武：〈李顒思想研究〉《淡江史學》第五期，（1993，6），頁185。
4　參閱何冠彪：《明清人物與著述》之〈黃宗羲、顧炎武、王夫之入祀文廟始末〉台北：臺灣商務，1996，頁49-94。

第二節　李二曲之生平事蹟

　　在上節舖陳李二曲所處的時代背景之後，本節則聚焦探究李二曲的生平，藉由其一生中不同的別號、自號等，或許不失為側面知其生平概況的一條進路。李二曲乃清初三大儒之一，少即失怙，彭母守節攜持，家境貧困，常面有菜色，人稱「李菜」，因不具脩，塾師不受，發奮借書苦讀，博通典籍，有「奇童」、「李夫子」之稱，事母至孝，人稱「李孝子」、「隱君」，耿懷未能善奉父母，而自號「慚夫」，李二曲致力講學明道，其所到講學盛況，遠邇駢集，地方曾以「隱逸」、「海內真儒」、「大儒」、「大儒宜備顧問」、「博學鴻辭」上薦，朝廷寵賜以「關中大儒」四字，晚年患病，宴息土室，而自署「土室病夫」，抱道隱居，謝世閉關，不與人接。李二曲終身不求仕進，朝廷累徵不出，人稱「李徵君」，朝廷特賜御書「操志高潔」扁額。

　　有關李二曲的生平事蹟，可藉由卷四十五〈歷年紀略〉、卷二十五〈家乘〉、卷二十六〈祠記〉、《關中三李年譜》，瞭解李二曲一生的行誼。茲依其生平事蹟，分述於後：

　　依卷二十四〈義林·流寓〉記載，李二曲當生於「明天啓七年正月二十五日未時，先生生。」[5]「先生蓋丁卯年癸卯月癸巳日己未時嶽降也。」[6]卒於「歲乙酉，年七十八歲，四月十五日以疾卒。」[7]、「康熙四十四年乙酉，七十九歲。夏四月十五日，先生卒。葬於貞賢里南先塋之次。」[8]因此可知，李二曲生於明天啓七年（1627），卒於康熙四十四年（1705），享年七十九歲。

　　李二曲的籍貫，據卷二十五〈家乘·盩厔李隱君家傳〉說「顒，字中孚，陝之盩厔人也。」[9]取「山曲曰盩，水曲曰厔」，學者稱二曲先生。

5　〈附錄三·二曲先生年譜〉，頁 624。
6　卷二十四〈義林·流寓〉，頁 324。
7　〈附錄二·關學續編本傳〉，頁 616。
8　同註 5，頁 702。
9　卷二十五〈家乘·盩厔李隱君家傳〉，頁 329。

李二曲的父親，可透過卷二十五〈家乘〉之〈盩厔李氏家傳〉：「父名可從，為人慷慨有志略，喜論兵，而以勇力著，里中呼為『李壯士』。壯士常自負其才世不我知也，欲為知己者死。明季闖賊犯河南，朝議以汪公喬年督師討賊，中軍監紀同知孫公兆祿招壯士與俱，壯士遂從軍。……汪公既受命，則督諸帥兵三萬餘騎出關。出關聞襄城已陷，而闖賊拒左帥於偃城，距襄僅四舍……始壯士之從軍討賊，既以城守，不得與賊戰，及城破，聞孫公被執，乃急趨制府侍衛，賊刃孫公，壯士以身翼蔽孫公，遂同遇害。有賈副將某者，單騎衝突，由南門出格賊，賊以梟騎數十追之，卒無一人敢逼之百步內者，竟去。壯士義不肯去，而死於襄城。」[10]李可從（1599~1642）欲遠途從軍時，曾留下一齒以慰妻兒思念：「壯士躍然起曰：『我此行，誓不殲賊不歸。』立抉一齒，授彭作拜曰：『儻相憶，顧此如見汝夫。』遂縱馬去。」[11]

李二曲的母親彭氏，其嫻淑及善解人意，表現在李二曲之父值懷才不遇，有志不伸時，仍能不斷地鼓勵李可從：「以君之材，非長貧賤者，今困若是，無由為人出死力，豎奇功，立名當代。然則當奈何？」[12]當李可從能為朝廷效忠將欲遠征時，且引以為傲：「吾向慮君無由為人出死力，建奇功，立名當代，不意其有今日，急行毋以妻子戀。」[13]使李可從無後顧之憂。

在李二曲的生命中李母彭氏扮演著重要角色，「壯士既死，而隱君之母彭居家聞之，泣曰：『悲乎！將行齒其訣諸，然猶日夜望，庶幾壯士之得生還也。』隱君尚幼，思父號泣不食，母慰之。及闖賊既入關，而母子始絕望矣。」[14]李母彭氏聞及李壯士死時，曾欲為夫殉節，「家人曰：『母殉公，以兒如此必殉母。母自處得矣，兒且殉，李氏絕也。』母乃已。」[15]於是家人守視乃免。然彭雖不死，而家貧，實無以自活。

---

10 卷二十五〈家乘·盩厔李氏家傳〉，頁 325-326。
11 卷二十五〈家乘·李母彭氏傳〉，頁 330。
12 同註 11，頁 330。
13 同註 11，頁 330。
14 同註 10，頁 326。
15 卷二十五〈家乘·李母彭孺人墓表〉，頁 332。

「鄰媼有勸再醮者」[16]，李母彭氏予以駁斥而不改嫁，「有言隱君姑給
事縣庭為菽水計者，隱君泣涕，以為：『人子之事親必以道，不以其道，
雖萬鍾罪也。況給事縣庭，何事不辱母乎？吾辱以辱母，吾不為也，
吾母亦不令我為也。』母果不令為之。隱君得行其志，而貧窶不堪，
不能支，鄉人相嘆息，謂：『莫如母之再適人，則溝壑免爾。不然，與
兒之命懼不可保也。』母垂泣謝之，忍飢寒強支。」[17]靠著「日夜艱
苦紡織，佐以縫紉，易升斗粟以為常。」[18]「賢母彭太君誓賦〈柏舟〉，
齧雪緯蕭，以十指澼絖，資先生晝夜讀。」[19]於「艱難萬狀，攜持隱
君。」[20]

　　李母彭氏對李二曲的影響居關鍵地位，李母彭氏其胎教家訓芳追
孟母之儀，「於門戶蕭條伶仃孤苦之日，不規利於目前，不用志於雜役，
甘貧薄，忍凍餒，一惟課之以書史，勵之以懿行。若以為夫既沒於王
事，子非立身行道，不足以光大前人之烈者。」[21]李母之賢，可齊孟
母。「『吾兒但令讀書明理，師法古人足矣。決科規利，非吾志也。況
吾夫麋軀絕脰，久已化碧沙場，吾獨何心忍復以庸庸富貴易吾兒哉！』」
[22]「稍長，或勸之給事縣庭，或曰盍傭作，可得直以供母，母皆不之
聽，惟課以讀書明理，不令習制舉業。」[23]李母彭氏實期許李二曲能
善養而不在祿養，反觀，大多數人教子讀書，都是懷著功利目的，以
讀書「蔚為公輔之器，一旦身名顯赫，旌麾導前，驂騎擁後，美輪奐，
羅鍾鼓，珥貂佩玉，拜起奉觴上壽於前，以大暢其夙昔孤鬱窮愁之氣，
此亦凡為母者之所願，而子能如是，實亦母道之成也。」[24]一旦一舉
成名，改善生活品質及提昇社會地位，世俗也視此為母道教子成功與

16　同註 11，頁 331。
17　同註 15，頁 332。
18　同註 11，頁 331。
19　卷二十六〈祠記・賢母祠記〉，頁 343。
20　同註 9，頁 329。
21　卷二十五〈家乘・書關中賢母傳後〉，頁 336。
22　同註 19，頁 343。
23　同註 19，頁 344。
24　同註 19，頁 345。

否的標準。李二曲受海內奉為指南，實因為李母彭氏的賢德造就，教子讀書不同一般母親，不決科規利，因大凡人之食貧茹苦，勉勵子孫以有成，不過只為終身榮寵，但「太君矢志，乃獨在彼，不在此，此其為節有大異乎世之所為節者矣。夫守節，人之所能也，苦如是而節，人之所不能也；苦節，猶人之所能也，苦節而不求榮顯，非人之所能也。」[25]

　　李二曲非常孝順，對其父親的孝心「痛父以王事死賊，終身不衣采，即遠遊，亦載主與俱，不離父側也。」[26]對其母親的孝心，表現在當其母親患痢，徧延醫生診視，李二曲「每夜籲天求代。嘗跪接糞溺，以辨重輕，輕則喜躍進餐飯，重則號泣，關中又稱為『李孝子』，亦稱『隱君』。」[27]這都莫不歸功於李母彭氏之胎教家訓，「顒之母以節聞，善矣。顒之砥身礪行，振揚純詣，有子輿氏之風。善則稱親，中孚之善，皆彭母之胎教家訓哉！」[28]「誰謂芝醴之無根源兮，有賢母而氏彭。母雖生於寒素兮，乃淑德之性成。」[29]隔幾年，李母彭氏死，李二曲將李母彭氏與父留之齒合葬一起，「乃與昔父齒偕葬，盩厔之人相傳為李壯士齒塚云。自壯士之死於圍城者三十年，隱君嘗痛父，思襄城流涕，願一往，以母在也難之。及母死，而隱君始南遊至襄城，求父骨不得，乃為文以招父魂也。」[30]劉宗泗〈盩厔李徵君二曲先生墓表〉載李二曲對於未能尋得亡父之骨，及善奉其母在生之時，而深感遺憾慚愧，嘗泣語人曰：「吾母之生也寢無席，吾父之亡於外也，求其首而不得，吾實天地之罪人矣！因自號曰『慚夫』。」[31]

　　李二曲的求學之路，無師承及家學，無學校及無書籍，發奮自學。李二曲生活貧苦，「年十六就塾，塾師嫌其貧不納，母乃聽其無師而學，

25　卷二十五〈家乘‧賢母彭太君小傳〉，頁 334-335。
26　同註 9，頁 329。
27　同註 11，頁 331。
28　卷二十五〈家乘‧賢母彭氏傳〉，頁 334。
29　卷二十六〈祠記‧賢母賦〉，頁 347。
30　同註 10，頁 328。
31　〈附錄二‧盩厔李徵君二曲先生墓表〉，頁 608。

母教之識字，隱君心自開悟；未幾，通制義，學博延安左君覽之大驚曰：『天下有不從帖括，而竟爲邁俗之文若此者乎！』勸之就童子試，不應。自是厭棄俗學，求聖賢所以爲學之道。」[32]「隱君年十六，欲就塾，貧不能爲贄，不能往，塾師亦不納，隱君則自學。久之有悟，乃屏除科舉文字，學濂洛之學，遂成名儒。」[33]「故年十五六時，已博通典籍，有『奇童』之稱，然泛覽博涉，殊無統紀也。」[34]

　　李二曲因家境貧苦，所以除無師承可傳，亦無書籍可讀，因此，其學習完全是靠借讀過程而自學完成，「從人得借觀書，悉讀經史二氏百家。」[35]李二曲的讀書態度，有別他人，他能「不畫畛域，不滯訓詁文義。」[36]或許也是因爲其無師承之限，所以，李二曲閱讀領域「早歲不無馳騁於三教九流。」[37]因此「自《六經》、諸史、百家、列子、佛經、《道藏》、天文、地理，無不博覽。」[38]甚至包括外來西學亦在其涉獵的範圍之內。可知，李二曲求學之路，雖家貧，但人窮志不窮，反造就其博覽群書的條件。雖無師承之憑倚，無嚴格系統的專業訓練，但相反的，也是無袵袾無門戶色彩的學習，就在看似無章法的閱讀中，以開放式取代封閉式，反而開拓李二曲治學的視野。但李二曲少時博覽群籍的方式，至其壯年時期，產生改變，轉折以「一歸於聖經賢傳，不復泛濫涉獵。」[39]獨慕聖賢之學，而潛心於濂、洛、關、閩、陸、王之學，以上溯孔孟心傳。到了晚年時期，仍延此態度以教導門人弟子，對於「非《六經》、《四子》、《性理》、《通鑑》及儒先語錄，不輕入目。其教門弟子，亦以此相勖勉。」[40]

　　李二曲透過借書而讀書明理，對於古先聖賢之學，舉凡濂洛關閩

32　同註 10，頁 326。
33　同註 15，頁 332-333。
34　同註 7，頁 615。
35　同註 10，頁 326。
36　同註 10，頁 326。
37　同註 7，頁 616。
38　同註 31，頁 605。
39　同註 31，頁 604。
40　同註 31，頁 604。

之書無一不窺。李二曲曾編〈觀感錄〉,「爲跡本凡鄙卑賤者勉。又時時爲母陳說,母大喜曰:『吾向語汝師古人者非耶?』自是,學業大成,關中之學者莫不尊師之,交稱爲『二曲先生』。」[41]〈觀感錄〉屬於勵志文章,其中記載王心齋艮(1483~1541)、周小泉蕙、朱光信恕、李明祥珠、韓樂吾貞(1509~1584)、夏雲峰廷美、林公敏訥、朱子節蘊奇等人的言論,因爲上述這些人,不是出身自商賈,就是出身於戍卒、鹽丁、胥吏等社會卑下階層,但終就皆能成爲理學巨儒。李二曲除自我期許能如此,實也勉勵與其遭遇相似的人,莫妄自匪薄,效法先賢砥德勵行,終能自學有成挺立而貢獻一方。李二曲的學說特色及著作:「理學宗工,在關西爲督撫大僚所矜式,寓江南爲宿德名卿所景從,直入孔顏堂奧,不僅化朱陸異同也。著作種種,皆身心性命切衷之功;坐言起行,識者謂文清、新建,燈傳在茲。凡古今典籍,靡不洞究,有《十三經註疏糾謬》、《廿一史糾謬》。」[42]

　　李二曲熱心講學,曾講學於關中書院、東林書院,並在江南一帶講學,也曾遊學於常州、無錫、江陰、靖江、宜興等地。講學盛況:「問學者絡繹不斷……上自府僚紳衿,下至工賈耆庶,每會無慮數千人,旁及緇流羽士,亦環擁拱聽。」[43]「上至達官貴人,下逮兒童走卒,無不傾心歸命。」[44]「至者眾,憧憧往來,其門如市,一時巨紳名碩,遠邇駢集」、「闔邑紳衿畢至,鎮將戍卒亦瞻禮傾聽,門外觀者如堵牆。」[45]李二曲壯年,講學活動遍及「靖江、無錫、常州、武進、富平、華陰、關中書院、東林書院,皆其平生歷聘講學之地,而門人友朋多彙集其語以成書。」[46]講學影響層面,「其教大行於三輔,秦紳貴顯者,多忘年執弟子禮,北面師事焉。而宦遊其地,如臨安駱公,皆造廬折

---

41 同註 11,頁 331。
42 同註 6,頁 324。
43 卷十〈南行述〉,頁 77。
44 同註 43,頁 84。
45 同註 43,頁 81。
46 同註 31,頁 606。

節，敦緇衣之好。」[47]「遠近從遊者至舍不能容，而學官、郡將、方
伯、連帥以及海內賢士大夫，聞聲敦請者日造其門……遊歷所至，衲
子黃冠，皆爲感化，即宿學名儒，亦退就弟子之列而北面師事焉。」[48]

　　李二曲育有二子，名慎言、慎行，「男二人，曰慎言，曰慎行，能
讀書克世其家。」[49]、「慎言雖以門戶故出補諸生，終未嘗與科舉之役；
其後陝學選拔，貢之太學，亦不赴。兄弟皆能守其父之志。」[50]李二
曲在晚年，不欲入朝受薦，曾有結束生命以明其志的打算：「不意爲虛
名所累，繪弋屢及，倘見逼不已，惟有一死。」[51]所以，李二曲曾對
其子交待後事，可視爲預立生前遺囑，「死後，宜懷藏《錄感》，斂以
粗衣白棺，權厝像側，三年後方可附葬吾母墓旁。我生爲抱憾之人，
死爲抱撼之鬼，斷勿掛紙開弔，輕受親友之奠。惟望封鎖祠宇，勿令
閒人出入，以時灑掃，勿斷香火；稍有資力，即圖葺治，垂戒子孫，
虔修時祀。汝事母以孝，待弟以恩，刻意耕讀，謹身立德，則汝父爲
不亡矣。勉之！勉之！」[52]李二曲囑付其子，以《堊室錄感》爲陪葬品，
裹骸布選用粗布材質，素面棺木，死後三年才能附葬母墓之旁，李二
曲也不喜歡麻煩他人，所以，交待不要有公開的喪葬儀式，也不要輕
受奠儀，並期許其子，對祭祀祠宇的管理，切勿讓閒雜人等，隨便出
入，且定時灑掃整理，倘若財力有餘，再予以修膳，事母盡孝，兄友
弟恭，努力讀書，砥德礪行。但李二曲也曾提及，「嘗聞古人有預作壙
穴，以爲他日藏骨之所者，僕竊有志而未逮，又豈能靦顏人世，唔對
賓客，絜長論短，上下千載也耶？」[53]對於未能找到適合葬身之地，
也頗感遺憾。

　　李二曲與吳中顧炎武、富平李因篤（1631~1692）、華山王山史學

47　同註 9，頁 329。
48　同註 31，頁 606。
49　同註 6，頁 324。
50　〈附錄二·二曲先生堊石文〉，頁 614。
51　卷十八〈書三·寄子戊午〉，頁 196。
52　同註 51，頁 196。
53　卷十九〈題跋·謝世言〉，頁 231。

術交往甚密。並與容城孫奇逢（1584~1675）、餘姚黃宗羲（1610~1695）一同「高名當時」，時論以爲「三大名儒」。「先生因人指授，無不各厭其望而去。由是海內三大名儒，雖兒童走卒熟悉之。三大儒者，河南孫鍾元先生奇逢，浙江黃梨州先生宗羲並先生也。」[54]「當是時，北方則孫先生夏峰，南方則黃先生梨洲，西方則先生，時論以爲三大儒。」[55]又與李因篤、李柏（1630~1700）並稱「關中三李」。

　　關於李二曲與朝廷之關係，康熙十二年（1673），李二曲「四十七歲，制軍鄂公修復關中書院，造士延禮，啓迪諸生，先生三辭不得，而後應命。鄂公既見，親其儀範，聽其議論，則信尙益深，隨以『大儒』疏薦，兵部主政房廷正又以『大儒宜備顧問』薦，撫軍又以『博學鴻辭』薦，交章上請，先後皆奉旨特徵。守令至門，敦逼上道，先生臥病終不赴。自是閉戶毋祠，終歲不出。」[56]陝西總督鄂善延聘李二曲講學關中書院，後以「山林隱逸」廌舉：李二曲堅辭不就。康熙十七年（1678）詔舉博學鴻儒，兵部主事房廷禎以「戊午，部臣以海內真儒薦，……特賜『關中大儒』四字以寵之。」[57]李二曲先托病力辭，後又絕食抗拒：「經承發檄，嚴如秋霜，擡牀驗視，實千古所未有，流聞四方，業已褻國體而羞天下之士。胥役繩之如囚，官吏立逼起程。僕受逼不過，深不欲生，滴水粒米，不入口者五晝夜。犬子號慟，門人悲泣，僕一一遺囑訣別，幸督臺憐僕無罪，容僕歸家養痾。」[58]官吏立逼起程，他又以拔刀自刎鳴志，才免赴征薦。顧寧人（1613~1682）曾對李二曲的節操，詩以誌感，有云：「從容白刃，決絕卻華輈。介操誠無奪，微言或可投。」[59]又貽詞林諸公書云：「李先生爲上官逼迫，舁至近郊，至臥操白刃，誓欲自裁。關中諸君有以李業故事言之督撫，得爲謝病歸。然後國家無殺士之名，草澤有容身之地，真所謂『威武

54　同註 7，頁 616。
55　同註 50，頁 614。
56　同註 7，頁 616。
57　同註 50，頁 613。
58　卷十八〈書三・答友人〉，頁 197。
59　卷四十五〈歷年紀略〉，頁 587。

不能屈』。而名之為累，一至於斯，可慨也已！」[60]康熙四十二年（1703），李二曲七十七歲「聖祖仁皇帝西巡，詔見行宮，並索著述。先生時以老病臥牀懇辭召命，惟以所著之書進奉。溫旨處士既高年有疾，不必相強，特賜御書『操志高潔』扁額。」[61]李二曲又以年老氣衰行動不便予以回絕：「先生以疾辭。使者數往返，先生辭益堅……上曰：『高年有疾，不必相強。』因索先生著書，於是先生之子慎言齎《四書反身錄》、《二曲集》二書詣行在……今年七十有五，衰病益甚，時臥牀褥，不能動履。久荷徵召……不能一睹聖顏，此臣父子終天之憾也……上曰：『爾父讀書守志，可謂完節。朕有親題『志操高潔』扁額，並手書詩幅，以旌爾父之志……。』……先是，康熙癸丑，總制鄂公以『關中隱逸』疏於朝也，上即徵召於家，先生辭以疾。後屢被召，先生終不就，宸衷懸切已數十年矣。及西巡，欲式廬一晤而不可得，溫綸藹藹，褒獎備至。我皇上崇儒重道，求賢若渴，又能曲逐高蹈之節，不欲強奪其志；而先生抱道自重，浮雲富貴，甘為盛世逸民，不肯少易其操，豈不主臣交得也乎？」[62]

　　李二曲以閉關養病，年老有疾，辭而不就徵辟，疾辭原因有四[63]：李二曲認為自己因幼失學，浮慕曩哲，浪招逐臭，實純盜虛聲、毫無實詣。前當事體朝廷旁求盛懷，誤加物色，「蓋以顒或有微長可充葑菲，而不知顒學不通古今，識不達世務，上之既不足以備顧問，次之又不足以任器使，儻不審己量力，冒膺榮命，不亦辱朝廷而羞天下士哉？此其不敢一也。」[64]

　　其次，李二曲述及自己身世，父喪而早孤，母彭氏守寡扶持，艱難孤苦，可謂九死一生。待年長，又因房舍不堪遮風蔽雨，三餐常不繼，衣不蔽形。彭母未曾一日溫飽而終亡。更難過的是，母亡之時，因無錢置棺入斂，後得縣令駱鍾麟捐俸具棺，才完成喪葬。「昔賢云：

60　同註 59，頁 587。
61　同註 7，頁 616。
62　同註 31，頁 604-605。
63　同註 31，頁 607。
64　同註 31，頁 606-607。

『祭之豐，不如養之薄；殺牛而祭，不如鷄豚之逮親存。』顯每念及
此，未嘗不涕泣自傷，不孝之罪，終身莫贖。今上方以孝治天下，豈
可使不孝之人，忝竊祿位耶？昔朱百年之母以冬月亡，亡時身無棉衣，
遂終身不復衣棉。孫倬早孤事母，志於祿養未遂，及母病革，自誓終
身不仕。後客江淮間，劉敞知揚州，特疏薦聞，不赴。既而沈遘、王
陶、韓維連薦之，終不赴。當時亦憐其情而曲全之，史策至今傳爲美
談。顯雖無二子之孝，而心則二子之心。今日之事，顯母既不及見，
顯亦何忍遠離墳墓，獨冒其榮，此其不敢二也。」[65]「『顯實迂疎寡學
問，安敢以虛聲勞世主側席。顧顯有母，泣血數十年，歷人世未有奇
苦，教顯讀書識字，欲望成人而抱病以沒。傷哉貧也！生無以爲養，
死無以爲禮也，恝恝天地，顯實罪人。且顯年垂五十，憂患之餘，疾
病日篤，忘親不孝；忘艱苦之親，而以衰暮殘疲，貪榮競進，寧唯匪
孝，翳且不忠。不孝不忠，即帝且安用之？』遂伏首流涕，終以疾謝
不起。」[66]

　　第三，李二曲以先儒告誡士人辭受出處要非常謹慎，不獨關涉一
己之事，實與風俗盛衰息息相關，不能不慎重思考。「今既以顯爲隱逸
矣，若以隱而叨榮，則美官要職，可以隱而坐致也，開天下以飾僞之
端，必將外假高尙之名，內濟梯榮之實，人人爭以終南作捷徑矣。顯
雖不肖，實不忍以身作俑，使風俗由顯而壞，此其不敢三也。」[67]

　　第四，李二曲認爲己雖患病，但仍受朝廷化育之恩。於是在日常
生活起居，常深念以能報恩於萬一，只有透過提醒人心，勸人遷善改
過，所以逢人即予以開導，人見己能處寒素而甘之如飴，於是對於超
然名利之外，多所信嚮。「今若一旦變操，人必以平日講學爲立名之地、
媒利之階，轉相嗤鄙，灰其向善之念，顯亦何由而藉以默贊今上之化
育耶？此其不敢四也。」[68]

　　由上述李二曲自陳不就徵辟的原因，實可分爲就其個人因素及對

65　同註 31，頁 607。
66　同註 19，頁 340。
67　同註 31，頁 607。
68　同註 31，頁 607。

於社會的示範。就個人因素而言，李二曲由論人才的觀點，自量己力，謙虛能力不足；另一方面由論品格的觀點，李二曲認爲未能對母親善盡生養，死亦無力置棺入斂，實不孝不忠之人。就社會示範而言，李二曲認爲己之言行，若爲人民學習之標竿，深恐己之所言所行，倘若言行相悖，恐易造成風俗的不良示範，雖標舉社會道德模範，但卻使得人心虛懷僞詐，做錯誤的連結，因此必須相當謹慎；除此之外，亦深怕會造成講學功用的喪失，使得明人心的最後一道防線亦潰湜。可知，李二曲清楚定位自己雖處在野，卻能以躬行講學而贊朝廷化育，顧求忠孝兩全。

李二曲晚年患疾，「年來天厭降災，疾病相仍，半身覺痿，兩耳漸聾，杜門卻掃，業同死人矣。」[69]而爲擺脫世事干擾，建一塈室，「僕本物外野夫，久已絕意世故，近因有感，百念愈灰，不下床，不見客，枯槁寂寞已同死人矣。」[70]荊扉反鎖，閉門謝世，「余土室中人也，灰心槁形，坐以待盡，荊扉反鎖，久與世暌，斷不破例啓鑰，接見一人，幷舊所從游，亦槩多不面。」[71]「年來疾病纏綿，幷筆硯亦不復近，宴息土室，坐以待盡。……凡序、記、志、銘，一切酬應之作，類非幽人所宜，況病廢餘生，萬念俱灰者乎！即大利陳之於前，大害臨之於後，誓於此生，斷不操筆。」[72]「自古處士逸人，咸超然物外，弗涉世務，斷未有投字公門，管人閒事也，亦未有隱逸之子，爲人請託壞父風範者也。凡我至親厚友，千萬垂仁體諒，使僕父子安於無事，免滋罪戾。」[73]唯其遠道之友顧炎武及同邑惠思誠來訪時，才破例啓扉相見：「自是閉關不與人接，惟崑山顧炎武及同邑惠思誠至則款之。思誠，顧四十年所心交也。」[74]、「僕荊扉反鎖，久與世暌，唯敝友顧寧

---

69 同註 53，頁 231。

70 卷十七〈書二・秦燈巖第二書〉，頁 186。

71 卷十九〈題跋・家戒〉，頁 232。

72 卷十九〈題跋・自矢〉，頁 232。

73 卷十九〈題跋・訂親友〉，頁 232。

74 〈附錄二・誌傳・國史儒林本傳〉，頁 603。

人之來，則爲破例啓鑰，聊一盤桓。」[75]

清初學者高崇侶在《二曲集序》中評價李二曲爲人爲學時說：「先生生長西陲，崛起於荒崖寂寞之間，不由師資，毅然以正學術，詔微言爲己任。其爲學也，身體力行，由下學以漸乎上達，篤志潛修，不求聞譽。當路大臣知其學行，疏薦于朝，屢檄嚴催，堅臥不起。其高風峻節，塵視軒冕，屹然有鳳翔千仞之槩，跡其道高身隱，雅不欲以著述自鳴。」[76]

在《關中三李年譜・二曲先生年譜附錄下》之〈長庚奏請從祀文廟疏〉爲關中大儒李二曲從祀文廟，達端學術正人心之效：「宇宙不朽有三，立德、立言，實與立功并重。中西學派雖異，體育、智育，要以德育爲先，未有道德不明，而有智勇功名之可言者也。光緒三十二年，詔升孔子爲大祀。三十四年，奉旨祀顧炎武、王夫之、黃宗羲三儒於學宮，顯然示天下以爲學宗旨，甚盛典也。臣嘗考明末聖清之初，名儒接踵，其最者北則孫奇逢，東南則黃宗羲、顧炎武，西則李中孚，海內皆尊爲泰山、北門。王夫之竄身荒徼，聲名稍晚出，而論者謂刻苦不減中孚。是我朝之有五大儒，猶宋代之有五子也。今者顧炎武、王夫之、黃宗羲已繼孫奇逢而并祀兩廡，惟中孚未與其列，士論未免惜之……又故尚書魏象樞謂生平願見而不得者二人，則中孚與黃宗羲也。是其學行昭著，爲關中大儒，二百年前早有定論，與顧炎武、黃宗羲諸人殆難軒輊，而起自孤童，饑寒困苦，卓然能自樹立，尤有人所難能者。」[77]此疏文反映一客觀事實，即肯認清初五大儒即顧炎武、王夫之、黃宗羲、孫奇逢、李二曲對學術及社會的貢獻，而前四位大儒已先後入祀，唯漏李二曲，學界感到相當可惜，且李二曲爲關中大儒，其品格及學問，都受到地方相當的推崇。並說明李二曲從祀文廟延宕的緣由：「宣統元年四月，盩厔知縣左一芬稟請前督臣升允奏懇從祀文廟，未及核辦卸事，移交前護督臣已革甘肅布政使毛慶蕃，於是

75　卷十八〈書三・答范彪西徵君〉，頁 197。

76　〈附錄四・序跋・二曲集序〉，頁 709。

77　〔清〕吳懷清撰，陳俊民校編：《關中三李年譜》之〈二曲先生年譜附錄下〉，台北：允晨文化，1992，頁 221-222。

年十一月，專摺具奏在案，原摺留中未發。仰測聖意，蓋以該藩司系
革職人員，不應陳奏事件，非謂李中孚不當從祀也。臣到任後，時與
陝甘人士相接，復多以此爲請，實出眾論之公，初非阿私所好。」[78]換
言之，由於職務移交，承辦官員爲革職之員，不適合陳奏，後因其新
任此職，又陝西地方人士多爲李二曲能入祀請命，此實爲民意所趨，
非出乎個人喜好。其次，並說明查訪民間，得知李二曲相關著作在民
間對於百姓的影響力，而李二曲之學，本諸王陽明之學，且融會程朱
之學，爲體用兼賅之學，實對於知識份子的學問及事功有莫大的助益：
「查李中孚所著《二曲集》、《四書反身錄》，久已流行於世，雖賅博不
及《日知錄》、《明儒學案》等書，而純粹以精，則孫奇逢《夏峰語錄》
之比……洵足以針頑懦儆詖僻。我皇上典學伊始，聖治日新，似宜表
彰真儒，保存國粹，合無仰邀天恩，俯准將故儒李中孚從祀文廟，以
端學術而正人心，天下幸甚。臣聞日本之強也，雖由效法西人。而得
力實在中國之王學，彼中杰士不諱言之。中孚之學，本諸守仁，而於
程朱奧義，亦能融會貫通，故所言多精實有用。誠使承學之士誦習其
書，沈潛玩味，咸能提醒此心，則天下無不可通之學問；咸能堅苦自
勵，則天下無不可成之事功。經正民興，邪慝不作，轉弱爲強之機，
固在此而不在彼。迂陋之見，是否有當，理合恭摺申請，伏乞皇上聖
鑒訓示。謹奏。」[79]

第三節　李二曲之學思歷程

　　由明清之際的時代背景，與李二曲的生平的概括瞭解基礎下，本
節欲探究李二曲學思歷程轉折，透過整體宏觀檢視李二曲的學思歷
程，以時間區隔可分爲三個階段：第一個階段，順治十三年（1657）
前，爲李二曲自九歲至三十歲；第二個階段，爲順治十四年（1658）

---

78 同註77，頁222-223。
79 同註77，頁223。

至康熙八年（1669），值李二曲三十一歲至四十三歲；第三個階段，為康熙八年（1669）以後，即李二曲四十三歲以後。李二曲分別在這三個階段中，有何趨向重心，而階段與階段間，不同差異為何？造成改變的因素為何？

一、順治十三年以前

〈崇禎七年乙亥〉，李二曲九歲：

> 九歲始入小學，從師發蒙。讀《三字經》，……後隨母舅讀《學》、《庸》，舊疾時發，作輟不常。[80]

〈崇禎十七年甲申－順治元年〉，李二曲十八歲：

> 於是取舊所讀《學》、《庸》，依稀認識，至《論》《孟》則逢人問字正句。……親友有貽以《海篇》者，遂隨讀隨查，由是識字漸廣，書理漸通，熟讀精思，意義日融，然後遞及於經。[81]

〈順治二年乙酉〉，李二曲十九歲：

> 壁經既治，乃借《易》以讀。入夏，偶得《周鍾制義》全部，見其發理透暢，……始借讀《春秋》《公》《穀》《左氏》、《性理大全》、《伊洛淵源錄》。見周程張朱言行，掩卷嘆曰：「此吾儒正宗，學而不如此，非夫也！」[82]

〈順治三年丙戌〉，李二曲二十歲：

> 借讀《小學》、《近思錄》、《程子遺書》、《朱子大全集》。……表其門，曰「大志希賢」。[83]

〈順治四年丁亥〉，李二曲二十一歲：

> 借讀《九經郝氏解》、《十三經註疏》，駁瑕糾謬，未嘗盡拘成說。[84]

80　同註5，頁625。
81　同註5，頁627。
82　同註5，頁627。
83　同註5，頁629。
84　同註5，頁630。

〈順治五年戊子〉，李二曲二十二歲：

　　借讀司馬公《資治通鑑》、文公《綱目》暨《記事本末》等集。
　　[85]

〈順治六年己丑〉，李二曲二十三歲：

　　借讀《大學衍義》、《文獻通考》、杜氏《通典》、鄭樵《通志》、
　　《二十一史》。謂：「《函史》下編，與《治平略》、《文獻通考》
　　相表裡，有補治道。《函史》上編、《史纂左編》不過分門分類，
　　重疊可厭，然猶不失為史學要冊。若夫卓吾《藏書》，反經橫議，
　　害教不淺。其《焚書》可焚，而斯書尤可焚也。」[86]

〈順治七年庚寅〉，李二曲二十四歲：

　　數載之間，上自天文河圖、九流百技，下至稗官野史、壬奇遁
　　甲，靡不研極，人因目為「李夫子」，雖兒童走卒，咸以「夫子」
　　呼之矣。[87]

〈順治九年壬辰〉，李二曲二十六歲：

　　閱《道藏》。[88]

〈順治十年癸巳〉，李二曲二十七歲：

　　閱《釋藏》，辯經、論、律三藏中之謬悠。他若西洋教典、外域
　　異書，亦皆究其幻妄，隨說糾正，以嚴吾道之防。[89]

〈順治十二年乙未〉，李二曲二十九歲：

　　究心經濟。[90]

〈順治十三年丙申〉，李二曲三十歲：

　　先生目擊流寇刦掠之慘，是年究心兵法。[91]

　　綜觀上引所得之線索，可知，李二曲在三十歲之前，其學術研究

85　同註 5，頁 630。
86　同註 5，頁 630-631。
87　同註 5，頁 632。
88　同註 5，頁 633。
89　同註 5，頁 633。
90　同註 5，頁 633。
91　同註 5，頁 634。

取向，整體而言，是偏重在讀書工夫，且是博覽群籍，若再將此階段的學術涉獵取向，再予以細部區分，大約可分爲三方面予以剖析：首先，可知於二十三歲前，李二曲所借讀的書籍，大致以儒學傳統書籍爲範圍，透過借讀《性理大全》、《伊洛淵源錄》、《小學》、《近思錄》、《程子遺書》、《朱子大全》，這是屬於周程張朱之學。亦閱讀《春秋公穀左氏》、《九經郝氏解》、《十三經注疏》屬於經學；閱讀《資治通鑑》、《文公綱目》、《記事本末》、《大學衍義》、《文獻通考》屬於適用類的適用之書；杜氏《通典》、鄭樵《通志》、《二十一史》屬於史學之類。

其次，李二曲在二十四歲時，讀書的內容範圍，有了改變，不再偏限儒學，而是將範圍擴展，往其他領域探索，增加學問的廣度，除博涉天文、九流百技、稗官野史，李二曲在二十六歲及二十七歲，透過閱讀《道藏》、《釋藏》，瞭解釋道二氏之學。這是兩個重要的治學版圖的擴增，對於李二曲思想的風格及學術態度有重要的影響，其思想爲何能打動人心？爲何能出入儒釋道三家之學，並能以較理性的態度，面對不同主張，進行持平中肯的對話？這都是李二曲在其治學中，有如此的學習經驗。

而李二曲在二十九歲至三十歲，李二曲開始著重經濟及兵法。李二曲在三十歲前的借讀過程，實隱約呈顯其未來的治學部分規模，可以說其「體用全學」之「明體中之功夫」及「適用類」的主張（於本文第二章有相關闡述），實脫胎於其自身的學習過程。

除閱讀之外，李二曲亦有撰述辯訂：著有《十三經注疏糾謬》、《二十一史糾謬》，對《道藏》玄科三洞、四輔、三十六類，每類逐品一一寓目，覆其真贋駁其荒唐，並析辨《釋藏》經、論、律三藏中之謬悠。另亦規畫政體。駱鍾麟在卷十二〈匡時要務〉序中云：「先生甫弱冠，即以康濟爲心，曾著《帝學宏綱》、《經筵僭擬》、《經世蠡測》、《時務急策》等書，其中天德王道，悲天憫人，凡政體所關，靡不規畫。」[92]重在經世致用與考據。「先生少時，慕程伊川上書闕下，邵堯夫慷慨功名，遂有康濟斯世之志。嘗著《帝學宏綱》、《經筵僭擬》、《經世蠡測》、

---

92 卷十二〈匡時要務‧序〉，頁 103。

《時務急策》等書，憂時論世，悲天憫人，蓋不啻三致意焉。既而盡焚其稿，謝絕世故，閉戶深居，獨以明學術、正人心、繼往開來為己任。」[93]但至後期，李二曲治學轉向，「其接人有數等，中年以後，惟教以返觀默識，潛心性命；中年以前，則殷殷以明體適用為言。」[94]中年以後，李二曲側重義理心性，反身悔過，因而對於之前所撰著之《十三經注疏糾謬》、《二十一史糾謬》、《易說象數蠡測》認為「無當身心，不以示人」[95]。至於《帝學宏綱》、《經筵僭擬》、《經世蠡測》、《時務急策》等書，也因李二曲「雅意林泉，無復世念，原稿盡付『祖龍』」[96]，所以《帝學宏綱》、《經筵僭擬》、《經世蠡測》、《時務急策》等書都未有傳本。對此中之轉變，可由其評顧炎武《日知錄》中觀得：

> 友人有以「日知」為學者，每日凡有見聞，必隨手劄記，考據頗稱精詳。余嘗謂之「日知」者，無不知也，當務之為急。……若舍卻自己身心切務，不先求知，而惟致察於名物訓詁之末，豈所謂急先務乎？假令考盡古今名物，辨盡古今疑誤，究於自己身心有何干涉？誠欲「日知」，須日知乎內外本末之分，先內而後外，由本以及末，則得矣。[97]

對於顧炎武將日增見聞，精於考證，即是日知，李二曲以為這只是名物訓詁，屬於為學之末，他更著重在是否對身心有助益，日知應是明瞭本末內外之分，而以本為當務之急。

二、順治十四年至康熙八年

李二曲注重經濟及兵法的經世思想，在李二曲三十一歲時，卻產生轉折改變，關鍵原因，乃是李二曲因患病透過靜攝，進而發現「默坐澄心」的重要：

---

93 同註 31，頁 606。
94 卷七〈體用全學‧識言〉，頁 48。
95 〈附錄二‧國史儒林本傳〉，頁 603。
96 同註 92，頁 103。
97 卷四十〈四書反身錄‧論語下‧子張〉，頁 508。

〈順治十四年丁酉〉，李二曲三十一歲：

> 夏秋之交，患病靜攝，深有感於「默坐澄心」之說，於是一味切己自反，以心觀心。……其《自題》有云：「余初茫不知學，泛濫於群籍，汲汲以撰述辯訂為事，以為學在是矣。三十以後，始悟其非，深悔從前之誤。自此鞭辟著裏，與同人以返觀默識相切砥，雖居恆不廢群籍，而內外本末之辨，則析之甚明，不敢以有用之精神，為無用之汲汲矣。」[98]

李二曲透過不斷地自反觀心，對於默坐有切身的體驗，「久之，覺靈機天趣，流盎滿前，徹首徹尾，本自光明。」因此，李二曲因其親身的相關驗證，對過往的認知，有番重新的體悟，對自我學習予以調整修正，所以「自是屏去一切，時時返觀默識，涵養本源。閒閱濂、洛、關、閩及河、會、姚、涇論學要語，聯以印心。」換言之，李二曲重新定位「學」的真義，此時李二曲仍有讀書，但讀書的目的是在與心互相印證。對於早期誤認「學」即是以博覽群籍及撰述辯訂爲導向深感懊悔，現雖仍閱覽群籍，但能清楚內外本末之辨。這番病後體悟，在卷五〈錫山語要〉同樣記載，有人因疑而問李二曲：「聞先生亦嘗著《易說》及《象數蠡測》，今乃云云何也？」[99]李二曲也作了說明：「此不肖既往之祟也。往者血氣用事，學無要領，凡讀書談經，每欲勝人，以爲經莫精於《易》，於是疲精役慮，終日窮玄索大，務欲知人所不知，一與人談，輒逞己見以傾眾聽。後染危疾，臥牀不談《易》者半載，一息僅存，所可以倚者，唯此炯炯一念而已，其餘種種理象繁說，俱屬葛藤，無一可倚。自是閉口結舌，對人不復語及。蓋以《易》固學者之所當務，而其當務之急，或更有切於此也。」[100]可知，李二曲三十歲以前走的是程朱的讀書窮理路徑，三十一歲時，即以「默坐澄心」屬王陽明的路徑爲本，以程朱讀書路徑爲末，二者可分別視爲李二曲「體用全學」之「明體類」中的「明體中之明體」及「明體中

---

98 同註 5，頁 634-635。
99 卷五〈錫山語要〉，頁 40。
100 同註 99，頁 40。

之功夫」的雛型（相關闡述，請參閱本文第二章）。

〈順治十六年己亥〉，李二曲三十三歲：

> 其學以「慎獨」為宗，以「養靜」為要，以「明體適用」為經
> 世實義，以「悔過自新」為作聖入門。[101]

李二曲在三十三歲時，雖標出「明體適用」為經世之實質內涵，但其「體用全學」的思想尚未成熟，此時著重於其所拈出「悔過自新」命題，以此為修養入聖之門。近人陳祖武指出李二曲「悔過自新」的提出，不是一個偶然的學術現象：「它是清初動盪的社會現實的必然產物。明清更迭，滄海桑田。世代相守的朱明王朝，倏爾之間為農民起軍所埋葬，旋即又是地處東北的少數民族政權君臨天下。……黃宗羲呼之為『天崩地解』，顧炎武把它說成是『天崩地坼』，就是這個道理。面對社會的大動盪，清初知識界中人憂國憂民，與之風雨同舟，正氣耿然，史不絕書。可是，隨著科舉取士制度的恢復，追名逐利者有之。目睹嚴酷的現實，固守遺民矩矱的李顒，當然為之痛心疾首，要視之為禮義廉恥的淪喪了。對社會的責任感，激使他去探尋『禮義廉恥之大閑』的途徑。」[102]

〈康熙二年癸卯〉，李二曲三十七歲：

> 一友患食積，王（省菴）教以服消積保中丸，先生因言：『凡痰
> 積、食積，丸散易療，唯骨董積，非藥石可攻。』……『詩文
> 盛世，無關身心，聲聞遠播，甚妨靜坐。二者之累，廓清未盡，
> 即此便是積；廣見聞，博記誦，淹貫古今，物而不化，即此便
> 是積；塵情客氣，意見識神，一毫消鎔未盡，即此便是積；功
> 業冠絕一世，而胸中功業之見，一毫消鎔未盡，即此便是積；
> 道德冠絕一世，而胸中道德之見，一毫消鎔未盡，即此便是積。
> 以上諸積，雖淺深不同，其為心害則一，總之皆骨董積也。誠
> 知吾性本體，原無一物，自爾忘其所長，忘而又忘，并忘亦忘，

101　同註 5，頁 636-637。
102　陳祖武：〈李二曲思想研究〉，《淡江史學》第五期(1993，6)，頁 189。

始謂之返本還源，始謂之安身立命。」[103]

〈康熙七年戊申〉，李二曲四十二歲：

> 答問之語，詳具〈東行述〉，而安身立命之微，則見於含章所錄
> 之〈學髓〉，東人寶焉。[104]

〈康熙八年己酉〉，李二曲四十三歲：

> 與同遊發明「洗心藏密」之旨甚悉。乘便東遊太華，張敦庵聞
> 而迎至同州，朝夕親炙，錄其答語為〈體用全學〉，李文伯錄其
> 答語為〈讀書次第〉。[105]

李二曲門人錄其答語成為〈體用全學〉，其中明體類及適用類的學
問格局，使「明體適用」成為更完整的的學說，從體用之關係探究經
世問題，乃是李二曲經世思想之特色。陳祖武指出：「『明體適用』學
說，是李顒在中年以後，思想趨於成熟的標誌。它一反宋明以來傳統
儒學重體輕用的積弊，立足於動盪的社會現實，對數千年來的儒家所
主張的『內聖外王』之道進行了新的闡釋，具有鮮明的經世色彩……
『明體適用』說是李二曲思想最為成熟的形態，也是他全部學說中最
有價值的部份。」[106]

三、康熙八年以後

李二曲經世思想之後發生了轉折，從以政治為主要內容，轉為以
「明學術」、「醒人心」的講學教化。

〈康熙九年庚戌〉，李二曲四十四歲：

> 因友人言及時務有感，歎曰：「治亂生於人心，人心不正則致治
> 無由，學術不明則人心不正。故今日急務，莫先於明學術，以
> 提醒天下之人心。」自此絕口不談經濟，惟與士友發明學問為
> 己、為人、內外、本末之實，以為是一己理欲消長之關。君子

---

103 同註 5，頁 640-641。
104 卷四十五〈歷年紀略〉，頁 569。
105 同註 5，頁 650。
106 同註 102，頁 194。

　　　　小人之所由分，即世道生民治亂安危之所由分也。[107]

　　李二曲此時的重心，體現在明學術、正人心的社會教化，並進而提出「大丈夫無心于斯世則已，苟有心斯世，須從大根本、大肯綮處下手，則事半而功倍，不勞而易舉。夫天下之大根本，莫過於人心；天下之大肯綮，莫過於提醒天下之人心。然欲醒人心，惟在明學術，此在今日為匡時第一要務。」[108]而此時的明學術、正人心的社會教化能否和經世相聯繫呢？透過對經世義涵的考察[109]。可知，李二曲是以正人心為重點的倡道救世事業，是從精神或文化層面，關係著社會各階層道德水準的高低、精神氣質的優劣、社會風氣的好壞等，亦即其重心在建構、完善和維護社會的精神文化價值系統。[110]

　　李二曲晚年對講學之事，仍念念不忘，卷十七〈書二・與周星公太史〉：「弟閉關養痾，久已與世暌絕，灰心槁形，兀坐待盡，而耿耿不忘者，實以學術不明，人失其心。深望海內大有心人，提倡救正，力障狂瀾。」[111]李二曲五十九歲作書答許學憲云：「世道隆污，由正人盛衰；而正人盛衰，由學術明晦。故學術明則正人盛，正人盛則世道隆，此明學術所以為匡時救世第一務也。」[112]隔年又致書云：「督學，學術之宗，人才風教所從出也。以正學為督，則人以正學為尚。

107　同註 5，頁 651。
108　同註 92，頁 104。
109　參閱林樂昌：〈李二曲的經世觀念與講學實踐〉，《中國哲學史》第 1 期 (2000)，頁 117：「若對『經世』的內涵做更為完整的考察，似有必要將其區分為三個層面。第一，是制度或政治的層面，包括典章法制的沿革，政治準則的釐定，對國家、社會事務的掌管和治理；還包括對以上諸項的批評或重構等⋯⋯這一層面，直接關係著國家和社會的治亂。第二，是物質或經濟的層面，亦即『開物成務』，諸如農工商賈、水利漕運、兵馬錢糧等，一應有關國計民生的實際事務都包括在內。這一層面，直接關係著國家的強弱和社會的盛衰。第三，精神或文化的層面，其重心在於建構、完善和維護社會的精神文化價值系統，以範導和整合『世道人心』，它關係著社會各階層道德水準的高低、精神氣質的優劣、社會風氣的好壞等等。上述三個層面，體現了儒家重建社會秩序的全面要求。」
110　同註 109，頁 117。
111　卷十七〈書二・與周星公太史〉，頁 183。
112　卷十七〈書二・答許學憲〉，頁 172。

學正則心正，心正則立身行己無往非正。正人多，而後世道生民有所
賴。薛、陳、耿、周諸公之提督學校也，先本後末，咸以倡明正學為
第一義。當是時，士謹繩墨，人崇禮教，各往往格物以窮理，居敬以
反身，二者並修。日充月著，雖《中庸》之流，亦奉訓承式不敢悖；
風聲所鼓，即閭巷父兄長老，亦知誦說古誼以自淑。」[113]

　　茲將上述相關重點，藉由表格條列，以明李二曲學思歷程所側重
的面向及轉折：

階　段	年　齡	李二曲之學思歷程	體用全學形成	
第一階段	9歲	讀《三字經》		讀書
	16歲	著《帝學宏綱》、《經筵僭擬》、《經世蠡測》、《時務急策》等書	政體規劃	
	18歲	取舊所讀《學》《庸》……《論》《孟》則逢人問字正句	四書	
	19歲	借讀《春秋公穀左氏》、《性理大全》、《伊洛淵源錄》	明體中之功夫	
	20歲	借讀《小學》、《近思錄》、《程氏遺書》、《朱子大全集》	明體中之功夫	
	21歲	借讀《九經郝氏解》、《十三經註疏》，駁瑕糾謬。	經史考證	
	22歲	借讀司馬溫公《資治通鑑》、《文公綱目暨紀事本末》。	讀書次第之史	
	23歲	借讀《大學衍義》、《文獻通考》、杜氏《通典》、鄭樵《通志》、《二十一史》、《十三經註疏》。	適用類	
	24歲	上自天文《河圖》、九流百技，下至稗官野史、壬奇遁甲，靡不究極。	博覽群籍	
	26歲	閱《道藏》	道氏之說	
	27歲	閱《釋藏》……他若西洋教典、教外異書。	釋氏之說	

第一階段	29 歲	究心經濟	適用類之經濟	讀 書
	30 歲	究心兵法	適用類之兵法	
第二階段	31 歲	患病靜攝，深有感於默坐澄心……間閱濂洛關閩及河會姚涇論學要語。	默坐澄心	靜坐主讀書輔
	33 歲	其學以「慎獨」為宗，以「養靜」為要，以「明體適用」為經世實義，以「悔過自新」為作聖入門。	明體適用	靜坐主讀書輔
	37 歲	詩文盛世，無關身心，聲聞遠播，甚妨靜坐。二者之累，廓清未盡，即此便是積	明體中之明體	靜坐主讀書輔
	42 歲	答問之語，詳具〈東行述〉，而安身立命之微，則見於含章所錄之〈學髓〉，東人寶焉。	明體中之明體	講 學
	43 歲	與同遊發明「洗心藏密」之旨甚悉……錄其答語為〈體用全學〉，李文伯錄其答語為〈讀書次第〉。	體用全學	講 學
第三階段	44 歲	「……故今日急務，莫先於明學術，以提醒天下之人心。」自此絕口不談經濟。	明學術醒人心	講 學
	45 歲	從遊者錄其言，為〈兩庠彙語〉……超與濟生錄之為〈東林會語〉……會講明倫堂，門人錄其答語為〈靖江語要〉。	明學術醒人心	講 學
	47 歲	講學於關中書院	明學術醒人心	講 學
	53 歲	其答人問學之語，門人錄之，名曰〈富平答問〉。	明學術醒人心	
	56 歲	刻先生〈塈室錄〉	明學術醒人心	
	59 歲	許督學孫荃捐俸梓布先生《四書反身錄》	明學術醒人心	

第三階段	62 歲	先生授肘後牌，汝修錄之名曰〈授受紀要〉	明 學 術	
	65 歲	高爾公爲刊《二曲集》	醒 人 心	
	71 歲	先生出示 19 年前所輯〈司牧寶鑑〉，倪即序而梓行。		
	77 歲	令其子慎言捧《二曲集》、《四書反身錄》二書，謝恩於行宮。		

　　王維戊在〈附錄二·關學續編本傳〉云李二曲：「學不由師，未冠即能卓然志道據德，中年以還，指示來學，諄諄揭『改過自新』爲心課，『盡性無欲』爲究竟，以『反身』爲讀書要領，『名節』爲衛道藩籬，則於聖學宗傳，益覺切近精實。雖顏、孟、周、程復起，無以易也。」[114]

第四節　李二曲之思想淵源

　　李二曲明末清初儒者，其講學因材施教，應病與藥，由其弟子王心敬集刊的《二曲集》可知，李二曲的思想主要體現於《二曲集》，《二曲集》或引用《四書》、《六經》、宋明諸儒語錄著作之經句，或提及經典的名字，由此即可從側面反應出李二曲思想之淵源，因此，藉由釐清《二曲集》中所引的幾部經典，實不失爲了解李二曲思想淵源的一個進路。其思想有源自孔孟之學、有源自程朱之學、有源自陸王之學、有源自關中之學、有源自實學，本節主要就此五方面，瞭解其淵源所自。

　　源自孔孟之學：李二曲的「體用全學」思想，爲經過對元明空談性理之學的批判與超越，回歸到先秦孔孟儒學，而其主要的學術淵源爲孔孟的心性之學。「二曲先生崛起道敝學湮之後，不由師傳，獨契聖

---

114 同註 7，頁 617。

真，居恒所以自治與所以教人。一洗從前執方拘曲之陋，而獨以《大學》『明新止善』之旨為標準。其言曰：『真知乃有實行，實行乃為真知；有真本體乃有真工夫，有真工夫乃為真本體。體用一原，天人無二。』信斯言也！博文約禮，天德王道，一以貫之。不惟世儒門戶之獄片言可折，即朱、陸、薛、王之學殊途同歸，百慮一致，不惟不悖，而反相為用；并異同之形，亦可以不存，蓋自是而聖學始會極歸極於孔孟矣。自昔論者謂朱子集諸儒之大成，王文成接孔孟之真傳，然皆不免於偏重之勢，以啓天下後世紛紛之爭。自先生出而不為含糊兩可之說，而數百年不決之訟，獨能悉泯於無形，以融諸一途，相携而論，將所謂集諸儒之大成、接孔孟之真傳者，識者知其端有攸歸矣。」[115]
李二曲以「孔孟之心印，講學風微，聖道如綫，而能慨然自任，為真儒以思紹述，又詎易言哉！」[116]「先生之學，為孔孟有體有用、經世善俗之學。」[117]清代學者李足發在《四書反身錄引》中言：「足發……讀先生斯錄，如見先生之心；見先生之心，如見孔曾孟思之心，心心相印，若合符節。」[118]

　　李二曲「聖賢自命，映雪囊螢，下帷稽古，邃遡《六經》，以及諸子史記百家緯文毖典，靡不甄極浩淼，奧博宏通。而出入新建，根極紫陽，良知誠意，遠接尼山。方岳之眾，始疑既信。今且望室廬而負笈，固不啻鹿洞、鵝湖也。」[119]因此李二曲對於王學與朱學皆是採審慎態度而審視的，對於王學及朱學，都是既有肯定認同，也有批評揚棄。總的來說，其態度是折中朱王，欲使王學與朱學相資互補，反對把二者絕對對立起來相辟相病，要求既探究本性，又注重實用，為其明體適用的歸趣。

　　源自程朱之學：鄭鈺題贊，其贊云：「其服甚古其容舒，其情甚深其心虛。博聞多識，不讀非聖之書；存誠立敬，不求當世之譽。遡洙

115　〈附錄四・新刻二曲先生集序〉，頁 712。
116　同註 19，頁 342-343。
117　〈附錄四・二曲集序〉，頁 714。
118　卷二十九〈四書反身錄・四書反身錄引〉，頁 395。
119　同註 19，頁 340。

泗之淵源，而繼濂洛之正統者，斯爲二曲先生與！」[120]李二曲言明其
承洙泗學統：「學脈最怕夾雜，學術不可不醇。先覺之學脈正而學術醇
者，宋則周、程、張、朱，明則薛、胡、羅、呂、顧、高、馮、辛，
咸言言中正，字字平穩，粹然洙、泗家法，猶布帛菽粟，規矩準繩，
一日不可無，無則不可以爲人。」[121]而此學統爲聖人之學「孔門曾、
卜流派，其爲學也，則古稱先，篤信聖人。」[122]「關中之有二曲先生
爲真儒領袖，巋然以道德名世者也。予嘗慨夫濂洛關閩之傳，自陽明、
近溪之後，而剝蝕殆盡。先生生於百六七十年之後，起而續之，篤信
謹守，富貴淫之不爲溺，異說亂之不爲搖，群毀攻之不爲恤，卒使絕
學既湮而復振，大道已晦而復昭。藉非有先生之賢，而何以至此；藉
非有太君持身如玉，愛子若珠之賢，而先生何以至此。今先生年未四
旬，而學已追乎古人，名已走於海內，任道擔當，力振絕諸，識者以
爲有孟子之風，與陽明、近溪諸君子共爲當世之學者所師。且使天下
後世之人，讀其書而皆稱之，皆歎之曰：『二曲先生之賢也，由其有賢
母而乃以有成也。』」[123]

　　源自陸王之學：李二曲學說思想「上繼關閩濂洛之統，近守白沙、
陽明之傳。」[124]李二曲肯認陽明「良知之說，雖與程朱少異，然得此
提唱，人始知契大原，敦大本。」[125]並言陸王心學之流「陸、吳、陳、
王、心齋、龍谿、近溪、海門乃鄒、孟流派，其爲學也，自己自認，
不靠見聞，亦不離見聞。」[126]是屬孔門鄒孟流派，主張不靠不離見聞，
重在反己體認。李二曲對於王學泰州學派王艮（1483~1541）等人之
自勵自奮予以高度讚許，並著《觀感錄》期勵人勵己：「慨然有慕乎古
聖賢之學，凡濂洛關閩之書無不窺。嘗編次《觀感錄》，取王心齋艮、

---

120 同註 5，頁 654。
121 卷十五〈富平答問‧附授受紀要〉，頁 135。
122 同註 121，頁 136。
123 卷二十五〈家乘‧書彭太君教育〉，頁 337-338。
124 同註 25，頁 334。
125 同註 121，頁 135。
126 同註 121，頁 136。

周小泉蕙、朱光信恕、李明祥珠、韓樂吾貞、夏雲峰廷美、林公敏訥、
朱子節蘊奇諸子之言，各載其本末，蓋以數子者，或起商賈，或起戍
卒、鹽丁、胥吏之屬，卒成理學巨儒，為跡本凡鄙卑賤者勉。」[127]

　　源自關學：至於李二曲與張載關學的關係，李二曲與關學的關係，
是清人提出。全祖望（1705~1755）認為：「關學自橫渠而後，三原
（1474~1555）、涇野、少墟，累作累替，至先生（李二曲）而復盛。」
[128]但今人侯外廬在《中國思想通史》（卷四上）提出不同的看法，他
認為「關學當時與洛學、蜀學相鼎，但北宋亡後，關學就漸歸衰熄。」
今人陳俊民在《張載哲學思想及關學學派》一書中提及，關學發展「大
體經歷了北宋、元明、清初的形成、發展和終結三個主要時期。」清
初李二曲在總結、批判理學的思潮中，突出發達了關學「精思力行」、
「明體適用」的特殊精神，「使作為理學的關學轉入終結時期，七百年
的關學風氣，漸成頹勢。」晚明自馮少墟（1555~1627）後，尚有馬
二岑（1474~1555），但其影響有限，後又因抗流寇而早死，李二曲以
闡明關學為己任，門人甚多，形成清初關中理學一派，於呂涇野
（1479~1542）、馮少墟之後，關學不墜，實功在李二曲。可知，李二
曲對於涇野及少墟之說必有相當之因承。

　　李二曲提到關中之學久以衰微的客觀事實，後得焦澹園
（1540~1620）的注重，「關中學脈，自呂、馮而後，久已絕響，得澹
園注意。余方藉為歲寒盟，而一旦溘然，吾道益孤之歎。」[129]李二曲
認為《馮少墟集》是理學書籍中最為醇粹：「近代理學書，《讀書》、《居
業》二錄外，惟《馮少墟集》為最醇……馮集徹首徹尾，乾乾淨淨，
粹然無瑕。」[130]與薛敬瑄（1389~1464）《讀書錄》互為表裡，對於馮
少墟的其他著作也相當嘉許：「《辨學錄》、《善利圖》、《講學說》、《做
人說》，開關啟鑰，尤發昔儒所未發，尤大有關於世教人心。」[131]李

127　同註 11，頁 331。
128　同註 50，頁 612。
129　卷二十一〈墓誌行略墓碣‧書太史周澹園墓碑後〉，頁 269。
130　卷十六〈書一‧答吳滄長第三書〉，頁 156。
131　卷十九〈題跋‧題馮少墟先生全集〉，頁 221。

二曲以爲自張橫渠（1020~1077）之後，諸儒著述中，只有呂涇野、馮少墟足堪以繼其絕響，「雖未洞本徹源，上達性天，而下學繩墨，確有發揮。呂之遺書，如《四書因問》、《史約》、《文集》，未免散漫，惟《語錄》議論篤樸，切於日用。馮之全集，與薛文清《讀書錄》相表裏。」[132]且馮少墟與東林顧涇陽（1550~1612）、高景逸（1562~1626）同時鼎足倡道，領袖斯文。但相較於馮少墟，顧、高二人之學，雖亦醇正，但李二曲以爲其遺集散作，仍未脫文字氣習，兼多閒議論應酬，往往旁及世故，識者不無遺憾；馮少墟則詞無枝葉，語不旁涉，精確痛快，愜人心目。李二曲以「關學一脈，張子開先，涇野接武，至先生（少墟）而集其成，宗風賴以大振。」[133]而李二曲有以繼馮少墟之後，振興關中之學自視：「關中道學之傳，自前明馮少墟先生後寥寥絕響，先生起自孤寒，特振其宗風。然論者以爲少墟尚處其易，而先生則倍處其難。」[134]

　　李二曲對於呂涇野及馮少墟思想的承繼，展現在安貧改過的實踐，范鄗鼎在〈二曲集序〉謂：「竊窺先生（二曲）之學，全在躬行；其躬行之實，在安貧改過。或曰《呂文簡語錄》二十七卷，《馮恭定全書》二十四卷，諄諄於安貧改過之間，關中士大夫，夫人而能言之矣！予謂先生之安貧改過，蓋非託之空言，實有見諸行事之深切著明者。」[135]呂涇野對於門生的教誨，「無他，與諸生前日所講安貧改過而已，某平生無過人處，只守拙不改。」（《涇野子內篇》，卷二十四）馮少墟也主張，「學者只凡事淡得下，其識見自別，其品格自高，不患不到聖賢地位。」（《少墟集》，卷四〈示濟寧學諸生〉）李二曲認爲「世人止因居食二端，不知張皇了許多精神，枉用了許多馳騖，若能於此處看得破，於此關打得過，則知『貧』之一字，原無損於性靈；惡衣惡食，原無妨於學道，瀟灑快樂，何等自在。」[136]

132　卷十七〈書二·答許學憲第四書〉，頁 176。
133　卷十七〈書二·答董郡伯第四書〉，頁 181。
134　同註 7，頁 617。
135　同註 117，頁 710。
136　卷十六〈書一·答蔡溪巖隱君〉，頁 154。

　　呂涇野闡揚講學能使學風導正，移風易俗：「民生不安，風俗不美，只是學術不正，學術不正，只爲惟見功利一邊，鮮知道義，所以貴於講學者，又不在言語論說之間，惟在篤行道義，至誠轉移而已。」(《涇野子內篇》，卷十)馮少墟也以講學啓覺人心：「人既皆可以爲堯舜，則世豈不皆可以爲唐虞？今世道不及唐虞，只是人不皆爲堯舜耳，若是吾輩大家著實講明，以斯道覺斯民，則人皆爲堯舜，則世即可爲唐虞矣。」(《少墟集》，卷十五〈答楊原忠運長〉)、「世道之所以常治而不亂者，惟恃有此理學之一脈，亦惟恃有此講學之一事。」[137]李二曲承繼呂、馮對講學的注重，主張「立人達人，全在講學；移風易俗，全在講學；撥亂返治，全在講學；旋乾轉坤，全在講學。」[138]

　　呂涇野門人曾提問，論舉業、德業是否爲二？呂涇野主張舉業與德業合一：「舉業中即寓德業，試觀所讀經書及應舉三場文字，何者非聖賢精切之蘊，仁義道德之言？試以是體驗而躬行之，至終其身不易，德業在是矣。」(《涇野子內篇》，卷十)馮少墟門人亦問及理學與舉業是相同或是相異？馮少墟認爲能將所學習實踐即是理學：「以舉業體驗於躬行，便是真理學，以理舉發揮於文辭，便是好舉業，原是一事，說不得同異。」(《少墟集》，卷十一〈河北西寺講話〉)李二曲亦承繼呂、馮主張，主張若能躬行實踐所習，舉業即德業：「『舉業』云者，言其修明體適用之業，舉而用之也。其制曷嘗不善。試以《五經》《四書》，欲人之明其體也；試以論，欲人之有蘊藉也；試以策，欲人之識時務也。表以觀其華，判以驗其斷。從是科者，果能一一本之躬行心得之餘，而可效諸用，則『舉業』即「德業」矣。」[139]

　　呂涇野主張透過盡己之性達成孝親：「非盡性不足以事親。」(《涇野子內篇》，卷一)馮少墟亦申言孝弟之道，「堯舜之道，孝弟而已。宗族稱孝，鄉黨稱弟者，又止爲士之次，何也？蓋堯舜之孝弟，是造道之極，滿孝弟之量者也。……人安於天資之美，未加學問之功，安

137　卷十二〈匡時要務〉，頁106-107。
138　同註137，頁105。
139　卷十一〈東林書院會語〉，頁97。

於一節之善，未滿分量之全，所以爲士之次。」(《少墟集》，卷十四〈孝弟說別孫生繩祖〉)李二曲也主張孝弟思想：「能孝、能弟，固是實學，然此能孝、能弟之端，從何而發？滿孝、滿弟之量，賴何而充？……聖賢之道，雖不外於孝弟，而知孝、知弟，則必有其源，源濬則千流萬派，時出無窮，萬善猶裕，矧孝弟乎！故不待勉於孝，遇父自能孝；不待勉於弟，遇兄自能弟。」[140]

　　源自實學[141]：李二曲摒除空虛學風，承繼發揚元明漸成之實學思潮，而倡「明體適用」，於卷十四〈盩厔答問〉及〈四書反身錄〉反覆闡明此觀點。李二曲「儒者之學，明體適用之學也。秦漢以來，此學不明，醇厚者梏於章句，俊爽者流於浮詞。」[142]「吾人自讀《大學》以來，亦知《大學》一書爲明體適用之書，《大學》之學乃明體適用之學。當其讀時，非不終日講體講用，然口誦而衷離，初何嘗實期明體，實期適用，不過藉以進取而已矣。是以體終不明，用終不適，無惑乎茫昧一生，學鮮實際。」[143]改正宋明以來把儒學作爲單純的章句之學、流於浮詞以空談心性、游談無根的惡劣學風，還原傳統儒學「經世致用」宗旨。

140　卷九〈東行述〉，頁 66。

141　張永儁：〈清代哲學思想的歷史轉折及其發展〉(第 11 屆國際中國哲學會議：「跨世紀的中國哲學：總結與展望」)：「『實學』這一概念內涵很廣泛，並無確定的解釋範圍，大致說來，不外乎幾種學說。一、有確鑿的證據可資實證的。二、實有其事非徒託空言，推行之可產生確實之效驗的。三、不離乎人倫日用可以躬行踐履的。四、依據孔孟五經不雜於佛老，不違背聖賢教訓的。五、可以經世致用，產生實利實功的。清初諸儒所提倡的『實學』之『實』，雖然表面上是對治於理學之『虛』，是反對理學的空談心性，談玄說妙而導致空疏玄遠，不能經世致用的抽象思辨的學風。實際上，清初的『實學』，並不是與理學完全對立的，而是發揚先秦儒學兩個不同側面。理學著重在抽象思維與直觀體驗，旨在參證義理；『實學』則著重在實證實知，實行實功，旨在經世致用。二者都是弘揚原始儒學與三代理想，據以弘揚教化、端本善俗的『復古開新』。換言之，實學思潮是在『天崩地解』的歷史遽變後，儒家通過自我批判、自我調整，『黜虛崇實』，所採取的一經治學新態度、新學風；面對國族陵夷，社會動亂，自覺選擇的一種新思維新趨向。」

142　卷十四〈盩厔答問〉，頁 120。

143　卷二十九〈四書反身錄‧大學〉，頁 401。

第二章　李二曲「體用全學」之義涵

本章旨在瞭解李二曲思想中，何以「體用全學」爲其思想的重心主軸？「體用全學」的提出是基於何種背景？「體用全學」的內容爲何？「體用全學」所欲解決的問題爲何？因此，藉由「體用全學」之義涵、「體用全學」之「明體」、「體用全學」之「適用」等面向，以揭示李二曲「體用全學」之義涵，作爲建立本文發展主軸架構之張本。

第一節　「體用全學」之義涵

理學分成程朱、陸王兩大派。從朱陸異同之辨到後學互相論難，彼此門戶之見甚深。李二曲對兩家的評論，不帶任何成見，而是對雙方的優劣得失，作了持平而中肯的剖析，並提出自己的見解。

> 姚江、考亭之旨，不至偏廢，下學上達，一以貫之矣。故學問兩相資則兩相成，兩相闕則兩相病。[1]

李二曲認爲程朱與陸王兩家之學，各有優長，學者應兼採各家之長，內外雙修，本末兼具，才能成就大業。李二曲對所承繼之理學系統，認爲學術之有程朱、陸王，就「猶車之有左輪，有右輪，缺一不可，尊一闕一皆偏也。」[2]擇其長之處，有所繼承，其弊之處，有所揚棄批判，且設法補弊，透過兼採眾長「未嘗專主一家，非區區阿其所好，私一姚江，而真是真非之所在，實難自昧。」[3]的方式，提出「學問兩相資則兩相成，兩相闕則兩相病」。但綜觀其學，深入辨析朱陸教

1　卷十五〈富平答問〉，頁 129。
2　卷四十二〈四書反身錄・孟子下・盡心〉，頁 532。
3　卷十八〈書三・答范彪西徵君第三書〉，頁 200。

人之異同，進而探討朱王後學末流之弊，直達朱王學術要旨，其大本以王陽明心學爲宗，即以良知爲本，同時汲取朱熹的主敬窮理存養工夫。李二曲之學，兼採朱學王學之長，而去其短。亦即李二曲在面對所承傳之學術理論，並非是全盤否定或接受，惟此兩種二極化之對立，在面對不同講法具尖銳對峙性時，能在了解其各自義涵與功能的基礎下，進行一種反思擇選，評論其得失之優缺進路，面對差異理解超越整合，見前所未見，真實面對其理論功能在實踐時所遭遇之限制，「天地閒道理，有前賢偶見不及而後聖始拈出者，有賢人或見不及而庸人偶拈出者，但取其益身心，便修證，斯已耳。」[4]當前人（前儒所未言）之理論主張在走入死胡同，他卻能走創出另一條活路，觀其是否能解決所要處理的論題，因而作意義之轉化與革新跳躍。

　　李二曲面臨宋明以來儒學經世致用傳統的漸趨淡化，功利之習、訓詁章句之風漸盛，期欲復興儒學經世致用的傳統學風，以孔孟原典闡釋儒學的精神，標舉明體適用爲努力方向，以達修己治平的性命之學。李二曲的「體用全學」即明體適用、修己、性命之學，相互爲用，通向內聖外王之道，活躍傳統儒學的命脈，復歸孔孟原典要詣。宋明以來理學空疏心性，游談無根，浮詞空疏的不良學風，使理學漸趨衰微，傳統儒學產生危機。其目標在提醒天下人心，關懷人生，昌明學術，康濟群生，匡正時弊，李二曲提出「明體適用」作爲經世致用的實義：

> 其學以「慎獨」爲宗，以「養靜」爲要，以「明體適用」爲經世實義，以「悔過自新」爲作聖入門。[5]
> 其接人有數等，中年以後，惟教以返觀默識，潛心性命；中年以前，則殷殷以明體適用爲言。[6]

　　雖其學問在中年之後有稍許轉折，「中歲始悟其非，恨不能取疇昔記憶，洗之以長風，不留半點骨董於藏識之中，令中心空空洞洞，一

---

4 卷一〈悔過自新說〉，頁 4。
5 卷四十五〈歷年紀略〉，頁 564。
6 卷七〈體用全學・識言〉，頁 48。

若赤子有生之初，其於真實作用，方有入機。」[7]但是「明體適用」仍可視爲其治學的重心主軸，貫串在其整個理論思想。李二曲在面對時儒大都患有「骨董積」之毛病，「學須以悟爲得，否則道理從聞見而入，皆古董塡塞以障靈原者也。」[8]因此，提出了「消積之道」[9]，李二曲從中醫病理學，認爲痰積、食積等病症，透過對症下藥之藥丸，能輕而易舉將其積化散而療癒。但若患較特殊的「骨董積」，如上述五種狀況，其一爲詩文盛世，聲聞遠播；其二廣見聞，博記誦，淹貫古今；其三塵情客氣，意見識神，一毫消鎔未盡；其四功業冠絕一世，而胸中功業之見；其五則道德冠絕一世，而胸中道德之見，此等雜症則無有可對症之藥丸。

　　李二曲倡「體用全學」，何謂「體用全學」？根據其門人張珥在《二曲集》卷七〈體用全學〉謹識李二曲之言：「儒者之學，明體適用之學也。欲爲明體適用之學，須讀明體適用之書；未有不讀明體適用之書，而可以明體適用者也。」[10]另惠龗嗣在卷十五〈富平答問・小引〉亦識李二曲所言：「凡進修之要，性命之微，明體適用之大全，內聖外王之實際，靡不當可而發，因人而啓。要皆口授心受，期於躬體實詣，不以語言文字爲事。」[11]對於「明體適用」的內涵，李二曲將其定義爲：「窮理致知，反之於內，則識心悟性，實修實證；達之於外，則開物成務，康濟群生。夫是之謂『明體適用』。明體適用，乃人生性分之所不容已，學焉而昧乎此，即失其所以爲人矣！」[12]可知李二曲的「體

7　同註1，頁126。
8　卷四〈靖江語要〉，頁38。
9　「凡痰積、食積，丸散易療，唯骨董積，非藥石可攻。……詩文盛世，無關身心，聲聞遠播，甚妨靜坐。二者之累，廓清未盡，即此便是積；廣見聞，博記誦，淹貫古今，物而不化，即此便是積；塵情客氣，意見識神，一毫消鎔未盡，即此便是積；功業冠絕一世，而胸中功業之見，一毫消鎔未盡，即此便是積；道德冠絕一世，而胸中道德之見，一毫消鎔未盡，即此便是積。以上諸積，雖淺深不同，其爲心害則一，總之皆骨董積也。誠知吾性本體，原無一物，自爾忘其所長，忘而又忘，并忘亦忘，始謂之『返本還源』，始謂之『安身立命』」。(同註5，頁566)
10　同註6，頁48。
11　卷十五〈富平答問・小引〉，頁124。
12　卷十四〈盩屋答問〉，頁120。

用全學」，即爲「明體適用之學」，能充份完備體現並發揚儒家的「內聖外王」的精神，所以「體用全學」實可說即爲「內聖外王」之道。

從學問與事業來看，學問是明體，事業是達用。明體適用即爲通經致用。儒家一方面強調學習經典理論，以認識古代聖賢修己治人之道；另一方面，又強調運用經典理論來指導現實，發於事業，實現人格理想與政治理想。道在《四書》及《六經》之中，通經即在於明道，明道在於達用，不能廢用以立體，明體適用觀表達了主觀與客觀、理論與實踐的統一，即內聖外王的統一。對於知識分子而言，要修養德行，以求成聖成賢，並通過自己的德行和知識來影響社會，移風易俗，他的使命是「爲天地立心，爲生民立命，爲往聖繼絕學，爲萬世開太平」。儒家道德理想設計在期盼「內聖外王」理想人格之養成，且看李二曲如何設計真儒之典範，透過「體用全學」可謂將李二曲心中的「真儒」面向做全輻的展現。「明體適用」概念的思想內涵，以及明體與適用的關係：

> 問體用？曰：「明德」是體，「明明德」是明體；「親民」是用，
> 「明明德於天下」、「作新民」是適用。格、致、誠、正、修，
> 乃明之之實；齊、治、均、平，乃新之之實。純乎天理而弗雜，
> 方是止於至善。[13]

大學之道爲三綱領（明明德、親民、至善）、八條目（格物、致知、誠意、正心、修身、齊家、治國、平天下）；「明德」爲天賦予人的本性；「明明德」在發揚昭顯此人所普具之德性的道德實踐；而側重的不僅人的道德本性及道德實踐，更要求能親民、作新民，即透過個人的道德修養，予以應用到社會政治之實踐，換言之，爲一推己及人的過程，由個己的道德修養將其普施天下蒼生百姓，使他們體認自心中所具之誠明德性，由此同樣再去施之於人，施於廣大的生活世界。由明德至明明德至親民至止於至善，爲一動態過程。正己的目的，實爲個己樹立一個人生的價值道德標準，進而達到自我人格的完善。立人達人正人，乃是由內而外、由個體到一般的推己及人的過程。在此八條

目中，又以修身爲核心道德實踐過程，透過修身而推己及人，進而齊家、治國、平天下，爲儒家內聖外王的具體推移模式。「體用全學」所呈顯的內容：

> 故「體」，非書無以明；「用」，非書無以適。欲爲明體適用之學，須讀明體適用之書，否則縱誠篤虛明，終不濟事。[14]

> 儒者之學，明體適用之學也。欲爲明體適用之學，須讀明體適用之書；未有不讀明體適用之書，而可以明體適用者也。[15]

李二曲言儒者之學即是明體適用之學，身爲儒者，欲爲明體適用之學，他的首要工作、其實踐步驟爲何？李二曲明確主張，必須在讀過明體適用書籍之後，才能夠真正實踐明體適用之學，在於理論格局之架構的完整建立，將使得實踐能事半功倍，所以針對明體適用之書與明體適用之學，李二曲認爲兩者有其嚴謹的漸進先後關係次第，也唯有將兩者關係確立，即當格局開展，方向確立，透過理導指導方針，才能不至於茫然而毫無頭緒。

既然，李二曲認爲必定要先讀明體適用之書，才能爲明體適用之學，因此，以下則就李二曲對「體用全學」所開列書單予以究明。李二曲對於「明體適用」書籍，有開列下述二類書單，一類爲明體類，另一類則爲適用類。其中，在明體類，又可再分爲二部分：一爲「明體中之明體」、另一爲「明體中之功夫」。若以李二曲對「體用全學」中「反之於內」的定義，實可呼應此分類，亦即「識心悟性」乃「明體中之明體」；而「實修實證」乃「明體中之功夫」：

> 《象山集》、《陽明集》、《龍谿集》、《近溪集》、《慈湖集》、《白沙集》……右數書，明體中之明體也。[16]

就「明體中之明體」之書單，可知此部分書籍屬於陸王心學之流。李二曲並說明閱讀此類書籍的目的：「自象山以至慈湖之書，闡明心性，和盤傾出，熟讀之則可以洞斯道之大源。」[17]

---

14 卷十六〈書一・答王天如〉，頁163。
15 同註6，頁48。
16 卷七〈體用全學〉，頁49-50。
17 同註16，頁52。

《二程全書》、《朱子語類大全》、《朱子文集大全》、《吳康齋集》、《薛敬軒讀書錄》、《胡敬齋集》、《羅整菴困知記》、《呂涇野語錄》、《馮少墟集》，⋯⋯右明體中之功夫也。[18]

就「明體中之功夫」之書單，可知此部分書籍屬於程朱理學之流與關學爲主。李二曲亦說明閱讀此類書籍的目的：「夫然後日閱程朱諸錄，及康齋、敬軒等集，以盡下學之功。收攝保任，由工夫以合本體，由現在以全源頭，下學上達，內外本末，一以貫之，始成實際。」[19]「人要明心見性，本源澄澈，此心凝然不動，常變如一。」[20]今人詹海雲評價李二曲的明體類書單：「這份書單雖然很明顯的顯示了二曲之學是以先立其大的心學爲主，並以朱學、關學補充王學的工夫。但是，最值得注意的是，他不排斥被人識爲禪學的龍溪、近溪與慈湖及陽明學反對派的羅整庵。」[21]此外李二曲在明體類最後，亦羅列了諸如：「《鄒東郭集》、《王心齋集》、《錢緒山集》、《薛中離集》、《耿天臺集》、《呂氏呻吟語》、《辛復元集》、《魏莊渠集》、《周海門集》」[22]等書，但李二曲評價此類書籍：「純駁相閒，舍短取長，以備參考。」[23]

上述爲李二曲「體用全學」之「明體類」之書單，其次，再探李二曲所開列的「適用類」之書單，細分可再分爲適用類及與經濟相關二類，同樣，相應於李二曲「體用全學」中「達之於外」的定義，「康濟群生」乃「適用類」；「開物成務」乃「經濟類」：

《大學衍義》、《衍義補》、《文獻通考》、《呂氏實政錄》、《衡門芹》、《經世石畫》、《經世挈要》、《武備志》、《經世八編》、《資治通鑑綱目大全》、《大明會典》、《歷代名臣奏議》⋯⋯右自《衍義》以至《奏議》等書，皆適用之書也。⋯⋯《律令》⋯⋯《農政全書》、《水利全書》、《泰西水法》、《地理險要》，以上數種，

---

18 同註 16，頁 50-52。
19 同註 16，頁 52。
20 卷三〈常州府武進縣兩庠彙語〉，頁 25。
21 詹海雲：《清初學術論文集》，台北：文津出版社，1992，頁 78。
22 同註 16，頁 52。
23 同註 16，頁 52。

咸經濟所關……。[24]

就「適用類」之書單,「讀《大學衍義》及《衍義補》,此窮理致知之要也,深研細玩,務令精熟,則道德、經濟胥此焉出。夫是之謂『大人之學』。」[25]、「如《衍義》、《衍義補》、《文獻通考》、《經濟類書》、《呂氏實政錄》及會典律令,凡經世大猷、時務要著,一一深究細考,酌古準今,務盡機宜,可措諸行,庶有體有用、天德王道一以貫之矣,夫是之謂『大學』,夫是之謂『格物』。」[26]可知此類包涵經世致用、典章制度、政治歷史文獻、法律、奏議、農政、水利等,關涉政治,民生教養等相關實務問題。適用類著作,亦可分爲兩類,一是屬於政治典章制度,即載述相關社會歷史治亂及興衰之史實,足資應世治世之用;另一屬於應用技術方面,提供相關技藝操作之知識。

鍾彩鈞先生對於李二曲所開列的「體用全學」書單認爲:「二曲是清初人所稱的三大儒之一,他在理學上的造詣是大家所共認的。他對心性能切實做反觀內省的工夫,而確有『獨覷本真』的徹悟。在理論上,則大抵宋明儒對心性的認識與工夫的發明,已經詳備而成熟,他主要是沿襲已有的理解。但二曲自能對宋明諸大家做一番融會,而構造一個恢廓的規模,此見於其『體用全學』一文。在『體用全學』中,他把學問分成明體適用兩大類。象山、陽明、龍溪、慈湖、白沙諸集爲『明體中之明體』,程朱、康齋、敬軒、整庵、涇野、少墟諸集爲『明體中之工夫』,大學衍義、文獻通考、及各種政典、奏議、律令、實務之書爲適用類。」[27]

第二節　「體用全學」之明體

上節舖陳李二曲「體用全學」之義涵,其「體用全學」書籍包括

---

24 同註 16,頁 52-54。
25 卷十三〈關中書院會約‧學程〉,頁 116。
26 同註 13,頁 405。
27 鍾彩鈞:〈李二曲思想概說〉,《陝西文獻》第 41 期(1980,4),頁 8-9。

明體類及適用類，本節旨在闡述李二曲「體用全學」之「明體」類，又因「明體」類實涵蓋兩個部分，一是「明體中之明體」－立足陸王心性本體；另一是「明體中之功夫」－不遺程朱主敬窮理。《清儒學案》云：「二曲以悔過自新爲入德之基，反身求己，言言歸於實踐，爲高談性命，標榜門者，痛下鍼砭，論學雖兼取程朱，實以陸王爲主體。」而《國朝學案小識》則云：「先生宗陸王，或者自反之初，亦有取於陸王之本體乎?觀其謂六經皆我注腳，爲象山之失，滿街都是聖人爲陽明之失，則其確宗程朱家法。」楊向奎於《清儒學案新編》中評價：「二曲之學乃徹頭徹尾陽明，而不遺程朱者，欲以程朱之較樸實補陽明之空疏。但本體既疏，工夫自易。所謂格物工夫，只是致良知之別名。」[28]李二曲之教下生張珥在卷二〈學髓·學髓序〉謂李二曲：「兼示以『全體大用』之學，……先生之學以陽明先生之『致良知』爲明本始，以紫陽先生之『道問學』爲做工夫，脈絡原自井然。」[29]因此欲就立足陸王心性本體即「明體中之明體」、不遺程朱主敬窮理即「明體中之工夫」、融攝尊德性及道問學等三個論題予以探究，實可觀知李二曲企圖調和理學的本體與工夫問題，屬於內聖之學。

一、明體中之明體－立足陸王心性本體

李二曲於「明體中之明體」之書單，共計開列出六本書籍：

項目	明體中之明體	李 二 曲 對 各 書 之 按 注
1	《象山集》	先生在宋儒中，橫發直指，一洗諸儒之陋；議論剴爽，令人當下心豁目明；簡易直捷，孟氏之後僅見。[30]
2	《陽明集》	象山雖云「單傳直指」，然於本體猶引而不發。至先生始拈「致良知」三字，以泄千載不傳之祕。一言之下，令

---

28 楊向奎：，《清儒學案新編》(第一卷)之「李顒《二曲學案》」，(山東：齊魯書社，1985)，頁 267。

29 卷二〈學髓·學髓序〉，頁 14。

30 同註 16，頁 49。

		人洞徹本面，愚夫愚婦，咸可循之以入道，此萬世功也……句句痛快，字字感發，當視如食飲裘葛，規矩準繩可也。[31]
3	《龍谿集》	《集》凡二十卷，皆發明良知之蘊。宏暢精透，闡發無餘，可謂前無往古，後無來今；後有作者，不可尚矣。然讀之亦須契其要，如往來甯國、水西諸《會語》及《書答》，每日當讀一過，以豁心目。[32]
4	《近溪集》	近溪先生之學，肫懇篤摯，日精日進，可謂大而化矣，真近代第一了手人也。其《集》發明經書要旨處，娓娓千言，捐去世儒蹊徑。[33]
5	《慈湖集》	慈湖楊敬仲之學，直掣心宗，大悟一十八遍，小悟無數，在宋儒中，可謂傑出。人多以近禪訾之，先生之學，豈真禪耶？明眼人當自辨之。[34]
6	《白沙集》	白沙之學，以自然為宗，去耳目支離之用，全虛圓不測之神，見之詞翰，從容清真，可以觀其養矣。「出辭氣，遠鄙倍」，其先生之謂乎。讀其《集》，令人心融神怡，如坐春風中，氣質不覺為之默化。[35]

「明體中之明體」的第一本著作為《象山集》，陸九淵（1139~1193），字子靜，號存齋，因曾在貴溪象山講學，故又號象山居士，學者稱之為象山先生。象山主張「先立乎其大者」，倡發明本心、存心、養心、求放心的簡易工夫：「人孰無心，道不外索，患在戕賊之耳，放失之耳。古人教人，不過存心、養心、求放心。」（〈與舒西美〉）因此，象山認為此簡易工夫實優於朱熹之煩瑣方法：「墟墓興哀宗廟欽，斯人千古不磨心，涓流積至滄溟水，拳石崇成泰華岑。易簡工夫終久大，支離事業竟浮沈，欲知自下升高處，真偽先須辨古今。」（〈鵝湖和教授兄韻〉）而「先立乎其大者，則其小者不能奪」，此孟子喫緊為人示以敦大原、立大本處。陸象山平時自勵勵人，得力全在於「先

31 同註 16，頁 49。
32 同註 16，頁 49。
33 同註 16，頁 49。
34 同註 16，頁 50。
35 同註 16，頁 50。

立乎其大者」，此爲學問之真血脈。當時有人譏諷象山之學，「再無本領」、「全無伎倆」，象山說：「近有議吾者云：『除了先立乎其大者一句，全無伎倆。』吾聞之曰：『誠然。』」（《語錄》上）李二曲肯認象山之學：

> 「先立乎其大者」，能先立乎其大學問，方有血脈，方是大本領。若舍本趨末，靠耳目外索，支離葛藤，惟訓詁是軌，學無所本，便是無本領。即自謂學尚實踐，非托空言，然實踐而不「先立乎其大者」，則其踐為踐迹，為義襲，譬諸土木被文繡，血脈安在？ 36

　　爲能立大學問，有血脈，大本領的有本之學，非外索訓詁的支離末學，學貴實踐不在徒托空談。

　　人心之病的來源，「夫所以害吾心者，何也？欲也。欲之多，則心之存者必寡；欲之寡，則心之存者必多……欲去，則心自存矣。」（〈養心莫善於寡欲〉）於是象山在修養倡「剝落工夫」，爲對治物欲及邪見的修養方法：「人心有病，須是剝落，剝落得一番即一番清明，後隨起來，又剝落又清明，須是剝落得淨盡方是。」（《陸九淵集·語錄》下）剝落須靠師友琢磨：「人之精爽附於血氣，其發露於五官者安得其正？不得明師良友剖剝，如何得去其浮僞而歸於真實？又如何得能自省、自覺、自剝落？」、「人資有美惡，得親友琢磨，知己之不美而改之。」（《傳習錄》下）象山修養方法期欲能做個頂天立地之人：「今人略有些氣焰者，多只是附物，無非自立也。若某則不識一個字，亦須還我堂堂地做個人。」（《陸九淵集·語錄》下）陸象山對於朱學批判：「學者之病，隨其氣質千種萬態，何可勝窮，至於各能自知有用力之處，其致則一。」（《陸九淵集·語錄》）

　　「明體中之明體」的第二種著作爲《陽明集》，王陽明（1472~1528）爲心學集大成者，字伯安，因曾在陽明洞講學，也稱陽明先生。王陽明提出「破山中賊易，破心中賊難」的觀點，而其「致良知」之說，強調反心內省，實承傳自孟子的良知之說，「『良知』人所固有，而人

---

36 卷四十二〈四書反身錄·孟子下·告子〉，頁 527。

多不知其固有，孟子為之點破，陽明先生不過從而申明之耳。」[37]孟子論學，言言痛切，而「良知」二字，尤為單傳直指，作聖真脈。

> 後陽明先生以此明宗，當士習支離蔽錮之餘，得此提倡，聖學真脈，復大明於世，人始知鞭辟著裏，反之一念之隱，自識性靈，自見本面，日用之間，炯然煥然，無不快然自以為得。[38]

王陽明闡揚良知之說，「良知是造化的精靈，這些精靈生天生地，成鬼成帝，皆從此出，真是與物無對。」（《傳習錄》下）使聖學真脈大明於世，使人鞭辟著裏，自識性靈本面，而能快然自得。而良知能知是知非，「爾那一點良知，是爾自家底準則，爾意念著處，他是便知是，非便知非，更瞞他一些不得。」（《傳習錄》下）良知為人人俱有，聖愚皆同，聖愚之別，在於「惟聖人能致其良知，而愚夫愚婦不能致。」（《傳習錄・中・答顧東橋書》）王陽明對於良知具昭靈明覺且具分辨善惡的道德標準，提出「無善無惡是心之體，有善有惡是意之動，知善知惡是良知，為善去惡是格物。」（《傳習錄》下）的王門「四句教」。王陽明對於「致知格物」所下的定義是「至吾心之良知於事事物物也」（《傳習錄・中・答顧東橋書》）且「吾心之良知」（《傳習錄・中・答顧東橋書》）就是「天理」（《傳習錄・中・答顧東橋書》）；因此「至吾心之良知於事事物物」即「致吾心良知之天理於事事物物」（《傳習錄・中・答顧東橋書》），如此則事事物物皆得其理；所以致知即致吾心之良知；格物即事事物皆得其理。王陽明的格物致知主張，如同「磨鏡求明」的工夫：「心猶境也……近世格物之說，如以鏡照物，照上用功，不知鏡尚昏，如何能照？先生之格物，如磨鏡而使之明，磨上用功，明了後亦未嘗廢照。」（《傳習錄》上）、「君子之學，以明其心。其心本無昧也，而欲為之蔽，習為之害，故去蔽與害而明復，非自外得也。心猶水也，污入之而流濁；猶鑑也，垢積之之光昧。孔子告顏淵『克己復禮為仁』，孟軻氏謂『萬物皆備於我，反身而誠。』夫克己而誠，固無待乎其外也。世儒背叛孔、孟之說，昧於《大學》格物之

---

37 同註2，頁530。
38 同註2，頁529。

訓，而徒務博乎其外，以求益乎其內，皆入污以求清，積垢以求明者也，弗可得已。」王陽明云：「聖人之心如明鏡，只是一個明，則隨感而應，無物不照」、「只怕鏡不明，不怕物來不能照」、「學者惟患此心之未能明，不患事變之不能盡。」（《傳習錄》下）王陽明爲心學之集大成，其確立心學：「聖人之學，心學也。堯舜禹之相授者，曰：人心惟危，道心惟微，惟精惟一，允執厥中。此心學之源也。中也者，道心之謂也，道心精一之謂仁，所謂中也。孔孟之學，惟務求仁，蓋精一之傳也……自是而後，析心與理爲二，而精一之學亡……至宋周程二子，始復追尋孔孟之宗，而有無極而太極，定之以中義正達，而主靜之源，動亦定，靜亦定，無內外，無將迎之論，庶幾精一之旨矣。自是而後，有象山陸氏，雖其純粹和平，若不逮於二子，而簡易直載，直有以接孟氏之傳。其論開闔時有異者，乃其氣質意見之殊。而其心必求諸心，則一而已。故吾斷陸氏之學，孟子之學也。」（《象山先生全集》序）王陽明對於朱熹之學曾評：「晦庵謂『人所以爲學者，心與理而已。心雖主乎一身，而實管乎天下之理，理雖散在萬物，而實不外乎一人之心』，是其一分一合之間，而未免已啓學者心理爲二之弊，此後世所以專求本心逐物理之患，正由不知心即理耳。」（《傳習錄》中）

　　「明體中之明體」的第三本著作爲《龍谿集》，王畿（1498~1953），字汝中，號龍溪，學者稱龍溪先生。龍溪爲王學主要傳人之一，他主張良知是當下現成，先天自足的本體，不須學習思慮；「良知一點虛明，便是作聖之機，時時保任此一點虛明，不爲旦書梏亡，便是致知。」（《王龍溪語錄》，〈龍華會記〉）「良知本虛本寂，不學不慮，天植良根，天瀹靈源，萬事萬化，皆從此出，無待於外也。致知之功，存乎一念之微，虛以適變，不爲典要，虛以通感，不涉思爲。」（《龍谿王先生全集》，卷十七〈漸庵說〉）龍溪認爲良知爲做人處事的柁柄：「良知便是做人柁柄。境界雖未免有順有逆，有得有失。若信得良知過時，縱橫操縱，無不由我，如舟之有柁，一提便醒，縱至極忙迫紛錯時，意思自然安閒，不至手忙腳亂。此便是吾人定命安身所在。古人造次顛沛必於是，亦只是信得此件事過，非意氣所能及也。」（《龍谿王先生

全集》，卷四〈留都會記〉)龍溪以虛去執理解王陽明的良知說，「人心要虛，惟虛集道，常使胸中豁豁，無些子積滯，方是學。」(《龍谿王先生全集》，〈水西會語〉)、「良知本體原是無動無靜」、「如空中鳥迹，水中月影，若有若無，若沈若浮。」(《龍谿王先生全集》，卷四〈留都會記〉)龍溪對良知的主張，後被歸爲「良知現成派」。龍溪對於王陽明所提之「四句教」，認爲是「純係權法，未可執定」(《龍谿王先生全集》，〈天泉證道紀〉)進而提出了「四無」說：「若悟得心是無善無惡之心，意是無善無惡之意，知即是無善無惡之知，物即是無善無惡之物。」(《龍谿王先生全集》，〈天泉證道紀〉)龍溪認爲在心、意、知、物四者之中，以心爲根本，所以主張學問要於心體立根，此屬於先天之學，誠意工夫是在心意萌動之後用功，因此屬於後天之學。就前者而言，就必須「以無念爲宗」(《龍谿王先生全集》，卷十五〈趨庭謾語付應斌兒〉)，處於無念的狀態中，否則，一落工夫，反滯礙對心性本體的體悟，此看法與禪宗六祖惠能（638~713）所倡「以無念爲宗」的思想同調。王龍溪云：「夫何思何慮，非不思不慮也。所思所慮一出於自然，而未嘗有別思別慮，我何容心焉。譬之日月之明，自然往來，而萬物畢照，日月何容心焉……無思者，非不思也，無思而不通，寂而感也。不思則不能通微，不通微則不能無不通，感而寂也。此即康節所謂起之思慮，未起即憧憧也。自師門提出良知宗旨，而義益明。良知之思，自然明白簡易，自然明通公浦，無邪之謂也。惠能曰：『不思善，不思惡。』卻又「不斷百思想。」此上乘之學，不二法門也。若臥輪則爲聲聞之斷見矣。」(《龍谿王先生全集》，卷三〈答南明汪子問〉)「夫今心爲念，念者，見在心也。吾人終日應酬，不離見在。千緒萬端，皆此一念爲主宰。念歸於一，精神自不至流散，如馬之有轡銜，揉縱緩急，自中其節也；如水之有源，其虫無窮也。聖狂之分無他，只在一念克與罔之間而已。一念明定，便是緝熙之學。一念者，無念也，即念而離念也。故君子之學，以無念爲宗。然此非見解所能臆測，氣魄所能承當，須時時從一念入微，歸根反證，不作些子漏泄，動靜二相，了然不生，有事時主宰常寂，自不至逐物，無事時主宰惺惺，自不至著空。時時習靜，察識端倪，泠然自照，自然

暢達，自然充周。譬之懸鏡空中，萬象畢照，而無一物能為障礙。纔
欲覓靜，謂之守靜塵，非真靜也。此中人以上境界，非一蹴所能至，
舍此亦無別路。」（《龍谿王先生全集》，卷十五〈趨庭謾語付應斌兒〉）
龍溪認為學貴能悟，有三種入悟之法：「君子之學，貴於得悟，悟門不
開，無以徵學。入悟有三：有從言而入者，有從靜坐而入者，有從人
情事變鍊習而入者。得於言者謂之解悟，觸發印正，未離言詮，譬之
門外之寶，非己家珍。得於靜坐者謂之證悟，收攝保聚，猶有待於境，
譬之濁水初澄，濁根尚在，纔遇風波，易於淆動。得於鍊習者謂之徹
悟，摩礱煅鍊，左右逢源，譬之湛體冷然，本來晶瑩，愈震蕩愈凝寂，
不可得而澄清也。根有大小，故蔽有淺深，而學有難易，及其成功一
也……先師之學，其始亦從言入，已而從靜中取證，及居夷處困，動
忍增益，其悟始徹，一切經綸變化，皆悟後之緒餘也。赤水玄珠，索
於象罔，深山至寶，得於無心，此入聖之微機，學者可以自悟矣。」
（《龍谿王先生全集》，卷十七〈悟說〉）龍溪也區判知識與良知之異，
倘若變知識為良知，則知識僅是良知的作用，倘若以知識為良知，則
知識有害於良知。

　　「明體中之明體」的第四本著作為《近溪集》，羅汝芳
（1515~1588），字惟德，號近溪，泰州學派代表人物之一。近溪熱心
講學，主倡「赤子之心」，認為「欲求希聖希天，不尋思自己有甚東西
可與他打得對同、不差毫髮，卻如何希得它：天初生我，只是個赤子。
赤子之心，渾然天理，細其知不必慮、能不必學，果然與莫之為而為、
莫之致而至的體段渾然打得對同過。」（《明儒學案·泰州學案三》，
卷三十四）赤子之心其良知良能，是不慮而知，不學而能。「天地生人，
原是一團靈物，萬感萬應而莫究根源，渾渾淪淪而初無名色，只一心
字亦是強立。後人不省，緣此起個念頭，就會生個識見、露個光景，
便謂吾心實有如是本體，本體實有如是朗照，實有如是澄湛，實有如
是自在寬舒。不知此段光景原從妄起，必隨妄滅，及來應事接物，還
是用著天生靈妙渾淪心。」（《明儒學案·泰州學案三》，卷三十四）
心體原是與生俱來的，具有靈妙的知覺作用。

　　「明體中之明體」的第五本著作為《慈湖集》，楊簡（1141~1226），

字敬仲，因築室慈湖之上，更名慈湖，世稱慈湖先生。慈湖一生覺悟不斷，經歷八次大覺，在其二十八歲時第一次大覺：「簡行年二十有八，居太學循理齋時，首秋入夜，齋僕以鐙至，簡坐於床，思先大夫曾有訓曰，時復反現，忽覺空間無內外，無際畔，三才、萬物、萬化、萬事、幽明、有無通爲一體，略無縫罅。」（〈僧炳求訓〉）在其三十一歲時第二次大覺：「某二十有八而覺。三十有一而又覺，覺此心清明虛朗，斷斷乎無過失，過失皆起乎意。」（〈永嘉郡治更堂亭名記〉）三十二歲時因陸象山的扇訟之誨而有第三次大覺：「適平旦曾聽扇訟，象山揚聲答曰：『且彼訟扇者必有一是一非，若見得孰是孰非，即決定爲某甲是某乙非矣！非本心而何？』先生聞之，忽覺此心澄然清明，亟問曰，此如斯耶？公竦然端歷，復揚聲曰：『更何有也？』先生不暇他語，即揖而跪，拱達旦質明，正北面而拜，終身師焉。」（《慈湖先生年譜》，卷一）三十四歲，慈湖喪母，而有第四次大覺：「春喪妣氏，去官，居堊室，哀毀盡禮後，營壙車廠，更覺日用酬應未能無凝，沈思屢日，偶一事相提觸，亟起旅草廬中，始大悟變化云爲之旨，縱橫交錯萬變，虛明不動，如鑑中象矣。不疑不進，既屢空屢疑，於是乎大進。」（慈湖先生年譜》，卷一）、「居妣氏喪，哀慟切痛，不可云喻，既久，略察曩正哀慟時，乃亦寂然不動，自然不自知，方悟孔子哭顏淵而不自知，正合無思無爲之妙。」（《慈湖易傳》，卷二十）慈湖於五十二至五十四歲時，因偶讀「心之精神是謂聖」而大悟爲其第五次之大覺：「慈湖參象山學猶爲大悟，忽讀《孔叢子》至『心之精神是謂聖』一句，豁然頓解，自此酬酢門人，敍述碑記，講說經義，未嘗舍心以立說。」（《四朝見聞錄》甲集，〈心之精神是謂聖〉）六十一歲時慈湖之第六之大覺：「十一月九日清晨，忽覺子貢曰學而不厭，知也，教而不倦，仁也。孟子曰，惻隱之心，仁也，羞惡之心，知也。二子之言異乎孔子之言仁矣！十一日未昧爽，又忽醒孔子之言知者不惑，仁者不尤，必繼之以勇者不懼，何也？知及之，仁能守之，知知道仁者，常見常清明之謂，然而亦有常清明，日用變化不動，忽臨白刃鼎鑊，猶未能不動者，此猶未可言得道之全，故必終繼之以勇者不懼。」（《慈湖先生年譜》，卷一）慈湖於六十六歲時經歷第七次大覺：「簡自以爲能稽眾捨

己從人矣,每見他人多自用,簡不敢自用。一日偶觀〈大禹謨〉,知舜以克艱稽眾。捨己從人,不虐無告,不廢困窮,惟帝堯能是,是謂己不能也。三復斯言,不勝嘆息,簡年六十有六,平時讀〈大禹謨〉,未省及此。」(〈家記二〉)慈湖七十八歲時經歷第八次大覺:「某行年七十有八,日夜兢兢,一無所知,曷此稱塞,欽惟舜曰:『道心非心外復有道,道待無所不通之稱。』」(錢時:《慈湖先生行狀》)慈湖以「人皆有是心,是心皆虛明無體,無體則無邊畔,天地萬物盡在吾虛明無體之中。變化萬狀而吾虛明無體者常一也。」(《慈湖遺書》,卷二)如此,心為宇宙萬物的精神本體,且心包涵宇宙「天地,我之天地;變化,我之變化。」(《己易》)慈湖主張「人性皆善,皆可以為堯舜,特動乎意,則惡。」(《慈湖遺書》,卷一)以「不起意為宗」,認為「無思無慮是謂道心」(《楊氏易傳・睽》)且以「不起意非謂都不理事,凡作事只要合理,若起私意則不可。」透過此修養方法,使心能恆常寂然不動處於明鏡狀態,「不假外求,不由外得,自求自根自神明。」(《慈湖遺書》,卷二)慈湖更提出「即心是佛,除此外更無別佛。」慈湖之學源於象山,又受禪宗影響,將象山之學進一步的發展。陳淳批評慈湖含混儒家道德修養與佛家修養:「浙間年來象山之學甚旺,由其門人楊(簡)、袁(燮)貴顯,據要津唱之,不讀書,不窮理,專做打坐工夫,求形體之運動知覺者以為妙訣,又假托聖人之言,牽就釋(佛)意,以文蓋之。」(〈答陳師復書〉)

「明體中之明體」的第六本著作為《白沙集》,陳獻章(1428~1500),字公甫,晚年更號石翁,廣東新會白沙里人,學者稱白沙先生。從師吳與弼,得益甚多。後歸白沙,築春陽台,靜坐其中,閉門讀書,博覽天下古今典籍,旁及釋老稗官小說。久之,仍未知入處,於是捨繁求約,惟在靜坐,此心之體隱然呈露。主張理在心中:「此理干涉至大,無內外,無終始,無一處不到,無一息不運會。此則天地我立,萬化我出,而宇宙在我矣……往古來今,四方上下,都一齊穿紐,一齊收拾,隨時隨處無不是這個充塞。」(《陳獻章集・陳獻章詩文續補遺》,〈與林緝熙書〉)於心性修養,「為學當求諸心,必得所謂虛明靜一者為之主。徐取古人緊要文字讀之,庶能有所契合,不為

影響依附，以陷於徇外自欺之弊，此心學法門也。」（《陳獻章集》，卷一〈書自題大塘書屋詩後〉）、「六經，夫子之書也。學者徒誦其言而忘味，六經一糟粕耳，猶未免於玩物喪志。今是編也，采諸儒行事之跡與其論著之言，學者苟不但求之書而求之吾心，察於動靜有無之機，致養其在我者，而勿以聞見亂之，去耳目支離之用，全虛圓不測之神，一開卷盡得之矣。非得之書也，得自我也。蓋以我而觀書，隨處得益；以書博我，則釋卷而茫然。」（《陳獻章集》，卷一〈道學傳序〉）、「即心觀妙，以揆聖人之用。其觀於天地，日月晦明，山川流峙，四時所以運行，萬物所以化生，無非在我之極，而思握其樞機，端其銜綏，行乎日用事物之中，以與之無窮。」（《陳獻章集》，卷一〈送張進士廷實還京序〉）以自然為宗，對於富貴榮辱夭壽，能淡然處之，陳白沙認為治學貴疑，「前輩謂『學貴知疑』，小疑則小進，大疑則大進。疑者，覺悟之機也。一番覺悟，一番長進。章初學時亦是如此，更無別法也。凡學皆然，不止學詩即此，便是科級，學者須循次而進，漸到至處耳。」（《陳獻章集》，卷二〈與張廷實主事〉）疑乃覺悟之機，小疑則小進，大疑則大進，循序漸進，才能達到目的。且反對記誦詞章之學，主張學貴在自得。為求吾心，提出「為學須從靜坐中養出個端倪來，方有商量處。」（《陳獻章集》，卷二〈與賀克恭黃門〉）、「學勞擾則無由見道，故觀書博識，不如靜坐。」（《陳獻章集》，卷二〈與林友〉）透過靜坐，深思澄心。陳白沙亦申明自己為醇儒，欲求聖人之學：「伊川先生每見人靜坐，便嘆其善學。此一靜字，自濂溪先生主靜發源，後來程門諸公遞相傳授，至於豫章（羅從彥）、延平（李侗）二先生，尤專提此教人，學者亦以此得力。晦庵恐人差入禪去，故少說靜，只說敬，如伊川晚年之訓。此是防微慮遠之道，然在學者須自量度何如，若至為禪所誘，仍多靜方有入處。若平生忙者，此尤為對症藥也。」（《陳獻章集》，卷二〈與羅一峰〉）陳白沙倡主靜，卻不為禪學所誘：「自古真儒皆闢佛，而今怪鬼亦依人。蟻蜂自識君臣義，豺虎猶聞父子親。」（《陳獻章集》，卷五〈答陳秉常詢儒佛異同〉）陳白沙也提及，並不否認在靜坐形式上與佛家相同：「佛氏教人曰靜坐，吾亦曰靜坐；曰惺惺，吾亦曰惺惺；調息近於數息，定力有似禪定。所謂

『流於禪學者』，非此類歟？太虛師真無累於外物，無累於形骸矣。儒與釋不同，其無累同也。」（《陳獻章集》，卷二〈與太虛〉）陸世儀（1611~1672）認為白沙之學非為禪：「世多以白沙為禪宗，非也。白沙，曾點之流。其意一主於灑脫曠閑，以為受用，不屑苦思力索。故其平日亦多賦詩寫字以自遣，便與禪思相近。或強問其心傳，則答之曰：『有學無學，有覺無覺。』言未嘗有得於禪也。是故白沙靜中養出端倪之說，中庸有之矣。」（《鮚埼亭集》，卷二十八〈陸桴亭先生傳〉）《明史・儒林》云：「原夫明初諸儒，皆朱子門人之支離餘裔，師承有自，矩矱秩然……學術之分，則自陳獻章、王守仁始。宗獻章者曰江門之學，孤行獨詣，其傳不遠。」黃宗羲（1609~1695）：「有明之學至白沙始入精微。其吃緊工夫，全在涵養。喜怒未發而非空，萬感交集而不動，至陽明而後大。兩先生之學，最為相近，不知陽明後來從不說起，其故何也？薛中離，陽明之高弟子也，於正德十四年，上疏請白沙從祀孔廟，是必有以知師門之學同矣。」（《明儒學案》，卷五〈白沙子學案上〉）可知陳白沙在明代理學所具之承先啟後的關鍵角色。

　　上述所開列的書籍，旨在「明體中之明體」，多屬陸王心學之流，為頓教上達之學。於卷十六〈書一・答張敦庵〉中，張敦庵以陽明之學，天資高朗者較易得力，李二曲回以誠然，肯認陽明良知之說，使人「始知鞭辟著裏，日用之間，炯然煥然，如靜中雷霆，冥外朗日，無不爽然自以為得。向也求之於千萬里之遠，至是反之己而裕如矣。」[39]李二曲對於陸王心學的正向肯定：

> 先生在宋儒中，橫發直指，一洗諸儒之陋，議論劃爽，令人當下心豁目明；簡易直捷，孟氏之後僅見。[40]
>
> 孟氏而後，學知求心，若象山之「先立乎其大」、陽明之「致良知」，簡易直截，令人當下直得心要，可為千古一快。[41]

---

39 卷十六〈書一・答張敦庵〉，頁139。
40 同註16，頁49。
41 同註2，頁532。

對陸象山及陽明思想能予以讚歎，欣賞其優點，說明陸象山所倡「先立乎其大」、陽明拈出「致良知」，皆有其獨到的思想特色，肯認象山及陽明思想的簡易直捷。

> 先生始拈「致良知」三字，以泄千載不傳之秘。一言之下，令人洞徹本面，愚夫愚婦，咸可循之以入道，此萬世功也。[42]

李二曲對於陽明思想讚歎有加，認為陽明泄千載不傳之秘，「陽明之學，徹上徹下，上中下根，俱有所入，得力蓋尤易，豈必天資高朗者始稱易耶！然此本辯乎其所不必辯，目前緊要在切己自審。」[43]其良知之說，肯認愚夫愚婦皆本具良知，唯要契原敦本，自識性靈，然後主敬窮理存養省察方有著落。

其次，李二曲對於王學在承傳中，隨時代更迭替易，對其學說本身內涵的發展，能予以同情的理解，期欲修正王學流弊，使其不墮空寂：

> 學不上達，學非其至；舍學求達，學非其學。蓋上達即在下學之中，舍下學而求上達，此後世希高慕遠，妄意神化，尚頓悟，墮野狐禪所為，自誤誤人，所關匪淺。[44]
>
> 而末流承傳不能無弊，往往略工夫而談本體，舍下學而務上達，不失之空疏杜撰鮮實用，則失之恍忽虛寂雜於禪。[45]

李二曲體認王學末流在承傳中，弊病的發生是無容避免之事實，而所呈顯的現象，必定是會過於著重一方，不是「略工夫而談本體」，就是「舍下學務上達」，造成傾斜失衡，甚至懸空無根，而非整全，失之「空疏杜撰鮮實用」，或是「恍忽虛寂雜於禪」，因此「須救之以考亭。」[46]當一個學說有其特色，足資與他家學說區隔，原是其凌駕優長之處，但往往過於突顯，甚而造成其思想另一致命的缺口，在過與不及的兩端皆非學問之中道。

---

42 同註 16，頁 49。
43 同註 39，頁 139。
44 卷三十九〈四書反身錄·論語下·憲問〉，頁 494。
45 同註 2，頁 532。
46 卷十五〈富平答問〉，頁 129。

二、明體中之功夫－不遺程朱主敬窮理

　　因此，李二曲進一步結合下學功夫，李二曲於「明體中之功夫」之書單，共計開列出九本書籍：

項　目	明體中之功夫	李 二 曲 對 各 書 之 按 注
1	《二程全書》	二程中興吾道，其功不在禹下。其《書》訂於朱子之手，最爲精密，此孔孟正派也。[47]
2	《朱子語類大全》	訂偏釐弊，折衷百氏，巨細精粗，無一或遺，集諸儒之大成，爲萬世之宗師。讀其書，味其學，誠格物窮理之權衡也。[48]
3	《朱子文集大全》	溫醇典雅，議論精密，而《奏》、《議》數十篇，尤見天德王道之學。[49]
4	《吳康齋集》	康齋資本中庸，用功刻苦，其所著《日錄》，專以戒怒懲忿，消磨氣習爲言，最切於學者日用。[50]
5	《薛敬軒讀書錄》	效橫渠讀書之法，隨得隨錄，而成切近精純、篤實輝光之學也。無論知學者不忍釋手，即絕不信學者覽之，未有不肅然收斂，鞭辟近裏者也。[51]
6	《胡敬齋集》	先生學重躬行，以敬而入。言論篤樸，粹乎無瑕，初學所當服膺也。[52]
7	《羅整菴困知記》	辨吾儒異端，真似是非之分，不遺餘力。衛道之嚴，足見良工苦心。[53]
8	《呂涇野語錄》	守程朱之說，卓然不變者，在南惟整菴，在北惟先生而已。先生生平不爲宏闊高遠之論，其言布帛菽粟，其文藹若穆若，有德者之言，風味自別。共二十七卷，馮恭定修之，畢侍御表之，學者不可不置之案頭。[54]

47　同註 16，頁 50。
48　同註 16，頁 50。
49　同註 16，頁 50。
50　同註 16，頁 50。
51　同註 16，頁 51。
52　同註 16，頁 51。
53　同註 16，頁 51。
54　同註 16，頁 51。

9	《馮少墟集》	先生與曹真予、鄒南皋、焦弱侯、高景逸、楊復所同時開堂會講，領袖斯文。然諸老醇厚者乏通慧，穎悟者雜佛氏，惟先生嚴毅中正，一遵程朱家法。《集》凡二十二卷，如《辨學錄》，發明儒佛之分；《疑思錄》，剖晰《四書》之蘊；《講學說》、《做人說》、《序記》、《書牘》，咸足以堅學人之志，定末流之趨。[55]

　　「明體中之功夫」的第一本著作為《二程全書》，二程即程顥（明道，1032~1085）、程頤（伊川，1033~1107），程明道說：「天者理也。」（《語錄》十一）「吾學雖有所授受，天理二字卻是自家體貼出來。」（《外書》十二）程頤云：「物物皆有理」、「君臣父子間，皆是理」（《語錄》十九）二程認為天命之性無不善，有不善與善之別的只是氣稟之性，因氣稟不同所造成的。明道認為培養德化人格的工夫要領，是把「識仁」作為人生修養目標：「學者須先識仁……識得此理，以誠敬存之而已」（《二程遺書》，卷二上）其所謂「識仁」，並非將仁視為一認識對象，對其概念內涵予以認知，而是透過契悟天地之生生中，自覺到自身實具有之仁心仁性，並以誠敬存於生命之中，而感物應物以貼合仁心仁意。伊川相當推崇「敬」之工夫：「涵養須用敬，進學在致知」（《二程遺書》，卷十八），伊川主張「但唯是動容貌，整思慮，則自然生敬，敬只是一也。主一則既不之東，又不之西，如是則只是中」、「一者無他，只是整齊嚴肅，則心便一，一則自是無非避之奸。此意但涵養久，則天理自然明。」（《二程遺書》，卷十五）認為「敬」是人內在自覺心性涵養工夫，主要是在培養深厚道德的心態，而敬的基本內涵是對己、對人、對事認真負責的自覺心。二程並透過「恭」與「敬」的相互關係來闡釋「敬」，謂：「發於外者謂之恭，有諸中者謂之敬。」（《二程遺書》，卷六）朱子對於周濂溪（1017~1073）所提之「無欲」，一般人較難把握，反倒是肯認伊川所說的「敬」字，讓人有個下手處，朱子云：「周先生只說一者無欲也，然這話頭高卒急難湊泊，尋常人如何便得無欲，故伊川只說箇敬字，教人只就這敬字上崖去，庶幾執捉

得定,有箇下手處,縱不得亦不至失,要之皆只要人於心上見得分明,自然有得爾。」(《朱子語類》,卷十二)二程恐人因耽於虛敬,厭棄事物,差入釋老之途,於是將「靜」轉爲「敬」。靜或敬的目的皆是爲了能收斂身心,讓心有安頓處,而無思慮紛擾之思,因此朱子云:「程先生所以有功於後學者,最是敬之一字有力。人之心性,敬則常存,不敬則不存。如釋老等人,卻是能持靜。但是它只知上面一截事,卻沒有下面一截事。覺而今恁地做工夫,卻是有下面一截,又怕沒那上面一截。那上面一截卻是箇根本底。」(《朱子語類》,卷十二)伊川相當重視持敬之工夫,釋敬之義爲「主一」,說「涵養須用敬」,此義爲朱子所承繼。

「明體中之功夫」的第二本著作爲《朱子語類大全》、第三本著作爲《朱子文集大全》,朱熹(1130~1200)繼承二程以理爲本的思想,並汲取張載 (1020~1077)關於氣的學說,進而提出理氣論。「未有天地之先,畢竟也只是理。」(《朱子語類》,卷一)朱子以「敬」的自覺工夫來收斂、澄清心思,使心處在高度意識覺醒狀態中,專注於知識的認知活動,他提及持敬綱領:「坐如尸,立如齊,頭容直,目容端,足容重,手容恭,口容止,氣容肅,皆敬之目也。」(《朱子語類》,卷十二)透過敬的工夫收拾自家精神,常予以照管,使心不放逸,無走作。且「人性本明,如珠寶沉溷水中,明不可見。去了溷水,依舊自明。自若知是人欲蔽了,便是明德,只是這上便緊緊著力主敬……常常存個敬在這裡,則人欲自然來不得。」(《朱子語類》,卷十七)但敬不是「塊然兀坐」(《朱子語類》,卷十二)朱子贊同明道(1032~1085)、延平(1093~1163)提倡的靜坐工夫,認爲此對於收斂身心、涵養本原有其必要,「蓋精神不定,則道理無湊泊處。又云:須是靜坐,方能收斂。」(《朱子語類》,卷十二)所以朱子以靜坐持敬和外容肅穆,即內敬和外敬,承繼發展伊川的「敬義夾持」說。而持敬的工夫不可間斷,無須臾離,無毫髮間,「無事時,敬在裡面;有事時,敬在事上。有事無事,吾之敬未嘗間斷也。」(《朱子語類》,卷十二)可知「敬之一字,真聖門之綱領,存養之要法。一主乎此,更無內外精粗之間。」(《朱子語類》,卷十二)且敬的同時又伴隨「克

己」工夫，「敬如始田而灌漑之功，克己則是去其惡草也。」（《朱子語類》，卷十二）朱子批判陸象山「易簡工夫」之學，會造成輕忽克己修爲：「陸子靜之學，看他千般病般萬病，只在不知有氣稟之雜，把許多粗惡底氣都把做心之妙理，合當恁地自然做將去。……不知初自受得這氣稟不好，今才任意發出，許多不好底，也只都做好商量了。只道這是胸中流出，自然天理；不知氣有不好底夾雜在裡，一齊滾將去，道害事不害事？看子靜書，只見他許多精暴底意思可畏。其徒都是這樣，纔說得幾句，便無大無小，無父無兄。只我胸中流出底是天理，全不著得些功夫。看來這錯處，只在不知有氣稟之性。」（《朱子語類》，卷一二四）朱子批判象山之學：「子壽兄弟氣象甚好，其病即是盡廢講學，專務踐履，即於踐履之中，要人提撕省察，悟得本心，此爲病之大者。」（《朱子文集》，卷三一）

　　「明體中之功夫」的第四本著作爲《吳康齋集》，吳與弼（1391~1469），字子傅，號康齋。其學上無師承，多自悟而得，兼朱陸之長。其學基本恪守程朱之道，主張「敬義夾持，明誠兩進」（《明儒學案‧崇仁學案》），在涵養性情，以克己安貧爲治學實際，「一事少含容，蓋一事差，則當痛加克己復禮之功，務使此心湛然虛明，則應事可以無失。靜時涵養，動時省察，不可須臾忽也。苟本心爲事物所撓，無澄清之功，則心愈亂，氣愈濁，梏之反覆，失愈遠矣。」（《康齋文集》，卷一〈日錄〉）、「一日，以事暴怒，即止。數日事不順，未免胸臆時生磊塊。然此氣之偏，學問之疵，頓無亦難，只得漸次消磨之。終日無疾言遽色，豈朝夕之力邪？勉之無怠。」（《康齋文集》，卷一〈日錄〉）吳與弼認爲透過修養身心，對治氣質之偏，則能消除怒氣，而能隨遇而安，「上不怨天，下不尤人，君子居易以俟命，小人行險以僥倖。燈下讀《中庸》，書此，不肖恆服有效之藥也。」（《康齋文集》，卷一〈日錄〉）在面對逆順境皆能心氣平和：「大凡處順不可喜，喜心之生，驕侈之所由起也；處逆不可厭，厭心之生，怨尤之所由起也；一喜一厭，皆爲動其中也，其中不可動也。聖賢之心如止水，或順或逆，處以理耳，豈以自外至者爲憂樂哉！」「處困之時，所得爲者，言忠信，行篤敬而已。」「無時無處不是工夫」。講學教導弟子「專尚

修，不尙悟，專談下學，不及上達也。」（清莫晉：《重刻明儒學案序》）
吳與弼並提出「磨鏡」、「洗心」、「明心見性」等思想，認爲人心本自
瑩徹昭融，「夫心，虛靈之府，神明之舍，妙古今而貫穹壤，主宰一身
而根柢萬事，本自瑩徹昭融，何垢之有？然氣稟拘而耳目口鼻四肢百
骸之欲爲垢無窮，不假浣之之功，則神妙不測之體，幾何不化於物
哉？……於是退而求諸日用之間，從事乎主一無適，及整齊嚴肅之規，
與夫利斧之喻，而日孜孜焉，廉隅辨而器宇寧，然後知敬義夾持，實
洗心之要法。」（《康齋文集》，卷十〈浣齋記〉）須經洗滌，才不致
化於物。吳與弼上承兩宋二程、朱陸之學，其門人著名的有婁諒、陳
白沙（1428~1500）、胡居仁（1433~1484）等。清代學者言「與弼之
學，實能兼採朱、陸之長，而刻苦自立。其及門弟子陳獻章得其靜觀
涵養，遂開白沙之宗。胡居仁得其篤志力行，遂啓餘干之學。有明一
代，兩派遞傳，皆自與弼倡之，其功未可盡沒。」（《四庫全書總目》，
卷一七〇〈康齋文集提要〉）陳白沙得其靜觀涵養遂開白沙之學；胡居
仁得其篤志力行之學，遂開餘干之學。

　　「明體中之功夫」的第五本著作爲《薛敬軒讀書錄》，薛瑄
（1389~1464），字德溫，號敬軒，諡文清。清人稱之爲「明代醇儒，
瑄爲第一」（《四庫全書總目》，卷一七〇〈薛文清集提要〉）、「明初理
學，以（曹）端與薛瑄爲最醇。」（《四庫全書總目》，卷一七〇〈曹
月川集提要〉）爲學一本程朱，「瑄學一本程、朱，其修己教人，以復
性爲主，充養邃密，言動咸可法。嘗曰：『自考亭以還，斯道已大明，
無煩著作，直須躬行耳。』」（《明史》，卷二八二〈薛瑄傳〉）可知就
薛瑄而言，周程張朱之書及濂洛關閩之學，使儒學正宗已大明，只要
躬行實踐即可，「先生以復性爲宗，濂、洛爲鵠，所著《讀書錄》大槪
爲《太極圖說》、《西銘》、《正蒙》之義疏，然多重復雜出，未經刪削，
蓋惟體驗身心，非欲成書也。」（《明儒學案》，卷七〈河東學案上〉）
認爲「理只在氣中，決不可分先後。」（《讀書錄》，卷二）試圖將理
氣結合。在心性方面，接受本然之性與氣質之性的看法，認爲人的氣
質之性有爲善爲惡兩種可能性，「論性不論氣不備，有二說：專論性不
論氣，則性無安泊處，此不備也；專論性不論氣，則雖知性之本善，

而不知氣質有清濁之殊，此不備也。論氣不論性不明，亦有二說：如告子以知覺運動之氣爲性，而不知性之爲理，此不明也；如論氣有清濁之殊，而不知性之本善，此不明也。二之則不是。蓋理氣雖不相雜，亦不相離。天下無無氣之理，亦無無理之氣，氣外無性，性外無氣，是不可二之也。若分而二之，是有無氣之性，無性之氣矣。故曰二之則不是。」（《讀書續錄》，卷十二）產生於感物而動之初的一瞬間，因此，復性就要在一瞬間下工夫，革除即將萌發的不善之念：「爲學第一工夫，立心爲本。心存則讀書窮理，躬行實踐，皆自此進。」（《讀書錄》，卷十）薛瑄認爲「聖人教人博文致知，格物明善，凡知之之功，皆明此心之性也。」（《讀書錄》，卷六）「涵養須用敬，存此性耳，講學則在致知，明此性耳。」（《讀書錄》，卷六）、「千古聖賢教人之法，只欲人復其性而已。」（《讀書續錄》，卷五）可知薛瑄修養復性，在強調下學上達，內外兼修，豁然貫通，直覺心悟。

「明體中之功夫」的第六本著作爲《胡敬齋集》，胡居仁（1433~1484），字叔心，號敬齋，從遊吳與弼。胡居仁「其學主忠信爲先，以求放心爲要，操守勿失，莫大乎敬，因以敬名其齋。」（《明史》，卷二八二〈胡居仁傳〉）、「其學以治心養性爲本，以經世宰物爲用，以主忠信爲先，以求放心爲要。史稱薛瑄之後，惟居仁一人而已。」（《四庫全書總目》，卷一七一〈胡文敬公集提要〉）強調誠敬、慎獨、力行：「窮理非一端，所得非一處……讀書得之雖多，講論得之尤速，思慮得之最深，行事得之最實。」（《明儒學案》，卷二）爲學主敬：「敬爲存養之道，貫徹始終。」（《明儒學案》，卷二）「聖賢工夫雖多，莫切要如敬字。敬有自畏慎底意思，敬有肅然自整頓底意思，敬有卓然精明底意思，敬有湛然純一底意思，故聖學就此做根本。凡事都靠著此做去，存養省察皆由此。」（《居業錄》，卷三）主敬爲存心，使心不爲外物所擾亂蔽障，且敬爲內外一致的工夫：「古人自小學灑掃應對，事親敬長，周旋禮樂，習爲恭敬，無非存養之事。程子發明一敬字，於學者最有力，而整齊嚴肅是敬下手處。或曰：整齊嚴肅是外貌上做工夫，主一無適是心地上做工夫。曰：內外一致，未有外面整齊嚴肅，而心不整齊嚴肅者，未有心主乎一，而外貌不整齊嚴肅者。但

當內外交致其功……蓋自中而應乎外，外不亂則內自有主，內有主則外自整齊，此敬之功所以貫內外動靜。端莊整肅，嚴威儼恪，是敬之入頭處。提撕喚醒，是敬之接續處。主一無適，湛然純一，是敬之無間斷處。惺惺不昧，精明不亂，敬之效驗處。」（《居業錄》，卷三）可知敬之工夫，包括外貌端莊肅穆及內心的省察克制，於無時無刻，警惕覺察。胡居仁以為：「有此氣則有此理，理乃氣之所為」、「性是吾身之理，作用是吾身之氣。」反對釋道之學：「儒者養得一個道理，釋、老只養得一個精神。儒者養得一身之正氣，故曰與天地無間；釋、老養得一身之私氣，故逆天背理。」（《明儒學案》，卷二）反對釋老之靜坐，「心定則理明，心躁則理昏，禪家心無主，靜則定，動則亂矣，所以顛倒錯亂。今躁急之人便無才，是心亂也。為物欲所勝者，皆是心不能做主也。處事不得其宜者，亦是心失其職也。此涵養省察之功當盡也。」（《居業錄》，卷二）強調履行持敬，日用中尋理。胡居仁認為其同門陳白沙的主張近禪：「陳公甫亦窺見些道理本原，因下面無循序工夫，故遂成空見。陳公甫曠大，今之有才氣底人，多喜之，所以鼓動得人。又氣魄大，中人以上為其所引，中人以下為其所驅，為害尤甚。」《居業錄》，卷十二）、「夫公甫天資太高，清虛脫灑，所見超然，不為物累，而不屑為下學，故不覺流於黃老。反以聖賢禮法為太嚴，先儒傳義為煩贅，而欲一切虛無以求道真。雖曰『至無而動』，如以手捉風，無所持獲。不若日用間且從事下學，外則整衣冠，正容體，蹈規矩，謹進退，內則主一無適，使無雜擾，庶乎內外交養，靜則可以操存，使大本自此而立，動則可以省察，使達到自此而行。」（《胡文敬公集》，卷一〈復張廷祥〉）《明史》胡居仁傳評其學：「篤踐履，謹繩墨，守先儒之正傳，無敢改錯。」

　　「明體中之功夫」的第七本著作為《羅整菴困知記》，羅欽順（1465~1547），字允升，號整庵。早年潛研佛學，後覺「前所見者乃此心虛靈之妙，而非性之理也。」（《困知記》卷下）《困知記》記載羅欽順由學佛至學儒再到自立為學過程，羅欽順提出理依於氣，反對程朱及陸王的理氣觀，認為氣是萬物的本根「通天地，亘古今，無非一氣而已。」（《困知記》續卷下）主張道器不可分：「器外無道，道

外無器。」（《困知記》續卷上）認爲王陽明的主張是「所貴乎格物者，正欲即其分之殊，而有見乎理之一，無彼無此，無欠無餘，而實有所統會。夫然後謂之知至，亦即所謂知止，而大本於是乎可立，達道於是乎可行，自誠、正以至於治、平，庶乎可以一以貫之而無遺矣。然學者之資稟不齊，工夫不等，其能格與否，或淺或深，或遲或速，詎容以一言盡哉？惟是聖門《大學》之教，其道則無以易，此學者所當由之以入，不可誣也。外此或誇多而鬭靡，則溺於外而遺其內；或厭繁而喜徑，則局於內而遺其外。溺於外而遺其內，俗學是已；局於內而遺其外，禪學是已。」（《困知記》，附錄〈與王陽明書〉）羅欽順認爲王陽明的「格物」爲「格心」、「正物」的主張爲禪學，於是予以批判，且認爲陸象山、王陽明的心學，有見於心而無見於性：「釋氏之『明心見性』，與吾儒之『盡心知性』，相似而實不同。蓋虛靈知覺，心之妙也。精微純一，性之真也。釋氏之學，大抵有見於心，無見於性。故其爲教，始則欲人盡離諸相而求其所謂空，空即虛也。繼則欲其即相即空而契其所謂覺，即知覺也。覺性既得，則空相洞徹，神用無方，神即靈也。凡釋氏之言性，窮其本末，要不出此三者。然此三者皆心之妙，而豈性之謂哉？」（《困知記》卷上）且「吾儒言心，彼亦言心，吾儒言性，彼亦言性，吾儒寂感，彼亦言寂感……然吾儒見得人心道心分明有別，彼則混然無別矣，安得同？」（《困知記》續卷下）黃宗羲肯認羅欽順對異端之說，佛教爲害的批判：「先生之言理氣不同於朱子，而言心性則於朱子同，故不能自一其說耳……高景逸先生曰：『先生於禪學尤極探討，發其所不同之故，自唐以來，排斥佛氏，未有若是之明且悉者。』嗚呼！先生之功偉矣！」（《明儒學案》，卷四十七〈諸儒學案一〉）

　　「明體中之功夫」的第八本著作爲《呂涇野語錄》，呂柟（1479~1542），字仲木，號涇野。師事薛瑄爲其四傳弟子，呂柟與湛若水（1466~1560）、鄒守益（1491~1562）曾共主講學，劉宗周（1578~1645）曰：「時先生講席，凡與陽明氏中分其盛。一時篤行自好之士，多出先生之門。」（《明儒學案》，〈師說〉）呂柟注重人倫日用的下學工夫，認爲理氣不能分爲二，性在氣中，但不同意氣載乎性，

猶舟之載人，強調理在氣中，性從氣發出來，倘欲求性字，只在氣上求知；如此知性窮理，便須在下學躬行踐履中。「今人把事做事，學做學，分做兩樣看了，須是即事即學，即學即事，方見心事合一，體用一原的道理。」（《呂涇野先生語錄》）所格之物：「非是泛常不切身的。故凡身之所列，事之所接，念慮之所起，皆是物。凡是要格的，蓋無一處非物，其功無一時止息得的。」（《呂涇野先生語錄》）

　　「明體中之功夫」的第九本著作為《馮少墟集》，馮從吾（1556~1627），字仲好，號少墟。師事許孚遠（1535~1604），為湛若水（1466~1560）三傳弟子。其為學「全要在本原處透徹，未發處得力，而於日用常行，卻要事事點檢，以求合其本體。」（《明儒學案》，卷四十一）對儒佛區辨：「以為佛氏所見之性，在知覺運動之靈明處，是氣質之性；吾儒之所謂性，在知覺運動靈明中之恰好處，方是義理之性。」（《明儒學案》，卷四十一）、「吾儒宗旨與佛老全不相干；後世講學不精，誤混為一。以上達歸佛，以下學歸儒；以頓悟歸佛，以漸修歸儒；以明心見性歸佛，以經世宰物歸儒；諸如此類。名為辟佛，適以崇佛；名為崇儒，適以小儒，何也？……不知佛氏論心論性處與吾儒異，不專在捨經世宰物而言心性；正在所悟與所達與吾儒異，不專在捨漸修而言頓悟、捨下學而言上達也。」（《馮少墟集》，〈辨學錄〉）馮少墟強調未發時的工夫：「只凡是平常無事時，預先將性命道理講究體認，戒慎不睹，恐懼不聞，只在性體上做工夫，使心常惺惺，念時常耜耜，時時討得湛然虛明氣象，便是未發用力處，亦便是未發得力處。」（《明儒學案》，卷四十一）

　　由上述之「明體中之功夫」的書目中，可知就功夫層面，李二曲主倡在於不遺程朱主敬窮理，即程伊川「涵養須用敬，進學在致知」及朱熹「主敬窮理」。

　　　程子言「涵養須用敬，進學在致知」，朱子約之為「主敬窮理」，
　　以軌一學者，使人知行並進，深得孔門「博約」家法。[56]

　　李二曲對程朱思想，讚其真為孔門「博約」家法，其所倡之「用

---

56 同註2，頁532。

敬致知」及「主敬窮理」，對於學人之知行並進，有莫大之助益。李二曲在卷十五〈富平答問〉讚許朱子：「自孔子以『博文約禮』之訓，上接虞廷『精一』之傳，千載而下，淵源相承，確守弗變，惟朱子爲得其宗。……故尊朱子即所以尊孔。」[57]李二曲認爲孔門博文約禮之家法，並不是僅囿於知古今、達事變的書生，所能同日而語的，那要如何才能「博文」、「約禮」呢？李二曲認爲「文」即是「身心性命之道，燦然見於語默動作、人倫日用之常，及先覺之所發明」[58]；「禮」即是「莫不有當然之則焉」[59]；「博」爲「從而潛心默會，一一析其當然」[60]、「虞廷之『惟精』、《大學》之『格物』。」[61]可知，「博」具有格物析理之義；「約」爲相對於「博」，乃是「隨所博而反躬實踐」[62]、「虞廷之『惟一』、《大學》之誠、正、修。」[63]可知，「約」具有實踐躬修之義。所以，透過「博」及「約」的「知行並進」[64]，在身心性命上做工夫。「博文約禮」爲顏子悟後之語，旨在善誘，「猶餌所以誘魚，非便以餌爲魚也。」[65]朱子生平自勵勵人，以「居敬窮理」[66]爲主。朱子主張之「窮理」即孔門之「博文」，所倡之「居敬」即孔門之「約禮」。使內外本末，一齊俱到，此爲正學。

李二曲在〈四書反身錄‧大學〉也說：「『格物』乃聖賢入門第一義，入門一差，則無所不差，毫釐千里，不可以不慎。」[67]朱子格物之道：

> 君臣父子兄弟夫婦朋友，皆人所不能無者。但學者須要窮格得盡。事父母，則當盡其孝；處兄弟，則當盡其友。如此之類，

---

57 同註 46，頁 126。
58 卷三十五〈四書反身錄‧論語上‧子罕〉，頁 469。
59 同註 58，頁 469。
60 同註 58，頁 469。
61 同註 58，頁 469。
62 同註 58，頁 469。
63 同註 58，頁 469。
64 同註 58，頁 469。
65 同註 58，頁 469。
66 同註 46，頁 126。
67 同註 13，頁 404。

　　須是要見得盡。若有一毫不盡，便是窮格不至也。（《朱子語
　　類》卷十五）

　　格物，是窮得這事當如此，那事當如彼。如為人君，便當止於
　　仁；為人臣，便當止於敬。又更上一著，便要窮究得為人君，
　　如何要止於仁；為人臣，如何要止於敬，乃是。《朱子語類》卷
　　十五）

　　李二曲對朱熹思想的闡揚。程朱之學屬於漸教，屬於下學：

　　問下學之實。曰：涵養省察，改過遷善，五常百行，無一或忽，
　　即事即理，即粗即精，不離日用常行內，直造先天未畫前。[68]

　　在卷十六〈書一·答張敦庵〉中，張敦庵以晦庵之學，質性鈍駑
者較易持循。李二曲回以肯認：「誠然，誠然。然晦庵教不躐等，固深
得洙泗家法。」[69]

　　相同，李二曲在面對朱學的末流之弊，也同時能予以真誠肯切的
了解，希望能補足朱學之限，使其不失支離：

　　而其末流之弊，高者做工夫而昧本體，事現在而忘源頭；卑者
　　沒溺於文義，葛藤於論說，辨門戶同異而已。[70]

　　而其末流之弊：高者徇迹執象，比擬摹倣，畔援歆羨之私，已
　　不勝其憧憧；卑者桎梏於文義，糾畫於句讀，疲精役慮，茫昧
　　一生而已。[71]

　　朱學末流的弊端，呈顯出兩類，一為純做下學工夫，對於本體愚
昧不明，如此是斷源無根；另一類為湮沒於文義章句，糾葛於議論，
空辨門戶異同。

　　楊向奎於《清儒學案新編》（一）指出李二曲的格物工夫是不同於
朱子：「實則二曲之所謂格物不同於考亭，考亭格物正二曲所謂由外及
內之博物，而二曲之格物正是致知，乃由內以及外者，即致良知。他
說格物原以明善，而善乃天之所以與我者，即身之意知之則，而家國

68　同註 44，頁 494。
69　同註 39，頁 139。
70　同註 2，頁 532。
71　同註 39，頁 139。

天下之所以待理者也。格物即守則，守則即致知，知至則本心則明，皎如白晝，善惡所在，自不能掩，即此便是止至善，便是明明德於天下。若舍卻至善之物不格，卻物物而究之，入門之初，紛紜轇轕，墮於支離，正是姚江之病考亭者。以此，二曲之格物，正是姚江之致良知。所謂以考亭之下學致姚江之上達者，實在不是考亭之下學，仍是一本之學。下學與上達爲一，即工夫即本體，即知即行。」[72]認爲李二曲的格物工夫，只是致良知的別名罷了：「既以陽明之學上中下根俱有所入，得力蓋尤易，而晦庵之學高者徇迹執象，卑者桎梏文義，高下俱不宜，所以二曲之學乃徹頭徹尾陽明，而不遺程朱者，欲以程朱之較樸實補陽明之空疏。但本體既疏，工夫自易。所謂格物工夫，只是致良知之別名。不過，二曲終有別於晚明之王學。在明清之際的思想家中，他與黃顧王諸大家都是博極群書學識豐富的學者，不同於北方學者夏峰、習齋，他們偏於孤陋。史稱二曲四十以前，嘗著《十三經注疏糾謬》、《二十一史糾謬》等書，是以顧炎武屢次往訪，二曲與之從容盤桓，上下古今，靡不辯訂，寧人固非欣賞王學者。」[73]

三、融攝尊德性及道問學

李二曲「體用全學」之明體即意含「明體中之明體」及「明體中之功夫」，李二曲欲融攝尊德性及道問學。李二曲對於當時學風普遍的「闢陸尊朱」或「闢王尊朱」現象，提出了批判，首先是「闢王尊朱」者之定位問題，李二曲認爲他們「雖皆闢陽明，而實不知陽明；雖自謂尊朱，而實不知所以尊朱。」[74]換言之，不論是駁斥批評或是尊重闡揚，對於王陽明的學說及朱熹的學說可能都只是一知半解，就論斷批評或尊崇。李二曲對於「闢象山，尊朱子」[75]的人，進行檢視考察，

---

72 同註28，頁266。
73 同註28，頁267。
74 卷十七〈書二・答岐山茹明府〉，頁185。
75 同註46，頁126。

發現他們所尊崇的「不過訓詁而已矣，文義而已矣」[76]，也就是他們對於朱子思想義理，「朱子內外本末之兼賅，主敬褆躬之實修」[77]，不能知其真義，更何況其下學循序功夫。他們批評「象山若疎於朱」[78]，但應對於象山所倡的先立乎其大，嚴辨義利之辨等學說主張，肯認其「亦自有不可得而掩者」[79]的功勞。今之尊朱者不能如此尊重象山之學，而徒以區區語言文字之末，鬮陸尊朱，乃是不自量力。李二曲對於「世之從考亭者，多鬮姚江」[80]，所造成的普遍情況，「而竟至諱言上達，惟以聞見淵博、辯訂精密爲學問之極，則又橋枉失直」[81]，此般勞罔虛耗生命，終究與性靈毫無關涉，這樣也不能算是「所以善學考亭也」[82]。即使有稍知向裏者，又往往以克伐怨欲不行爲究竟，對於大本大原，大多茫然不知。另外在卷十六〈書一‧答張敦庵〉中，李二曲對於張敦庵認爲他信上有「帶來帶去等語，未免涉禪」[83]，李二曲以爲這樣的用法，在「荊川、龍溪亦曾有是言，可覈也。」[84]李二曲以爲陳清瀾（1497~1567）所著之《學蔀通辨》是刻意有爲之著述，因爲當時，政府與王陽明之間有閒隙，「目其學爲禪」[85]。南宮策士也以「尊陸背朱」[86]爲口實，欲火其書，榜諭中外，通行禁抑。李二曲認爲《學蔀通辨》乃是「逢迎當路，中閒牽強傅會，一則曰『禪陸』，再則曰『禪陸』，借陸培王，不勝詞費。」[87]如此則學無心得，門面上爭閒氣，自誤誤人。有智之士應當憐憫予以同情的理解，怎能以此說就據以爲定論。

76　同註 46，頁 126。
77　同註 46，頁 126。
78　同註 46，頁 126。
79　同註 46，頁 126。
80　同註 46，頁 129。
81　同註 46，頁 129。
82　同註 46，頁 129。
83　同註 39，頁 139。
84　同註 39，頁 139。
85　同註 39，頁 139。
86　同註 39，頁 139。
87　同註 39，頁 139。

　　在上述「體用全學」之「明體」中，可知李二曲的明體實涵蓋「明體中之明體」及「明體中之功夫」，即李二曲欲合理學之陸王心性本體及程朱主敬窮理，李二曲對陸象山之「尊德性」與朱子之「道問學」欲去短集長；對於王陽明「致良知」與程朱之「涵養省察」、「居敬窮理」欲相資相成。但李二曲在會通融攝中，是有主從關係，他以陸王心性致良知，爲上達爲本體，以程朱格物窮理，爲下學爲工夫；以尊德性爲本體，以道問學爲工夫，下學上達一貫。因此，於下探究李二曲融攝尊德性及道問學。

　　李二曲認爲「尊」乃是相對於「卑」而言，就「天之所以與我，而我得之以爲一身之主者，惟是此性」[88]這是屬於「尊」，且「尊」原「本廣大精微、高明中庸而有德，故謂之『德性』。」[89]反之，若就「耳目口主鼻，四肢百骸，皆其所屬以供役使者也。」[90]這是屬於「卑」。但如今尊卑異位倒置，換言之，「本是尊的……只因主不做主，不能鈴束所屬，以致隨其所好，反以役主，靈臺偢擾，天君弗泰，『尊』遂失其所尊」[91]，因此爲恢復此「尊」、「德性」，就必「不容不學問，以尊此『尊』」[92]，所問所學都是此「德性」，「若問學而不以『德性』爲事」[93]，縱向博雅人問盡古今疑義，學盡古今典籍，制作可侔姬公，刪述不讓孔子，總是爲耳目所役，不只是對「德性」毫無干涉，反而造成「德性」之累。須是一掃支離蔽錮陋習，逐日、逐時、逐念、逐事，在「德性」上參究體驗，克去有我之私，析義於毫芒，以回復其「廣大精微」，愈精微廣大，不陷溺玷污於聲色貨利之中，一循於「中庸」，以復其「高明中庸」，愈中庸，愈高明。「『德性』本吾故物」[94]，一意涵養「德性」而濬其靈源，「悟門既闢，見地自新」[95]，謹節文矜細行，

88　卷三十〈四書反身錄・中庸〉，頁 423。
89　同註 88，頁 423。
90　同註 88，頁 423。
91　同註 88，頁 423。
92　同註 88，頁 423。
93　同註 88，頁 423。
94　同註 88，頁 423。
95　同註 88，頁 423。

不耽空守寂，一味平實。到如此之境，則德豈有不至，道豈有不凝？

　　李二曲也提到朱子自謂其學主於道問學，子靜之學主於尊德性。所以欲「去兩短，集兩長」[96]，李二曲認爲「去短集長」[97]，乃是遵循朱子的明訓，不敢執私意而昧公道，使所學不要「畸重一偏，落近儒門戶之習」。[98]李二曲對於聖學的前途是憂喜參半，原是聖學在明季兼屬大明大晦，李二曲點出問題原因在於「門戶之弊興」[99]，呈顯出兩種壁壘分明，互相對峙的局勢，即「重悟者眇實修，重修者罕實悟」[100]，爲何產生悟與修的絕對割裂，因爲「眇實修者或至以力行爲徇迹，罕實悟者或至以眞知爲騖空。」[101]李二曲提到當時東林學派[102]也嘗試能「折衷調停」[103]二者，但因所持之論點過於嚴刻[104]，以至造成「深文鍛成姚江莫須有之罪，而沒其探本窮源不可掩之功」[105]，如此欠缺

---

96 〈附錄二・關學續編本傳〉，頁 616。

97 同註 96，頁 616。

98 同註 96，頁 617。

99 〈附錄四・新刻二曲先生集序〉，頁 711。

100 同註 99，頁 711。

101 同註 99，頁 711-712。

102 顧憲成：「以考亭爲宗，其弊也拘，以姚江爲宗，其弊也蕩。拘者有所不爲，蕩者無所不爲。拘者人情所厭，順而決之爲易；蕩者人情所便，逆而挽之爲難。昔孔子論禮之弊，而曰與其奢也寧儉。然則論學之弊，亦應曰與其蕩也寧拘。此其所以遜朱子也。」（《小心齋劄記》卷三）
　高攀龍：「陽明先生於朱子格物，若未嘗涉其藩也者。其致良知，乃明明德也。然而不本於格物，遂認明德爲無善無惡。故明德一也，由格物而入者，其學實，其明也即心即性。不由格物而入者，其學虛，其明也是心非性。」（《明儒學案》卷五八）

103 同註 99，頁 712。

104 顧憲成批判王學末流之弊：「往往憑虛見而弄精魂，任自然而藐視競業。陵夷至今，議論益玄，習尙益下，高之放誕而不經，卑之頑鈍而無恥。」（《小心齋劄記》卷三）
　高攀龍：「二先生(象山、陽明)學問，俱是從致知入，聖學須從格物入。致知不在格物，虛靈知覺雖妙，不察於天理之精微矣。」（《高子遺書》卷五）、「姚江之弊，始也以掃聞見以明心耳，究而任心而廢學，於是乎《詩》、《書》、《禮》、《樂》輕，而士鮮實悟；始也掃善惡以空念耳，究且任空而廢行，於是乎名、節、忠、義輕，而士鮮實修。」（《明儒學案》卷五八）

105 同註 99，頁 712。

公允的論斷，終就「無以服天下萬世公是公非之心，而消其不平之鳴。」[106]迄今，又有「朱、陸、薛、王之辨」[107]，紛紛盈庭，使得千聖同歸一致之理，遂不復可問。李二曲認爲先儒補偏救弊的宗詣，實因「弊始於倡教者矯枉之過直」[108]，而其後遂失於人心世道而不可卒解，於是終究造成「一門之內，自尋矛盾，洪水猛獸之禍，不烈於是矣。」[109]

李二曲門人張珥在〈學髓序〉：「先生之學以陽明先生之『致良知』爲明本始，以紫陽先生之『道問學』爲做工夫，脈絡原自井然。……先生獨探奧祕，勘破朱陸兩氏補偏救弊之苦心，而一以貫之，滴骨之血，一口道盡，有功於斯道，有功於天下萬世。」[110]李二曲面對陸王之學及程朱之學，肯認兩家的優點及各自特色所在，有助學人的思想基礎及工夫進路何在？及王學及朱學末流所衍生之弊病何在，如何隱弊揚善，他提出：

> 尊德性，不容不道問學；道問學，乃所以尊德性。[111]

李二曲的學問，是以孔孟爲宗導源頭，程朱陸王相爲資輔，既明本體亦做工夫，不落支離及空寂，肯認孔孟之爲己之學，下學上達之博約家法。

> 吾人生乎其後，當鑒偏救弊，舍短取長，以孔子爲宗，以孟氏爲導，以程朱陸王爲輔……既不失之支離，又不墮於空寂……。[112]

李二曲「以致良知明本體，以主敬窮理、存養省察爲工夫」[113]以陸王的「先立乎其大」及「致良知」爲明本體，以程朱之「居敬窮理」、「涵養省察」以做工夫，「由一念之微致慎，從視聽言動加修，庶內外兼盡，姚江、考亭之旨，不至偏廢，下學上達，一以貫之矣。」[114]既

---

106 同註 99，頁 712。
107 同註 99，頁 712。
108 同註 99，頁 712。
109 同註 99，頁 712。
110 同註 29，頁 14-15。
111 卷十五〈富平答問・附授受紀要〉，頁 136。
112 同註 2，頁 532。
113 同註 46，頁 129。
114 同註 46，頁 129。

能明體又有工夫，去二者支離空疏之弊，達到內外交養，使下學上達一貫。

> 「致良知」之說，有漏義乎？「物格而后知至」，是物無格之功，則知之必不至也，又審矣。[115]

> 「誠正修齊治平」於何措手，「道問學」之說，有漏義乎？[116]

李二曲對於學派中內部不同的主張看法，其持的態度是健康積極的：對於陸象山之教法，「一洗支離蔽錮之陋，在吾儒中最爲緊切，令人言下爽暢醒豁。」[117]而爲自得之學。朱熹之教法，「循循有序，恪守尼山家法，中正平實」[118]最適合初學者，不論是陸象山之教法或者朱熹之教法「均有功於世教，不可置低昂於其間。」[119]抑彼取此，都不能稱爲善學，倘能「並參互考，折衷盡善」[120]，即透過「明體中之明體」進路，此爲「由象山以迄陽明，識心性之源」[121]；另透過「明體中之功夫」之進路，此爲「由紫陽以迄敬軒，得積漸之功。」[122]如此明體透過明體與工夫的路徑，而能下學上達，一以貫之，可見融會朱陸之教法，實李二曲「平生得力之由，亦其學術之大較也。」[123]

> 然辨朱辨陸，論同論異，皆是替古人擔憂。今且不必論同異於朱陸，須先論異同於自己，試反己自勘，平日起心動念，及所言所行與所讀書中之言同耶，異耶？同則便是學問路上人，尊朱抑陸亦可，取陸舍朱亦可；異則尊朱抑陸亦不是，取陸舍朱亦不是。只管自己，莫管別人。[124]

李二曲面對陸象山的教法及朱熹之教法，皆能點出優點所在，使

115　同註 29，頁 15。
116　同註 29，頁 15。
117　〈附錄二・盩厔李徵君二曲先生墓表〉，頁 606。
118　同註 117，頁 606。
119　同註 117，頁 606。
120　同註 117，頁 606。
121　同註 117，頁 606。
122　同註 117，頁 606。
123　同註 117，頁 606。
124　卷四〈靖江語要〉，頁 36。

後人不會輕低前人的學問，或爲不使後人與前人學問精髓失之交背。「往往講之以口，而實未嘗驗之於身，逞臆見，爭門戶，祇以增勝心，此亦通人之通患也。」[125]李二曲對「言『太極』、談『理性』、辨『朱陸異同』、指『陽明近禪』」[126]等葛藤鼓吻的問題，認爲是替古人擔憂，他認爲學問重點，在於若要論同異，當先審視自己，是否能反身實踐，思言行舉間是否同或異於所讀的聖賢書，自反問時，答案立刻揭曉，若同則是真學之人，不論尊朱抑陸或取陸舍朱皆可；若異則不論兩者取決何者皆落不是。

由全祖望（1705~1755）對李二曲之評論，可謂一語道破李二曲融攝道問學及尊德性：「其（李二曲）論朱陸二家之學曰：『學者當先觀象山、慈湖、陽明、白沙之書，闡明心性，直指本初。熟讀之，則可以洞斯道之大原；然後取二程、朱子以及康齋、敬軒、涇野、整菴之書，玩索以盡踐履之功，收攝保任，由工夫以合本體，下學上達，內外本末，一以貫之。至於諸儒之說，醇駁相間，去短集長，當善讀之。不然，醇厚者乏通慧，穎悟者雜竺乾，不問是朱是陸，皆未能於道有得也。』於是關中士子，爭向先生問學。關學自橫渠而後，三原、涇野、少墟，累作累替，至先生而復盛。」[127]

楊向奎《清儒學案新編》（一）中對李二曲融朱王之學則有不同的看法，他認爲：「當時猶承王學遺風，北方之孫，南方之黃，西方之李，均出自王學。而朝中大吏則鼓吹程朱，惟官學無力。而王學亦在轉變之中，或出於王而非王，或出於王而援朱以入王。若二曲固亦折衷於朱王之間者，以爲上達從王而下學從朱，而下學上達固可以一以貫之，也就是以朱子的格物，達到陽明的致知。其實，方法既異，而本體全非，未免難轅北轍，所謂朱之下學，亦陽明上達之別名而已……以姚江之學爲上達，考亭爲下學，下學即入手工夫。在陽明學派，本體即工夫，本體區分，如今從考亭入手以求良知，而考亭之根本工夫即格

125　同註 124，頁 38。
126　同註 20，頁 28。
127　〈附錄二・二曲先生窆石文〉，頁 611-612。

物，因之補《大學》格物章。二曲之主張由考亭工夫入手，當然即由格物入手，但二曲之所謂格物，非考亭之格物。」[128]「二曲實在沒有合朱王爲一，仍是援朱以入王，以王解朱而朱非朱。明季王學末流，流于狂禪，以致『聖人滿街』。在二曲思想中仍然有此因素。他本來不滿於程朱，所以倡爲下學上達合二爲一之說者，止是援朱入王以辟朱，一如陽明之倡《朱子晚年定論》。」[129]

第三節　「體用全學」之適用

在上節闡述李二曲「明體中之明體」及「明體中之工夫」，瞭解李二曲「體用全學」之「明體」的主張，而本節則旨在探究李二曲「體用全學」之「適用」，藉由「適用」類書籍的說明及李二曲所輯之〈司牧寶鑑〉中，瞭解李二曲之經世致用思想，對從政的任官治吏者之期許爲何？藉由傳統對「牧民」之界說、李二曲對「牧民」之闡釋、對當時吏風敗壞之反思、「牧民」典範之功效，從中瞭解李二曲對於爲官應勉之四事，應避之十害爲何？透過自省檢視在官品八等中所居何位？爲官者應遵守的基本原則？知州及知府知縣之職責所在？

李二曲於「適用類」之書單，共計開列出十七本書籍。「適用」類之書可分爲適用之書十二本、律令一本及經濟之書四本。

128　同註 28，頁 263-264。
129　同註 28，頁 266。

項目	適用經濟類	李 二 曲 對 各 書 之 按 注
1	《大學衍義》	真文忠公取經史要語，勒成斯編。誠吾人修己治人之蓍蔡，治天下國家之律令格式也，本之則治，違之則亂。然止於「修身齊家」而止，其意以爲人君苟能修身齊家，國與天下之治，由斯而推之耳。[130]
2	《衍義補》	邱文莊公集古今經制之要，而斷以己意。其申治也詳，甚危亂也確，事事足法，言言可行。精研熟玩，因時損益，有志經國，執此以往可也。[131]
3	《文獻通考》	江西馬貴與著，元儒也。當元時，義不輕出，折衷於古今朝典，以成此書。上至天官輿地，以及禮、樂、兵、農、漕、屯、選舉、曆數、士卒、典籍，無不條晰。[132]
4	《呂氏實政錄》	甯陵呂新吾先生著。此老卓識諳練，經濟實學也。在世儒中，最爲適用。《實政錄》，皆其所經歷者。學人無志於當世則已，苟有志於用世，則此書必不可一日無。[133]
5-6	《衡門芹》、《經世石畫》	辛復元修。中有確論，可備採擇。[134]
7	《經世挈要》	屯田、水利、鹽政，以及國計、選將、練兵、車制、火攻，無不挈其要。[135]
8	《武備志》	凡八十冊。古今戰陳機關，備萃此書。視登壇必究加詳，而《孫子》、《吳子》暨《紀効新書》、《練兵事實》，尤爲兵學之要⋯⋯學者於此，苟能深討細究而有得焉，則異日當機應變，作用必有可觀。[136]

---

130 同註 16，頁 52。
131 同註 16，頁 52。
132 同註 16，頁 52-53。
133 同註 16，頁 53。
134 同註 16，頁 53。
135 同註 16，頁 53。
136 同註 16，頁 53。

9	《經世八編》	凡二十套。惟馮應京《實用編》、鄧元錫《函史下編》可備參考，其餘勿覽。137
10	《資治通鑑綱目大全》	凡二十套。乃格物之淵藪，興亡治亂之成案也。宜恆玩之，論其世以熟吾之識。138
11	《大明會典》	明已亡矣，典則在也。雖時異世殊，然朝政之所關，故事之所詳，學者安可不知？139
12	《歷代名臣奏議》	學人貴識時務，《奏議》皆識一時之務者也。當熟玩之，以為奏記之助。140
13	《律令》	最為知今之要。而今之學者，至有終其身未之聞者。讀書萬卷不讀《律》，致君堯舜終無術，夫豈無謂而云然乎！141
14-17	《農政全書》、《水利全書》、《泰西水法》、《地理險要》	以上數種，咸經濟所關，宜一一潛心。142

　　對於李二曲所開列「體用全學」適用類書目及說明，今人林繼平先生認為以現今語言解釋可分為：「政治學、政治制度史、行政學、政治評論、經濟學、軍事學、史學、法律學、公文示範（歷代名臣奏議）、國防地理、以及農政、水利、水法等應用科學。加以歸納，即為人文科學、自然科學（限於應用科學的一部分）和軍事學三個系統。這三個系統所包含各方面的知識，除一部分屬於物理外，其他大部分均可劃入事理的範疇。而且政治學為首，以農政、水利、水法等科學殿後，顯然含有以事理支配物理，或以人文科學支配自然科學之深意。」143

　　李二曲有感於「今學者敝精神於無用之虛文，其於當代章程，尚多茫然，況往古之典則乎？譬猶正牆面而立，一無所見，匪見胡獲？

---

137 同註 16，頁 53-54。
138 同註 16，頁 54。
139 同註 16，頁 54。
140 同註 16，頁 54。
141 同註 16，頁 54。
142 同註 16，頁 54。
143 林繼平：《李二曲研究》，台北：臺灣商務，1999，頁 269。

匪獲胡成？學無實用，世乏良材，蓋有由矣。」[144]李二曲主張所學要能實用，因此不應以有用之精神，虛耗生命於無用虛文。

> 經世之法，莫難於用兵。俄頃之間，勝敗分焉，非可以漫嘗試也。今學者無志於當世，固無論矣；即有志當世，往往於兵機多不致意，以為兵非儒者所事。然則武侯之偉略，陽明之武功，非耶？學者於此，苟能深討細究而有得焉，則異日當機應變，作用必有可觀。[145]

李二曲對於當時學者無志無學，即對於兵法棄如鄙屣，不知兵法戰略對當世之迫切性。「咸經濟所關，宜一一潛心。」[146]李二曲認為須當一個識時務之俊傑，除會讀書，更須知變通，才能對實際民生有益，否則，就成了死讀書、讀死書、書讀死之食古不化的讀書人。

> 然讀書易，變通難，趙括能讀父書，究竟何補實際？神而明之，存乎在人，識時務者，在於俊傑。夫豈古板書生所能辦乎？[147]

「理學、經濟，原相表裏，進呈理學書而不進呈經濟之書，則有體無用，是有裏而無表，非所以明體適用，內聖而外王也。經濟書，《大學衍義》而外，莫切於呂氏《實政錄》，言言痛切，字字喫緊，讀之令人躍然擊節。」[148]「若夫留意理學，稍知斂華就實，志存經濟，務為有用之學者，猶龜毛兔角，不但目未之見，耳亦絕不之聞。」[149]其明體類，除程朱陸王著述，於卷八〈讀書次第〉亦列出五經四書之書目，可知其明體類實為儒家所崇奉的經典和理學大師之論著，上開列之著作，雖有其歷史局限，但卻為認識事物本末之源，為治學處世作人之指導原則。事實上，李二曲之明體類即哲學理論類，而應用類著作，實際上指社會科學和自然科學兩類。此種理論與實際相聯繫的看法為精辟之卓見。統觀而言，李二曲「體用全學」所開列書單，雖說分為

144　卷三十四〈四書反身錄・論語上・述而〉，頁453。
145　同註16，頁53
146　同註16，頁54。
147　同註16，頁54。
148　卷十七〈書二・答許學憲第四書〉，頁176。
149　卷十七〈書二・答許學憲第五書〉，頁177。

明體類與適用類，實際上，亦可說即內聖修養類與外王表現類。

　　李二曲著重躬行實踐，所以雖其主張要閱讀明體適用書籍，但他更著重是否能反身而誠，「授受精微，不在乎書，要在自得而已。」[150] 因而他特別提到書籍及聖賢著述的用心，乃是為了指引學者迷津。「《六經》、《四書》，儒者明體適用之學也。讀之者果明體乎？果適用乎？夫讀書而不思明體適用，研究雖深，論著雖富，欲何為乎？不過誇精闞奧，炫耀流俗而已矣。以此讀書，雖謂之未見《六經》面，弗識《四書》字可也。噫！聖賢立言覺世之苦心，支離於繁說，埋沒於訓詁，其來非一日矣。」[151]

　　學者將所讀之書籍理論反身內化，在真實的生活世界中，親躬踐履，使自身為仁義道德之學、聖賢君子之身，具有知識涵養、道德實踐的人格特徵，才能樹立一己之真品、真才，進而由修己內聖之完成，具有關懷康濟天下蒼生之淑世情懷，推而漸次至人民百姓，實現為千秋扶綱常及參贊位育天地的志抱，如此才不負聖賢反覆啟迪言教之用意[152]。由此亦可觀知，一位儒者其理想人格的實現，是由內聖將其延伸至外王，個己與群體的互動關係，是個己價值的完全實現，是在群體價值實現中展現出來的。

　　李二曲門人惠竉嗣在卷二十八〈新刻司牧寶鑑敘〉云：「此真救時良劑，輔世長民者之指南也……將有民社之責，不可不奉以從事。」[153] 錫山後學倪離梧於〈司牧寶鑑序〉謹識曰：「學以明體而適用也，學苟不適乎用，則空談性命，卒無補於國計民生，天下後世亦安賴有若人

150　同註 127，頁 614。
151　同註 1，頁 125。
152　問：「官器之治，性情之和，在己一身，何以便至萬物之官器、性情亦治亦和？」先生曰：「《禮記》一部，開卷第一義便曰：『毋不敬，儼若思，安定辭，安民哉。』而《論語》之稱『安人，安百姓』，以至《中庸》所謂『篤恭而天下平』，莫不本於修己之敬。蓋己身莊敬不肆，儼然人望而畏之，默有以律其驕肆多矣。己身安定和平，人對之則鄙吝自消，是不言而飲人以和，鮮有不和者矣。此所謂正己而物正，一正百正，一了百了。心和則氣和，氣和則天地之和亦應矣。乃位育參贊之實際也，夫何疑？」（同註 20，頁 27）
153　卷二十八〈司牧寶鑑・新刻司牧寶鑑敘〉，頁 366。

哉。然體之不立，而輕言用，不流於龐雜，即入於偏陂，縱才克肆，應一時而其究也不能無弊。惟體用相爲表裏，故『明德』即所以『新民』，『中和』自徵諸『位育』。」[154]李二曲出示所輯〈司牧寶鑑〉相示，言言經濟，字字本源，能於盤根錯節之中，具批郤導窾之妙。使得欲司牧者得此寶鑑，如同「暗室中一炬，則利可興，弊可除，經可行，權可達，可以因時而補救，可以因地而制宜。」[155]此〈司牧寶鑑〉爲天德王道之全，並非空虛無用與泛言術數者所能相比。透過〈司牧寶鑑〉「於以明體，而體不爲無用之體；於以適用，而用不爲無體之用。」[156]能裨益於世道人心，也能因而裨益於國計民生。

　　李二曲對於爲政當官者的用心，透過其所編〈司牧寶鑑〉的時間是在「藥餌之餘，聊輯是編，以備牧民者寓目。」[157]即可略知。李二曲並提及其用意，是爲使牧民者能「因觀興感，因感生奮，自愛愛民，以實心行實政。德澤浹於民心，休聲垂於百世，方不枉大丈夫出身一場也。」[158]倘若有真正念切民隱，作爲合乎司牧之實「儻取而鏡之，法其可法，而戒其當戒，則生民受賜多矣。一人如是，斯一方治；人人如是，斯四海治，世不雍熙，吾不信也。」[159]

　　首先，探討傳統對「牧民」之界說：

　　　　夫表貞賢以勵風化，乃司風教者之責，而近世有風教之責者，
　　　　錢穀簿書之外，多忽風化。今郡伯於風化所關，舉措如斯，得
　　　　敷治之本矣。[160]

　　表彰貞潔賢能之人以砥礪風俗，爲掌司風俗教化責任，但近世有風俗教化責任者，在錢穀簿書以外，對於風俗教化大多忽視。

　　　　爲政之本，風化是先。[161]

154　卷二十八〈司牧寶鑑·司牧寶鑑序〉，頁367。
155　同註154，頁367。
156　同註154，頁367。
157　卷二十八〈司牧寶鑑·小引〉，頁369。
158　同註157，頁369。
159　同註157，頁369。
160　卷二十六〈祠記·增修賢母祠紀略〉，頁346。
161　卷二十八〈司牧寶鑑〉，頁370。

為政之本，以風化為首要之務。

> 當事者果虛心無我，樂於聞善，孰不樂告以善。集眾人之才識
> 以為才識，則其才識何可限量。若自恃才識，而好察不行，上
> 下之情不通，自病病民，將有不可勝言者矣。智愚賢不肖之分，
> 正在於此。[162]

為政者如果能虛懷若谷，喜歡納受善諫，那麼誰不樂意告以善言。
集眾人之才思以收廣益之效，則其才識不可限量。反之，若自恃己識，
卻好察而不敏行，上下之情不能通達，自病亦病民。智愚賢不肖的分
別就在此。

為官牧民者應勉勵四事，何為四事？

> 故某願與同僚各以四事自勉，而為民去其十害。何謂四事？曰：
> 律己以廉；凡名士大夫者，萬分廉潔，止是小善，一點貪污，
> 便為大惡不廉之吏。如蒙不潔，雖有他美，莫能自贖，故以此
> 為四事之首。[163]

期望為政者，都能以四事自我勉勵，並為民去除十害。那什麼是
四事呢？律己以清廉，大凡名士大夫，都是非常廉潔，但這只是小善，
只要有一點貪污，就成了大惡不廉官吏。如果不廉潔，就算有其他美
德，也是功過不相抵，所以清廉為四事首要。

> 撫民以仁；為政者，當體天地生萬物之心，與父母保赤子之心。
> 有一毫之慘刻，非仁也；有一毫之忿疾，亦非仁也。[164]

其次，要以仁撫民，為政者，應當以與天地萬物一體之心，及父
母懷抱其赤子的心，來安撫人民。所以對人民有絲毫慘忍刻薄，就不
是仁；對人民有些許忿恨疾俗，就不是仁。

> 存心以公；傳曰「公生明」，私意一萌，則是非易位，欲事之當
> 理，不可得也。[165]

再次，為政者要以公正存心，公正才能清明，一旦私意萌動，是

---

162 卷二十八〈司牧寶鑑・真公諭屬〉，頁374。
163 同註162，頁371。
164 同註162，頁371。
165 同註162，頁371。

非顛倒錯置，如此想要事情符情合理，是不可能的。

> 涖事以勤。當官者一日不勤，下必有受其弊者。古之聖賢尚日
> 昃不食，坐以待旦，況其餘乎？不可不戒。[166]

最後，要能勤勞任事。為官之人一天不勤勞於政事，人民必受到傷害。古時聖賢忙於政事常有至日中未進食，所以為政要能勤勞。

> 某之區區，其於四事，敢不加勉。同僚之賢，固有不俟丁寧而
> 素知自勉者矣，然亦豈無當勉而未能者乎？傳曰：「過而不改，
> 是謂過矣。」又曰：「誰謂德難屬，其庶幾賢不肖之分，在乎勉
> 與不勉而已。」異時舉刺之行，當以是為準。[167]

對於以上四事，為官者應以四事自我勉勵。對於同僚賢能，有些不須叮嚀就能知以此四事自勉，但難道沒有應當勉勵而不能做到的嗎？知道自己有過錯而不加悔改，才是真正有過錯。誰說德行難砥礪，賢與不肖的分別，實在於勉與不勉之分而已。

> 前此官僚之間，或於四者未能無愧，願自今始，洗心自新。在
> 昔聖賢，許人改過，故曰「改而止」，儻猶玩視而不改焉。誠恐
> 物議沸騰，在某亦不容苟止也。……有官君子，宜各揭之座右，
> 朝夕觀省，知其當然而責其身以必然，斯自愛愛人，無愧民牧
> 矣。[168]

因此，在官僚同事間，對於此四事不能無愧於心的，願從今起，洗心自新。古時聖賢，對於人之改過都予嘉許，改過就是不再犯過，而非視而不改。為官君子，應將其揭示為座右銘，朝暮觀銘省察，知道應當該做之事，並且督責己身必然完成，如此才能自愛愛人，牧民當之無愧。

其次，說明為民去除十害？十害為何？

> 斷獄不公；獄者民之大命，豈可少有私曲。[169]

官吏斷案不公允。牢獄關乎人民生命，因此斷案不能摻雜絲毫私

---

166 同註 162，頁 371。
167 同註 162，頁 373。
168 同註 162，頁 375-376。
169 同註 162，頁 371。

人情感恩怨。

> 聽訟不審；訟有實有虛，聽之不審，則實者反虛，虛者反實矣，
> 其可苟哉？[170]

對於人民訴訟不予審核。訴訟有事實也有虛情，聽訟不加明審，如此易造成有事實反成虛假，虛情者反而有實情，因此對於訟事不能苟且。

> 淹延囚繫；一夫在囚，舉室廢業，囹圄之苦，度日如歲，其可
> 淹久乎？[171]

延長關禁囚犯。家中有一人犯刑入獄，則舉家廢業，牢獄之苦，度日如年，不應企圖延長囚犯年月。

> 慘酷用刑；刑者不獲已而用，人之體膚，即己之體膚也，何忍
> 以慘酷加之乎？今為吏者，好以喜怒用刑，甚者或以關節用刑，
> 殊不思刑者國之典，所以代天糾罪，豈官吏逞忿行私者乎！不
> 可不戒。[172]

使用酷刑。刑罰乃因不得已而用，別人之體膚，與己之體膚是一樣的，怎能忍心施以慘酷之刑？現今為官，隨其私人喜怒而濫用刑罰，甚至受人行賄而用刑，實乃不知刑罰為國家法律，在代天糾舉人民犯罪，那裏是官吏用來逞其忿怒，假公行私！

> 汎濫追呼；一夫被追，舉室惶擾，有持票之需，有出官之費，
> 貧者不免舉債，甚者至於破家，其可汎濫乎？[173]

汎濫追呼。家中有一人被追討，則全家惶恐擔擾，因此須要持銀票，打通官員費用，造成貧窮戶人，往往四處借錢舉債，甚至弄得家破人亡。

> 招引告訐；告訐即敗俗亂化之原，有犯者自當痛治，何可招引？
> 今官司有受人實封狀，與出榜召人告首陰私罪犯，皆係非法，

170　同註 162，頁 372。
171　同註 162，頁 372。
172　同註 162，頁 372。
173　同註 162，頁 372。

不可為也。[174]

招引告訐。告訐是風俗敗壞之根源，如果有觸犯的，應當自我深加痛治，那裏可以招引？當今倘有接受人民彌封告狀官司，及貼榜檢舉首陰私罪犯，這些都是非法而不當為。

> 重疊催稅；稅出於田，一歲一收，可使一歲至再稅乎？有稅而不輸，此民戶之罪也；輸已而復責以輸，是誰之罪乎？[175]

重覆催討稅收。稅收出於農獲，一年只有一次，如此一年能收稅多次嗎？如果有征稅而人民不納稅役，這是人民有錯；但是如果已經繳納，又再次催討，這是誰的過錯呢？

> 科罰取財；民間自二稅合輸之外，一毫不當妄取。今州縣有科罰之政，與夫非法科斂者，皆民之深害也，不可不革。[176]

科罰取財。民間自從二稅合納外，為官者一毫不當再予以任取。今州縣有科罰政策，及非法科斂，都造成人民深受其害。

> 縱吏下鄉；鄉村小民，畏吏如虎，縱吏下鄉，猶縱虎出柙也。弓手士兵猶當禁戢，自非捕盜，皆不可差出。[177]

縱吏下鄉。鄉村小百姓，畏怕官吏如懼猛虎，縱吏下鄉，如放虎出柙。配帶武器士兵，若不是為捕捉強匪，更要禁止其隨便差出擾民。

> 低價買物，物同則價同，豈有公私之異？今州縣有所謂行戶者，每官司數買，視市直率減十之二三，或不即還，甚至白取，民戶何以堪此？[178]

低價買物。貨物相同則價值也就等同，怎會有公私的差別呢？今州縣有所謂行戶，官吏購買貨物，就直接減少市價的十之二三，或甚至不付款白取民物，則人民情何以堪呢？

在卷二十八〈牧民寶鑑·呂公諭屬〉中提到「大段今之為吏，品

---

174 同註 162，頁 372。
175 同註 162，頁 372。
176 同註 162，頁 372-373。
177 同註 162，頁 373。
178 同註 162，頁 373。

格不同。」[179]現今為官者，品格不相同，大略可將為官之官品分為八等人：

> 第一等人，有這一點惻隱真心，由不得自家，如親孃之於兒女，
> 憂饑念寒，怕災愁病，日思夜慮，鈞膽提心，溫存體愛，百計
> 千方。凡可以使兒女心遂身安者，無所不至，雖強制之不能，
> 雖淡薄之不減。所以說先王有不忍人之心，斯有不忍人之政，
> 心切而政生，慮周而政詳，雖欲歇手不得，此謂率其自然。[180]

第一等人，具有惻隱之心，對待人民，如同母親對待自己兒女，憂其饑寒受害，百般呵護，日以繼夜，提心吊膽。只要能使兒女身心平安，都會想盡辦法予以完成。先王有說要有不忍人之心，才有不忍人之政，心切而政生，慮周則政詳，雖想要休息卻不能，這是率其自然。

> 第二等人，看得天地萬物一體，是我性分；使天下萬物各得所，
> 是我職分。不存此心，便有愧於形骸；不盡此心，便不滿其分
> 量。惓惓維世道，亟亟愛民生，以謂為之自我，當如是耳，此
> 謂盡其當然。但纔有勉強向道之心，便有精神不貫之處。[181]

第二等人，能視天地萬物為一體，是其性分之事；使天萬物各得其所，是其職責本分。認為不存有此心，便愧體此身；不盡此心，便不能滿全其性量職分。於是對世道惓惓，愛護人民，認為這是為我自己，應該如此，這就是盡其所當然。但常有一勉強向道，則覺精神不能一以貫之。

> 第三等人，看得潔己愛民，修政立事，則名譽自章，不則毀言
> 日至。士君子立身行己，名節為先，奈何不自愛，是為名而為
> 善者也。[182]

第三等人，潔身自愛並愛護人民，認為勤修政事，名譽自能彰顯，否則，毀謗言論就會日至其身。士君子立身行，名節為守，但因不自

179　卷二十八〈司牧寶鑑·呂公諭屬〉，頁377。
180　同註179，頁377。
181　同註179，頁377。
182　同註179，頁377。

愛，如此只是爲名聲而造善。

> 第四等人，守能潔己，而短於才心，知愛民而懦於政，可謂善
> 矣，然毫無益於郡邑，安能為有無哉？[183]

第四等人，能守身潔愛，但卻才力短拙，知道愛護人民卻因才能不夠，對政事無所作爲，可算是好，但對郡邑卻無絲毫助益。

> 第五等人，志欲有為而動不宜民，心知向上而識不諳事，品格
> 無意，治理難成。[184]

第五等人，立志對人民有所爲，但卻動則擾民，有向上之心，卻對政事不具卓見，品格無意，難達治理政事。

> 第六等人，知富貴之可愛，懼擯斥之或加，有欲心而守不明學
> 術醒 人 心敢肆，有怠心而事不敢廢。無愛民之實，亦不肯虐；
> 無向上之志，亦不為邪，碌碌庸人而已。[185]

第六等人，知道富貴雖好，但因害怕斥責加身，雖有貪欲之心卻不敢放肆，雖有怠惰之心，但對於政事也不敢荒廢閒置。沒有愛民實蹟，但也不會爲虐百姓；沒有向上心志，但也不會爲非作歹，只不是過一天算一天的庸碌之人罷了。

> 第七等人，實政不修，粉飾以詐善；持身不慎，彌縫以掩惡；
> 要結能為毀譽之人，鑽刺能降祥殃之竈。地方軍民之事，毫髮
> 不為；身家妻子之圖，懇懇在念：此巧宦也。近者大家成風，
> 牢不可破矣。[186]

第七等人對於實際政事不勤修，加以粉飾以博善名；持身不加謹慎，常彌蓋掩惡。對於地方軍民政事，沒有任何作爲，但對身家妻子的利益，卻百般營計，這種是巧宦之人。

> 第八等人，嗜利耽耽，如集羶附腥；競進攘攘，如馳騎逐鹿；
> 多得錢而好官我為，笑罵由他笑罵耳：此明王之所不赦，明神

---

183 同註 179，頁 377。
184 同註 179，頁 377。
185 同註 179，頁 377-378。
186 同註 179，頁 378。

之所必殛者也。[187]

第八等人，對於利祿虎視耽耽，如集羶味附腥臭；熙熙攘攘競爭進仕，猶如馳騎逐鹿一般；貪污肥己卻是好官己作，對於別人笑罵毫不在乎；這種人是明君所不能赦免，明神必將降禍的人。

當官有這上述之八等人，自我審查是位居何等？若遜居第一等，而僅介於二三等之間，都已是無有立志，更不要說後面幾等人，要如何能自立呢？「往者悔無及，來者猶可追，讀斯諭而興感，憬然悟，爽然失，勃然奮，洗腸滌胃，抖擻整頓，從新別做一番人，夫誰得而禦之？」[188]透過讀呂公之諭而能夠興感，進而有所省悟，洗心自新，抖擻精神，整頓自身，從新好好做一番人。

東來呂氏《官箴》提到「當官之法」有三：

> 曰清，曰慎，曰勤。知此三者，則知所以持身矣。然世之仕者，臨財當事，不能自克，常自以為必不敗。持必不敗之意，則無不為矣，然常至於敗而不能自已。故設心處事，戒之在初，不可不察。借使役用權智，百端補治，幸而得免，所損已多，不若初不為之為愈也。[189]

東萊呂氏《官箴》載，為官之道，要能清廉、戒慎、勤奮。能知此三者，就能知如何持身。但世之為官，在逢遇錢財誘惑，或者臨事之時，大都不能自我克制，常認為自己是不倒翁，認為自己必能立於不敗之地，則必定肆無忌憚而無所不為，但常是落得一敗塗地。因此平時處事，要能戒之在初，要小心謹慎。否則，後來欲透過運用權智百般補救，就算僥倖免禍，但所受之傷害已甚多，還不如當初不為之智舉。

> 張希孟曰：古之為政者，身任其勞，而貽百姓以安；今之為政者，身享其逸，而貽百姓以勞。己勞則民逸，己逸則民勞，此必然之理也。憚一己之勞，而使闔境之民不靖，仁人君子其忍

187　同註 179，頁 378。
188　同註 179，頁 378。
189　卷二十八〈司牧寶鑑・先賢要言〉，頁 383。

爾乎！[190]

古時為政者，都任己身勞苦，而讓百姓能夠安適；但現在的為政者，卻是身享閒逸，而讓百姓勞苦。如果為官者辛勞，則百姓就能安逸；反之，若為官者閒逸，則百姓就會勞苦，這是必然道理。

另對於知府與知州、知縣等官職，所職司管轄項目不同，要區分兩者的層級隸屬關係，不可混淆不清。

> 知府一身，州縣之領袖，而知州知縣之總督也。今之為知府者，廉愛嚴明，公誠謹慎，便自謂好官，而課知府者，見其能是，亦以好官稱之矣。不知此八字者，知州知縣之職，而非知府之職也。知府無此八字，固為不肖，僅有此八字，是增一好知州知縣耳。[191]

知府之職，是州縣的領袖，為知州知縣的總督。但現今的知府，以為作到「廉愛嚴明，公誠謹慎」，就自認為是好官，而審核知府的，見其能作到如此，也稱其為好官。殊不知此八字，是知州知縣之職，而不是知府之識。擔任知府如果沒有此八字，固然是不肖，但如果僅有此八字，也只能算是多了一個好的知州知縣之官。

> 為知府者，或奉院司之科條，董督僚屬；或酌郡邑之利病，細與興除。所屬州縣掌印正官，及佐領合屬一切大小官員……屬官如是，知府皆得以師帥之。師帥不從，知府得以讓責之；讓責不改，知府得以提問其首領吏書；提問不警，知府得以指事申呈於兩院該道。[192]

擔任知府之職，要奉命院司法令，督責所屬幕僚；也要斟酌郡邑的利弊得失，詳加發展或摒除。對於所隸屬的州縣官吏，及輔佐的一切大大小小官員，對於若有下列任何不良事實，諸如「用刑不當者，持己不廉者，政不宜民者，怠不修政者，昏不察奸者，塗飾耳目者，虛文搪塞者，前件廢格者，阿徇權勢者，差糧不均者，催科無法者，

---

190 同註189，頁384。
191 同註179，頁378。
192 同註179，頁378-379。

收解累民者，竊劫公行者，奸暴爲害者，風俗無良者，教化不行者，倉庫不慎者，獄囚失所者，老幼殘疾失養者，聽訟淹濫者，橋梁道路不修者，荒蕪不治、流移不招者，衙役縱橫不禁者」[193]等，知府都應告知改進；如果有不從辦者，知府應予以督責；督責不改，知府可以問辦官吏之首長；提問後又不警省，知府能向兩院對其提出申誡。

　　朝廷設置官吏，上從公卿以至驛遞，內外職司頭銜，不在百內，但唯有守令，人民稱爲「父母」。父母的真實涵義，意謂生養我者。所以人民稱其爲父母，乃是希望守令能真做到爲人民生養所依賴。

　　　　故土地不均…差糧不明…樹木不植…荒蕪不墾…逃亡不復…山
　　　　林川澤果否有利…訟獄不平…兇豪肆逞…狡詐百端…嫖風賭
　　　　博…寡婦孤兒…盜賊劫竊…老幼殘疾，鰥寡孤獨…教化不行…
　　　　遠里無師…倉廩不實…獄中囚犯…市鎮爲奸…稅課濫征…衙門
　　　　積蠹…吏書需索…徵收無法…遊手閒民…異端邪教…庸醫亂
　　　　行…士風學政…市豪積霸…捏空造虛…聚眾黨惡…火甲負
　　　　累…。[194]

　　而守令處理的問題，涵蓋許多層面，諸如明差糧、均土地、墾荒蕪、植樹木、興山林川澤、平訴訟、除凶豪、剪狡詐、刑嫖賭、鎮族奪、弭盜賊、收殘孤、正教化、教失學、積倉廩、恤獄犯、省貧征、逐衙蠹、禁吏勒、處困民、懲閒民、驅邪教、訓庸醫、興學政、治豪霸、杜造誣、殄黨惡、安騷擾，「某事久廢當舉，我爲舉之；某事及時當修，我爲修之；民情所好，如己之欲，我爲舉之；民情所惡，如己之讐，我爲去之。」[195]對於人民的需求，甚至民情好惡向悖，都能作到舉久廢、修當修、舉民好、去民惡。

　　　　使四境之內，無一事不得其宜，無一民不得其所；深山窮谷之
　　　　中，無隱弗達；婦人孺子之情，無微不照；是謂知此州、知此
　　　　縣。俾一郡邑愛戴吾身，如坐慈母之懷，如含慈母之乳，一時

193　同註 179，頁 379。
194　同註 179，頁 380。
195　同註 179，頁 380。

不可離，一日不可少，是謂真父母。各官試自檢點，果能如是
否乎？[196]

使國土之內，沒有一事不合時宜，沒有一民流離失所；無遠弗屆
乃至窮山僻壤；如慈母愛子之情，照顧得無微不至，才是所謂知此州、
知此縣。倘受一郡邑百姓愛戴，百姓感受如安坐在慈母懷抱，如含慈
母之乳，時刻不能離開慈母，這才是真為人民百姓之父母。各個為官
者，要自檢點，是否能做到如此？

夫醫者之治人也，診其脈息，望其形氣，投以湯丸，曰：「一服
去甚，再服卻疾，三服減半，四服全愈。」病家驗之，日異而
月不同，計期而卒有效，曰：「此良醫也。」若攜藥裹而來，守
治數月，病無捐於分毫，仍攜藥裹而去，何辭以復主人？[197]

這就如同，醫生之治病人，透過把脈望氣，開列藥劑，病人按時
服藥，假以時日，漸有效果起色，必說是良醫能對症；相反，若病人
按時服用，病情依然毫無起色，如何對得起病人呢？

守令到任之時，便察此郡邑受病標本，施治後先，何困可蘇，
何害當除，何俗當正，何民當懲，何廢可舉，洞其病痛，酌其
治法，日積月累，責效觀成。自初任以至去任，光景改觀幾何？
民愁蘇醒幾何？政事修舉幾何？[198]

而一位新任守令，初到郡邑，也要能明察，受病標本，施治先後，
對於政事困廢處，風俗不正處，暴民逞亂處，政事廢舉處，斟酌施治
方法。

或享利於目前，或垂恩於永久，庶幾士民數其事而稱之曰：「吾
父母到任以來，某事某事有功吾民。」吾臨去而自檢點之曰：「吾
於地方興得某利，除得某害。」疲癃之苦頓蘇，膏澤之施亦足；
如此治民，即是良醫治病，何快如之。儻到任時地方是這般景
象，離任時地方依舊是這景象，如此等官，虛享數月俸薪，無

196 同註 179，頁 380。
197 同註 179，頁 381。
198 同註 179，頁 381。

　　益百姓毫釐。[199]

　　假以時日,自檢自驗成果,即自初任即屆卸任,反省此段在位期間,郡邑政事及風俗景況改變否?端看是否只圖謀目前享利,虛享升俸,對百姓無絲毫貢獻;或者能永久垂恩,百姓皆緬懷其建樹,如此治民才真如良醫治病般。

　　現今為官,而能入廟受享百世的,只有守令,因守令最為親民。然為何舉世僅見一二人能如此呢?因為官者,大多是卑者貪圖私利,高者追求名聲,真正實質嘉惠百姓的人少。

> 汝為民父母,其毋謂民頑,毋歎才短。民之頑歟,勿庸忿之,姑惟勸之。才之短也,勤以補拙,問以救助,屈己以求之,虛心以察之,皆有益於我也。守己潔廉,愛民懇惻。推此道也,蠻貊可行,矧文獻之邦耶?[200]

　　既然為人民的父母官,不要以人民冥頑不化,或者自認才疏學淺等藉口予以搪塞。人民冥頑,不須忿恨,而應勸勉。自己才能短拙,要勤以補拙,靠多問以資補救,要能不恥下問,虛心審察,都是有益的。以廉潔自持,以誠懇惻怛之心愛民。能如此做,就算蠻貊未化之邦都能施行,何況是有教化的國度?

> 又俾訟者居譙門上,思三日然後得訴,思不三日,去不訟者過半矣。擇吏淳謹者一人,置簿受獄詞,而勾稽其始末,民誠負冤,方為剖理,非誠負冤,願悔自止者聽不問。未幾,民不復訟。此法頗妙,依此法而行之,訟者若猶不去,大則據理斷遣,小則委鄉約公評。如是則大事化細,細事化無,訟不期息而自息矣。[201]

　　對於訟訴的泛濫,如何息訟呢?使欲訴訟的人在公堂門外,規定在思索三日之後才得以提起訴訟,如此有大半以上欲訴訟的人,常思索不超過三天,就打道回府,不提訴訟。另外,要擇派淳厚謹慎的官

---

199 同註179,頁381。
200 同註189,頁382。
201 卷二十八〈司牧寶鑑・牧政往蹟〉,頁387。

吏一位，幫忙書寫訟訴狀詞，而從中勾勒稽查出事情發生的原委，人民如果真有冤屈，才爲其主持正義；如果沒有冤情，願意悔錯停止不再訴訟，上面也就不再過問。於是沒多久，人民不再訴訟。這個方法很有效，依循此法施行，訴訟的人如果還仍然不去，大訴訟案就據理斷案，小的訴訟案則透過委託鄉約公評。這樣下來就大事化小，小事化無，終達息訟之效。

　上述，爲傳統對「牧民」之闡釋。其次，闡述李二曲對當時吏風敗壞之反思：

> 耽詩賦者以豪放自高，好宴安者以嬾散自適，嗜驕泰者以奢侈自縱，工媚悅者剝民膏以事人，計身家者括民財以肥己。民生疾苦，昏昏絕不聞知；風俗美惡，夢夢那復理會。一般坐轎打人，前呼後擁，招搖大市，稠人之中，面目亦安否乎？意念無愧否乎？大街小巷，千百人環視，愛我乎？敬我乎？恨我乎？笑我乎？厭惡而鄙夷我乎？此不必揆之人情，一反己而可知矣。如此做官，果稱職否乎？[202]

沈溺作詩陳賦，就以豪放自視，懶散懶散過日子，以懶散自適，嗜好驕泰，以奢侈自縱，善於諂媚獻悅的，剝削民脂民膏來奉承人，營計身家者以搜刮人民財富肥富身家。民生痛苦，渾噩不知；風俗善惡，似與他無干，不加理會。坐轎打人，前呼後擁，招搖大市，人群當中，他的面目能否安詳？意念沒有絲毫慚愧？街頭巷尾，千百人看我，愛敬我嗎？恨笑我嗎？厭惡鄙視我嗎？這些不必由人民而得其實情，反己則可知。這樣的爲官，算盡職嗎？

> 天生此民，豈爲士大夫之魚肉，官府之庫藏哉？儻一深思，可爲大愧。[203]

上天生民，難道是爲了讓士大夫來漁肉人民，把人民視爲官府庫藏，而予取予求？稍一反思，則自當慚愧：

> 君子重廉恥，無廉則無恥，事事檢點，休留下千年唾罵；好官

---

202 同註 179，頁 380-381。
203 同註 179，頁 378。

> 貴仁明，不仁由不明，時時省察，要知道百姓艱難。常是庭前
> 多錯為，入來自覺羞琴鶴；若教門內有私竇，出去如何對士民。
> 民閒苦千孔千瘡，退食常懷憂慮；漏屋嚴十指十視，獨坐更覺
> 恐惶。此公揭此自警，時切冰兢，惟恐一念或錯，一事失宜，
> 貽悔中心，貽羞地方。此方是以實心行實政。[204]

　　君子注重廉恥，無廉則無恥，事事要能檢點，切勿遺臭萬年；好
的官吏貴仁明，不仁由不明，透過時時省察，知道百姓艱難處。倘若
使門內私鬥，對外如何向士民交待。對人民千瘡百孔痛苦，平時要能
常懷憂慮。在獨處時更是深感惶恐。要能時時切己反省，履冰戰兢，
以至一念一事，對上至中心，對下及地方，都無有遺悔，這才是以實
心行實政的牧民者。

　　於是，李二曲提出其對「牧民」之闡釋：

> 農，一也，而有上中下之分，勤惰之分也。然勤惰雖在民，而
> 所以鼓勤警惰，則在牧民之人。牧民者誠舉牧民職業，加意小
> 民生計，勞來勸相，則下者未始不可中，而中者未始不可上，
> 何常之有？蓋古者鄉設鄙長，趨人赴功，教之稼穡，歲時誠令，
> 重本務也……須是倣會典老人勸督之意，每鄉擇老成勤力、精
> 於農事者，立於農長，俾專督農。牧民者仍按時躬親省耕，以
> 驗勤惰，以申鼓舞。[205]

　　農業，有上中下之分及勤惰之分。雖然勤勞懶惰是在人民身上，
但負責鼓勵勤勞警告怠惰的重責大任，實在牧民之人。牧民就是舉興
牧民職業，著意人民生計。古時鄉里設有鄙長，負責策勵人民建功，
教民稼穡，遵守農時，乃是因其重農為根本大務。但自從不設農官，
不講農政，地不能盡其利，人不能盡其工。所以應效倣會典老人勸督
農耕，每鄉中擇選年高勤力、精闇農事，立其為農長，專司督農。牧
民之人也要按時親躬耕種，查驗勤惰，以達鼓舞效果。

　　種植之道，雖各有所宜，大約不出「糞多苗稀，熟耕勤耨，壅

204　同註201，頁387-388。
205　卷四十二〈四書反身錄·孟子下·萬章〉，頁523-524。

本有法，去冗無差」四語，此人所盡知，若夫因時制宜，曲盡
其法，則未必人人盡知也。其詳莫備於《農政全書》，撮其簡易
易行，同《水利書》及《泰西水法》，酌取刊布鄉社，揭之通衢，
令人人共見共聞，庶知所從事，地無遺利。[206]

種植方法，雖然各有不同，但主要不出人所皆知的「糞多苗稀，
熟耕勤耨，壅本有法，去冗無差」，如果因時制宜，改變此法，就未必
是人人都知道的。記載最詳備的要算《農政全書》，撮取其中簡單容易
施行的，並同《水利書》及《泰西水法》，斟酌刊布流通鄉社，揭示巷
道，使人人都知聞，成為一種共識，如此才能使地盡其利。

欲做好官，須是恤民；果實實恤民，民方見德。恤民之實，固
不止於此，而此則其大端也。臨民者誠若是，斯近悅遠服而頌
聲作，人人愛之如父母，敬之如神明矣。[207]

要做好官，要能體恤人民；真能體恤人民，百姓才知官之德澤。
體恤人民的實際，當然不止於如此，但這是主要的開始。對待生民百
姓果真能如此，則近悅遠服，人民頌誦讚揚，人人愛其如愛父母，敬
之如敬神祇。

自古未有不便於民而曰善政，不得民心而稱循良者。[208]

自古以來沒有不便利人民的稱作善政，也沒有不得民心的能稱作
循良的。

必如此，方是以實心行實政，方是民之父母，方為無忝厥職……
有父母之責者，如果實心實政，此篇自宜揭之座右。時時閱則
時時薰心，朝朝暮暮閱則朝朝暮暮感發。振委靡之氣，換塵俗
之見，畢智慮，殫精力，何效弗臻？[209]

所以須做到上述，才是以實心行實政，才是人民的父母官，才無
愧職守，如果有任何不盡完善，便是有愧職司。有父母官責任，要能
以實心行實政，應時刻翻閱〈牧民寶鑑〉而內薰己心，朝暮翻閱而觀

---

206 同註 205，頁 524。
207 卷二十八〈司牧寶鑑・預免鋪墊文〉，頁 389。
208 同註 201，頁 386。
209 卷二十八〈司牧寶鑑・呂公諭屬・知州知縣之職〉，頁 381。

感興發。提振委靡風氣，換卻塵俗之見，畢窮智慮，殫竭精力，沒有
達不到的？

最後，探究李二曲認爲「牧民」典範所具之功效：

李二曲門人王心敬在卷二十八〈司牧寶鑑序〉識言：「貪吏獵聲利，
而先生獨居廉操；酷吏尙嚴刻，而先生獨取仁恕；俗吏重催科，而先
生獨取撫字；刻吏取必三尺，而先生獨重德化；文吏修飾外貌，而先
生獨重躬行實踐。一藥真可去一疾，一方真可療一症，則是編雖約略
數篇，而千古父母斯民者之寶鑑，莫尙於此矣。」[210]

「牧民」典範的功效，可以辨貪吏：

> 泉之爲州，蠻貊聚焉，犀珠寶貨，見者興羨；而豪民巨室，有
> 所訟愬，志在求勝，不吝揮金。苟非好信自愛之士，未有不爲
> 所污染者。不思廉者士之美節，污者士之醜行……不廉之士，
> 縱有他美，何足道哉！昔人有懷四知之畏，而卻暮夜之金者，
> 蓋隱微之際，最爲顯著，聖賢之教，謹獨是先。故願與同僚力
> 修冰蘗之規，各厲玉雪之操，使士民起敬爲廉吏。[211]

泉州之地，蠻貊之人聚集，許多奇珍異寶，令人喜愛。但豪門巨
室，如果有訴訟，期在求勝訟，常會不惜揮金一搏。如果不是好信自
愛之人，沒有不受重金誘惑污染；不思索清廉爲士人的德操，受賄爲
士人的敗德之行；士人之不清廉，如同婦女不貞潔；不潔之女，就算
美貌絕色，仍無法相抵；士人之不清廉，縱使有其他的美德，也不足
人道！古人都懷有四知之畏，推卻黑金，在隱微之時，反是最能彰顯，
因此聖賢言教，以謹慎自獨爲要。因此，應互相勸勉，「力修冰蘗之規，
各厲玉雪之操」，爲一清廉官吏，使士民肅然起敬。李二曲亦在〈牧政
往蹟〉舉王印長之〈愛錢歌〉爲例，認爲身爲官吏者所應具之金錢觀：
「非我不愛錢，我愛誰不愛。敲骨吸人髓，天理良心壞。逼人賣田宅，
把來我置蓋。逼人鬻妻孥，把來我養賴。逼人揭銀錢，把來我放債。
人哭我喜歡，有些不爽快。我見愛錢人，當身遭禍敗。又見愛錢人，

---

210 同註 154，頁 368-369。
211 同註 162，頁 374。

子孫爲乞丐。空落愛錢名，唾罵千年在。我有愛錢方，人己兩無害。少喫一隻雞，可買五日菜。少穿一疋綢，舉家有鋪戴。儉用勝貪圖，吾鼎猶當愛。」[212]不是不愛錢，而是每個人都愛錢。但金錢就如吸人骨髓，使人本有的天理良知淪喪。有的逼迫他人典賣田宅，好讓自己能蓋房宅；逼迫人賣妻孥，弄得他人妻離子散，爲的只是養活自己；逼人拿出錢財，讓我來放高利貸。看到別人難過卻歡喜，此番惡行惡狀實在是看不下去。愛錢之人的下場大都不好，不是自身遭逢禍害，就是子孫淪爲乞丐。最後徒有愛錢臭名，遭人唾罵遺臭千年。王印長提供了一個愛錢的妙方，能使人己都不會受到傷害。邢就是少吃一隻雞，可買五天菜；少穿一疋綢布，舉家有穿住。節省儉用勝過貪圖浮華，物質條件要崇尚樸實簡單。

> 公事在官，是非有理，輕重有法，不可以己私而拂公理，亦不可殉公法以徇人情……然人之情每以私勝公者，蓋徇貨賄則不能公，任喜怒則不能公，黨親戚、畏豪強、顧禍福、計利害，則皆不能公。殊不思是非之不可易者，天理也，輕重之不可踰者，國法也。以是為非，以非為是，則逆乎天理矣；以輕為重，以重為輕，則違乎國法矣。居官臨民而逆天理、違國法，於心安乎？雷霆鬼神之誅，金科玉條之禁，其可忽乎？[213]

官吏斷公事，須能是非明理，輕重有法度；不能行己私而拂亂公理，也不可徇私人之情而枉曲公法。人情在正常及大多情形之下，都是以私勝公，如果徇私貨賄、喜怒任意、黨私親戚、畏懼豪強、顧念個人禍福、計算利害，就不可能秉公處理。其實，這乃是不知天理之是非是不容更替；國法之輕重也是不能踰越的。以是爲非，以非爲是，顛倒是非，這是違逆天理；以輕爲重，以重爲輕，也是違犯國家法律。當官治民卻違逆天理國法，心能安嗎？而雷霆鬼神所誅戒，金科玉條所禁止，能忽視嗎？所以，期勉爲官者應以公心持公道，不汨沒攪擾於私人之情，如此斷事才能勿枉勿縱，人民也才沒有冤屈或發出不平

---

212 同註201，頁387。
213 同註162，頁375。

之嘆。

　　「牧民」典範的功效，也可以辨酷吏、刻吏：

> 簿勤於勾稽，使人無重疊追催之害；尉勤於警捕，使人無穿窬
> 攻劫之擾，則其所濟，亦豈小哉！等而上之，其位愈高，繫民
> 之休戚者愈大。發一殘忍心，斯民立遭荼毒之害；發一掊克心，
> 斯民立被誅剝之殃。……刑威之慘……獄犴之苦……己欲安
> 居，則不當擾民之居；己欲豐財，則不當朘民之財。……矧當
> 斯民憔悴之時，撫摩愛育尤不可緩。故願同僚各以哀矜惻怛為
> 心，而以殘忍掊克為戒，則此邦之人其有瘳乎？[214]

　　就簿尉而言，簿吏只要努力不懈怠於勾查稽核的例行工作，如此
可使人民免受重覆追討催征之苦；尉吏只要努力勤快警察揖捕，如此
可使人民免受強盜打劫之擾。那麼他們對人民的貢獻，就不算小了！
官越大，對人民的影響也就越大。只要一有殘忍心，則人民馬上受到
荼毒傷害；只要發一掊克心，人民立刻遭到誅殺剝削之害。試著想想
看，當被針芒刺到手，茨棘傷到腳，全身感到疼痛不堪，而刑罰傷害
之慘痛，更是百倍勝於此，所以為官者能隨任自己喜怒而施加人民刑
罰嗎？酷刑就如同，虎豹在前，坑阱在後，哀嚎呼救，在所難免，而
牢獄痛苦之慘，與此實無兩樣，為官者能讓無辜無罪之百姓被關坐牢
嗎？自己若要安居，就不應擾民安居；自己若要財富豐碩，就不當朘
討人民財富。這就是己所不欲勿施於人，在孔子聖門，稱其為恕，勉
勵實踐則可以達仁。當人民有痛苦時，更應安撫愛護。為官者應以哀
矜惻怛為心，以殘忍掊克為戒，則此邦之人就有救了。

　　「牧民」典範之功效，亦可以辨俗吏：

> 教化有司急務，而俗吏每多忽之，簿書之外，漫不關懷，其政
> 可知。先生諭屬，首惓惓焉，急先務也。[215]

　　教化為急迫先行之務，但俗吏大多予以忽略，在簿書以外之事，
漫不關心，對於政事則可想而知。對於教化先務要能孜孜惓惓。

---

214 同註162，頁374-375。
215 同註162，頁371。

「業精於勤，荒於嬉」，則為士者不可以不勤。況為命吏，所受者朝廷之爵位，所享者下民之脂膏，一或不勤，則職業隳弛，豈不上孤朝廷而下負民望乎？今之居官者，或以酣詠遨遊為高，以勤強敏恪為俗，此前世衰弊之風也，盛明之時，豈宜有此！……今願同僚體此意，職思其憂，非休澣毋聚飲，非節序毋出遊，朝夕孜孜，惟民事是力，庶幾政平訟理，田里得安其生。[216]

　　為士不可以不勤勞。況且為官之吏，受命任事朝廷爵位，所享俸祿乃百姓之民脂民膏，一有倦勤，無法在其崗位盡忠職守，如此難道不是辜負朝廷及百姓的厚望嗎？現今為官，不是以酣飲詠賦遨遊各地為高尚，就是以勤強敏恪為迂俗，這都是前世衰弊風氣使然。為官者，應職思其憂，非時不能聚飲作樂、到處遊玩。朝夕念茲在茲，努力民事，使政治齊平，訴訟合理，人民安身立命無虞。

　　「牧民」典範的功效，可以辨文吏：

伊尹，有莘之耕夫也，當隱居時，便樂堯舜之道，其言曰：「予弗俾厥后為堯舜，其心愧恥，若撻於市。一夫不獲，曰『時予之辜也』。」……只是這箇不忍的念頭放歇不下。吾輩七尺之軀，不短於古人；耳目口鼻、四肢百骸，不少於古人；《六經》《四書》，子史百家，至今大備，吾輩誦習，又多於古人。只似看得天下民物與我分毫無干，豈是這腔子中，天不曾賦與不忍人的一點良心？如何百姓痛癢全不關心，死活通不介意？[217]

　　人君作為若不如堯舜，則應當引以為恥；只要百姓有一人不獲重生作人，而任其自我辜負，伊尹都引以為己責，而深自慚愧，在此見到君民痛苦相觸之真切，便是相干，而能達君澤民。有學術，所以孔門及墨徒，對於人民百生之憂苦，汲汲皇皇，殷懇至切，這都是因為心中這個不忍的念頭。就身體來說，不少於古人，一樣有七尺身軀；就四肢五官，一樣不少於古人；而且就所讀誦學習的《六經》、《四書》，

---

216 同註162，頁375。
217 同註179，頁376-377。

及子史百家，至今詳備齊全，更甚於古人。若只把天下民物看得與自己毫不相干，難道是在其腔子中，上天沒有賦予其一點不忍人的良心？否則爲何對百姓痛苦及死活，全不關心，毫不在意？

第三章　李二曲「體用全學」之理論

　　李二曲乃明末清初之哲學家，李二曲的哲學觀點與時代思潮互相呼應，大都涉及本體心性問題、修養問題、境界問題、知識問題及體用問題。本章就其本體論、修養論、境界論、德行之知及體用論，探究李二曲「體用全學」的核心理論。

第一節　本體論－學髓之理

　　本節旨在探究李二曲「體用全學」的本體論，李二曲門下晚生徐超：「吾師二曲先生良知透關，學貫天人。《悔過自新》一書，開千百世修途之要。《學髓》一宗，抉千百聖秘密之藏。」[1]欲瞭解李二曲的人性觀，對於性形來源、心性情的關係，聖與凡所同具及何以會有差異，造成本原障蔽的相關因素，最後需透過刮磨洗剔以化解心性之障，而能明善復初。因此，欲藉由人生本原、聖凡同異、本原之蔽、刮磨洗剔等徑路，做為「本體－工夫－境界」的基礎架構，究明上述相關論題。從本體與工夫來看，本體是指人先天具有的內在道德本性，工夫是指人們將先天道德本性顯示出來的修養活動。本體如鏡之光明，但是在其顯現功用的時候，容易沾染世俗的塵垢。工夫就是要去除世俗的塵垢，使本體重現光明。本體是至善，無偏全、純駁之分；工夫則有偏全、純駁之分。本體無積累之漸，工夫則有積累之漸。本體與工夫本是一源，顯微無間，即本體即工夫，即工夫即本體。本體顯現處，即工夫發用處；工夫發用處，即本體顯現處。

---

1 卷二十五〈家乘・書關中賢母傳後〉，頁 335-336。

> 識得本體，若不繼之以操存，則本體自本體；夫惟繼之以學，
> 斯緝熙無已。所謂識得本體，好做工夫；做得工夫，方纔不失
> 本體。[2]

　　若要充分掌握修養工夫的內涵，必須對修養工夫所對有所了解，
亦即必須對成聖的意義及根據有所說明，如此才能切實工夫的修養。
而工夫實預設了對聖人之境的了解，這也就關涉到聖人及凡愚的相同
及差異的問題。欲達至聖人，必有相對應之工夫進路，而保轉凡入聖
之路的暢通，若對心性、人生本原缺乏任何理解，則實無法提出關於
如何成聖的問題。如何成聖，及如何實現此問題的提出，實隱涵對成
聖之意義的了解，另也對成聖之義未能充分實現，此即人對自我的現
實存在有一種超越的關懷及自覺性，所透顯出人的不足及有限制約，
此正為修養論可攻錯之處。希聖希賢的超越根據，使人有動力及可能，
另外工夫可以助人充分實現此一根據的內容意義，由此可知心性與工
夫的互動關係。希聖至聖之徑，即透過超越根據，而明聖凡之同，另
藉由聖人之自覺、緝熙，彰聖凡之分，即聖人畢竟仍不同凡夫愚婦，
區判主在聖人之能充分實現在其無盡的工夫歷程。換言之，修養論固
能指出實現自我的諸多方式，但最根本乃是使人充分掌握工夫動力及
根源。

一、人生本原

　　靈明本體的呈顯，便是聖人理想之初步實現，由於人性本善，人
人同具此光明本體，故人人都可為聖人，孟子「人人皆可為堯舜」的
理念，因此得有普遍實現的可能。

> 人人具有此靈原，良知良能，隨感而應。日用不知，遂失其正……
> 學之如何？亦惟求日用之所不知者而知之耳。[3]

　　形體有少壯、老死，此一點靈原，無少壯老死，充塞天地萬物，

2　卷三十四〈四書反身錄‧論語上‧述而〉，頁 455。

3　卷二〈學髓〉，頁 18。

通貫天下古今，此為靈原的實際，能瞭會此，則知天地我立，萬化我出，「千聖皆比肩」。

> 形骸有少有壯，有老有死，而此一點靈原，無少無壯，無老無死，塞天地，貫古今，無須臾之或息。會得此，天地我立，萬化我出，千聖皆比肩，古今一旦暮。4

(一)性形來源結構

人之身，乃稟天地之氣而有；人之性源自天地之理。就此性之量而言，與天地同大；就此性之靈明而言，與天地合其明。本是至善至粹，無惡無瑕。

> 天地之性人為貴。人也者，稟天地之氣以成身，即得天地之理以為性。此性之量，本與天地同其大；此性之靈，本與日月合其明。本至善無惡，至粹無瑕。5
>
> 純乎天理而弗雜，方是止於至善。6
>
> 人性本來無事，知人性本來無事，方是知性；能行乎其「所無事」，方是率性。靜而無事，不起爐作竈，「廓然大公」；動而無事，不擬議安排，「物來順應」。如是則事不累心，心不累事，恆若太虛，毫無沾滯，即此是性，即此是聖。7

人性的狀態本來無事，能知此才是知性，能行其所無事，才是率性。在靜時無事，即不起爐作竈，「廓然大公」；在動時也無事，不刻作安排，「相來順應」。能如此，則事心不互累牽制，常恆如太虛，無絲毫沾著執滯，這就是性，就是聖。

> 「道」乃人生日用當由之道，夫子不過為之指迷析歧，示人以知所嚮往耳，非舉己所獨有，而強人以所本無也。蓋人人有是心，心心具是理。心不昧理，是謂「明道」；動不違理，是謂「行道」。8

---

4 同註 3，頁 18。
5 卷一〈悔過自新說〉，頁 2-3。
6 卷二十九〈四書反身錄・大學〉，頁 402。
7 卷四十二〈四書反身錄・孟子下・盡心〉，頁 522。
8 卷三十三〈四書反身錄・論語上・雍也〉，頁 450。

1.心

李二曲認為心體本虛明定靜，只因不知所止，所以不能止其所止；所以隨境遷轉，橫生意見，導致喪離虛明定靜，不能安所當安，所以不能慮所當慮。必須真參實悟，知所該止，能止則泯忘情識，虛明不喪，如鏡中象，視聽言動，都是生機。

> 心之為體，本虛本明，本定本靜；祇緣不知所止，遂不能止其
> 所止。隨境轉遷，意見橫生，以致不虛不明，不定不靜，未嘗
> 安所當安，是以不能慮所當慮。須是真參實悟，知其所止而止；
> 止則情忘識泯，虛明不動，如鏡中象，視聽言動，渾是天機。9

李二曲提到「學道原為了心。一事繫心，心便不了；心苟無事，一了百了。」10學道原在明了此心，若有一事掛心，心便不了；心若能無事繫累，就能一了百了。審察社會的治亂，實肇因人心的不正，所以政治無法平治；而人心為何為不正，又是因學術之晦暗，所以今日的急要吃緊之務，在於先明學術，以達提醒天下人心之效。

2.性的意義、別稱性與身的關係

「性，吾自性也；德，吾自得也。」11性乃吾自性，德為吾自得。天所賦予我，而我稟受成為身之主，就是此性。耳目口鼻等四肢百骸都是為性所役使。性本是尊的，本廣大精微高明中庸而有德，所以稱為德性。只因為主人不能自作主宰，不能統禦所屬，導致隨耳目口鼻之私好，因而喧賓奪主，役使主人。必須能掃除這些支離蔽錮的習陋，逐日時念事都在德性上參究體驗，克治有我之私欲，回復廣大精微的德性。能不斷涵養德性靈原，則見性自新。

> 天之所以與我，而我得之以為一身之主者，惟是此性，耳目口
> 鼻，四肢百骸，皆其所屬以供役使者也。本是尊的，本廣大
> 精微、高明中庸而有德，故謂之「德性」。只因主不做主，不能
> 鈐束所屬，以致隨其所好，反以役主……須是一掃支離蔽錮之

9　同註6，頁403。
10　卷四十二〈四書反身錄・孟子下・離婁〉，頁522。
11　同註5，頁5。

習，逐日、逐時、逐念、逐事在「德性」上參究體驗，克去有
我之私，而析義於毫芒，以復其「廣大精微」，愈精微，愈廣
大；……「德性」本吾故物，一意涵養「德性」而濬其靈源，
悟門既闢，見地自新。[12]

此段原文所涵攝之意義，可分為下列四點：一是性為身主，二為
習蔽役主，三是掃蔽克私，四是涵養自新。

耳目手足之所以作主者，此知也，虛靈不昧，肆應無窮，未應
不是先，已應不是後，通乎晝夜之道而知，清水朗鑑不足以喻
其明。人人本來如是，而人人不自知其如是，此之謂百姓日用
而不知，故君子之道鮮矣。[13]

良知為耳目口鼻之主，本是虛靈不昧，在未應時不是先，已應時
不是後，清水朗鑑不足比喻其明淨，人人本來如此，但人人不自知良
知原是如此。而天之所以與我者為何？

天之所以與我者是也。此為仁義之根，道德之樞，經綸參贊之
本。故講習討論，涵養省察，無非有事於此耳。[14]

為仁義的根源，道德的樞紐，經綸參贊的根本，講習討論及涵養
省察，都是為明此。「己有性而不能自率、自由、自盡其性，己有覺而
不能以其所覺覺人，以盡人之性；悠悠度日，不能寅亮天工，默贊化
育，頂天立地，貫徹三才，做塲人虛生浪死，與草木何異！」[15]而己
有性卻不能率性、盡性；己有覺性不能以其所覺覺人，而盡人之性；
只是天天悠悠度日，不能默贊化育，頂天立地，只是虛生浪死。聖凡
同俱，高貴與貧賤同，所以能超凡入聖，由賤而貴。但現實層面，人
終有聖凡貴賤之分，關鍵是否立志，不昧本良，發展成聖。

靈原

無聲無臭，不睹不聞。虛而靈，寂而神，量無不包，明無不燭，

---

12 卷三十〈四書反身錄・中庸〉，頁 423。
13 卷三十一〈四書反身錄・論語上・為政〉，頁 437。
14 卷十五〈富平答問〉，頁 125。
15 同註 12，頁 422。

順應無不咸宜。[16]

言其量無所不包，心體超形象，心量廣大；言其明無所不燭，心的思維能力，心雖虛寂，其作用神靈莫測。

本性真體，不落思想，不墮方所，無聲無臭，渾然太極。……當惻隱即惻隱，當羞惡即羞惡，知愛知敬，知是知非，隨感而應……「體用一源，顯微原無自間」。[17]

本性真體，不墮思想方所，無聲臭太極，知惻隱羞惡，知愛敬是非，隨應而感。「湛湛澂澂，內外無物。往復無際，動靜一原。」[18]

此天之所以與我者也。生時一物不曾帶來，惟是此來；死時一物不能帶去，惟是此去。故學人終日孜孜，惟事此為人生第一要務。[19]

此性爲天所賦與，生不能帶來，唯是此來，死不能帶去，只是此去，所以學人終日努力，以明此性爲人生第一要務。

通天地萬物、上下古今，皆此靈原之實際也。非此靈原，無以見天地萬物、上下古今；非天地萬物、上下古今，亦無以見此靈原。是以語大語小，莫載莫破。[20]

性靈

能自識真透性靈，自見本面，於平常日用間，炯煥明瑩，脫脫灑灑。「性靈果徹，寐猶不寐，晝夜昭瑩，如大圓鏡。」[21]「真透性靈，脫脫灑灑。」[22]、「自識性靈，自見本面，日用之間，炯然煥然。」[23]

良知、良能知體

「良知之『知』，知善知惡，知是知非，念頭起處，炯炯不昧者是

16 同註 3，頁 18。
17 卷十六〈書一·答張澹庵第三書〉，頁 145。
18 同註 3，頁 21。
19 同註 3，頁 17。
20 同註 3，頁 18。
21 卷十六〈書一·答張伯欽第四書〉，頁 161。
22 卷十六〈書一·答王心敬第二書〉，頁 159。
23 同註 7，頁 529

也。」[24]良能良知乃人生本面，學而能了悟此，如同水有源，樹有根，人有脈；學而昧此良知良能，則為無源無根無脈。

> 「不學不慮」之「良」，乃人生本面，學焉而悟此，猶水有源、樹有根、人有脈；學焉而昧此，猶水無源、樹無根、人無脈。[25]

主人翁

能炯然常覺，則主人翁在室，不會以識神為本面而至認賊作子。

> 炯炯常覺，則主人翁在室，不至認賊作子，以識神為本面。空空無適，則自無不善之動。得其所止，而心如太虛，乃未發之中，本性真體，不落思想，不墮方所，無聲無臭，渾然太極，大德之所以敦化也。[26]

昭昭靈靈之體

屏息緣慮，以心觀心，令此昭靈本體，湛寂清明，空無一物，涵養於未發之中，作為將來應事之根本。

> 屏緣息慮，以心觀心，令昭昭靈靈之體，湛寂清明，了無一物，養未發之中，作應事之本。[27]

聖胎

能返照默識，洞悉本原，才能知我之所以為，只是此知，天賦本面，一朝頓契朗豁，為聖胎。須戒慎恐懼，長養聖胎，保任而勿夫，則自識自正，能齊治均平。

> 果返觀默識，洞徹本原，始信我之所以為我。惟是此知，天賦本面，一朝頓豁，此聖胎也。戒慎恐懼，保而勿失，則意自誠、心自正，齊治均平於是乎出。[28]

一念萬年真面目

眼前吃緊要務於內想屏息緣慮，能常寂定，於外在之口目耳無他言他視他聽，如此內想不出，外想不入，潔淨灑脫，為一念萬年之真

---

24 卷十一〈東林書院會語・梁溪應求錄〉，頁99。
25 同註7，頁529。
26 同註17，頁145。
27 卷十三〈關中書院會約・學程〉，頁116。
28 同註6，頁406。

面目。

> 目下緊要在屏緣息慮，常寂常定，口無他言，目無他視，耳無
> 他聽，內想不出，外想不入，潔潔淨淨，灑灑脫脫，此一念萬
> 年之真面目也。[29]

（二）天地之性及氣質之性－理欲之辨

> 性本不可以近遠論。相近者，就稟質而言也，性雖無不善，而
> 稟質有純駁。其純者，清明融粹，於本原之善，毫無蔽昧；駁
> 則拘於形氣之私，於是乎發於外者，有善有不善矣。然雖或有
> 不善，其於本然之初，猶為相近。逮牽於情感，移於時勢，展
> 轉反覆，不啻倍蓰。[30]

　　氣因有聚合散離，因而形骸有生有死，理無有聚合散離，所以性
沒有增益減損，能知性則能知生死。學到能知生死就真是學到家了。
誠能知性無有增益減損，則知如何盡性，整日朝乾夕惕，收攝保任，
湛定純一，不隨外境遷轉，日夜生死都如此。

> 氣有聚散，理無聚散，形有生死，性無加損，知此則知生知死。
> 學至於知生知死，學其至矣夫！誠知性無加損，則知所以盡性，
> 終日乾乾，攝情歸性，湛定純一，不隨境遷，畫如此，夜如此，
> 生如此，自然死亦如此矣。一念萬年，死猶不死，此堯舜孔孟
> 及歷代盡性至命者，知生知死之實際也。[31]

　　天理是善的、是的、正的，須要存養；欲是惡的、非的、邪的須
要克治。使心全然是天理，回到人生本原，而無私欲夾染。「有意為善，
雖善亦私」，念起而後有理欲之分，有善惡、是非、正邪之對。「蓋人
之所造，淺深不同，故其為過，亦巨細各異，搜而剔之，存乎其人於
以誕登聖域，斯無難矣。」[32]人之構造，因稟氣之駁雜，深淺不同，
因而所犯之過錯，也大小有差，若能摒卻剔除過錯，要達至聖域實不
難。

29　卷十八〈書三・柬惠含真第四書〉，頁 204。
30　卷四〈靖江語要〉，頁 34-35。
31　卷三十六〈四書反身錄・論語下・先進〉，頁 478。
32　同註 5，頁 5。

> 君子修己，要在存理遏欲。久之，欲盡理顯，耳目口鼻，雖與
> 人同，而所以視聽言動，渾是天理，可以達天，可以參天。[33]

君子修身，主要是存天理滅人欲。日久則人欲盡卻，天理彰顯，外在四肢形骸，雖與常人無別，但其視聽言動，渾是天理，可參贊天地。「學則天理常存，而人欲弗雜；不學則人欲易迷，而天理難復。人禽之判，判於此而已。」[34]所以修學即是使天理能常存，人欲不能摻雜；若不修學，則人欲易迷惑，使天理難以回復，人與禽獸之別，就在於此。

二、聖凡之分

君子小人之別也是人與鬼之區判，君子能「不自欺」，誠實無妄，俯仰無怍於人，所以是出鬼關入人關；相反，小人「自欺」，整日在鬼窟裡算計利害，是出人關而入鬼關。二曲並提及人鬼之分，不在生與死之別，在現世即便知曉。

> 自欺與不自欺，君子小人之所由分，即人鬼之所由分也。不自
> 欺便是君子，便是出鬼關、入人關；自欺便是小人，便是出人
> 關、入鬼關。吾人試默自檢點，居恆心事，果俯仰無怍，出鬼
> 關、入人關乎？抑俯仰有怍，出人關、入鬼關，終日在鬼窟裏
> 作活計耶？人鬼之分不在死後，生前日用可知。[35]

小人雖具外在形骸，但可以說是如同行尸走肉一般，因為若其本心受到蔽昧，心思馳騁於外境，其心早已是死。

> 瞞昧本心，支吾外面，斯乃小人之尤，身未死而心先死矣！雖
> 然衣冠言動，其實是行尸走肉。[36]

聖人之所以為聖，在其能無瞬息之放逸，時刻自我檢身反省，不

---

33 同註 14，頁 133
34 卷十〈南行述〉，頁 80。
35 同註 6，頁 407。
36 同註 6，頁 407。

斷日新其德，所以聖人能得「我心之同然」；愚人之所以為愚，在於不依循與聖心相同的根據，而終日悠悠，而自我放棄。

> 聖人先得我心之所同然而為聖，我不循聖心之所同然而為愚，同然而乃不然，此之謂「自棄」。[37]

> 聖如成湯，猶銘盤致警，檢身若不及，日新又新，無瞬息悠悠。吾人多是悠悠度日，故息自棄。聖之所以聖，愚之所以愚，病正坐此。[38]

因「人人有此心，即有此理。自聖賢以至愚夫愚婦，此心同，此理同。」[39]人人具有此心此理，所以凡夫愚婦與聖賢是此心同、此理同。而教化的真義不在空口談論義理，重在「明此心，體此理」。良知良能本是昭明靈覺，不會受外在蔽昧擾亂所影響，就其本質而言，是無絲毫之增益減損。心理同然，古今一轍。

> 此「良」昭昭於心目之間，蔽之不能昧，擾之不能亂，減之無所損，增之無所益，與天地合德，而日月同明，通乎晝夜之道而知，順而行之，便是天則。[40]

常人與聖人是相同的，如何說呢？因為就常人而言，其所具之不學不慮之良能良知，是完全無缺的，只因隨境起滅，汩沒良知，妄自菲薄，自暴自棄，而成常人；就聖人而言，其所具之良知良能，沒有認何增加丁點什麼，只是在隨境事時不動乖念。若能了知此原理，自不枉費所具之良能良知。

> 常人本是聖人，聖人亦是常人……常人不學不慮之「良」，原各完完全全，不少欠缺，豈非是「聖」？特各人隨起隨減，自汩其「良」，自甘暴棄，是以謂之「常人」。聖人之為「聖」，非於不學不慮之「良」有所增加，只是隨起隨著，不使乖戾耳！信得及時，自然不枉了自家。[41]

---

37 卷四十二〈四書反身錄·孟子下·告子〉，頁 524。
38 同註 6，頁 407。
39 卷三〈常州府武進縣兩庠彙語〉，頁 24。
40 卷九〈東行述〉，頁 64。
41 同註 34，頁 78-79。

聖人所以為聖，關鍵在於聖人肯學，且時刻戰戰兢兢，保任全知；眾人之所以為凡夫，在於不願學習，隨境遷流起滅，辜負良知。因為就良知之知是非、好惡是人人皆同，就愛親敬長之良能則人人所稟皆同，聖與凡的差異，區別僅在學與不學罷了。

> 孩而知愛，長而知敬，見赤子之入井而知惕，一切知是、知非、知好、知惡之之真知，日在人心，敢問此知眾人與聖人同耶？否耶？……聖人肯學，所以兢業保任，能全此知，是以謂之「聖」；眾人不肯學，所以隨起隨滅，自負其知，是以謂之「凡」。是聖凡之分，在學與不學之分，非知之有分，稟來之原不同也。
> 42

「民苟自依自己良能而行，是自率其性，任天而動，便是『天民』……自棄其天，自囿於凡，便是『凡民』。」43若能率性，就是能依本具良能而行，就是天民，否則，倘若自限囿於凡夫，並棄失其本具之良，就是凡民。就算淪喪至人小禽獸，就其本性而言仍是廓然朗然，與「天地合德、日月合明」，只是對自己所本具的不識不能肯認，而輕易放棄。

> 雖淪於小人禽獸之域，而其本性之與天地合德、日月合明者，
> 固未始不廓然朗然而常在也；顧人自信不及，故輕棄之耳。44

聖人為能歸復其本原，而淪落到下愚禽獸之人，他所具的本原並無絲毫不在；可知下愚之人與聖人之差異，就在於受到天生氣質的蔽昧，及外在物欲的誘引，在長期日積漸累中導至，改進之方在悔過自新，凡人之所以不同於聖人，在於過多繫累牽絆，若能夠有羞悔之心，進而改過，盡除過錯，使本原得以恢復，就是聖人。

> 本原復矣，夫是之謂聖人。苟非聖人，豈曰能然。然人之生，
> 即淪於下愚禽獸之中，而其本原者，固未嘗不在也。下愚之與
> 聖人，有以異乎？但氣質蔽之，物欲誘之，積漸使然耳！此其

---

42 同註 40，頁 66。
43 同註 12，頁 418。
44 同註 5，頁 3。

> 道在悔過自新。凡人之所以異於聖人者無他，過累之也。知悔
> 必改，改必盡；過盡則本原復，復則聖矣。[45]

聖賢與愚狂之別在於覺與不覺，「人爭一箇覺，能覺，則虛明融徹，
洞識真我；不覺，則昏惑迷昧，痺麻一生。能覺則爲賢爲聖，不能覺
則爲愚爲狂。」[46]不覺終其一生，昏昧迷惑、麻痺不仁，能覺則洞徹
明了真我。

聖愚之分

凡夫愚婦的良知良能與聖人是相同，聖人之所之爲聖，在於他能
保全而勿喪良能良知，並不是在良能良知外有所增益，才使其爲聖人。
此說明良知良能作爲人人所具的共同根據，在於能否認清掌握。

> 夫婦之愚，可以與知焉，良知也；夫婦之不肖，可以能行焉，
> 良能也。聖人之所以為聖，不過先得愚夫愚婦之所同然，全其
> 知能之良而勿喪耳，非於此良之外有所增加也。[47]

雖凡夫愚婦亦具良能良知，凡夫愚婦對於良知良能不能時刻保其
全而勿喪，即他們的良知良能是屬於「不常」的，穩定性不夠，易隨
「情移境奪」而「乍起乍滅」，終至蒙昧良知、不率良能，此即聖人與
凡愚之別所在。而學人若要希聖而達至聖域，其努力之方，也唯有透
過此與凡夫愚婦所同具之良知良能爲根據，才真是作聖之功，而不是
在良知良能外別求其他。

> 夫婦雖可以與知而不常知者，乍起乍滅，自具良知而自昧良知
> 也；夫婦雖可以能行而不常行者，情移境奪，自具良能而不率
> 良能也。聖人、愚不肖之分，分於此而已。然則學人苟欲希聖，
> 亦惟自率其知能之良，務合乎愚夫愚婦之所同然，火然泉達，
> 日充月著，自然優入聖域，免於愚不肖之歸。若外良知而別求
> 知，縱知聖人之所不能知，亦是無知；外良能而別求能，縱能
> 聖人之所不能，亦是無能：以其忘本逐末，舍血脈而求皮毛，

---

45 卷二十五〈家乘・盩厔李氏家傳〉，頁 327。
46 卷十六〈書一・答王天如〉，頁 163。
47 同註 12，頁 419-420。

　　無關於作聖之功也。識此，則當下便是「鳶飛魚躍」於前；昧
　　此，則動念即乖，桎梏梏亡於後。48

　　靈原、良知良能為人人本具，且隨感隨應，然凡夫百姓，卻是騎
驢找驢，向外馳求，忘卻自家具足珍貴寶藏。「人人具有此靈原，良知
良能，隨感而應。日用不知，遂失其正，騎驢覓驢，是以謂之百姓。」
49不能摒除聲色貨利、毀譽得失等欲念，就如同將自身禁錮於網羅陷
阱中而無法逃避；沈溺窮索於文義知見，只是徒增迷惑，使自心之光
明無法顯透，更是作繭自縛。

　　聲色貨利、毀譽得失之念不除，皆自納於罟獲陷阱之中而莫之
　　辟也。溺於文義知見，繳繞蔽惑，令自己心光不得透露，其為
　　罟獲陷阱尤甚。50

　　「葛藤好名之病，病在膏肓，卒未易除」。51對於名聲美譽的貪求
依戀，實屬病入膏肓型，很難根治。

　　世固有抱美質而不肯進修者，揆厥所由，往往多因一眚自棄。
　　迨其後雖明見有善可遷，有義可徙，必且自諉……殊不知君子
　　小人、人類禽獸之分，只在一轉念閒耳。苟向來所為是禽獸，
　　從今一旦改圖，即為人矣；向來所為是小人，從今一旦改圖，
　　即為君子矣。52

　　君子小人之別、人禽之別，唯在一念之差，端看是否立志圖強遷
善徙義，對於自身本自擁有的良好美質，能夠予以肯認而不自棄自諉。

三、本原之蔽

　　「學術不明，人失其心，周旋馳騖於塵坌中，滔滔而是。」53若

48 同註 12，頁 420。
49 同註 3，頁 18。
50 同註 12，頁 418。
51 同註 39，頁 28。
52 同註 5，頁 3。
53 卷十八〈書三・答許學憲〉，頁 200。

能當下肯認，進而返原善初至聖，如此保證人先天本具之成聖超越根據，但工夫是一無盡歷程，則透顯出聖與凡之異，唯有透過死而後已終其一生的工夫歷程；且具體生命的成就，既不能離此經驗世界，人為有限的存在，必也得在此諸多角度中成就無限之可能意義。「隨境遷轉，自歧本真」。人易受到氣質所遮蔽，情欲之牽轉，習俗的困制，時勢的推移，役於物欲，情移境奪，隨境遷轉，而有所動，即萌人欲，「旋失厥初」，積漸剝蝕終落至徒有人形，但已於禽獸相差不遠的卑鄙乖謬小人之屬了。

> 人多為氣質所蔽，情慾所牽，習俗所圍，時勢所移，知誘物化，
> 旋失厥初。漸剝漸蝕，遷流弗覺，以致卑鄙乖謬，甘心墮落於
> 小人之歸，甚至雖具人形，而其所為有不遠於禽獸者。[54]

以人之二重結構，就身而言，由稟天地之氣而具此身形，作為先天結構它既為不可獲缺，但又易受到外在諸多因素影響干擾，例如常受物欲的蒙蔽，習氣染污，隨私意流俗追逐妄行，而蔽昧原來的本體；昏醉癡狂於嗜慾、富貴、聲名、別學，實乃昏昧其固有良能美質，卻自視聰明超世。

> 顧自有生以來，為形氣所使，物欲所蔽，習染所污，遂昧卻原
> 來本體，率意冥行，隨俗馳逐。貪嗜慾、求富貴、慕聲名、務
> 別學，如醉如夢，如狂如癡，即自以為聰明睿智，才識超世，
> 而律之以固有之良，悉屬昏昧。[55]

人受外境之牽制，有下述幾種：聲色貨利、臭味安佚、人情逆順、世路夷險、窮通得喪、毀譽得失。若隨這些外境的變化遷轉，一有所動，即萌人欲，對心而言都是一種繫累。

> 境，不止於聲色貨利。凡人情之逆順，世路之夷險，窮通得喪，
> 毀譽壽夭，皆境也。一有所動，皆欲也。[56]

聖為何會至凡，即主從關係倒置，人欲起於念慮的不斷起滅，隨

---

54 同註 5，頁 3。
55 同註 6，頁 402。
56 同註 9，頁 19。

勢漸剝蝕遷流，隨好、隨我私逐日逐時念事，而終至卑鄙乖謬小人。倘若急熱躁進對吾人之窮通得喪有所助益，則汲汲營營於此當無可厚非；反之，若所追求的是屬於定命，並沒有絲毫的幫助，則應安分守理，聽於天定。

> 人生真實有命，窮達得喪，咸本天定，須是安分循理，一聽於天。若附熱躁進，於定命無秋毫之益，於名節有泰山之損。[57]

每個人追逐執著的外境不同，因而所患的病症也不同，而病源有下列諸種如患於好聲色、貨利、高名、勝負心、嫉妒心、慳吝心、人我心、是非心等等。每天時刻處心積慮，唯富貴利達是圖，起心動念都在利上，胸中全為利所佔滿。

> 人之病痛各別，或在聲色，或在貨利，或在名高，一切勝心、妒心、慳心、吝心、人我心、是非心，種種受病，不一而足。[58]

為人或是為己的分別，在於名根是否能斷，名根不能斷，「名根未斷，人欲猶雜，為己、為人之分，正在於此。」[59]「終日揣摸者，全在富貴利達，起心結念，滿胸成一利團……孜孜為利……。」[60]如此則人欲駁雜，終是為人之學，名根不能斷這一弊病，道出學人學道無法成功的主要障礙因素，它是屬於病入膏肓，較難根治「吾人諸病，猶易拔除，惟葛藤好名之病，病在膏肓，卒未易除。」[61]對於名聲的追求，淺的是好求富貴利達，深的是貪求聖賢君子，不管是深或是淺，其本質上都是中了好名弊病之毒害，所謂好名深淺皆是病。

> 凡人學道無成，皆由名根未斷，淺之為富貴利達之名，深之為聖賢君子之名，淺深不同，總之是病。此病不除，即杜門閉修，終日冰兢，自始至終，毫無破綻，亦總是瞻前顧後，成就此名，畢生澆灌培養的是棘榛，為病愈深，死而後已。此皆膏肓之

---

57 卷三十二〈四書反身錄・論語下・八佾〉，頁441。
58 同註39，頁27。
59 卷三十一〈四書反身錄・論語上・學而〉，頁426。
60 同註39，頁26。
61 同註39，頁28。

症……故真正學道，須先除此病根，方有入機。62

　　外境如同病毒之病源處，人之本原蒙蔽如同人患病般，若不治病終至入膏肓而回天乏術，因而要能對症下藥，正本清源，治本須透過學道除去病根，否則樹根已爛，何待美花碩果？對於名聲之欲求愈高，內心在自築的牢網中勞累鈍拙，日漸喪離本真，應勇於掙脫名聲羅網的桎梏，務求踏實，而能快活自在。

> 世儒卑者汩利，高者修名，最高之儒，騖名已矣。其名愈高，則心勞日拙，喪本真愈遠。……見理愈透，為己之心愈切。今而後力脫名網，一味務實。實盛而真受用、真快活在我，……亦不害其為真品、真人、真豪傑、真君子。63

　　小人不是受聲名牽轉，就是受利所役使，終日患得患失。

> 獨之當謹者非一，而名利之念，尤為喫緊，千病萬病，皆從此起。只不為名牽，不為利役，便俯仰無愧，便坦蕩自得。小人不為名牽，便為利役，未得患得，既得患失，便是「長戚戚」。64

　　「一有意必固我之私，則心為所累，不免忿懥、好樂、恐懼、憂患之偏，便不得其正。」65金遇到滲金石反能顯其色純，貧賤、富貴、造次、顛沛等就如同滲金石般。對於富貴與貧賤視其一如，顛沛造次皆如往常，這就是所謂的君子。

> 金遇滲金石而程色自現，貧賤、富貴、造次、顛沛，亦吾人之滲金石也。富貴、貧賤一視，造次、顛沛如常，「鳶飛魚躍」，其機在我，夫是之謂君子。66

　　人生來本是具有剛直之氣，但因受到慾望的牽引擾惑，於是對種種世情眷戀無法割捨，人因有慾求所以無法剛直，則不能直內方外，便受物屈，聖人之學就是以無慾為主，以寡慾為用功處。

---

62 同註 12，頁 425。
63 卷十八〈書三·答張澹庵〉，頁 201。
64 同註 2，頁 460。
65 同註 6，頁 408。
66 卷三十二〈四書反身錄·論語上·里仁〉，頁 443。

慾則種種世情繫戀，不能割絕，生來剛大之氣，盡為所撓……

人惟有慾則不剛，不剛則不能直內而方外，故聖賢之學，以無

慾為主，以寡慾為功。……人惟有慾，則為物屈。[67]

「近名終喪己，無欲自通神。」[68]近於名聲終就喪失自己，無欲自能通透清明，騁長私智巧偽、耽鶩功利聲名、假借仁義之名，使本然固有之良知喪失。「騁私智，長巧偽，耽功利，鶩聲名，借津仁義，『色取行違』而赤子固有之良、本然之心，失而又失，愈不可問。」[69]放縱於追逐名、利、聲色、詩酒、博弈、閒談、驕矜，都是放失，就算沒有這所言的其中一項，但若於內心多所游思，施諸於外多所驕惰之氣，只要虛明寂定的本體，一旦有些微昏昧，也是放失；雖然清濁狀況有所不同，但就放失而言都是一樣無別的。

放於名、放於利、放於聲色、放於詩酒、放於博弈、放於閒談、

放於驕矜，固是放；即數者無一焉，而內多游思、外多惰氣，

虛明寂定之體，一有昏昧滲漏，亦是放；雖清濁不同，其為放

則一。[70]

知識之知有四種，有的從意見而出，有的是因才識而有，有的是以客氣用事，有的是因塵情染著，但以上種種皆不是本所固有，卻都能夠成虛明之體的障翳。「知識之『知』有四：或從意見生出，或靠才識得來，或以客氣用事，或因塵情染著。四者，皆非本來所固有，皆足以為虛明之障。」[71]若為辭章名利而習，則心所存發都是出於人欲，則出處無守無為，則生民百姓無所依賴，所以內心之指向實乃天理人欲之區判，即是生民百姓休戚、世道安危之分所由。

為辭章名利而學，則所存所發，莫非人欲，處也無守，出也無

為，生民毫無所賴，而世運寧有不否。是一心理欲消長之所由

---

67 卷三十三〈四書反身錄・論語上・公冶〉，頁447。

68 同註59，頁426。

69 同註10，頁520。

70 同註37，頁526。

71 同註24，頁99。

分，即生民休戚世道安危之所由分也。[72]

身過心過

聖凡皆各有過，只是聖人的要求，是屬於高標準的，高於凡人。聖人不認為自己為無過之人，也就在其不自認為已見或已能，所以能不畫地自限自我封閉，才能日進其德，因為聖人能深自警惕若持有已見已能這種弊病，在修德上是最大的障礙，反而才能不受此病。俗謂見己不是乃為萬善之門，持己當從無過中求有過，不單僅為追德，也為免除患過。

> 堯舜而知其聖，非聖也，是則堯舜未嘗自以為無過也；禹見囚下車而泣，是則禹未嘗自以為無過也；湯改過不吝，以放桀為慙德，是則湯未嘗自以為無過也；文王望道未見，武王儆几銘牖，周公破斧缺斨，孔子五十學《易》，是則文、武、周、孔並未嘗自以為無過也。等而上之，陽愆陰伏，旱乾水溢，即天地亦必且不見以為無過也。[73]

古代聖帝明王如堯舜禹湯周文、周武，以至聖人周公孔子，都自承為有過；更何況愚夫愚婦。此段話在呈顯一客觀事實，即是人皆有過，只要是人，無此例外；因為就算為眾人所景仰的典範如聖王聖人，皆常自以為有過，這在說明聖王聖人有此高度自覺，隨時檢省警惕，才能不斷在德業涵養上日新其德，也說明這條路是無止境的動態歷程，有隨時墮落的可能性，由了解自身的限度，才知修德之功如何下手「若文王、尼父自以為已見、已能，便是自畫，便是大病。惟見而不自以為見，能而不自以為能，乾乾惕厲，日進不已，此二聖之病病，所以卒能無病也。」[74]另外，也縮短了聖人與凡夫俗子間如鴻溝般的距離，讓凡人不再認為聖人之境是遙不可企的，或是聖人的德行，是完美而無任何瑕疵的刻板印象，具有建立凡人希聖至聖的信心，及鼓舞努力修德之效。

---

72 同註 59，頁 426。
73 同註 5，頁 6-7。
74 同註 39，頁 28。

四、刮磨洗剔

　　刮磨洗剔之功旨在爲人們尋覓一恢復良知之徑。透過刮及洗的對治功夫，如去浮雲之蔽，化解障翳心性的過惡著力。待垢盡穢去，依然光明瑩潤，沒有些許損失。本性原是廓然朗然，始終存在。誠如陽明詩所言「拋卻自家無盡藏，沿門持鉢效貧兒」，及象山所主張的剝落工夫：「人氣稟清濁不同。只自完養不逐物，即隨清明；纔一逐物，便昏眩了。人心有病，須是剝落；剝落一番，即一番清明。後隨起來，又剝落，又清明，須是剝落得淨盡方好。今吾人平日多是逐物，未嘗加意剝落……。」[75]

　　若爲聖是人之無限價値實現，則人如何能在有限的生命中成聖？將是生命中重要的課題，人既無法逃離人的具體存在的身份，則人必透過個別具體來實現普遍價値，若能轉凡入聖，則當下便能與聖人同境，生命足以安頓，所以每個當下情境，皆是區判凡聖之關，也因此，其中有無限的工夫歷程，須時刻惕省，洞徹本原，而終能成聖。

　　李二曲認爲自性本體原是無爲無欲，工夫是「復其原來本體，纔算工夫。」[76]唯有回復原來本體的無欲無爲，才能算是工夫。就工夫的真實義而言，「非是『無生有』，只要『有』歸『無』，惟將平日所蘊，一切放下，閑思雜慮，盡情屏卻，務令此中空洞虛豁，了無一物，便是工夫，便是得力。若再有工夫可進，得力可言，非誑即妄。」[77]不是從無增生出有，而是由有歸於無，只是將平日所應蘊種種放下，屏除閑思雜慮，令此中了無一物，空空洞洞虛明豁然。「由工夫以復本體，即本體以爲工夫，斯盡性至命，天人一貫矣。若稍有一毫夾雜，稍有一毫滲漏，稍有一毫安排，稍有一毫未化，便涉聲臭，終非不睹不聞

75　同註 6，頁 402。
76　同註 7，頁 530。
77　同註 34，頁 83。

天命原初之本體。」[78]由工夫回復原來本體，即是以本體為工夫，才能盡性至命，天人一貫，若有絲毫夾雜滲漏安排未化，則未能保全不睹不聞的原初本體。

刮磨洗剔之功，為一明善復初之工夫，「果孜孜明善復初，力到功深，天機舒暢，不期悅而自悅。」[79]藉由盡去穢垢，還復寶珠原初光明，而寶珠光體未有減損。明善復初若作到功深處，渾是天理天機流暢。刮磨洗剔之功即透過摒棄平日諸多貪著嗜欲等凡心習氣，使胸中無存任何纖毫障翳，自能淨極復明，內外昭然瑩然，都在覺中。

> 誠能加刮磨洗剔之功，則垢盡穢去，光體寶氣自爾如初矣，何嘗有少損哉！[80]

> 故為明善復初而學，則所存所發，莫非天理，處也有守，出也有為，生民蒙其利濟，而世運寧有不泰。[81]

透過明善復初，顯證默悟，一意本原。將平時種種嗜好貪著、凡心習氣，一切屏息，使胸中不存絲毫翳蔽，自然淨極復明，徹骨徹髓，表裡昭瑩，日用尋常皆在覺中。工夫的下手處要析明是很重要的，須是從心性極微處著力，求個安頓著落處，在能徹性地，才是真學實證，否則就算做盡了功夫，竭盡精力，終是門外輥、煮空鐺，而一無所成。

> 學必徹性地，而後為真學；證必徹性地，而後為實證。若不求箇安頓著落處，縱闡盡理道，總是門外輥；做盡工夫，總是煮空鐺，究將何成耶？[82]

要能安身立命，轉凡入聖，需將過累之牽絆減少甚至盡卻，心才能存清，虛明溥公無私，如此，雖外在五官形骸與一般人無有差異，但其發之視聽言動則渾是天理。

> 累寡則心存，累盡則心清，心清則虛明公溥，耳目口鼻雖與人同，而視聽言動渾是天理。安身立命、超凡入聖之實，其在斯

78　同註 12，頁 425。
79　同註 59，頁 426。
80　同註 5，頁 3。
81　同註 59，頁 426。
82　卷十六〈書一・答張敦庵〉，頁 139。

乎？[83]

　　每個人須透過自我檢視，「只要各人迴光返照，自覓各人受病之所在，知有某病，即思自醫某病，即此便是入門，便是下手。」[84]返照自身之患病之因所在，若知道患某病，就當思考該如何醫治某病，透過自我克治而回復本元，這便是所謂的入門下手處；「須是自克自治，自復其元。苟所病不除，即終日講究，祇成畫餅，談盡藥方，仍舊是箇病人。」[85]否則所患之病不予以根除，徒整日空談，畫餅充飢，就如同說遍瞭解治病的種種藥方，若不按時服藥根治，患病仍在。聖人的講學言語，無非就是希望人能不失赤子之心；「如果屏緣息慮，一切放下，反己自覷，確有所識，由是靜存動察，勿忘勿助，收攝保任，日充月著。人情有向有背，境遇有順有逆，而此一點天良，不爲情遷，不隨境移。虛明寂定，纔動便覺，一覺即化，不遠而復。即此便是安身立命。」[86]所以唯有放下一切，屏息外緣思慮，內不隨情牽轉，外不受到物誘之紛擾影響，泯忘人我知見，使胸中空洞無一塵之染，「胸次悠然，一味養虛，以心觀心，務使一念不生。久之，自虛室生白，天趣流盎，徹首徹尾，煥然瑩然，性如朗月，心若澄水，身體輕鬆，渾是虛靈。」[87]還原良知良能，如赤子有生之初一般。「蓋心一澄，而虛明洞徹，無復塵情客氣，意見識神，爲之障蔽，固有之良，自時時呈露而不昧矣。」[88]心能澄明則虛明通徹，不受「塵情客氣」、「意見識神」所障蔽蒙昧，固有之本良則能時時顯露。此一點天良，能靜時涵養，動時省察，收攝保任，不隨境遇順逆所推移、人情向背所遷流。

> 聖賢千言萬語，無非欲人不失其赤子之心；吾人千講萬講，亦
> 無非求不失赤子之心。故必屏緣息慮，一切放下，內不牽於情
> 感，外不紛於物誘。泯知見，忘人我，令胸中空空洞洞，了無

83　同註 7，頁 531。
84　同註 39，頁 27。
85　同註 39，頁 27。
86　卷十六〈書一‧答張澹庵〉，頁 143。
87　卷十六〈書一‧答張澹庵第四書〉，頁 145。
88　卷十六〈書一‧答張澹庵第二書〉，頁 144。

　　一塵；良知良能，一如赤子有生之初，返本還原，纔算造詣。[89]
本有之良原是炯炯廣大，「此固有之『良』，本自炯炯，本是廣大，
妄念一起，即成昏隘；然光明廣大之實，未嘗不存，要在時覺時惕，
致慎幾微。」[90]但因妄念萌動，造成昏礙。情感、名義、人事得失、
境遇順逆、造次顛沛、死生患難等等，皆易造成本有之良的遮蔽，「朝
乾夕惕，時時敬畏，不使一毫牽於情感，滯於名義，以至人事之得失，
境遇之順逆，造次顛沛，死生患難，咸湛湛澄澄，內外罔閒，而不為
所轉。」[91]須能朝夕謹惕，時刻敬畏，使本有之良湛澄無閒，不為所
轉。「即各人心中之一念惺惺者是也。此之謂一身之主，再無與偶，故
名曰『獨』。慎之者，藉巡警以衛此主也。然主若不明，雖欲慎，誰為
慎？」[92]應掌握住心中的一念惺惺，即一身之主宰也就是獨，謹慎就
是如警衛隨時巡邏保護主人，心中的主人就是大體，主人要能振奮自
作主宰，以大體統小體，否則發號司令的主導權旁落，變成以形君神，
一切小體是從，「從欲惟危」，反被耳目口鼻等小體所役使，所以須時
時省慎自檢，防範墮入小人之屬。

　　　　若中心不能自主，動輒惟小體是從，耳之所聞、目之所見、口
　　　　之所言、鼻之所嗅，心即隨之，而不思自檢，從欲惟危，自墮
　　　　於小人之歸而不自知……誠時省時慎，惟大體是從，耳不妄聽、
　　　　目不妄視、鼻不妄嗅，自奮自振，自作主宰，以神君形，以大
　　　　統小，役耳目口鼻，而不為耳目口鼻所役，何引何奪之有？[93]

　　若了知人性本就是無事，且能行於所無事，這就是知性且率性。
不論在靜或是在動都是無事，靜時不起爐作竈，多此一舉，為廓清無
私；動時不刻意謀作安排，物來則隨順應感，如此心事互不相牽累，
常如太虛無絲毫沾著滯礙，這就是性就是聖。

　　　　人性本來無事，知人性本來無事，方是知性；能行乎其「所無

89　同註 10，頁 520。
90　同註 40，頁 64。
91　同註 30，頁 35-36。
92　同註 34，頁 83。
93　同註 37，頁 526-527。

事」，方是率性。靜而無事，不起爐作竈，「廓然大公」；動而無
事，不擬議安排，「物來順應」。如是則事不累心，心不累事，
恆若太虛，毫無沾滯，即此是性，即此是聖。[94]

天理人欲之增減，可看出道味及世味之別，「身外浮名，及種種技
能，致此無一可倚，惟有鞭辟返照，痛自淬礪。……『世務日淡，理
境日豁』。」[95]對於身名浮名及種種技能之世味淡不下，就是理欲夾雜，
只有對世味能恬淡，才能近於道味，即「世務日淡，理境日豁」。

一切世味淡得下，方於道味親切；苟世味不淡，理欲夾雜，則
道味亦是世味，淡而不厭，非知道者，其孰能之？[96]

對於自心隱微眾人難見之處，及日常出處、進退、辭受、取與、
飲食、男女等能時刻自我反觀自求、見所操持不斷提撕，如此主人翁
不受到蔽昧，對於疵吝不予容護，能自認自勘，則忙時不會馳騁外物，
閒時也不會著空妄思，這才是學。

時時操存，時時提撕，忙時自不至於逐物，閒時自不至於著空。
[97]

只要各人時時澄心反觀，自認自勘。自認，則主人不昧；自勘，
則疵吝不容。……於出處、進退、辭受、取與、飲食、男女閒
見操持，此處不苟，方可言道，方可言學。[98]

「人苟知學，須時時向自心隱微處，自參自求，自體自認。」[99]工
夫用深之處，須如魚鳥之掙脫網羅、麋鹿逃脫陷阱般，意謂將過去種
種葛藤牽纏擺脫盡卻，回歸安身立命之處，即一念之炯炯者，時刻返
照打點，全心凝意於此，屏緣息慮，有朝一日，便能豁然開朗。

力將從前種種牽纏，盡情擺脫，如魚鳥之脫網羅，鹿麋之離陷
窄，尋一安身立命、歸原結果之處，此即「此中一念念之炯炯

94　同註 10，頁 522。
95　卷十八〈書三·答費允中〉，頁 201。
96　同註 12，頁 425。
97　同註 39，頁 26。
98　同註 34，頁 76。
99　同註 34，頁 80。

者」是也。時時返照，刻刻打點……一意凝此，萬慮俱寂，力
到功深，豁然頓契。[100]

明善復初之功，「要在識得真心，能識真心，自然不放，即放亦易
覺。曰：如何方是真心？曰：惺惺不昧，天然一念是也。」[101]要能識
此真心，並存此惺惺不昧之天然一念而不放失，須一日二六時中，「靜
以培動之基，動以驗靜之存，刻刻照管，步步提撕，須臾少忽，則非
鄙滋而悔吝隨矣。」[102]不論動靜，靜時涵養作爲動時的基礎，動時正
足以證驗靜時之存養是否有力，不能須臾輕忽，要能念念不懈怠，刻
刻常惺惺，所謂刻刻照管，步步提撕，時刻返觀體驗，「一時之清明無
物，便是一時之仁體呈露。趁此一時之清明，延之時時皆然，積時成
日，積日成月，積月成年，綿綿密密，渾然罔閒，徹始徹終，表裡湛
瑩。」[103]能做得一時清明，便有一時仁體顯露，就是一時的聖人，「時
時返觀，時時體驗。一時如此，便是一時的聖人；一日如此，便是一
日的聖人；一月如此，便是一月的聖人；終其身常常如此，緝熙不斷，
則全是聖人，與天爲一矣。」[104]若能由時而日，由日而月，由月而年，
由年而至終其一身常是如此，徹始終緝熙不斷，內外湛瑩無間，即是
聖人，即與天爲一。

以下藉由四種譬喻，來說明自性本體受到外在蒙昧，就如同浮雲、
塵垢、濁水、糞坑等遮蔽阻礙了皎日、光體、明鏡、寶珠所散發出的
明亮。原初的本體及理雖受蔽及欲的遮朦，使光明昏暗不顯，但這些
種種障翳都只具暫時限制性，對於原初本體的本質不能造成增減之變
化：

(一)日光雲霧之喻

皎潔日光失其明照，由於受到浮雲遮蔽，待雲霧散去、撥雲見日
仍瑩然。揭明天然本有之良，令人識心見性，否則捨近求遠，醉生夢

---

100 卷六〈傳心錄〉，頁 47。
101 同註 37，頁 526。
102 同註 100，頁 46。
103 同註 40，頁 67。
104 同註 3，頁 21。

死,實爲可悲。

> 皎日所以失其照者,浮雲蔽之也,雲開則日瑩矣。[105]

> 揭出天然固有之良,令人當下識心悟性,猶撥雲霧而覩天日。
> 否則,道在邇而求諸遠,醉生夢死,不自知覺,可不爲之大哀
> 耶![106]

富貴猶如浮雲,「其爲心體之累、終身之玷,亦猶浮雲之障太虛,掃而去之,則萬里清澈,光風霽月,其快無涯。」[107]玷染心體造成過累,障翳太虛,若能掃除此蔽,則萬里晴空,無比快活。

(二)明鏡塵垢之喻

心性猶如明鏡一般,明鏡本能明照,唯因塵垢覆蓋,使其失去明照之效,但明鏡之光體是未曾少欠,但要了解透過拂拭抖落塵埃,以還其明照,並非拂拭本身就是明。

> 譬如明鏡蔽於塵垢,而光體未嘗不在。[108]

> 心也性也,其猶鏡乎!鏡本明而塵涸之,拂拭所以求明,非便
> 以拂拭爲明也。[109]

藉明鏡可以正容貌,「鏡以照面,則面之淨垢見;鑑以觀儒,則儒之得失見。見淨垢,斯知去垢以求淨;見得失,斯知舍失以求得。」[110]面上是淨或垢一目了然。儒鑑可以觀儒者之得失。若知有垢便應去除污垢以求素淨,若見得失,則應權衡,進而捨失以求得之全。

(三)寶珠濁水之喻

寶珠不能顯,是因其處於混濁的溷水中,水一澂澈,則寶珠自會顯明。就如同心若澄明,性體便能朗現。

> 水澂則珠自現,心澂則性自朗。……故必以……虛明寂定爲本

---

105 同註 5,頁 4。
106 卷十八〈書三·答張彪西徵君第三書〉,頁 199。
107 同註 2,頁 458。
108 同註 5,頁 3。
109 卷十〈東林書院會語〉,頁 96。
110 卷十八〈書三·答范彪西徵君第二書〉,頁 199。

面。[111]

(四)寶珠糞坑之喻

寶珠掉陷在骯穢的糞坑中，但珠寶的光彩不因此而蕩然無存。

> 又如寶珠陷於糞坑，而寶氣未嘗不存。[112]

> 時時……喚醒此心，務要虛明寂定，湛然瑩然，內不著一物，
> 外不隨物轉，方是敦大原、立大本。[113]

　　每日會受到不論是來自於內在思慮紛騁或者是外在境遇的諸多挑戰考驗，若無法檢視自覺，就易受到牽引遮蔽而迷失，所以必須於有事無事中常能自省：「故必每日不論有事無事，自省此中能空淨不染乎？安閒恬定乎？脫灑無滯乎？視聽言動能復禮乎？喜怒哀樂能中節乎？綱常倫理能不虧乎？辭受取與能當可乎？飲食男女能不苟乎？富貴貧賤能一視乎？得失毀譽能不動乎？造次顛沛能一致乎？生死利害能不懼乎？習氣俗念能消除乎？自察自審，務要無入而不自得，纔是學問實際，否則便是自欺。」[114]能空淨不染、安閒恬定、脫灑無滯、視聽言動能復禮、喜怒哀樂能中節、綱常倫理能不虧、辭受取與能合宜、飲食男女能不苟、視富貴貧賤一如、不動於得失毀譽、造次顛沛一同、不懼生死利害、消除習氣俗念等，皆自我審察，才為學問實際。

　　雖身處俗流末世，但仍須鐵骨金筋，中立不倚不變，才是強矯，否則隨俗載浮載沈，貪求粉華靡麗，隨聲色貨利之境所移轉，如此雖口談道德，仍只是「口頭聖賢，紙上道學」。學者的剛強性格，可以從克制及矯偏的工夫中養成，於平日應默檢自己的偏頗，並予以矯正，透過了解缺失偏頗之處，而以相對之德行來加以矯正，剛開始時可能須要較大力量及強制性，但久而久之就自然了。

> 吾人身處末俗，須是鐵骨金筋，痛自矯強，纔得不流不倚不變，
> 立身方有本末。前輩謂「甯為矯強君子，勿為自然小人」。[115]

---

111 同註 3，頁 20。
112 同註 5，頁 3。
113 同註 37，頁 527。
114 同註 59，頁 428。
115 同註 12，頁 419。

因此「須默自檢點，已偏，隨偏隨矯：躁則矯之以靜，浮則矯之以定，妄則矯之以誠，貪則矯之以廉，傲則矯之以謙，暴則矯之以忍，慢則矯之以敬，怠則矯之以勤，奢則矯之以儉，競則矯之以讓，滿則矯之以虛。始則矯強，久則自然。」[116]「中立不倚，毫無變塞，方爲強哉能矯。」[117]「人生遭際不同，意外之侮，莫非鍛鍊身心之助。」[118]、「勞、苦、饑、寒、空乏、拂亂，一切困心衡慮、徵色發聲之遇，莫非砥礪增益之助，歷觀古來學道修德之士，未有不如此而能有成者也。今夫美珠探於海底，良玉鑿自深山，凡至貴之物，俱從艱險而得，況道德爲貴中之尤貴者乎？」[119]對於人生之際遇，所遭逢窮通得喪之境，或是毀譽得失之外悔等，對於學道修德之人都是以正面積極態度來看待，皆將其視爲砥礪鍛鍊身心，有助於增益身心的，俗謂鬧時鍊心，處逆境時，須用開拓法，世路風霜皆是吾人鍊心之境，世情冷暖可做爲吾人忍性之地，世事顛倒，可視爲吾人修行的資糧。

第二節　修養論－悔過自新

本節旨在探究李二曲之修養論，分別由悔過自新、主靜主敬、無念之念及收攝保任等面向予以瞭解。

李二曲對於修行的真義曾予以闡釋，他認爲「修者，修其所行也。檢點治去之謂『修』，必有事焉之謂『行』。」[120]對於在身心中因違悖天理，造成所行所念有所偏頗予以修正。爲何需要修行呢？因爲「吾人身心，本粹白無染，只因墮於氣習，失卻本色。」[121]因此，倘若想要復還本體，就必須用功於日常生活中。修行因身心的關係，可分爲內外兩種檢視，若是「有不仁、不義、不禮、不智、不信之行，便是

116　同註 12，頁 419。
117　同註 34，頁 76。
118　同註 10，頁 522。
119　同註 37，頁 528。
120　同註 34，頁 74。
121　同註 34，頁 74。

吾身之玷，一一治去，使所行皆天理」[122]，使身體所行合乎天理，沒
有任何玷污，這就是修行之見於外；若是「一念之微，覺有不仁、不
義、不禮、不智、不信之私，即是吾心之疵，必一一治去，使念念皆
天理，而無一毫人欲之雜」[123]，使心念合乎天理，不讓心因夾雜人欲
而有疵暇，這就是修行之密於內。所以內外交修的修行，能使行誼沒
有任何忝恥。

> 所謂工夫，非是「無生有」，只要「有」歸「無」，惟將平日所
> 蘊，一切放下，閒思雜慮，盡情屏卻，務令此中空洞虛豁，了
> 無一物，便是工夫，便是得力。[124]

工夫只是在還原復初，剝落馳騁思慮，使心中虛明澄澈。儒學就
其本質而言，是一門修養之學、聖賢之學，它最關心的是成德成聖，
它不斷探究人如何成德成聖之學。人格典範是儒學的核心，所有儒者
和典籍討論的焦點。可說，整部儒學史即在建構和闡釋人格的歷史。
儒家的人格是他們終身追求的目標，人格如何才是評判人的尺度，唯
此才可區分人與禽獸及君子和小人。總的來說，儒家倡導的人格即內
聖外王，即內蘊道德文章、外可濟世經綸。內聖講的基本都是人的道
德品質，特點在約束超越自己；外王講的是社會能力，基本取向為天
地立心，為生民立命，為萬世開太平，即成就平章，教化百姓，建立
事功。[125]

一、悔過自新

李二曲明確提出以「悔過自新」作為其學術思想的宗旨，並以「人
性本善」作為立論的基礎。認為人的本性至善無惡，至粹無瑕，只因
受氣質所蔽，情慾所牽，受外界習俗和時勢的影響，才「旋失厥初」。

122　同註 34，頁 74。
123　同註 34，頁 74。
124　同註 34，頁 83。
125　陳志良、加潤國等：《中國儒家》，北京：宗教文化出版社，1996，頁 328-329。

他由本體自善，而得出人能「自新」的結論。李二曲之學以靜爲基，以敬爲本，以返己體認爲宗，以悔過自新爲日用實際。李二曲於三十三歲指點「悔過自新」，於四十二歲口授「學髓」。李二曲「中年以後，惟教以返觀默識，潛心性命。」[126]

> 古今名儒倡道救世者非一：或以「主敬窮理」標宗，或以「先立乎大」標宗，或以「心之精神爲聖」標宗，或以「自然」標宗，或以「復性」標宗，或以「致良知」標宗，或以「隨處體認」標宗……雖各家宗旨不同，要之總不出「悔過自新」四字，總是開人以悔過自新的門路，但不曾揭出此四字。[127]

李二曲認爲學問要能掌握門竅，「殺人須從咽喉處下刀，學問須從肯綮處著力。」[128]他藉回溯理學歷史，了解名儒的學問標宗的要訣：朱熹的主敬窮理，陸象山的先立乎大者，楊簡的心之精神爲聖，薛瑄的復性，王守仁的致良知，湛甘泉的隨處體認。李二曲認爲各個所標舉宗旨雖不相同，但總不脫離「悔過自新」這四字，諸儒雖不曾明揭此四字，但所言都是引導學人「悔過自新」之路。李二曲提出「悔過自新」四字，直捷簡易，使學人當下有所依據，知所著力處，而能全心全意，畢其功於一役。所謂當下便有依據，「心不妄用，功不雜施，丹府一粒，點鐵成金也」。[129]

> 人苟能悔過於明，則明無人非；悔過於幽，則幽無鬼責。從此刮垢磨光，日新月盛。[130]

人能悔過，就明而言，不會受到他人的非難；就幽冥而言，不會有鬼神之責難；則能將穢垢刮淨磨光，還復原初之善。李二曲致力切己自反恢復本體工夫的明性之學。如何悔過自新，「起心動念，潛體密驗」，對於過及新的釐定，是透過理的規範，倘若一念不純於理，就是過，必須立即悔改去除；倘若一息稍有懈怠，就是非新，當立即提振

126　卷七〈體用全學〉，頁 48。
127　同註 5，頁 3。
128　同註 5，頁 4。
129　同註 5，頁 3。
130　同註 5，頁 5。

不容稍懈。換言之，李二曲之悔過自新，實隱涵了二條徑路，一是透過克治去除的悔過；一是透過存養還復的日新及常新。

> 苟有一念未純於理，即是過，即當悔而去之；苟有一息稍涉於懈，即非新，即當振而起之。[131]

念慮的端正，完全內心的省察及修養，脫離行爲踐履，很難於客觀外在行爲上作檢驗。「理」是屬於道德原則的要求，而非客觀真理。李二曲於十年後至常州講學，對理之的註解爲「義命廉恥」：

> 「義命廉恥」，此四字乃吾人立身之基，一有缺焉，則基傾矣。在今日，不必談玄說妙，只要於此著腳，便是孔孟門下人。否則，萬語千言，字字足以成經而傳世，吾不欲觀之矣。[132]

義命廉恥是人立身的基礎，若缺其一，則基礎不穩必定傾倒，所以要立穩此基礎，就是孔孟門下人。人人本具有恥心，但因隨情遷移，外境流轉，終失其本有之恥心，若能自我返觀肯認，在日用言動中，都具恥心，一切方爲有本。此點恥心，爲人人本有，與生俱來，只因爲情移境奪，遂失其原所固有。若能自反自認，在日用之間，舉凡一言一動，皆從此一點恥心出發，則不論在議論、文章或事業方面才是有本，才能建諸天地而不悖，質諸鬼神而無疑。

> 倡道講學，使人人回心易慮，以存一世之「幾希」；後先相承，學業不斷，以存萬古之「幾希」。[133]

所以李二曲肯認馮少墟致力於講學，就是了解講學所扮演的重要角色，「講學者，正講明其父子君臣之義，提醒其忠君愛國之心，正今日要緊第一著也。……如是人人沒有的，真不該講，如磨磚求明，磨之何益！如原是人人有的，只被功名勢利埋沒了，豈可不講？講之者，只講明其所本有，提醒其所本有者也，如磨鏡求明，磨何可無。」[134]以講明君子父子之義、提醒忠君愛國之心、使人心存此丁點「幾希」爲第一吃緊要務。馮少墟以「磨磚求明」及「磨鏡求明」兩喻，說明

---

131 同註 5，頁 5。
132 同註 34，頁 76。
133 同註 10，頁 521。
134 卷十二〈匡時要務〉，頁 106。

若此爲人本所沒有的，則當如「磨磚求明」眞不該講，因爲磚就其本質而言，不論再多的琢磨仍無法具有明照的功能，所以就算磨了講了也無濟於事；但若此爲人人本有的，只因受到功名勢利暫時埋沒而蒙昧不顯，就應當透過講學的作用提醒其所本具，所謂「磨鏡求明」，只要將附著於鏡上的塵垢刮淨，便可回復其明照的作用。上引之「磨磚求明」之喻實源於禪宗公案，馬祖（709~788）在唐開元中，習禪懷讓（677~744），因懷讓啓以磨磚不能成鏡，喻坐禪豈能成佛，而得開悟[135]。

就悔過之剝落克治而言：善於悔過的，對於身心皆能悔過，尤指於心，在起心動念處審其是否有絲毫不純於理。

> 善悔過者，不惟其身於其心；於心，必於其念之動者求之。[136]

人的諸多弊病，都是因爲有己，所以在動靜間的所思所爲，皆出自隨意任縱的人欲之私，完全不合於天理之公，則人欲肆而天理滅；若能透過省察提防，不斷克己自檢，將心中的種種嗜好、繫戀、名心、勝心、人我心、自利心等欲敵予以克治，且不勝不休。

> 人千病萬病，只爲有己，是以天理之公，卒不能勝夫人欲之私。須是將心上種種嗜好、種種繫戀及名心、勝心、人我心、自利心，一一省察克治，如猛將克敵，誓不兩立，必滅此而後朝食，不勝不休。[137]

> 動靜云爲任意，而無以自檢，便是「己」；不任意而任理，一動一靜，務有以自檢，便是「克己」……人心易放，天理難純，

---

135 《古尊宿語錄》卷一：「馬祖居南岳傳法院，獨處一庵，唯習坐禪，凡有來訪者都不顧；師（懷讓）往，彼亦不顧。師觀其神宇有異，遂憶六祖讖，乃多方而誘導之。一日將磚於庵前磨，馬祖亦不顧。時既久，乃問曰：『作什麼？』師云：『磨作鏡。』馬祖云：『磨磚豈得成鏡？』師云：『磨磚既不成鏡，坐禪豈能成佛？』祖乃離座，云：『如何即是？』師云：『譬牛駕車，車若不行，打牛即是，打車即是？』又云：『汝學坐禪，爲學坐佛？若學坐禪，禪非坐臥；若學坐佛，佛非定相。於無住法，不應取捨。汝若坐佛，即是殺佛；若執坐相，非達其理。』馬祖聞斯示誨，豁然開悟。」（《卍續藏經》冊 118，頁 158 下-159 上）

136 卷二十五〈家乘·鏊屋李氏家傳〉，頁 327。

137 卷三十七〈四書反身錄·論語下·顏淵〉，頁 481。

不有以隄防之，則人欲肆而天理滅矣。[138]

就自新之持恆存養德性而言，李二曲對「新」的定義，提出不同於平時所謂的新，認為是復其故，即回復其初。

> 新者，復其故之謂也。[139]

> 辟如日之在天，夕而沈，朝而升，光體不增不損，今無異昨，故能常新。若於本體之外，欲有所增加以為新，是喜新好異者之為，而非聖人之所謂新矣。[140]

李二曲以太陽之朝升夕沈作比喻，太陽明照之光體沒有增損，今日與昨日之照是沒有差別，所以能常新；倘若在光體之外，有所增加的，而認為這就是新，是標新立異，並不是聖人所謂的新，因為聖人的新是沒有增加損益，只是復其本原。「日日返觀內省，知某道未盡、某理未明、某德未立、某業未成，誠一一『知其所亡』，斯不安於亡，務求所以盡之、立之、明之、成之；即已盡、已明、已立、已成，亦必日新又新，緝熙弗懈，勉強不已，久則自然，如此方是『好學』。」[141]

> 自新者，求復其本原云爾。雖聖人，豈能於無過之外別有所增加於其本原哉？故曰：悔過之學，可以語中才，即可以語上士。上士之於過也，知其過之皆由於吾心，直取其根源，剗除之已耳，故其為力也易。若中才則必功積之久，靜極而明生，而後可以懲忿窒慾，故其為力也難，然至於悟，則一也。[142]

聖人也不能在無過之外，增添些許於本原。悔過之學是可通於中才及上士之人，就上士而言，對於過錯了知皆由於自心，於是直由根源斷除，所以是易行道；就中才而言，必須透過用功積累，靜極而至明生，才可懲忿窒慾，所以是難行道。

> 蓋上根之人，頓悟頓修，名為「解悟」；中材之人，漸修漸悟，

---

138 同註 137，頁 481。
139 同註 5，頁 5。
140 同註 5，頁 5。
141 卷四十〈四書反身錄·論語下·子張〉，頁 508。
142 卷二十五〈家乘·盩厔李氏家傳〉，頁 327。

名為「證悟」。吾人但期於悟，無期於頓可矣。[143]

陽明之學，徹上徹下，上中下根，俱有所入，得力蓋尤易，豈
必天資高朗者始稱易耶！[144]

上士之人與中才之人雖然悔過的實踐方式不同，一為頓悟頓修之
解悟，一為漸修漸悟之證悟，但就最終所期達到的悟則是一樣的。自
新和不新，都能於自心返照自見，冷煖自知。李二曲對於顏孟之後，
學能涵養本原、性情得力，認為程明道先生(1032~1085)，資稟既異，
而充養有道，純粹如精金，溫潤如良玉，寬而有制，和而不流。程明
道以為七情之中，「怒」最難控制：「七情之發，惟怒為甚。能於怒時
遽忘其怒，其於道思過半矣。」[145]薛敬軒(1389~1464)也曾說他光治一
個怒字，就治了二十年還未治好：「氣真是難養，余克治用力久矣，而
忽有暴發者，可不勉哉！二十年治一『怒』字，尚未消磨得盡，以是
知『克己』最難。」[146]吳康齋(1391~1469)在其所著之《日錄》，也專
以戒怒懲忿為言，曾說：「去歲童子失鴨，不覺怒甚。今歲復失鴨，雖
當下不能無怒，然較之去歲則微，旋即忘懷，此必又透一關矣。」[147]
謝上蔡(1050~1103)也易患喜怒，日消磨令盡而內自省察，認為大患乃
在「矜」，所以痛下決心予以克治。後與程子闊別一年而見，程子
(1033~1107)問所學，謝上蔡答以：「惟去得一『矜』字。」[148]程子問
其原因，謝上蔡答以：「懷固蔽自欺之心，長虛驕自大之氣，皆此之由。」
[149]李二曲肯認程明道、薛敬軒、吳康齋、謝上蔡四位先生，皆能實實
在在於性情上用功，這才是「學」，才是「好學」。雖然，中間用功，
可能有難易之別，而得力亦雖深淺有殊，但就好其所當好、學其所當
學則是相同的。

---

143 同註 5，頁 6。
144 卷十六〈書一・答張敦庵〉，頁 139。
145 同註 8，頁 449。
146 同註 8，頁 449。
147 同註 8，頁 449。
148 同註 8，頁 449。
149 同註 8，頁 449。

> 人貴自新。惡人肯自新，惡人可為善人；小人肯自新，小人可
> 為君子。[150]

> 新與不新，自心自見，譬如飲水，冷煖自知。[151]

人的可貴之處在於自新，透過自新，惡人可為善人，小人可為君子，即「收斂身心者愈細愈密，久之道德積於中，器宇自別。」[152]「過」亦分身過及心過兩種，就如同「面有垢，衣有污，則必思所以洗之；乃身心有垢有污，不思所以洗之何哉？修身當自『悔過自新』始，察之念慮之微，驗之事為之著，改其前非，斷其後續，使人欲化為天理，斯身心皎潔。」[153]外在的顏面有穢垢，衣服有殘污，必當想洗去此髒穢，何況我們的身心有污垢，也會想要洗滌淨明。所以修身應以悔過自新為起點，「若在未嘗學問之人，亦必且先檢身過，次檢心過，悔其前非，斷其後續，亦期至於無一念之不純，無一息之稍懈而後已。」[154]對於一般人之過錯，要求其先檢查身過，再檢查心過。且悔過不是悔改其前所犯之過錯，更重要是能斷除會再犯的過錯，審察念慮之細微處，將人欲化為天理，並期至「無一念、無一息」的不純或稍懈，使身心皎潔，才能算是無過。

從愚人愚婦至聖賢，都有悔過自新之道。

> 天子能悔過自新，則君極建而天下以之平；諸侯能悔過自新，
> 則侯度貞而國以之治；大夫能悔過自新，則臣道立而家以之齊；
> 士庶人能悔過自新，則德業日隆而身以之修，又何弗包舉統攝
> 焉！[155]

但因各自在社會階層，所扮演的角色上不同，於是便起了廣大的效應，如此可以說，從天子至諸侯、至大夫、至士庶人，每個人都能悔過自新，則對於整體社會的道德水平是具有正面而積極的作用。

150　同註 10，頁 521。
151　同註 5，頁 5。
152　同註 12，頁 423。
153　同註 6，頁 407。
154　同註 5，頁 5。
155　同註 5，頁 4。

　　李二曲在卷一〈悔過自新說〉的後半部分，羅列了許多悔過自新的事例以資作爲學習的對象，其中有王學的羅近溪；其次，又在卷二十二〈觀感錄〉讚許泰州學派的王艮、顏山農等七人，雖出身「本凡鄙卑賤，而能自奮自立，超然於高明廣大之域，上之爲聖爲賢，次亦獲稱善士。」[156]例如王心齋，只是身爲鹽丁，販鹽山東，卻能紹前啓後，師範百世、周蕙本一戍卒，聞論學而慷慨篤信，任道擔當，風韻四訖。朱光信以樵豎而證性命，韓樂吾以陶工而覺斯人，農夫夏雲峰能表正鄉閭，網匠朱子節之介潔不苟。「之數子者，初曷嘗以類自拘哉！彼其時身都卿相，勢位赫烜而生無所聞，死無可述者，以視數子，其貴賤爲何如耶？謹次其履歷之槩，爲以類自拘者鏡，竊意觀則必感，感則必奮，奮則又何前修之不可企及。有爲者亦若是，特在乎勉之而已矣！」[157]李二曲認爲大多數人都「視聖賢太高，因視道太難，視道太難，因安非道而弗覺，甚且日趨日下，而陷禽獸之歸者有之。」[158]視聖賢難企，而甘墮於愚不肖之屬，〈觀感錄〉的成書，也就是期許，替大眾指出一條明徑，於是李二曲彙萃古今至卑賤之人，而能自勉自勵爲大豪傑、大賢人之品。也就是人同此心，心同此理，聖人貴賤的本質區別在「立志與不立志異也。立則不昧本良，順而致之，便是天則，火然泉達，凡即爲聖；否則，乍起乍滅，情移境奪，反覆牿亡，聖即爲凡。而真貴真賤之實，在此不在彼，區區貴賤之迹，非所論也。」[159]端看「立志不立志耳！志立，則鹽丁、戍卒、網匠等人俱可入孔孟之宮牆，俎豆千秋；志不立，則丁卒、工匠等人終不脫鹽戍陶網等事，生則人役人賤；死則草腐烟銷，不亦大可悲，大可畏哉！」[160]

　　「悔過自新」的進路是由顯至微，須從眾見顯著之過的懲艾開始，而深入到獨處潛隱之過。由日用常行至盡性至命的過程。眾惡必察，眾惡必察易；自惡必察，自惡必察難。

---

156 卷二十二〈觀感錄・觀感錄序〉，頁 273。
157 同註 156，頁 273。
158 卷二十二〈觀感錄・觀感錄敘〉，頁 272。
159 同註 156，頁 273。
160 同註 158，頁 272。

> 眾見之過，猶易懲艾；獨處之過，最足障道。何者？過在隱伏，
> 潛而未彰，人於此時最所易忽；且多容養愛護之意，以為鬼神
> 不我覺也。豈知莫見乎隱，莫顯乎微，舜跖人禽，於是乎判，
> 故慎獨要焉。幾者，事之微，而吉凶之所由以肇端者也。易曰：
> 「知幾其神乎。」又曰：「君子見幾而作，不俟終日。」子曰：
> 「顏氏之子，其殆庶幾乎。有不善未嘗不知，知之未嘗復行也。」
> 夫「有不善未嘗不知」，故可與幾也；「知之未嘗復行」，故無祇
> 悔也。吾儕欲悔過自新，當以顏氏為法。[161]

李二曲對於眾人顯見之過，還不會太著力，因為這種約束力是有
其一定的範圍，他將重點是放在獨處隱潛之過，因這是學習上的最大
障礙關卡，人於此關鍵點卻又經常予以輕忽，對於己獨知潛伏未彰之
過，多會容養受護。應以顏氏不貳過為取法，對於不善之處必定知錯，
知錯必且能改過。

> 悔過者不於其身，於其心；於其心，則必於其念之動者求之。
> 故《易》曰「知幾其神」，而夫子以為「顏子其庶幾」，以其有
> 不善必知，知必改也。[162]

聖人之學最終在盡性至命，人若有纖翳之過，則無法盡性，也就
無法至命，悖離為聖之功。所以悔過自新，必須要能「悔之又悔，新
而又新」，終至盡性至命。悔而又悔，到沒有過錯可悔；新而又新，而
期能日新不已；斂而又斂，隨時檢點，則能俯仰無愧無怍。

> 聖人之學，下學上達，其始不外動靜云為日用平常之事，而其
> 究則必曰「窮理盡性，以至於命」。人苟有纖微之過，尚留方寸，
> 則性必無由以盡；性既不能盡，則命亦無由以至，而其去聖功
> 遠矣。故必悔之又悔，新而又新，以至於盡性至命而後可。悔
> 而又悔，以至於無過之可悔；新而又新，以極於日新之不已。
> 庶幾仰不愧天，俯不怍人；晝不愧影，夜不愧衾；在乾坤為肖

子，在宇宙為完人……。[163]

　　李二曲的悔過自新是具有一種不斷的動態工夫歷程,「汝今後須斂而又斂,動輒檢點。寧謹勿豪,寧僕勿華,勿徇貨利,勿干有司,一味安閒恬退,不可一毫多事。」[164]要達到盡性至命而後已;「君子惟其有終身之憂,是以砥德礪行,德成品立,終身有結果。吾人非無所憂,然所憂不過目前家計,及一時遭際,初何嘗念及終身,以故不砥德、不礪行,悠悠度日,終身無結果。若肯念及終身,雖欲不憂得乎?」[165]因此君子砥礪德行,為何終有結果,在其有終身之憂,君子知道修德實踐工夫是至死而後已的終身踐履;反觀一般人所憂愁莫非生活家計,就是仕途遭際,悠悠度日,那會有修德礪行之念,所以終其一生無有品德之立。心性修養到極處,方寸不留纖維之過,為一種精神悅樂。

　　李二曲提到聖賢經書及千述萬言與悔過自新的關係:

　　　經書所載,莫非修己治人之道,皆前人苦心,為吾人晰疑指迷,
　　　作路引也。講明一程,即行一程,行了一程,不妨再講一程。[166]
　　　疑者曰:「《六經》、《四書》,卷帙浩繁,其中精義,難可殫述「悔
　　　過自新」寧足括其微奧也?」……無非欲人復其無過之體,而
　　　歸於日新之路耳。[167]

　　《六經》《四書》雖然卷帙眾多,但其中要旨,實可由悔過自新四字概括其精義,李二曲認為經書所載皆是修己治人之道,欲人全而勿喪其本有之良,實為身心性命而設,所以字字句句苦口婆心,皆為救世晰疑指迷的路引。「《四書》,傳心之書也。人人有是心,心心具是理,而人多昧理以疚心。聖賢為之立言啓迪,相繼發明,譬適迷途,幸獲南車,宜循所指,斯邁斯征。乃跬步未移,徒資口吻,終日讀所指、講所指、藻繪其辭闡所指,而心與指違,行輒背馳,欲肆而理沈,而

163同註 5,頁 6。
164卷十八〈書三・答惠少靈〉,頁 208。
165同註 10,頁 522。
166同註 34,頁 79。
167同註 5,頁 4。

心之爲心，愈不可問，自負其心，而並負聖賢立言啓迪之苦心……只是上口不上身。誠反而上身，使身爲仁義道德之身，聖賢君子之身。」[168]就四書而言，四書爲傳心之書，人人具有此心此理，但多蔽昧此理此心，聖賢之言，對於迷途之旅人，拾獲一只指南針，能依循指引去實踐。否則終日讀講聖人所標指，但內心及所行卻與所指相違，如此則人欲肆虐而天理泯沒，自我辜負也辜負聖賢立言啓迪的用心。要能將聖賢所言，切己反身實踐，是爲符合「仁義道德之身，聖賢君子之身。」

> 《六經》皆古聖賢救世之言，凡一字一句，無非爲後人身心性命而設。今人只當文字讀去，不體認古人立言命意之旨，所以白首窮經，而究無益於自己身心性命也。[169]

就《六經》而言，爲聖賢救世之言，字字句句皆爲後人身心性命而立。若無領會此立言命意之要義，只讀誦文字，就算皓首窮經，誦章萬遍，仍無法勸善懲惡，則對自己的身心性命終究是無有助益，反對性情有所過累。

> 聖賢著述，原爲明道；常人著述，不過博名。聖賢著述，是扶綱常、立人極、紹往古、開群蒙，常人則借以表見於天下後世，以圖不朽而已……。[170]

李二曲並辨明著述的不同，聖賢著述是爲了明道，即爲了「扶綱常、立人極、紹往古、開群蒙」；但常人著述卻是爲了博取名聲。李二曲更強調學、講、行三者之間的連繫關係，「學之不講固可憂，講而不行尤可憂。蓋講學本爲躬行，如欲往長安，不容不講明路程，若口講路程而身不起程，自欺欺人，其病更甚於不講，豈不尤爲可憂。」[171]講學固然重要，但若講了不行是他更擔憂的，因爲講學就是爲了促使人切實的躬行實踐，他打了比方，如果有人想要去長安，當然首先必須將路程說明清楚，但若只有空講路程，而不動身啓程前往，如何能

168　卷二十九〈四書反身錄・二曲先生讀四書說〉，頁 399。
169　同註 13，頁 431。
170　同註 2，頁 454。
171　同註 2，頁 456。

到長安呢？可知，讀書爲身上之用，而一般人以爲紙上之用。聖賢之書，不是教人專作文字而求取富貴，乃是教天下萬世人的方法。今人都不會依那書上做得句，所以讀底是古人書，做底是俗人事，誠所謂書自書，我自我，與不學者無以異。這只是「徒增口耳之虛談，紙上之贅疣，在流俗雖曰吾學，吾必謂之未學。」[172]

　　李二曲認爲人與經典間，有兩種錯誤的關係：一種是叛經，一種是侮經。這二者都不足以取。經典實爲吾人身心性命而設立，若口誦而身違，書中義理並沒內化到個人內心，使其在實踐時具有指導之功，如此是叛離經典；若講解經義，只是口誇要義，藉以博名，就是侮侮經典。

> 吾人口誦而身違，書自書，我自我，是謂叛經；講了又講，解了又解，徒誇精闢奧，藉以標名，是謂侮經。[173]

> 讀聖人之書，而不能實體諸躬，見諸行，徒講說論撰，假途干榮，皆侮聖言也。[174]

　　古人力求實踐，不會輕發一語；今人重言談，徒嚼舌根而尙空言。「古人尙行，故羞澀其言而不敢輕出；今人尙言，故鼓掉其舌而一味徒言。若果學務躬修，自然沈潛靜默，慎而又慎，到訥訥然不能出口時，纔是大進；否則縱議論高妙超世，總是頑不知恥，總是沒學問，沒涵養。」[175]《六經》及《四書》垂訓倘若「一人肯反身實踐，則人欲化爲天理，身心平康；人人肯反身實踐，則人人皆爲君子，世可唐虞。」[176]

二、主靜主敬

　　李二曲認爲「學問得力之要，莫要於靜。」[177]、「持敬謹獨，方

---

172 同註 13，頁 429。
173 同註 7，頁 531。
174 卷三十九〈四書反身錄・論語下・季氏〉，頁 500。
175 同註 66，頁 444。
176 同註 168，頁 400。
177 同註 30，頁 38。

能俯仰無愧。」[178]學問的著力處，在於靜。若能持敬謹獨，則能俯仰無愧。靜坐為古人下學工夫之基礎，唯有靜極明生才能超悟，而過與善僅有絲毫差別，所以要能靜極惟精才能剖析分辨，非平時紛紜擾擾可以分辨的。

> 靜坐一著，乃古人下工之始基……吾人之學，不靜極則不能超悟。況過與善界在幾微，非至精不能剖析，豈平日一向紛營者所可辨也。[179]

上士與中材之人在面對過錯的根源明瞭有所不同，上士知過錯乃由己所造，因而對治過錯直截從根源處剷除之，屬於易行道；中材之人稍為困難，主要透過靜坐觀心為下手處，靜坐才能知過，由知過才能悔過，由悔過才能改過，由改過而自新。

> 上士之於過，知其皆由於吾心，則直向其根源剷除之，故其為力易。中材稍難矣，然要之以靜坐觀心為入手，靜坐乃能知過，知過乃能悔過，悔過乃能改過以自新。[180]

事實上，沒有其他簡捷方法，只有透過「隨逐隨覺，隨覺隨斂」，久而久之則自能寂定，不論靜坐時或者紛擾繁冗時都是如此。譬如在濁水中求其澄澈，剛開始還是混濁，後來清濁各佔一半，久而久之則能澄澈如明鏡，無纖塵之染，透過主靜，靜極而明生，在無事時不起念萌動，有事時也不逐物，這就如明鏡止水般，整日明照，常寂常定，不隨物馳遷轉。

> 然亦無他捷法，惟有隨逐隨覺，隨覺隨斂而已，久則自寂自定。靜坐時如此，紛擾繁冗時亦如此矣。譬猶濁水求澄，初時猶濁，既而清濁各半，久則澄澈如鏡，自無纖塵……只是要主靜，靜極明生。無事時自不起念，有事時自不逐物。如明鏡，如止水，終日鑑而未嘗馳，常寂而常定，安安而不遷，百慮而一致，無聲無臭，渾然太極矣。[181]

---

178 同註 170，頁 460。
179 同註 5，頁 6。
180 同註 162，頁 611。
181 同註 39，頁 29-30。

要能整頓精神，使其常惺惺，足容重手容恭，視明聽聰，對於外境變化不隨遷轉，能斂之又斂，至無時無刻無事不斂。

> 不要騖高遠，但從淺近做起。手足耳目，神明之符也，須是整頓精神，中恆惺惺，足重手恭，視明聽聰，對境不遷，斂之又斂，以至於無時無事之不斂。[182]

> 不拘有事無事，閒中忙中，綿密勿輟。積久自徹，仍須在應感上隨事磨鍊，務使內外無閒，心境如一，方可言學。[183]

不論有事無事，閒忙之時，勿有中輟，積累自久則能明徹，仍然要在應感上隨事磨鍊，必使內外無有間閡，心境一如。

> 瞑目靜坐，反覺思慮紛拏，此亦初入手之常，惟有隨思隨覺，隨覺隨斂而已。然緒出多端，皆因中無所主，主人中苟惺惺，則閒思雜慮，何自而起？靜時心無所寄，總緣未見本地風光，見則心常灑灑。無事時，湛寂凝定，廓然大公；有事時，物來順應，弗逐境馳。[184]

「靜修之實，全貴靜坐。」[185]、「體認下手之實，惟在默坐澄心。」[186]靜修貴在靜坐，瞑目靜坐為初學下手之處，剛開始會覺思慮紛騁，唯有透過隨思隨覺、隨覺隨斂罷了；然而會有諸多雜思妄慮，都因心中無主，主人翁若能惺惺炯炯，則閒思雜慮，從何而起？能於無事時，湛寂凝定，廓然無私；有事時，隨物應感，而不隨境逐。

> 進修之序，敬以為之本，靜以為之基……其見於內也，戒慎恐懼，涵養於未發之前；迴光返照，致審於方發之際。察念慮之萌動，炳理欲於幾先。懲忿窒慾，過惡擴善，無所容乎人欲之私，而有以全乎天理之正，皆所以養其中也；其見之於外也，足容重，手容恭，頭容直，目容端，口容止，氣容肅，聲容靜，立容德，坐如尸，行如蟻，息有養，瞬有存，晝有為，宵有得，

---

182 同註 39，頁 26。
183 同註 34，頁 80。
184 同註 14，頁 127。
185 同註 14，頁 130。
186 同註 88，頁 144。

> 動靜有考程，皆所以制乎外以養其內也。內外交養，打成一片，
> 始也勉強，久則自然。[187]

進修的進程，是以敬為主，以靜坐為基礎；就內在而言，戒慎恐
懼，涵養於未發之前；自返自照，在於發動之時。審察念慮萌動，能
明判天理人欲之幾微，懲忿窒慾，止惡揚善，無容少許人欲之私，而
全其天理之純正，這是涵養其中；就外在而言，一切行住坐臥都合乎
規矩，則動靜皆有考程，都是「制乎外以養其內也」。內外互相交養打
成一片，剛開始勉強，久成自然。

> 靜坐之要，固貴纖念不起，然非初學所能幾也。過去、現在、
> 未來，一無所著，蓋恐人認妄為真，前後塵不化，有累乎湛寂
> 虛明之體耳。[188]

> 靜養之餘，日用功課，當以萬物一體為心，明學術、正人心為
> 念，隨機開導，使人知畏天檢身，悔過自新。[189]

> 是敬乃工夫，非本體也。做得工夫，方復本體，恐未可以工夫
> 為本體也。[190]

敬之一字，為聖賢徹始終上下的工夫，從灑掃應對至察物明倫，
都在透過敬的工夫。

> 「敬」之一字，聖學所以成始而成終，此工夫之約也。[191]

> 成始成終，不外一「敬」。「敬」之一字，是聖賢徹上徹下的工
> 夫，自灑掃應對，以至察物明倫，經天緯地，總只在此。是絕
> 大功業，出於絕小一心。[192]

敬為內外澄徹，內外無物，往返無際，動靜一原，無物欲之過累。

> 毋出入，毋動搖，毋昏昧，毋倚落。湛湛澂澂，內外無物。往

---

187 同註 109，頁 96。
188 同註 14，頁 130。
189 卷十六〈書一‧答王天如第二書〉，頁 164。
190 同註 109，頁 96。
191 同註 10，頁 521。
192 同註 39，頁 26。

復無際，動靜一原。[193]

> 只是要敬，敬則內外澄徹，自無物欲之累，高明廣大之域，自
> 不難致。[194]

敬能整頓精神，使其常惺惺，於言動中體察，使無妄發妄動，如此則能潔淨透脫。

> 最上道理，只在最下修能，不必騖高遠。說「精微」，談「道學」，
> 論「性命」，但就日用常行，綱常倫理，極淺極近處做起。須整
> 頓精神，中常惺惺，一言一動，並須體察。必使言無妄發，行
> 無妄動……如是，則潔淨透脫，始可言功。[195]

立身行己安身立命，都在於能不論有事無事時，閒時忙時，都能時時提撕，無事時常如有事時，有事時行如無事般，若須等有忙務有所空暇時，才作整頓身心之工夫，如此便是閒時操存涵養，忙時則任縱放逸，則是心隨法華轉，非是轉法華。

> 若必待戎務有暇，而後整肅身心，料理工夫，則是閒時操存，
> 忙時放過，心隨法華轉，非是轉法華，夫豈「造次必於是」之
> 謂耶？故必不論有事無事，閒時忙時，隨在提撕，終日乾乾，
> 無事恆若有事，有事行所無事。立身行己在此，安身立命在此。
> [196]

性命之理就是於日用平常時，能於靜時，真正涵養，於動時，予以審察，進而大到綱常倫紀，細微到飲食男女、辭受取與，在語默動靜中沒有絲毫苟且，不隨受情遷境移，才是真養。

> 然性命之理，不外日用平常。果能真正內養，制乎外所以養其
> 內，大而綱常倫紀，細而飲食男女、辭受取與、語默動靜，必
> 一毫不苟，方是真養。[197]

靜存動察，助忘交屏，不為情遷，不隨境移，力到功深，豁然

---

193 同註 3，頁 21。
194 同註 30，頁 36。
195 同註 100，45-46。
196 卷十七〈書二・答四川周總督〉，頁 171。
197 卷十五〈書三・答學人〉，頁 202。

頓契。[198]

在靜中求靜是容易的，但若要在動中求靜就難了。動時若也能靜，則靜時之靜即可知曉；所以真正的靜，是在面對種種的榮辱、貴賤外境時，能無動於衷。

> 靜中靜易，動中靜難。動時能靜，則靜時能靜可知矣。是故金革百萬之中，甲科烜赫之榮，文繡峻雕之美，財貨充積之盛，艱難拂亂之時，白刃顛沛之際，一無所動於中，方是真靜。[199]

在還未視聽言動之先，主敬以立其本；所以當於視聽言動之際，戒慎恐懼以審其幾微；在視聽言動之時，攝歸於禮，非合於禮之視聽言動則勿視聽言動，如此一來，則無分於動靜內外，皆合天理，即是達至仁之境。[200]

三、無念之念

李二曲提倡無念論，他認為無念之念才是正念，為至一不與物對，這就是至善；動心起念，才有理欲的分判，所謂善惡、是非、正邪是對立。人與禽獸的差別，就是在此予以判別。學所要著重，就在念慮萌發時能謹慎幾微，嚴分理欲之別。透過常存天理克治人欲，克而又克，直到無有纖毫之人欲可克才能終止；存養天理，存而又存，直到沒有天理可再涵存。最終能欲理齊忘，不起纖念，如明鏡之照物，物來則照，物去還無，才是所謂絕學。

> 無念之念，乃為正念，至一無二，不與物對。……此之謂「至善」。念起，而後有理欲之分，善與惡對，是與非對，正與邪對，人禽之關，於是乎判。所貴乎學者，在慎幾微之發，嚴理欲之

---

198 同註 10，頁 520。
199 同註 6，頁 403。
200 同註 137，頁 481-482：「未視未聽未言未動之　先，主敬以立其本；將視將聽將言將動之際，戒慎以審其機；於視於聽於言於動之時，守禮以勿其非。非禮之視勿視，非禮之聽勿聽，非禮之言勿言，非禮之動勿動，如是則無動無靜，無內無外，莫非天理，夫是之謂『仁』。」

辨。存理克欲，克而又克，以至於無欲之可克；存而又存，以
至於無理之可存。欲理兩忘，纖念不起，猶鏡之照，不迎不隨。
夫是之謂「絕學」。[201]

盡性至命之旨，對於善與惡均能放下，胸中沒有一善可以執著，
方是至善；倘若盡性而仍有意為善橫豎胸中，如此心反被善所累，就
如同金玉屑障翳眼睛，就金玉屑本身雖是珍貴美好，但若置於眼中反
遮蔽了眼睛而無法視物，甚至疼痛難捺，對於善惡皆不應執滯，應忘
而又忘之忘忘，使心如太虛廓清朗然。

善與惡須一切放下，胸無一善可執，方為至善，方是「盡性至
命」之絕詣。若盡性而猶有為善之見，橫於胸中，物而不化，
未免心為善累，猶眼為金玉屑障。性何由盡？命何由至？故必
忘而又忘，并忘亦忘，令心如太虛，始獲庶幾。[202]

此典故源於王陽明《傳習錄》下：「心體上著不得一念留滯，就如
眼著不得些子塵沙……這一念不但是私念，便好好念實亦著不得些
子，如眼中放些金玉屑，眼亦並不得」。富貴歲月如夢易逝，身體也不
是自己所有，那麼身以外什麼才是吾所有的，應當及時策勵，作主宰，
屏滌緣慮，獨覷本真，湛然澄徹，內外無物，動靜一原，沒有出入、
動搖、昏昧、倚落，超越言語，此一念萬年之真面目，到此，實無凡
聖之分，生死可了。周濂溪所言之主靜以立人極、程氏之識仁、朱熹
之主敬窮理、陸象山之先立乎其大、王陽明之良知、湛甘泉之隨處體
認天理，無非都在恢復這真面目。

歲月易過，富貴如電。吾身尚非吾有，身以外何者是吾之有。
須及時自策自勵，自作主宰，屏緣滌慮，獨覷本真。毋出入，
毋動搖，毋昏昧，毋倚落。湛湛澂澂，內外無物。往復無際，
動靜一原。含眾妙而有餘，超言思而迥出。此一念，萬年之真
面目也。至此，則無聖凡可言，無生死可了。……濂溪之「立
極」、程門之「識仁」、朱之「主敬窮理」、陸之「先立乎其大」、

---

201 同註 3，頁 19。
202 同註 110，頁 198。

陽明之良、甘泉之認，無非恢復乎此也。[203]

聖賢千言萬語，就在希望學人能鍛鍊心性；學者千講萬講，也無非是在自求鍛鍊心性；如果學而不知隨應外境鍛鍊心性，則學不是真學；鍛鍊心性，若不能念念操持，則此種鍛鍊不是真正的鍛鍊。

> 隨境鍊心，念念操持。蓋聖賢千言萬語，無非望人鍊心；學者千講萬講，亦無非自求鍊心。學焉而不知隨境鍊心，則學非真學；鍊心而不能念念操持，則鍊非真鍊。……仰愧天，俯愧人，晝愧影，夜愧衾，閉藏消沮，身未死而心先亡矣。[204]

「不遇盤根錯節，無以別利器；不遇重大關節，無以別操守。」[205]沒有遇到盤根錯節葛藤，不知其為利刃；沒有遇到重大的關卡，不知其操守。

整日欽敬凜然，就為持守此「獨」，使其常惺惺，湛然朗然，這就是慎獨；在動靜之間，若覺察有一念的昏昧懈惰，就不昏昧懈惰，這就是提起；深怕有一念之乖僻，所以須小心謹慎，能常惺惺就是常存，能常存則自然常覺，如鏡之明照，妍媸於境中自現其影。

> 終日欽凜，保守此「獨」，勿令忘逸，使中常惺惺，湛然虛明，即此便是「慎獨」；或靜或動，覺有一念之昏惰，即勿昏惰，即此便是「提起」；惟恐有一念之非僻，務小心翼翼，……惺惺便是常存，常存自然常覺，猶鏡之照，不迎不隨，而妍媸自不能逃。[206]

保身重在修身，要修身須能存心，整日欽凜，戰戰兢兢，如履薄冰，審察念慮之隱微處，證驗於應事之顯著處，慎而又慎，使人欲之私無有容身之處，而全得天理之正。

> 保身全在修身，而修身須是存心。終日凜凜，戰兢自持，察之念慮之微，驗之事為之著，慎而又慎，無所容乎人欲之私，而

---

203 同註3，頁21-22。
204 卷十六〈書一·答胡士偽〉，頁146。
205 卷三十四〈四書反身錄·論語上，泰伯〉，頁463。
206 同註204，頁147。

> 務全其天理之正，如是則俯仰無怍，生順而死安矣。207

　　凡是有對待對立，就不是獨，獨是沒有相對概念，獨是人的一念靈明，為仁義萬善的根源，徹始終內外，沒有其他能作主，只有此獨能作主。

> 凡有對，便非「獨」，「獨」則無對，即各人一念之靈明是也。……此為仁義之根，萬善之源，徹始徹終，徹內徹外，更無他作主，唯此作主。208

　　每日默自檢視意念的邪正及言行的得失，「每日默檢意念之邪正，言行之得失，苟一念稍差，一言一行稍失，即痛自責罰，日消月汰，久自成德。」209如果有一念或言行稍差閃失，則當痛自責難，如此經時間歲月不斷消汰過失，積久自然成德。

四、收攝保任

　　屏緣息慮，湛然虛明收攝保任，工夫以合本體。李二曲指出為學進路，一是上達為本為內，一是下學為末為外。從象山一直到慈湖的書錄，旨在闡明心性，熟讀可洞徹大道之本原；程朱諸錄及康齋、敬軒等文集，所談為下學收攝保任之功。透過工夫以合本體，即下學而上達，使本末內外一貫，才是實際。

> 自象山以至慈湖之書，闡明心性，和盤傾出，熟讀之則可以洞斯道之大源。夫然後日閱程朱諸《錄》，及康齋、敬軒等《集》，以盡下學之功。收攝保任，由工夫以合本體，由現在以全源頭，下學上達，內外本末，一以貫之，始成實際。210

　　當心意散亂時，能知散亂者及收攝者為誰，就是這能知能攝的心。如果能真切用力操持存養，久而久之會自覺身心泰然，在尚未於物接

207　同註 205，頁 461。
208　同註 12，頁 415-416。
209　〈附錄二・盩厔李徵君二曲先生墓表〉，頁 605。
210　同註 126，頁 52。

構時，必尚有湛澄虛明的時候，就是在此能收攝保任，使其不會汩沒蔽昧，而能常虛明常浩然。

> 學者苟真實用力「操存」，久則自覺身心爽泰。當其未與物接，必有湛然虛明時，即從此收攝保任，勿致汩昧，馴至常虛常明，浩然無涯。[211]

收攝保任的工夫，在於屏息外緣雜慮，放下一切，使此心能湛然如止水般，朗然如明鏡般。「終日乾乾，收攝保任，屏緣息慮，一切放下，令此心湛然若止水，朗然如明鏡，則幾矣。」[212]「又須急急收攝，愈沈愈寂，以至於一念不起，鬼神莫測，中獨惺惺，寸絲不掛。」[213]在收攝中，不起纖念，沈寂至鬼神都莫測，常惺惺而沒任何掛褡。

第三節　境界論—理欲兩忘

本節旨在探究李二曲「體用全學」的境界論，藉由下列三個圖表，寂照應寂之人生本原圖、虛明寂定之靜坐三炷程圖、化而又化之肘後牌圖，李二曲所企欲的境界，為樂在其中，無思無慮，由仁義行，一化而又化的無滯之景況。

李二曲曾一再強調，學要能學到精髓，才能覺：

> 學須剝皮見骨，剝骨見髓，洞本徹源，真透性靈，脫脫灑灑，作世間快活大自在人，方一了百了。若不窺性靈，自成自證，徒摹倣成迹，依樣畫葫蘆，飾聖賢皮膚。[214]

學必須由皮見骨，由骨見髓，猶如剝洋蔥般，由外而內，層層進入核心，洞徹本源，真透性靈，才能灑脫自在，為快活之人；若不明性靈，只是摹仿別人，照著畫招比試，只是拿聖賢皮膚虛飾裝點罷了。李二曲境界論的特色如其教下生白煥彩(1607~1684)於〈學髓序〉所言：

---

211 同註 37，頁 525-526。
212 同註 100，頁 45。
213 同註 100，頁 47。
214 同註 22，頁 159。

> 茲幸天假良緣，得拜見二曲李先生，乃始抉祕密藏而剖示之，有圖有言，揭出本來面目，直捷簡易，盡徹支離之障，恍若迷津得渡，夢境乍覺者。先生無隱之教，有造之德，天高地厚，何日忘之！……叩以下手工夫，先生又為之圖，列其程序，次其說，反覆辨論，極其詳明，惟恐惑於他歧。始信先儒所謂「有真師友，乃有真口訣」也。此千聖絕響之傳，余何敢私，故梓之以公同志。[215]

他認為這是難得的機緣，得以拜見李二曲，且李二曲將珍貴秘藏仔細剖示，為怕學者忙修瞎鍊，摸不著頭緒，於是畫圖並加以解說，將本來面目揭示於人，以直捷簡易的方法，不捌彎末角，掃除葛藤支離的障蔽，如同迷津得渡，夢境乍醒。李二曲對於教法無任何的私隱，對於下手工夫，畫圖以列明其漸進程序，再說明圖表，反覆辨析討論，非常詳盡，深怕學人迷惑走至歧路。白煥彩自言才相信先儒的「有真師友，乃有真口訣」，認為這是千聖絕響之傳，不敢私藏。

因此李二曲所畫之圖表，及其所倡的口訣，相當彌足珍貴，可視為李二曲修養論思想的核心菁華，藉此可突顯其不同於一般儒者的特色，並可看出其修養最終所欲達至之境是如何？以下藉由李二曲所畫之兩個圖表口訣及肘後牌，以明示其欲達至修養境界：

一、寂照應寂
—— 人生本原圖

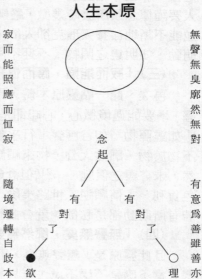

（圖見同註 3，頁 17）

基本上，此圖表可分四個部分予以探討：

（一）人生本原：

李二曲首先指出，天之所以賦與我，即是此一點靈原，學人透過明瞭它足以安身立命，而這靈原是沒有少壯老死，塞貫天地古今，融通內外微顯，生機活潑，本自周圓，為人人所具有，但大多數人皆是日用不知，所謂騎驢找驢。

（二）無念之念與念起有對：

其次，此靈原所具之正念乃是無念之念，為至一無二，不與物對，是行所無事，即是止，即為至善，也就是獨；念頭一萌動，就有善惡、是非、邪正等相對立，所謂天理人欲之分，人禽之關，即可分判。學人要謹慎念頭所發時幾微，嚴辨天理（善是正）人欲（惡非邪）之分，並能不斷地存養天理克卻人欲，終至天理人欲兩俱忘，無纖毫念頭之萌動，如明鏡之照物，不迎不隨。

（三）「寂而能照，應而恆寂」與「隨境遷轉，自歧本真」：

再次，此一點靈原本體，原是虛靈神妙寂定，無量燭明，隨應而感，學要能遇境徵心，心起即是境起，境在就是心在，要能心境渾融，「如鑑照物，如谷應聲，行乎無事，不隨不迎……心體本虛，物物而不物於物，廓然大公，物來順應。如是則雖酬酢萬變，而此中寂然瑩然，未嘗與之俱馳。」[216]但念起之後，若隨外境遷轉，外在之境如聲色貨利、人情順逆、世路夷險、窮通得喪、毀譽壽殀等，人一遇外境若有所萌動都是私欲，就會歧離本真愈趨愈遠。

（四）「無聲無臭，廓然無對」與「有意為善，雖善亦私」：

且此靈原是「無聲無臭，不睹不聞」、不與物對的廓然大公，所以學人當下應是不學不慮，無思無為；如果無故起念，就是無風興波作浪，就算所起之念皆是善，但終究不是行所無事，仍是有為之為。學人如果擬議安排，即是乖違自梏，自窒生機。

鍾彩鈞先生認為李二曲提出「靈原」或「人生本原」做為人生存在與活動的根本，具有五種涵義：「(甲)靈原是天之所以與我者，是我

---

216 同註 6，頁 408。

的根本。必須終日孜孜事此，造次顛沛不離，深造自得，居安而資深，始能左右逢源，安身立命。(乙)靈原是人生一般行爲、道德行爲的根本，在靈原上立基，這些行爲才能是內發的、自律的；否則只是意見擬議、徇跡摹仿、外鑠於我的行爲，而不可謂爲道德實踐了。(丙)靈原同時是宇宙的根本，能悟及此，則即自我而體證、定立宇宙的存在，而知『天地我立，萬化我出，千聖皆比肩，古今一旦暮』。(丁)悟得靈原，在人生存在與行爲上能『不執』。人生本原是『無聲無臭、廓然無對』的；對境時，它是『寂而能照、應而恆寂』的。悟及此，將認清當前的特殊活動和特殊情境只是靈原流行的道路，而可以免除可能的陷溺、執念。於是所表現的道德行爲不是有意執其爲善的，而是如其本性的生機流行，『活潑潑的本自周圓』，『虛而靈，寂而神，量無不包，明無不燭，順應無不咸宜』，使我的行爲即是宇宙心外顯的表現。(戊)從後天的道德實踐上說，悟得靈原，能使工夫返本還元，而如宇宙心的大德敦化。後天的道德實踐是在念頭上判定理欲善惡是非邪正，而後嚴理欲之辨，存天理克人欲。悟得靈原，則知存理克欲的工夫要更入深細而求消化，『克而又克，以至於無欲之可克；存而又存，以至於無理之可存。欲理兩忘，纖念不起，猶鏡之照，不迎不隨』。而對所遇的特殊情境，亦可以『遇境徵心』，使得『心境渾融』，內在的本心不因各種『聲色貨利、人情逆順、世路夷險、窮通得喪、毀譽壽夭』的情境而遷轉失真，反而能順其情境而曲曲折折的表現出來。」[217]

二、虛明寂定－靜坐爲基三炷爲程圖

李二曲認爲靜坐之下手的基礎工夫是不可少的，用以下圖表在析明平日三炷香程的靜坐與虛明寂定本體之關係：

---

[217] 鍾彩鈞：〈李二曲思想概說〉，《陝西文獻》第 41 期（1980，4），頁 7-8。

定	寂	明	虛
	齋戒		
	要務也	其德之	此神明
	靜坐		
戌亥香	中午香		昧爽香
日間語默動靜，或清濁相乘。須坐一炷以驗之，果內外瑩徹脫灑不擾否？	自朝至午，未免紛於應感，急坐一炷以續夜氣。		雞鳴平旦，與此相近，起而應事，易於散亂，先坐一炷以凝之。

（圖見同註 3，頁 20）

此圖亦可透過四個主題予以闡析：

(一)「虛明寂定」為本面：

李二曲以水澄則明珠自能顯現譬喻心與性的關係，他認為心若能澄然則性自能朗現。虛明寂定為本面本體，虛明寂定的光景為何？李二曲以虛如太空，明如秋月，寂如夜半，定如山嶽來形狀虛明寂定的光景，但他也特別提到若以識神為本面，則是認賊作子，障蔽愈甚，則本覺更加瞞昧不顯。

(二)「齋戒」為工夫：

齋之義為齊，齊其不齊為齋；無論在靜時或在動中，只要覺察有一念不如此，就是不齊，便要予以齊之。齋戒，即要能防非止惡，敬肅警惕。整天朝乾夕惕，保任收攝此罷了。此外種種才藝技能，凡能震耀世俗，聲名遠播，這些都是役戕之賊。

（三）「靜坐」為基，動靜一原：

靜時涵養能達虛明寂定，是未發之中，動時省察也能虛明寂定，則為中節之和。要能時時返觀體驗，作得一時一日一月，便是一時一日一月之聖人，若能終其一生常常如此，緝熙不斷，則為聖人。須自我策勵作主，屏滌緣慮，獨覷本真，能毋出入、動搖、昏昧、倚落，內外無物，往返無際。以平時靜坐為基礎涵深定力，在應事日閒語默動靜間，有時清濁相間，易受雜紛應感而流於散亂，透過靜坐予以凝志、延續、檢視。218

（四）「三炷」為程：

李二曲分別就為何以香為程，及為何要每天三次靜坐作了說明，他認為會以香炷來作為靜坐之度程，是因為每次一炷香的時間，可以維持坐性，譬如栓木之栓住狂牛；而自少至長，精神大都務外馳騁，每天動多於靜。若想要回復元始，就須施以矯偏救弊，使靜多於動，如此才有轉機，一日之中會有三炷程靜坐，實因為有事時不能坐，及對那些沒有坐性的人而設的；若是能持久者，不在此限之內。219

三炷香程分別是「昧爽香」、「中午香」、「戌亥香」，在一天二六時中，這三炷香程分別有其功用：就昧爽香而言，誠如古人所說一日之計在於寅，所以這是最要下功夫之時，為何如此？在於雞鳴平旦之時，無思慮，返觀此心，湛朗明瑩，空無一物，只一念炯炯，若能將其收攝保任，則在應事時則不易散亂；就中午香而言，從早至午，對外在應感紛騁，適宜坐一炷香以凝定；就戌亥香而言，到晚上默坐返觀，

---

218 同註 3，頁 20-21：「水澂則珠自現，心澂則性自朗。故必以靜坐為基，三炷為程，齋戒為功夫，虛明寂定為本面。靜而虛明寂定，是謂『未發之中』；動而虛明寂定，是謂『中節之和』。時時返觀，時時體驗。一時如此，便是一時的聖人；一日如此，便是一日的聖人；一月如此，便是一月的聖人；終其身常常如此，緝熙不斷，則全是聖人，與天為一矣。」

219 同註 3，頁 20：「然則程必以香，何也？曰：『鄙懷俗度，對香便別，限之一炷，以維坐性，亦猶猢猻之樹，狂牛之栓耳。』曰：『每日三坐，不亦多乎？』曰：『吾人自少至長，全副精神俱用在外，每日動多於靜。今欲追復元始，須且矯偏救弊，靜多於動，庶有入機。三度之坐，蓋為有事不得坐，及無坐性者立。若夜能持久，則不在此限。』」

在白天時是否能內外瑩徹，脫灑不擾？如此三炷程靜坐須能每日實作體驗，刻刻收攝，久之自能打成一片，在靜時雖寂定仍能明照，在動時能應感但又是恆常寂定的，不能蔽擾虛明寂定。

> 須勇猛奮勵，立堅定課，每日靜多於動，恭默寂坐，無思無慮，一念不生，則全體自現。至此，見方是真見，得方是真得。行住坐臥，終日欽欽，保而勿失，方是真成。[220]

學人應當勇猛精進，立定功課，每天靜多於動，恭默寂生，無思無慮，纖念不起則本體自現，如此才是真見真得；在行住坐臥中，整天欽凜，保任而勿喪才是真成，心體本虛明，不受物所役使，廓然無私，物來則應感，所在日用酬酢萬變中，仍是瑩然朗然，不會隨物奔馳。

三、化而又化－肘後牌圖

李二曲為了讓學人能將所學真行實修，真正落實付諸實踐於日常生活中，使本體工夫境界合一，用心研發設計出一種「肘後牌」，類現今座右銘、短箴似的提撕語，佩於肘後，具有提綱挈領，使人一目了然，又具方便攜帶之益，隨時可查看而警勵不忘。

> 肘後牌者，佩日用常行之宜於肘後，藉以自警自勵，且識之於不忘也。上帝臨汝，無貳爾心，其可忽乎！[221]

默　恭

擴　　　　修
善　提　　九
端　起　　容

放
下
定寂明虛

贊參綸經
化
臭無聲無

220　卷十六〈書一・答張伯欽第五書〉，頁162。
221　卷十五〈富平答問・附授受紀要〉，頁134。

肘後牌的格式即如上述所表之，肘後牌的內容為：

> 終日欽凜，對越上帝，篤恭淵默以思道；思之而得，則靜以存
> 其所得。動須察其所得，精神纔覺放逸，即提起正念，令中恆
> 惺惺；思慮微覺紛雜，即一切放下，令萬緣屏息。修九容，以
> 肅其外；擴善端，以純其內。內外交養，湛然無適，久則虛明
> 寂定，渾然太極，天下之大本立矣。大本立而達道行，以之經
> 世宰物，猶水之有源，千流萬派，自時出而無窮。然須化而又
> 化，令胸中空空洞洞，無聲無臭，夫是之謂盡性至命之實學。
> 未至於斯，便是自棄。……識得本體，好做工夫，做得工夫，
> 方算本體。……吾人既戴天履地而為人，須參天兩地以有事。「為
> 天地立心，為生民立命，為往聖繼絕學，為天下後世開太
> 平」。……立身要有德業，用世要有功業……方有體有用，不墮
> 一偏。222

肘後牌實為李二曲「盡性至命之實學」的一個縮影，可透過下列
的五種進程予以解析：

（一）恭默：

整天欽凜，如同對越上帝般的虔敬，篤恭淵默而契得本原性體，
以靜涵存所契得之道。

（二）提起、放下：

在動時審察，若覺察精神有所放逸，就要提起正念，令其中常炯
炯惺惺；若稍覺思慮紛擾雜陳，就該一切放下，屏息萬緣雜慮。

（三）擴善端、修九容：

透過修九容，以整肅外在，擴充善端，以純一內在。內外兩個涵
養進路，互相交養。

（四）虛明寂定、經綸參贊：

日久則虛明寂定，渾然太虛，為天下之大本；大本業已確立，付
諸達道之行，用於經世宰物，如同水有源頭，水流源源不竭。

---

222 同註 221，頁 135-136。

(五)化而又化、無聲無臭：

化則令胸中空洞，了無一物，無聲無臭。

從恭默至無聲無臭，可以說首由識得本體，才知如何下工夫，做了工夫，才能契合本體。人之立志所學所作，在於「爲天地立心，爲生民立命，爲往聖絕學，爲天下後開太平」，要能參贊天地之事，才能不枉爲人，要能立身且用世，則需兼俱德業及功業，才能不落一偏，才是有體有用之學。

第四節　德行之知－良知

本節旨在探究李二曲「體用全學」之德行之知，包括聞見之知與真知、知識之知與良知之知，知與行之關係及疑、思、辨，語言文字與迷悟關係。

一、聞見之知與真知

對於知的分類，首先是關於聞見之知與真知之知，李二曲區分二者性質一爲外來之知，一爲本性固有。且聞見之知因其依賴聞見，也因此會有知與不知的分別；而真知之知是一知即不復再失。「平日非無所謂知，然不過聞見擇識、外來填塞之知，原非自性本有之良。」223因爲「真知非從外入，人所自具，寂而能照，感而遂通，『廓然大公，物來順應』。」224真知不是從外而來，爲人所本具，真知能寂照感通，所謂「廓然大公，物來順應」。所有心思言動，都是天則，未曾率私用智，雖有所作但是非作。平時之知，都是屬於聞見擇識、外來填塞之知，並非自性本有之良知。孔子教誨之「是知」，指的就是「一念獨覺

223　同註 13，頁 436。
224　同註 2，頁 459。

之良，指出本面，令其自識家珍」[225]，一念獨覺之良知，拈出本面，使人自認家中珍寶。此知能明瞭，則不論知其所知，或知其所不知，都是由此知，而且「此知則無不知」[226]，是人一生迷悟夢覺之關，「既覺則無復夢矣」[227]，若已知就不會再回復不知狀態。相反，「資於聞見者」[228]，就有知與不知的分別。

真知就是「吾心一念靈明是也。」[229]為上天之所以賦予我。此靈明與耳目之關係，展現於「耳非此無以聞，目非此無以見」[230]，耳朵及眼睛沒有此靈明，就無法聽、無法看。換言之，「所聞所見非此無以擇、無以識」[231]，所聽所看沒有此靈明則無從選擇認識，「聞見知識之知，終屬蟓蛉。」[232]聞見之知只能算是蟓蛉之知。由此可知，靈明「實聞見擇識之主，而司乎聞見擇識者也。」[233]靈明真知為聞見擇識的主人，司掌聞見進行擇識。所以必須將二者的關係予以釐清，「多聞多見、擇之識之，多聞多見及選擇認識都是「藉以致此」[234]真知，「致知而致得此知，方是復還舊物，克全固有之良知。」[235]致知而能致得此知，才是復還舊物，恢復本有良知。並非以「多聞多見、擇之識之為主也」[236]。知此一念靈明才是知真，知真才能動時不妄作，或者就算動時有妄，也能易於察覺。要能「識己心，悟己性」[237]，識心悟性，良知本體炯然不昧。知及此，「便是本領，便是得，守者守此而已」[238]，

---

225 同註 13，頁 436。
226 同註 13，頁 436。
227 同註 13，頁 436。
228 同註 13，頁 436。
229 同註 2，頁 459。
230 同註 2，頁 459-460。
231 同註 2，頁 460。
232 同註 6，頁 406。
233 同註 2，頁 460。
234 同註 2，頁 460。
235 同註 6，頁 406。
236 同註 2，頁 460。
237 卷三十九〈四書反身錄・論語下・衛靈公〉，頁 498。
238 同註 237，頁 498。

爲有本有得，守即守此。倘若理欲夾雜，仁不能守，則原得又再失，「守之之功未至，終屬滲漏。」[239]守功未達，終是滲漏。能知至且至之，知終且終之，本於身徵於民，內外互盡，此知才不徒知。

　　由上述可知李二曲對於真知的定位，但對於「聞見之知」，是否即予以排斥，李二曲如何看待「聞見之知」呢？李二曲主張「不廢聞見，亦不專靠聞見」[240]，所以學習認識當中，對於聞見之知，應採取一種不廢離亦不專靠的態度。就「不廢離」的態度而觀，是因爲認識外在事物，初部過程中藉由聞見去擇識是不可獲缺之因素，「藉聞見以爲知，亦可以助我之鑒衡」[241]，多聞善言，多見善行，透過聞見之知，能助於認識時的鑒別衡準，使得動作不至於妄作。另就「不專靠」的態度而觀，乃是因爲如前述所言，聞見之知會有知與不知的部分，其畢竟「去真知則有間矣」[242]，與真知仍是有區別，所以對於聞見之知的定位，是「知之次也。」[243]爲知之次要，且「知聞見擇識爲『知之次』，則知真知矣。」[244]在學習認識中，務求「深造默成，令胸中瞥然自得。」[245]能深造默成，使胸中怡然自得，如此學方有著落。

　　李二曲指出對於「學問」二字，大多數人都誤解其義，往往認定「聞見記誦」[246]爲學問，因此自然而然即視「聞見博、記誦廣」[247]爲有學問，所以也就造就許多「聞見甚博、記誦甚廣」[248]，但卻仁義弗由、德業未成，原因都是因爲只「求諸耳目，而不求諸心故」[249]。實際上，李二曲強調學習重點並非在記誦辭章，學是要能存心復性，以

239　同註 237，頁 498。
240　卷十三〈關中書院會約〉，頁 115。
241　同註 2，頁 459。
242　同註 2，頁 459。
243　同註 2，頁 459。
244　同註 2，頁 459。
245　同註 240，頁 115。
246　同註 37，頁 526。
247　同註 37，頁 526。
248　同註 37，頁 526。
249　同註 37，頁 526。

全盡人道所當然之理。「記誦之勤，見聞之廣」[250]勤於記誦，廣博見聞，「不惟未嘗以之袪情識，而愈以滋情識」[251]，不只不能袪除情識，反而滋長情識；「不惟未嘗以之全天真，而愈以鑿天真。」[252]不僅不能滿全天真，卻反鑿壞天真。可知勤記誦及廣見聞，會造成「情識日雜，天真日鑿」[253]，滋長情識展現為「騁私智，長巧偽，耽功利，鶩聲名，借津仁義，『色取行違』」[254]馳騁私智，善於巧偽，耽沒功利，鶩求聲名，假借仁義之便，色取行悖，進而破壞本有之良，使得「赤子固有之良、本然之心，失而又失，愈不可問。」[255]「學問之道無他，求其放心而已矣。」[256]學問之道只在求放心而別無他求，此是千古學問已定之言，千古學問的指南針，所以稱學問卻不如此，則不知學問為何物了。

　　子貢對顏回能折服，但只是「徒折服其知解」[257]，折服顏回在知解方面的能力，那裏知道顏回之所以為顏回，不是徒有知解。顏回「潛心性命，學敦大原，一徹盡徹，故明無不照。」[258]子貢「惟事見聞，學昧大原，其『聞一知二』，乃聰明用事」[259]卻事事靠見聞，學昧大原，雖聞一能知二，這只算是聰明用事，「推測之知，與悟後之知，自不可同日而語」[260]，實不可相提並論。子貢聞一知二不但不如顏回，就算能聞一知百知千，也都只能算是「總是門外之見，終不切己」[261]，與己毫無干涉。

　　事實上，李二曲並非反對博識，而是認為要有正確認知。「博識以

---

250 同註 10，頁 519。
251 同註 10，頁 519-520。
252 同註 10，頁 520。
253 同註 10，頁 519。
254 同註 10，頁 520。
255 同註 10，頁 520。
256 同註 37，頁 526。
257 同註 67，頁 447。
258 同註 67，頁 447。
259 同註 67，頁 447。
260 同註 67，頁 447。
261 同註 67，頁 447。

養心」[262]，廣博聞識就像物質食糧以長養身體般，以精神食糧涵養內心；但就飲食而言，倘若過多，卻不能消化，則原欲養身的美意反成害身之實。所以，同樣「多聞多識，物而不化，養心者反有以害心。」[263]多聞多識，卻心中不化，養心反成害心。飲食如能消化，愈多當然是愈好；「博識能化，愈博愈妙。」[264]博識如果能化，則是愈博愈妙，所謂廣博包納沒有任何遺漏，才能貫通，如果所識不夠廣博，就算想要貫通，也無從可貫。雖說，「聰明博識」[265]能窮理明道，但卻不能融理體道。倘若期望心理俱融，打成一片，事道相凝，左右逢源，「須黜聰墮明」[266]，此種方式是透過「將平日種種聞見，種種記憶盡情舍卻，盡情撇脫，令中心空空洞洞，了無一翳。」[267]將平時種種聞見之知，種種記憶，完全捨卻擺脫，使心中空洞，沒有任何障翳。如此這般乾乾淨淨，才具入道契機，不然憧憧來去，礙道不淺。所以學要以敦本為要，即將知解盡忘卻，「空其所知」[268]，使心如太虛，則無知而無不知。「無知」就是「知識盡捐、心同太虛處。」[269]捐棄知識，使心同太虛，有叩即應，未叩不先萌念；就算有應，仍然能忘知。否則，學習最終沒有歸宿，「反多了一番知識，反增了一番心障，」[270]堆積知識的同時也增加了心的障翳，導致下不能如鄙夫，上不能希求成聖賢。

李二曲主知行統一，真知真行，力行實踐，著實躬行，他反對言而不行，談玄說妙，口頭聖賢，紙上道學。人的認識起點，由耳目聞見開始，所以耳目聞見不可廢棄。「昔者吳密山年八十餘矣，猶孜孜問學。見焦澹園(1540~1620)，自述：『向訪羅近溪先生，適羅他往。往

262　同註 237，頁 496。
263　同註 237，頁 496。
264　同註 237，頁 496。
265　同註 237，頁 496。
266　同註 237，頁 496。
267　同註 237，頁 496。
268　卷三十五〈四書反身錄・論語上・子罕〉，頁 468。
269　同註 268，頁 467。
270　同註 268，頁 468。

從姑山房累月，求悟轉迷。張斗陽云：『公胸中聞見太多，蔽卻聰明，須盡數傾倒，方可受教。』從其言。後承羅師指點，因得領悟。久之，以語王龍溪先生，王曰：『汝此一悟，亦須忘卻。』今復數年矣，不知當作何究竟？焦曰：『將『悟』與『忘』一齊放下。』吳躍然。」[271]

二、知識之知與良知之知

良知之「知」和知識之「知」，兩者迥然不同。

> 良知之「知」與知識之「知」，分別迥然。所謂良知之「知」，知善知惡，知是知非，念頭起處，炯炯不昧者是也。知識之「知」有四：或從意見生出，或靠才識得來，或以客氣用事，或因塵情染著。……學者必先克去知識之「知」，使本地虛明，常為主宰，此即「致良知」的訣也。[272]

良知之「知」，為知善惡是非，在念頭萌生處，炯炯不蔽昧。而知識之「知」有下列四種：從意見生出，或從才識而來，或因客氣用事，或因塵情染著。「四者，皆非本來所固有，皆足以為虛明之障。」[273]此四者，都不是本來就具有，屬於外來的，「塵情客氣，意見識神，為之障蔽。」[274]都足以構成虛明之障蔽。因為「知識日增，則思慮日紛，不計利便籌名，『旦旦而伐之』，重以『旦晝所為』，固有之良，愈不可問。」[275]其中自意見生出的知識之知，有兩類，「一則文字知見，義襲於外，原不曾鞭辟著裏，真參實悟；一則自逞意見，立異好高，標榜門戶，求伸己說。」[276]李二曲評此二者所造成的謬誤，「其蔽則均」[277]；自古多少英雄豪傑，大多裁在此四者的錯誤之下。所以學者必須

---

271 同註 240，頁 115。
272 同註 24，頁 99。
273 同註 24，頁 99。
274 同註 88，頁 144。
275 同註 37，頁 525。
276 同註 39，頁 29。
277 同註 39，頁 29。

先除去心中的知識之「知」，使本地虛明常爲主宰，這就是「致良知」的祕訣。

　　至於有關「聰明」的看法，李二曲認爲「斯道非穎悟過人，則不足以承受。」[278]此道如果不是天資聰穎領悟過人，是不堪承受。過去在聖門之中，能學務親躬實踐，行誼淳篤的人實有不少，但若就「聰明特達可以大受者」[279]，除顏回之外，就爲子貢莫屬，因此孔子對其期望有加，「恐其恃聰明而不能自反，倚聞見而昧於自得。」[280]但唯恐子貢依恃聰明而不能自我反省，倚靠聞見而愚昧自以爲有得。再拿顏回之魯愚與子貢對照，「蓋欲其鞭辟著裏，黜聰墮明，而務有以自得也。」[281]是希望子貢能鞭辟著裏，黜墮聰明，而期其能有所得。「賜乃區區較量於所知之多寡，徒在聞見上比方，抑末矣。」[282]子貢只知較量所知的多寡，徒在聞見上做比較，這是爲學之末。

　　基本上，李二曲是就老師教導學生而觀，當然倘若受教者爲天資聰明者，屬於易堪受教者，則持以肯認態度，但他更強調「聰明要須善用」[283]，換言之，要善用聰明以「反己自覷，洞識真我，方是真聰明。」[284]在卷十六〈書一‧答王心敬〉中載李二曲對王心敬(1656~1738)聰明之賞識，甚至願傾囊相授其一生之學，「昨所論一一皆是，足徵聰明。諺云：『學道須要英靈子。』又云：『智過於師，乃堪傳授。』汝聰明過人，吾安得不喜，竭生平所蘊而傳授之，舍汝其誰耶？」[285]但李二曲亦告誡王心敬，倘若「聰明自用者，必不足入道」，因爲這種聰明是屬於「矜聰恃明」[286]的小聰明，「小聰明不愚，不愚而愚。」[287]因

278　同註67，頁446。
279　同註67，頁446。
280　同註67，頁446。
281　同註67，頁446。
282　同註67，頁446。
283　卷十六〈書一‧答王心敬〉，頁159。
284　同註283，頁159。
285　同註283，頁159。
286　同註13，頁434。
287　同註13，頁434。

為「知解糾纏，心體未空，入道無其幾。」[288]而真正的大聰明是「大
聰明似愚，愚而不愚」[289]因其「黜聰墮明，知解盡忘，本心既空」[290]，
如此受教才有其餘地。換言之，大聰明能黜墮聰明，知解盡忘，使本
心空無一物，如此才有承受教誨的空間；小聰明矜恃自我聰明，受知
解葛藤纏繞，心體不空，因此入道無由。事實上，大聰明可視為是良
知之知，小聰明為知識之知。李二曲也舉李延平(1093~1163)所說：「二
蘇聰明過人，天地閒道理，不過只是如此。有時見到，皆渠聰明之發
也，但見到處卻有病。」[291]為例，認為王心敬的言論，凡有是處，亦
皆聰明之發，但終究是舍己之田，而耘他人之田，「明於識人，而暗於
識己，卜度成性，明覺安在？」[292]終究是靠不住的，唯有能「黜汝之
聰，墮汝之明，昏昏冥冥，自覷自覺。」[293]如此真是「識得王心敬，
纔算王心敬」，而為「一識永識，一得永得」[294]的自得之學。

三、知與行兩者之關係

李二曲認為「徒知而不行」[295]，有所知卻不實踐，是能明而沒有
德行，不能稱做是良；反之，倘若「徒行而不知」[296]，只有實踐而沒
有所知，是有德行但卻不明，也不能算是知。

> 子路喜聞過，固學人百世之師；而其勇於行，尤學人百世之師
> 也。惜乎躬行有餘，而終欠真知，是以言動出處，多有遺憾。
> 故知行不可偏廢，若理有未窮，知有未至，往往以冥行當躬行，

---

288 同註 13，頁 434。
289 同註 13，頁 434。
290 同註 13，頁 434。
291 同註 283，頁 159。
292 同註 283，頁 159。
293 同註 283，頁 159。
294 同註 283，頁 159。
295 同註 6，頁 402。
296 同註 6，頁 402。

　　　　則賊德害義多矣，此又不可不知也。[297]

　　李二曲以子路爲例，因其喜聞己過，且勇猛實踐，所以能是學人
的百世良師。可惜的是子路雖然躬行有力，但終究欠缺真知，於是發
露於言語行動出處，就常有遺憾不足。所以，知與行二者不能偏廢任
何一方，不論是未窮理或者未至知，都會將冥行當作是躬行，如此實
賊害德義甚多，這是不能不知道的。「真知乃有實行，實行乃爲真知。」
[298]有真知才能有所實行，且實行才能是真知。李二曲認爲「知之真，
自然行之當」[299]，舜具有明物察倫之真識，所以能真正實踐由仁義行。
反觀，今日無「致知」之功，且有志之士，只不過流於「摹倣其近似
者，以緣飾於事爲之末。」[300]要明瞭識見與踐履的關係爲，「非有真
識見，安得有真踐履」[301]，透過識見指導實踐，否則就算終其一生在
仁義之中，卻實在仁義之外。李二曲強調知的層級，就心、口、身之
作用，則發而爲思、言、行，「而知爲主」[302]其中是以知爲主。能知
「清明在躬，理欲弗淆，心無妄思，口無妄言，身無妄行，是謂動無
不善」[303]，在躬行實踐時能清明，天理人欲不會混淆，如此心沒有妄
思，口沒有妄言，身沒有妄行，能動時無不善；倘若不知，「昏惑冥昧，
理欲莫辨，心多妄思，口多妄言，身多妄行，此之謂無知妄作。」[304]
則易受矇昧，理欲不辨，心多妄思，口多妄言，身多妄行，這就是無
知而妄動。

四、疑、思、辨、言

　　在學習中疑所扮演的角色爲何？李二曲認爲疑是悟的基礎。

297　同註 67，頁 448。
298　〈附錄四・新刻二曲先生集序〉，頁 712。
299　卷四十四〈四書反身續錄・孟子下・離婁〉，頁 549。
300　同註 299，頁 550。
301　同註 299，頁 550。
302　同註 67，頁 459。
303　同註 67，頁 459。
304　同註 67，頁 459。

所問疑端，足徵別來用心。疑者，悟之基也。先儒謂大道本無階級，以疑為階級。故大疑則大進，小疑則小進，其晝然而莫進者，由漫然而弗疑者也。然區區不患子不能疑，患疑而非其所當急耳。……今所問中閒，多有疑乎其所不當疑，問乎其所不當問者，則亦近於泛然而壞天常矣，非區區所望於子也！305

先儒認為大道沒有階級，只以疑為階級。李二曲舉陳白沙(1428~1500)所說：「疑者進道之階，大疑則大進，小疑則小進。」306所以大疑問就大進步，小疑問就小進步，學沒有日進，大都由於散漫不疑，透過「善用其疑」307，而能「善疑善問」308，透過不斷的推擴，德業之進步乃是不可限量。不怕不能疑，就怕所疑不是所當急。從前陸子靜講學象山，有一人問：「如何是窮理盡性以至於命？」陸象山笑答：「你是泛然隨便問，老夫卻不是隨便答。」後又吟誦一首詩大意為：「自家主宰原是常清健朗，但人的精神常逐外而使心神損傷。對於你們這些從遊叮嚀，不要濫用言語破壞天常。」李二曲「不欲人閒講泛論」309，他認為提問，須是疑所當疑，問所當問，否則就成了接近泛然問而壞天常，這都不是李二曲對學人門生提疑的期許。

李二曲雖認為疑是悟的基礎，但要能是切問近思，端看其所問所思是否為明道存心。倘若「為明道存心而學，篤志不變」310，自然所問所思，莫非明道存心之實，如是則道明而心存，仁在其中。反之，「為博物宏通而學」311，則必定「志在問無不知」312，自然所問所思以博物宏通為事，「問既浮泛不切，思又問雜憧憧」313，如此並非切問近思，而道晦心放，雖欲仁何能得仁？李二曲舉謝上蔡(1050~1103)與程

305　同註 14，頁 134。
306　卷十八〈書三·答朱字綠書〉，頁 216。
307　同註 306，頁 216。
308　同註 306，頁 216。
309　同註 39，頁 27。
310　同註 141，頁 508。
311　同註 141，頁 508。
312　同註 141，頁 508。
313　同註 141，頁 508。

子(1033~1107)爲例，因別程子一年，程子問：「近日作何工夫？」[314]謝上蔡回答：「惟去得一『矜』字。」[315]程子告訴其門人說：「此子爲『切問近思』之學者也。」[316]反思以前非不學無志，也是常問常思，但恐怕「所學、所志、所問、所思，非爲明道，非爲存心耳。」[317]是否真正切實予以省察克治，如謝上蔡消磨氣習一樣的，實實在在革除惡習？要能切己自勘，切忌只是作一番講說罷了。如此的切問近思，則能「思則得之，不思則不得也。」[318]天之所以與我，而我之所以爲我就是此心，李二曲認爲心本不遠，捨心而言道，即爲捨近而求遠，「試反而思之，即此一思，便是心在」[319]心在則身有主宰，能視明聽聰、足重手恭，施之於四體，四體不言而喻，自備萬善，自絕百非。「思其所當思，思是惺惺；思其所不當思，思是憧憧。」[320]惺惺與憧憧，在問之慎與不慎而已，所以學要能慎思。

　　「良知爲學問頭腦，自身主人」[321]良知爲學問大頭腦，自身之主人。「學問思辨，多聞多見，莫非良知之用。」[322]學問思辨及多聞多見，都是良知的發用。千聖相傳，只是此良知，「博學審問、慎思明辨者，惟求此知。」[323]倘若「此知未明，終是冥行」[324]因其乃「藉聞見以求入門」[325]；「此知既明，纔得到家」[326]、「則開門即是閉門人」[327]。「格物，猶言窮理也。物格知至，理已明也。」[328]格物即是窮理，物

314　同註 141，頁 508。
315　同註 141，頁 508。
316　同註 141，頁 508。
317　同註 141，頁 508。
318　同註 268，頁 473。
319　同註 268，頁 473。
320　同註 268，頁 473。
321　卷十五〈富平答問・附授受紀要〉，頁 135-136。
322　同註 221，頁 136。
323　同註 13，頁 437。
324　同註 13，頁 437。
325　同註 13，頁 437。
326　同註 123，頁 437。
327　同註 13，頁 437。
328　卷五〈錫山語要〉，頁 40。

格而知至，道理甚明。那麼何爲「物」呢？「身、心、意、知、家、國、天下，皆物也，而知爲主。」[329]身、心、意、知、家、國、天下等都是物，但其中又以知爲主要。「由知、意、心、身，深究密詣，循序漸進，本立然後家、國、天下可得而言矣。」[330]所以，透過深究密詣知、意、心、身，循序漸進，由大本先立，如此家、國、天下也可達至。「以一事不知爲恥，是名『玩物』。」[331]但有錯解格物，以一事不知深感爲恥，這種屬玩物而非格物之真義。由詩文與玩物喪志之習，可知李二曲並非「厭人學詩文」[332]，但是對於其友人「質甚美，性甚淳，世味未染，天良未汨。既不弋名，又不謀利」[333]，李二曲以爲「何苦疲精役慮，爲此玩物喪志之習？」[334]李二曲認爲「縱博盡羲皇以來所有之書，格盡宇宙以內所有之物。」[335]縱使廣博閱盡羲皇以來的所有書籍，格盡宇宙以內所有的事事物物。這是「誤以博物爲『格物』」[336]，換言之，李二曲明辨博物與格物是不同的，並申言「駁雜之弊，學人所當深戒」[337]。李二曲雖反對博物，但他並非反對博學，他認爲學問能約不能約，「只看爲學之初所博若何耳」[338]，有兩種，其一是「爲身心性命而博，則詳說可以歸約」[339]；其二是「爲增廣知識而博，縱詳說何關於約？」[340]李二曲認爲倘若肯爲身心性命而博，則凡補於身心性命之人，「無不咨叩」[341]，有補於身心性命之書，「無不綜核，

329　同註 34，頁 80。
330　同註 328，頁 40。
331　同註 328，頁 40。
332　卷十六〈書一・答友求批文選〉，頁 148。
333　同註 332，頁 148。
334　同註 332，頁 148。
335　同註 6，頁 405。
336　同註 6，頁 405。
337　同註 328，頁 41。
338　同註 10，頁 520。
339　同註 10，頁 520。
340　同註 10，頁 520-521。
341　同註 10，頁 521。

惟恐墮於一偏」[342]，不能洞徹身心性命之全。四通八達，「不執一隅之見，徧訂互證」[343]，諄懇詳說，務求能至當歸一，如此用功才有著落，身心性命才有歸宿。

「知體本全，不全不足以爲知。」[344]知體本自滿全，不全則不能稱爲知，喪道去道愈遠。「知與不知，乃是一生迷悟所關。」[345]知及不知關涉人一生迷或悟。知是中常炯炯不昧，理欲不雜，視明聽聰，足容重手容恭，施乎四體，四體不言喻，如有源之泉，時時出之。默識爲入道第一義，「『默』則不尙言說，『識』則體認本面。」[346]默即不尙言說，識即體認本面。體認本面原是無聲無臭、於穆不已，自然不會擬議安排，終日乾乾，操存不懈。孔子所謂「默識」，即《大學》所謂「顧諟明命」。「如貓覷鼠，心無雜用，意不他適，一念凝此，萬慮俱寂。如是則本體清明，不至昏昧，日用尋常，無不在此覺中。」[347]如同貓捉老鼠，心無旁物，意無他適，專心一念凝住於此，萬般思慮皆寂。如此本體清明不昧，在日用平常中，都在此覺中。默而識之，即沈潛自我體認，識得天命本體、自己本面，就是天然一念，不靠人爲安排，原自湛然澄然，爲形體的主宰。能識得此，就是先立其大，就是識仁。

對於過去、現在、未來，沒有任何滯著，因恐人認妄作真，塵情不化，如此有累於湛寂虛明本體。倘能心不馳逐妄念，惟理而思，這樣的思又有何妨呢？孔子說「再思」、中庸言「慎思」、《洪範》言「思，思作睿，睿作聖」、《管子》言「思之思之，思之不已，鬼神將通之」、《繫辭》也說：「何思何慮」、「擬議以成其變化」，到此「擬議」不就是思不然又是什麼呢？「但識得本體是無思無爲的，則雖終日思，終日擬議，其把柄固在己而不失也。故曰：思盡還源，性體常住，似未

342 同註 10，頁 521。
343 同註 10，頁 521。
344 同註 3，頁 18。
345 同註 6，頁 406。
346 同註 2，頁 454。
347 同註 2，頁 454。

可以『遠慮』、『溫故』、『知非』為疑也。」[348]只要識得本體是無思無為的，雖整天在思，終天在擬議，但把柄即本體已在己而不失。所以說：到了思不能再，而思盡還源，性體常住，所以似乎不能以「遠慮」、「溫故」、「知非」而有所疑慮。

知雖然有「生知」、「學知」、「困知」及「民斯為下」四等，但實際上，「知止一知」[349]。知在人身上，「猶月之在天，豈有兩乎？月本常明，其有明有不明者，雲翳有聚散也，雲散則月無不明。」[350]如同明月在天，難道有差別嗎？月亮本是常明照，但有時是明，有時是暗，只因雲朵聚合或散去，雲翳消散月沒有不明亮。「有知有不知者，氣質有清濁也」[351]，有知與不知，這也都是因為所稟氣質清濁關係，氣如果澄明，則知沒有不知。「學也者，所以變化氣質」[352]，所學就是在變化氣質，以求此知。李二曲也說「眾人俱是生知，聖人方是學知」[353]，每個人所稟來皆相同，能孩而知愛，長而知敬，見赤子入井而起怵惕惻隱之心，一切知是非、知好惡之真知，日在人心，可知此知，乃是眾人與聖人無別，只因「聖人肯學，所以兢業保任，能全此知，是以謂之『聖』；眾人不肯學，所以隨起隨滅，自負其知，是以謂之『凡』。」[354]所以聖凡之分，即在學與不學之分，「非知之有分，稟來之原不同也。」[355]區分生而知之為上、學而知之為次、困而知之又次、民斯為下四等，這都是因人加以分別的。

思想或領悟透過語言文字表達，語言文字、道、悟之間的關係為何？就語言文字的功能作用，李二曲認為「言苟當可，雖千言不為多；言未當可，即一言亦為多。」[356]換言之，不是以實際使用語言的量上

---

348 同註 14，頁 130。
349 同註 174，頁 500。
350 同註 174，頁 500。
351 同註 174，頁 500。
352 同註 174，頁 500。
353 同註 40，頁 66。
354 同註 40，頁 66。
355 同註 40，頁 66。
356 同註 13，頁 434。

來判其多寡，而是由語言的質上來判別其適當與否，且倘若真有說明的必要，就算千說萬講，也不能算是多言；相反，語言不恰當使用，就算是少至一句話，也都屬於贅疣之語。在語言文字與求道的關係中，語言文字的所扮演的重要性，即在其能否恰當發揮其功能作用及減少不必要的負面效能產生。李二曲以孔子教誨顏回及子貢二者為例，孔子分別以「終日言」[357]及「欲無言」[358]來教導二位門生。因為，一位能夠「聽言而悟，超語言文字之外」[359]；一位卻是「聽言而識，囿語言文字之中」[360]，為何同樣的聽言，卻會有悟道及障道的分別，原因出在何處？即在聽言之人，能否因聽言而「悟超言外，因言可以悟道」[361]；相反，若聽言之人，「識囿言中，則因言反有以障道。」[362]如此「展轉於語言文字，支離蔽錮……一落言詮，咸以知解承而不以實體得也。」[363]可知，語言文字兼具有使人悟道或障道之二種作用，端看聽言之人能否善用語言文字，能善用則能超脫語言文字之限，直悟所契之道；反之，聽言徒增知見識解，進而自限語言文字迷障中，不能悟道反以障道。換言之，「學須以悟為得，否則道理從聞見而入，皆古董填塞以障靈原者也。」[364]

　　綜觀使用語言的現象，大致可分為兩類，「有道德者不多言，有信義者不多言，惟見夫輕人妄人多言耳。」[365]一類是不多言的有道德、有信義之人；一類是多言的妄人之屬。李二曲認為「多言不如少言，有言不如無言」[366]，且「未有多言而不敗者也。」[367]倘若瞭解語言的

357 同註 13，頁 434。

358 同註 13，頁 434。

359 同註 13，頁 434。

360 同註 13，頁 434。

361 同註 13，頁 434。

362 同註 13，頁 434。

363 同註 328，頁 42。

364 同註 30，頁 38。

365 同註 31，頁 477。

366 卷十六〈書一・答張滄庵第五書〉，頁 146。

367 同註 31，頁 477。

真實義涵，「『辭』所以達意，或闡道德，或敷陳經濟」[368]，則知使用語言時應掌握「貴明不貴晦，貴簡不貴繁」[369]的原理原則，語言要能明白簡潔，不應晦暗繁瑣。「言外索言，何異騎驢覓驢；若言外贈言，真同床上疊床。」[370]真正的學道，應是「以心而不以辯，以行而不以言。」[371]以心行合一踐道，非以「言語文字求道」[372]，因為「於穆不言之真，絕無聲臭，終日乾乾，宗此守此而已矣。此內無煩於言，此外本無可言。」[373]因此，「一落言詮，便涉聲臭，去道遠矣。」[374]陸象山(1139~1193)曾說：「寄語同遊二三子，莫將言語壞天常。」[375]而鄒南皋(1551~1624)也說：「寄語芸窗年少者，莫將章句送青春。」[376]評判許多專務藻繪馳騁才華，標舉晦澀以浮誇淵奧，論說滔滔不竭，藉以顯其辭博，透過此種方式欲表達旨意，其意可知矣！真可謂一語道出書生之通弊，乃在「辭句枝葉，便非立誠，便是心放。心既放矣，縱其辭典麗敏妙，高出千古，不過辭人之辭耳，豈君子之所貴乎？」[377]議論多而成功少，期許書生莫流於講習討論，伴口度日「道聽塗說」[378]的通病。要對治此種書生「讀聖賢遺書，嘉言善行」[379]而不「實體諸心、潛修密詣以見之行」[380]的現象，唯有以「『默』之一藥，能療言之萬病。」[381]因為道乃在能神明默成，「不識不知，順帝之則」，四端萬善，隨感而應，此即「體道忘言之實」[382]。

---

368 同註 237，頁 498。
369 同註 237，頁 498。
370 同註 366，頁 146。
371 卷三十九〈四書反身錄・論語下・陽貨〉，頁 504。
372 同註 371，頁 504。
373 同註 366，頁 146。
374 同註 371，頁 504。
375 同註 371，頁 504。
376 同註 371，頁 504。
377 同註 237，頁 499。
378 同註 371，頁 503。
379 同註 371，頁 503。
380 同註 371，頁 503。
381 同註 31，頁 477。
382 同註 371，頁 504。

實際上，要區判知道與不知道的差異，可由「有片言而達者」[383]、「有千萬言而不達者」[384]因爲「知道者言自簡，辭無枝葉」[385]。但雖說人有是非邪正，且言論通常是隨乎其人，所以透過語言，也可以知人識人，但是若碰到有些屬於人非言是、人邪言正，那又該如何辨別呢？李二曲認爲要區別此人是否爲人是言是，表裡一如，或者人非言是，表裡不一，他以「根心之言」[386]如同「樹生之花」[387]及「致飾之言」[388]如同「剪綵之花」[389]作比喻，指出虛僞矯飾之言，如同經剪折過之花朵，爲無根之花；而發自內心的有本之言，如同長在樹上之花朵，是有本有根之花。「樹生之花」與「剪綵之花」兩者「真僞自是不同」[390]，只要理明鑑明則言無遁情、貌無遁照。

第五節　體用論－體用一原

本節所欲探討之「體用論」，主要分爲三個論題，首先是「體用」關係之思維。其次，李二曲與顧寧人(1613~1682)三次書信往返，共計六封問答書函，透過書函內容的完整呈顯，檢視李二曲與顧寧人對「體用」範疇之相關論證過程，釐清「體用」二字的對舉以及來源等問題之相關真相。最後，李二曲在回覆顧寧人書函中，肯認「體用」二字之使用，始於中國禪宗六祖惠能大師(638~713)，並認爲惠能在《六祖壇經》[391]，對於「體用」二字也多所闡衍，因此，欲透過與惠能「定

383　同註 237，頁 499。
384　同註 237，頁 499。
385　同註 237，頁 499。
386　卷四十〈四書反身錄・論語下・堯曰〉，頁 511。
387　同註 386，頁 511。
388　同註 386，頁 511。
389　同註 386，頁 511。
390　同註 386，頁 511。
391　《壇經》一般公認是惠能所說，由其弟子法海所集記。本文在援引使用《壇經》的相關原文，即以元・宗寶(風旛報恩光孝禪寺住持嗣祖比丘)所編的《六祖大師法寶壇經》(簡稱宗寶本《壇經》)爲主要資料，並輔以《南宗頓教最上大乘

慧等學」思想之對比，以明李二曲是否在本體、工夫、體用、語言經
典等面向，與惠能之思想主張暗合而有會通之處？

一、「體用」關係之思維

李二曲「體用全學」中所涵蓋之「體」、「用」關係，若以「有、
無」作區分，約可分為有體有用、有體無用、有用無體、無體無用等
關係。就「體」、「用」之「真、虛」，可分真體實用及虛體無用二種。
亦可由先後、本末、發與未發而見「體」、「用」之涵義，立體致用、
即體攝用、體立用行、本立道行。最後達至太虛體空，以化忘消解見、
伐、累、滯。

張永儁先生談到體用關係涵蓋下列幾點：「(一)指道體及其顯現於
外的功能與作用，(二)指宇宙萬有形上之本質與形下之現象，(三)指天
命或天道流行於自然世界與人文世界的整體歷程，(四)指存在的實體
及其屬性，(五)汎指人倫名教世界中價值理想與實踐方式。因為中國
哲學的思維通性，是以人為本位的，以人的生命體驗與生活之理想內
容，為主要的思考重點，所以言『體』，雖普及於自然造化，而言『用』
必以人為依歸。因此具有主客相應、內外一本，物我一如、天人合一
的特色。所謂『方法』又常以實現人生價值為鵠的，表現為思想上的
融貫性、折衷性與實用性……在中國哲學史上，體與用，作為一對關
係概念，可能要正式出現在魏晉新道家與隋唐佛學之後，但是這種一
體兩面、體用一貫的思維方式，卻通中國哲學而有。」392

摩訶般若波羅蜜經六祖惠能大師於韶州大梵寺施法壇經》(簡稱敦煌本《壇
經》)，但因敦煌本的成書時間當在唐開元二十年(732)至貞元十七年(801)。為
日本學者矢吹慶輝(1879~1939)在 1923 年從倫敦大英博物館收藏的敦煌文書中
發現《六祖壇經》，在 1928 年校刊後收入《大正藏》，其影印本收入《鳴沙餘
韻》之中。此後鈴木大拙(1870~1966)藉助於惠昕本對此作了校勘，成為通行
的版本。學術界稱此《壇經》本子為敦煌本，唯因李二曲在其二十六歲時(1653)
所閱《釋藏》當無此敦煌本子，但以敦煌本為最接近《壇經》的祖本，且為現
今較通行的壇經本子之一，因此本文仍將其與宗寶本搭配予以使用。

392 張永儁：〈朱熹哲學思想之「方法」及其實際運用〉，《國際朱子學會議論文集》，

李二曲卷十六〈書一・答王天如〉，對於王天如來函認為「體用之有二致」[393]，李二曲認為「恐徒求諸文為之末，而不本諸誠明之體」，李二曲認為體用不是二元分立，而是「有天德，自然有王道」[394]對於拘泥於文句讀書之末，李二曲舉在唐虞之時，雖然無書可讀，但此並不會妨害，皋、夔、稷、契等「王佐齊治均平之效」[395]，因為「體立自然用行」[396]，如此卓越成就，豈是後世「不學無術」書生，終日「空疎杜撰，猶無星之戥，無寸之尺，臨時應物，又安能中窾中會，動協機宜乎？」所能達到。所以今時非同古時，今人不比古人，「故『體』，非書無以明；『用』，非書無以適。欲為明體適用之學，須讀明體適用之書，否則縱誠篤虛明，終不濟事。」[397]

李二曲對「明體」及「適用」的闡釋，『『明德』是體，『明明德』是明體；『親民』是用，『明明德於天下』、『作新民』是適用。」[398]李二曲認為「明德」及「良知」二者的關係是「一而二，二而一也。」[399]也就是以明德或良知，即心中一念靈明，固有之天良為本體。而本體何以能明？透過「明」「明德」而明體；由於能立天下之大本，所以能經綸天下之大經，「親民」屬於用，但用要如何而適？須透過明體之「明明德」，進而「於天下」、「作新民」才能達適用。

「體」與「用」的關係，須先「明體」方才能「適用」，為「體立用行」：「未有體未立而可以驟及於用；若體未立而驟及用世之業，猶未立而先學走，鮮有不仆。」[400]所以，倘若欲治天下國家，須先「明體」之自治，而後乃能「適用」之治人；因為唯有先能「明體」自治己心，才能「適用」達至天下國家之平治。

台北：中央研究院中國文哲所籌備處，1993，頁 345-346。

393 同註 46，頁 163。

394 同註 46，頁 163。

395 同註 46，頁 163。

396 同註 46，頁 163。

397 同註 46，頁 163。

398 同註 6，頁 401。

399 同註 6，頁 402。

400 同註 31，頁 480。

　　體之於用的關係，有一種爲「即體攝用」：「識得未發真體，則變動云爲，無適非不睹不聞之所統攝而運用。」[401]未發真體具主宰涵攝其用。亦可由發與未發來觀「體用」之不同：就「體」之未發，「沖漠無朕，萬善同涵」，即未發真體，涵攝萬善；「學者胸中能有此景況，不發則已，發則自無不善。」[402]換言之，就「體」之已發而其外在所呈顯則是：「惻隱、羞惡、辭讓、是非之端，隨感而現，一一不待學而知，不待慮而能。」[403]

　　李二曲「體用全學」之體用關係，亦可由內聖及外王的面向予以觀之。李二曲認爲就內聖之「體」，即學要能知本，須能明心見性，則「本源澄澈，此心凝然不動，常變如一，不豫期功名，而時至事起，隨感而應，功自建，名自利。」能掌握住學本，就算不期許建功名，但因能隨應事變而感應，實在的踐履「則爲道德而不知所謂道德也……見之於事，則爲功業，初非有心於功業也。」[404]但卻能自然而然建功業獲名利，這是外王之「用」的體現。倘若性靈能虛明洞澈，則言動皆合於天則，如此才能左右逢源而爲深造自得之學，於是將其應用於經世事宜，則自然實實體究，務求有用。換言之，「凡治體所關，一一練習有素，所學必求可行，所行必合所學，致君澤民，有補於世。」[405]學與行之「體用」間，倘能相合融通無間，則能發揮裨益世道的最大效果。換言之，透過澄心反觀，深造默成以立體，並能通達治理，斟酌古今時宜而達致用。

　　李二曲定位了道德及經濟對人的重要性，且道德與經濟的關係爲體用之關係，因此，李二曲藉由道德與經濟之有或無來區分不同的體用關係。道德與經濟的第一種關係爲「有體有用」：「道德爲人所需……經濟爲人所需……二者爲宇宙之元氣，生人之命脈，乃所必需，而一

401　卷十九〈題跋・三多紀遊弁言〉，頁226。
402　同註30，頁36。
403　同註30，頁34。
404　同註30，頁34。
405　卷四十一〈四書反身錄・孟子上・莊暴〉，頁512。

日不可無焉者也。」[406]這是人生所企求並應落實達至的狀態。其次，第二種關係為「有體無用」：「道德而不見之經濟，則有體無用，迂闊而遠於事情。」[407]此種狀況在雖具道德，但無法在經濟層面有其實際效用，如此容易迂腐而不切實情。第三種關係為「有用無體」：「經濟而不本於道德，則有用無體，苟且而雜乎功利。」[408]即一味的鑽研實際效用，卻無道德證成，易流於功利傾向。第四種關係為「無體無用」：「騖外遺內，不但體無其體，抑且用不成用，華而不實。」[409]就人所必需的道德與經濟，兩者皆不具，離有體有用更是遙遠。

就體用關係而言，「大本立而達道行」[410]，體立自然用達，體為大本、根源，大本確立則以之經世宰物，如同「猶水之有源，千流萬派，自時出而無窮。」[411]但如此本立用行的關係，最後仍須將用能復歸本體，即用對體的一種「返本還元」[412]。要透過化用，「化而又化，令胸中空空洞洞，無聲無臭」[413]使胸中虛明，無聲臭之見，因為知吾性本體，本無一物，透過「忘其所長，忘而又忘，并忘亦忘矣。」[414]才真所謂安身立命，盡性至命之實學。

李二曲主張用須返體，將其運用到事功節義方面，認為真正的事功節義，應是「若事功節義，一一出之至性，率自平常，而胸中絕無事功節義之見，方是真事功、真節義。」[415]透過率性出自平常，但胸中不執於事功節義之見，倘若胸中仍存有獲得道德、文章、經濟、氣節等識見，如此胸中「苟一毫消鎔未盡，便是『伐』。」[416]「伐」對於原為湛然虛明之本體，會產生消極性之負累，對心所造成的違害實

---

406 同註 8，頁 450。
407 同註 8，頁 450。
408 同註 8，頁 450。
409 同註 2，頁 456。
410 同註 221，頁 135。
411 同註 221，頁 135。
412 卷十九〈題跋・消積〉，頁 230。
413 同註 221，頁 135。
414 同註 412，頁 230。
415 同註 12，頁 419。
416 同註 8，頁 452。

是不淺。另外，運用於知識層面，也唯有「空空」及「無知」，才能「以大而能化」[417]、「此正知識盡捐，心同太虛處。」[418]透過捐棄胸中成見及外來填塞知識，掃除虛明本體的障翳，使心還能光明。

二、與顧寧人論證「體用」二字

李二曲與顧炎武，所務雖有不同，然過從無間，不爲同異之說。首次相晤在康熙二年(1663)，當時所談，多偏於考訂，李二曲：「堯舜之知，而不遍物，急先務也。吾人當務之急，原自有在，若舍而不務，惟鶩精神於上下古今之間，正昔人所謂『拋卻自家無盡藏，沿門持鉢效貧兒』也。」[419]欲知李二曲與顧炎武的交情，可由李二曲晚年寄范婁山所云，略窺一二：「僕荊扉反鎖，久與世睽，惟敝友顧寧人之來，則爲破例啓鑰，聊一盤桓。」[420]

卷十六〈書一·答顧寧人先生〉載有三封顧炎武與李二曲往返問答書函，書信中的學術討論，在每封討論的問題範疇，所透顯之線索，主要涵攝那些重要的論題，於下分以闡述：

第一封問答書函，起於顧炎武欲與李二曲探究「體用」一詞引出何處？是儒典亦或是佛書？

來書云：承教謂「體用」二字出於佛書，似不然。[421]

首先是，顧炎武對李二曲以「體用」二字出於佛書，他認爲好像不是這麼回事。

《易》曰：「陰陽合德而剛柔有體。」又曰：「顯諸仁藏諸用。」此天地之體用也。《記》曰：「禮，時爲大，順次之，體次之。」又曰：「降興上下之神，而凝是精粗之體。」又曰：「無體之禮，

---

417 同註 268，頁 468。

418 同註 268，頁 467。

419 〔清〕吳懷清撰，〔當代〕陳俊民校編：《關中三李年譜》，卷一，(台北：允晨文化，1992)，頁 28。

420 卷十六〈書一·答范彪西徵君書〉，頁 197。

421 卷十六〈書一·答顧寧人先生第一書〉，頁 148。

　　上下和同。」有子曰：「禮之用，和為貴。」此人事之體用也。
422

　　顧炎武認為「體用」關係可分為「天地之體用」與「人事之體用」
二關係。《易經》之「陰陽合德而剛柔有體」、「顯諸仁藏諸用」是屬於
「天地之體用」關係；《禮記》之「禮，時為大，順次之，體次之」、「降
興上下之神，而凝是精粗之體」、「禮之用，和為貴」是屬於「人事之
體用」關係。

　　　經傳之文，言「體」言「用」者多矣，未有對舉為言者爾。若
　　　佛書如《四十二章經》、《金光明經》，西域元來之書，亦何嘗有
　　　「體用」二字？晉、宋以下，演之為論，始有此字。彼之竊我，
　　　非我之藉彼也，豈得援儒而入於墨乎？如以為考證未確，希再
　　　示之。423

　　顧炎武以考證方法，認為「體用」二字，就儒典的經傳，分言「體」
與「用」者多，但未看到連用對舉「體用」二字；另也考察異學佛書，
就算西域異來之書，例如《四十二章經》、《金光明經》，也都查無「體
用」二字並舉。顧炎武認為是在晉宋之後，才有「體用」二字使用。
他以為「體用」二字是佛家援引儒學的命題，而非儒學援引自佛家。

　　李二曲在回覆顧炎武首封書信中，提到幾個重要的線索，並指出
探究學問所應有之學術態度：

　　　頃偶話及「體用」二字，正以見異說入人之深。雖以吾儒賢者，
　　　亦習見習聞，間亦藉以立論解書，如「體用一源」、「費隱」訓
　　　註，一唱百和，浸假成習，非援儒而入墨也。424

　　就當時的學術現況而言，李二曲認為釋氏之說相當流行，儒學知
識份子浸沒在如此氛圍學風中，於是自然地在立論解書中，所傳達的
思想，甚或使用的詞彙中，習慣地加以援用，將釋氏佛學引入思想中，
且渾然不自覺，亦忘了「體用」二字，倒底是出於儒學或者佛家？學

者「引作談柄」、「喜談樂道」，因而「久之，遂成定本」、「不復察其淵源所自矣。」此所透顯出的乃是學者對於學術源頭的純粹與否，及治學態度，大而化之且不夠忠誠，並沒有謹慎予以求證。

> 《繫辭》暨《禮記》「禮者，體也」等語，言「體」言「用」者固多，然皆就事言事，拈體或不及用，語用則遺夫體，初未嘗兼舉並稱。如內外、本末、形影之不相離，有之實自佛書始。[425]

其次，李二曲並指出在儒典中，如《繫辭》及《禮記》等書，都只是單提「體」或「用」，落入所謂「拈體或不及用，語用則遺夫體」，而並沒有「兼舉並稱」「體用」二字。另關於內外、本末、形影之不相離等論題，認為都是始自佛書。

> 西來佛書，豈止《四十二章經》、《金光明經》未嘗有此二字，即《楞嚴》、《楞伽》、《圓覺》、《金剛》、《法華》、《般若》、《孔雀》、《華嚴》、《涅槃》、《遺教》、《維摩詰》諸經，亦何嘗有此二字。[426]

李二曲回應顧炎武所提及，在西來佛書中，於《四十二章經》及《金光明經》並無「體用」二字。李二曲提出更多的證據，他列舉了諸如《楞嚴》、《楞伽》、《圓覺》、《金剛》、《法華》、《般若》、《孔雀》、《華嚴》、《涅槃》、《遺教》、《維摩詰》等經，也都沒有「體用」二字。

> 然西來佛書，雖無此二字，而中國佛書，盧惠能實始標此二字。惠能，禪林之所謂六祖也，其解《金剛經》，以為「金者，性之體；剛者，性之用」。又見於所說《法寶壇經》，敷衍闡揚，諄懇詳備。既而臨濟、曹洞、法眼、雲門、潙仰諸宗，咸祖其說；流播既廣，士君子亦往往引作談柄。久之，遂成定本，學者喜談樂道，不復察其淵源所自矣。[427]

且說明上述西來佛書雖無「體用」二字，但他肯認在中國佛書有「體用」二字，並指出是禪宗六祖惠能始標「體用」二字。李二曲並

---

425 同註 421，頁 149。
426 同註 421，頁 149。
427 同註 421，頁 149。

說明他爲何持此論點，證據有三：其一，即在六祖惠能註解《金剛般
若波羅蜜經》，又名《六祖金剛經口訣》[428]，提到「金者，性之體；
剛者，性之用」。其二，即在《六祖法寶壇經》，對於「體用」二字的
詳述闡揚。其三，由六祖的法嗣所開出的臨濟、曹洞、法眼、雲門、
溈仰等五宗，也是承傳發揮六祖「體用」之說。

> 然天地間道理，有前聖之所未言，而後賢始言之者；吾儒之所
> 未言，而異學偶言之者。但取其益身心、便修證斯已耳。[429]

最後，李二曲提到對於真理的追求，他認爲學術應有客觀的標準，
應是超越時空派別，所謂前賢未言而後賢始言，或者吾儒未言，而異
學偶言。

> 正如肅慎之矢，氐、羌之鸞，卜人之丹砂，權扶之玉目，中國
> 之人世寶之，亦何嘗以其出於異域，舉而棄之，諱而辯之也。
> 來教謂「如考證未確，不妨再訂」，竊以爲確矣。[430]

李二曲例舉對於真理的態度，就如同對待珍寶的心態一般，中國
人所認爲的稀世珍寶，「肅慎之矢，氐、羌之鸞，卜人之丹砂，權扶之
玉目」並不因其來自西域，就避諱不要。另對於顧炎武所說「如考證
未確，不妨再訂」，李二曲認爲「體用」二字出自佛書是確切的事實。
亦可從中看出，學者們在做學術討論時，所持有的保留態度。對於學

428　〔唐〕惠能註：《金剛般若波羅蜜經》（台北：財團法人佛陀教育基金會，1994）。
《金剛經般若波羅蜜經－曹溪六祖大師惠能解義亦曰口訣并序》，頁 1-4：「夫
金剛經者，無相爲宗，無住爲體，妙有爲用。自從達摩西來，爲傳此經之意，
令人悟理見性，祇爲世人不見自性，是以立見性之法，世人若了見真如本體，
即不假立法……同見鑛中金性，以智慧火鎔煉，鑛去金存……以金剛世界之
寶，其性猛利，能壞諸物，金雖至堅，殺羊角能壞，金剛喻佛性，殺羊角喻佛
性……如來所說金剛喻者，祇爲世人性無堅固，口雖誦經，光明不生，外誦內
行，光明齊等，內無堅固，定慧即亡，口誦心行，智慧均等，是名究竟。金在
山中，山不知是寶，寶亦不知是山……人我喻山，煩惱喻鑛，佛性喻金，智慧
喻工匠，精進勇猛喻鏨鑿。人我山中有煩惱鑛，煩惱鑛中有佛性寶，佛性寶中
有智慧工匠，用智慧工匠，鏨破人我山，見煩惱鑛，以覺悟火烹鍊，見自金剛
佛性，了然明淨，是故以金剛爲喻，因爲之名也……智是慧體，慧是智用，體
若有慧，用智不愚，體若無慧，用愚無智。」
429　同註 421，頁 149。
430　同註 421，頁 149。

術範疇的行規與運用，及關於思想資料的借鑑援引，不應有偏執貶抑的門戶之見，不應受到儒學及墨學，或者儒學與佛書限制，而是在真誠的面對真理，不論其為儒書或者佛書，要根據論點的正確客觀與否。

> 今無論出於佛書、儒書，但論其何體何用，如「明道存心以為體，經世宰物以為用」，則「體」為真體，「用」為實用。此二字出於儒書固可，即出於佛書亦無不可。苟內不足以明道存心，外不足經世宰物，則「體」為虛體，「用」為無用。此二字出於佛書固不可，出於儒書亦豈可乎？鄙見若斯，然歟，否歟？[431]

依其是否俾益身心修證，察其所論的體用，是否為「明道存心以為體，經世宰物以為用」，來進行擇取，唯有合乎「內足以明道存心」、「外足以經世宰物」此判準，才是「真體」「實用」，否則為「虛體」「無用」。可知，「體用」二字作為範疇，在儒家的早期經典中是沒有的。另李二曲倡學術思想的平等觀，他反對學者對於儒學之外的異學觀點，在未詳加研究之下所進行的批判，如此乃無助於學術的闡揚，亦透顯出他對漢唐以來，儒者以道統講辟異端，所衍引流弊甚深的反省。

顧炎武在第二封來書中，提及對於李二曲學問的佩服，並再與李二曲作學術上的切磋討論，此封來書討論的論題有下列幾個重點：

> 來書云：來示一通，讀之深為佩服。「體用」二字，既經傳之所有，用之何害？……而《中庸章句》「體用」之云，則已見於〈喜怒哀樂〉一節，非始於〈費隱章〉也。[432]

對於「體用」二字的使用再予以論證，顧炎武認為「體用」二字既為經傳所有，用有何妨？並言及《中庸章句》中的「體用」，最早見於〈喜怒哀樂〉一節，而不是始於〈費隱章〉。朱熹注《中庸・未發》：「大本者天命之性，天下之理，皆由此出，道之體也；達道者循理之謂，天下古今之所共由，道之用也。此言性情之德，以明道不可離。」注《中庸・費隱》：「費，用之廣也；隱，體之微也」、「其大無外，其

431　同註 421，頁 149-150。

432　卷十六〈書一・答顧寧人先生第二書〉，頁 150。

小無內，可謂費矣；然其理之所以然，則隱而莫之能見也。蓋可知可能者，道中之一事；及其至而聖人不知不能，則舉全體而言，聖人固有所不能盡也。」注《論語・里仁・一貫忠恕》:「蓋至誠無息者，道之體也，萬殊之所以一本也；萬物各得其所，道之用也，一本之所以萬殊也。」

> 其他如「活潑潑地」、「鞭辟近裏」之類，則語不雅馴，後學必
> 不可用。[433]

對於「活潑潑地」、「鞭辟近裏」等語彙之使用，認爲不妥，「語不雅馴」，應避免使用。

> 至若所謂「內典」二字，不知何出？始見於《宋史李沆傳》，疑
> 唐末五代始有此語，豈可出於學士大夫之口？推其立言之旨，
> 蓋將內釋而外吾儒，猶告子之外義也，猶東漢之人以《七緯》
> 爲內學，以《六經》爲外學也。[434]

有關「內典」二字，最早是見於《宋史李沆傳》，但顧炎武持保留懷疑，認爲應是唐末五代時才有此用語，且「內典」二字，不應出於學士大夫口中。根據其推測「內典」二字之說的來由，原是「內釋而外吾儒」，如同東漢時期，反以《七緯》爲內學，《六經》卻成了外學。事實上，有關顧炎武對「內典」的看法，可參佐其《日知錄》卷十八〈內典〉，顧炎武有感於明末王學流弊，他認爲心學「內釋而外吾儒之學」，其借由宋人黃震所言進而指出：「古之聖人所以教人之說，其行在孝弟忠信，其職在灑掃、應對、進退，其文在《詩》、《書》、《禮》、《易》、《春秋》，其用之身在出處、去就、交際，其施之天下在政令、教化、刑罰。雖其和順積中，而英華發外，亦有體用之分，然並無用心於內之說……而佛氏晚入中國，其所言清淨慈悲之說，適有以動乎世人之慕向者。六朝諸君子，從而衍之，由清淨自在之說而極之，以至於不生不死，入於涅槃……其傳浸盛。後之學者，遂謂其書爲『內典』。推其立言之旨，不將內釋而外吾儒乎!夫內釋而外吾儒，此自緇

流之語，豈得士人亦云爾乎！」[435]

> 莊子之書，有所謂「外物」、「外生」、「外天下」者，即來教所
> 謂「馳心虛寂」也。而君子合內外之道者，固將以彼為內乎？[436]

另外，對於《莊子》一書中，有「外物」、「外生」、「外天下」，顧炎武認為若等同李二曲所言「馳心虛寂」。如此是否會認為《莊子》為內典？

李二曲仔細一一回覆顧炎武上述的問難：

> 「體用」二字相連並稱，不但《六經》之所未有，即《十三經
> 注疏》亦未有也。以之解經作傳，始於朱子，一見於〈未發〉
> 節，再見於〈費隱〉暨〈一貫忠恕〉章，其《文集》、《語類》
> 二編，所載尤不一而足。[437]

李二曲再次申明，「體用」二字對舉連稱的使用，在儒典的經傳中是沒有的，非但《六經》沒有，連《十三經注疏》也沒有。可知，「體用」二字並舉在先秦時代是沒有的。而以此「體用」二字解經作傳，實始於朱子，證據可見於〈未發〉一節，另可見於〈費隱〉暨〈一貫忠恕〉章，另外在《朱子文集》、《朱子語類》二編中，更處處可見。

> 「活潑潑地」乃純公偶舉禪語，形容道體；「鞭辟近裏」，亦藉
> 以導人斂華就實，似無甚害。若以語不雅馴，則「活潑潑地」
> 可諱，而「鞭辟近裏」一言實吾人頂門針、對證藥，此則必不
> 可諱；不惟不可諱，且宜揭之座右，出入觀省，書之於紳，觸
> 目警心。[438]

至於「活潑潑地」此辭彙運用，李二曲認為是偶舉禪宗語彙，用在形容道體；「鞭辟近裏」一詞，亦是導引人斂華就實，沒有什麼大問題。但若要以「語不雅馴」為判準來判此二語彙，則「活潑潑地」就當避諱，但是李二曲仍肯認「鞭辟近裏」一語，視為「吾人頂門針、對證藥」，此語非但不應避諱，更應作為座右銘，於出入應對間，反觀

---

435 《日知錄·內典》卷十八。
436 同註 432，頁 150。
437 同註 432，頁 150。
438 同註 432，頁 150。

警心。

> 「內典」二字，出於蕭梁之世。是時武帝崇佛，一時士大夫從
> 風而靡，以儒書為「外盡人事」，佛書則「內了心性」，「內典」
> 之目，遂昉於此。歷隋唐宋元以至於明，凡言及佛書，多以是
> 呼之。視漢人以《元命苞》、《援神契》等《七緯》為內，尤不
> 啻內之內矣。[439]

此可視為一儒佛之辨的論題，李二曲首道出「內典」二字，實出
於蕭梁時期，當時梁武帝崇信佛教，一時上行下效，士大夫風靡佛學，
認為儒書是「外盡人事」，佛書則屬「內了心性」，於是有「內典」二
字的使用。且此二字，經歷隋唐宋元至明朝，只要一提及佛書，大都
以「內典」稱名。漢人雖以《元命苞》、《援神契》等《七緯》為內學。

> 然亦彼自內其內，非吾儒之所謂內也。彼之所謂內，可內而不
> 可外。吾儒之所謂內，內焉而聖，外焉而王，綱常藉以維持，
> 乾坤恃以不毀，又豈可同年而語！故「內典」之呼，出於士君
> 子之口，誠非所宜，當以為戒。[440]

這些並非屬於真正的儒學的內學，因為漢人內學，只可內而不可
外；真正的儒學的內學，是「內焉而聖，外焉而王」的能內能外的內
聖外王之學，維持綱常，又怎是當時漢人所可同日而語。但李二曲也
說明，同意顧炎武認為「內典」二字，若出於士君子之口，較為不妥
當，應當避免。其次，關於《莊子》一書的內書之討論：

> 《莊子》「外物」、「外生」、「外天地」，良亦忘形脫累之謂，似
> 非「虛寂」之謂也。老子言「致虛極，守靜篤」，《莊子・齊物
> 論》成心有見而不虛之謂，未成心，則真性虛圓，天地同量，
> 此後世談「虛」之始。[441]

此為儒釋道三者關於「虛寂」內涵義分辨的論題。李二曲以為《莊
子・大宗師》所言的「外物」、「外生」、「外天下」，旨在離形去知，消

---

439 同註 432，頁 150-151。
440 同註 432，頁 151。
441 同註 432，頁 151。

解心累，似不是「虛寂」之義。道家老子言「致虛極，守靜篤」，及《莊子·齊物論》中言「不虛」乃因成心有見，如無有成心師心，則「真性虛圓，天地同量」，後世談「虛」都肇始於此。

> 然與佛氏之「虛寂」，又自不同。蓋老、莊之「虛」，是虛其心，而猶未虛其理；佛氏之「虛寂」，則虛其心，而並欲虛其理，舍其昭昭而返其冥冥，雖則寂然不動，而究不足以開物成務，以通天下之故。此佛氏所以敗常亂倫，而有心世道者，不得不為之辨正也。[442]

李二曲進一步指出，道家老莊之「虛寂」又與佛氏「虛寂」不同；老莊之「虛寂」是虛心但未虛理，而佛氏「虛寂」是虛心虛理，舍昭返冥，寂然不動，終究無法開物成務。李二曲並批判佛氏，敗壞倫常，認為有心世道，應辨明儒釋之別。《關中三李年譜·二曲先生年譜附錄上》倪元坦在所撰〈二曲集錄要〉認為李二曲：「崇儒闢佛，以倡明關學為己任」[443]不同意全祖望認為李二曲：「『自經史子集以至二氏之書，無不遍觀，然非以資博覽，其所自得，不滯於訓詁之義，曠然見其會通。』洵如是，則先生為三教同源之說矣。」[444]事實上，李二曲對於釋道二氏之學的研究，是定位在「欲折衷道術，析邪正是非之歸」：「學者格物窮理，祇為一己之進修，肄業須醇，勿讀非聖之書。若欲折衷道術，析邪正是非之歸，則不容不知所以然之實。故玄科三洞、四輔、三十六類，每類逐品一一寓目，覆其真贗，駁其荒唐……辯經、論、律三藏中之謬悠。」[445]

最後一封問答書函，仍是圍繞「體用」二字並舉的問題，顧炎武另再提出一些證據佐證其看法，希望能助益前述討論更加深化，或有迴旋空間再予商議：

> 來書云：生平不讀佛書，如《金剛經解》之類，未曾見也。[446]

---

442 同註 432，頁 151。
443 〔清〕吳懷清撰，〔當代〕陳俊民校編：《關中三李年譜》卷三，頁 160。
444 同註 443，頁 159-160。
445 卷四十五〈歷年紀略〉，頁 560-561。
446 卷十六〈書一·答顧寧人先生第三書〉，頁 151。

顧炎武首言「生平不讀佛書」，可看出其對異學的排斥，甚至認爲理所當然，直言不諱；也因此自述對於《金剛經解》之類的佛書，未曾閱讀。

> 然「體用」二字並舉而言，不始於此。魏伯陽《參同契》首章云：「春夏據內體，秋冬當外用。」伯陽，東漢人也，在惠能之前。是則並舉「體用」始於伯陽，而惠能用之，朱子亦用之耳。447

他不同意李二曲認爲「體用」二字並舉始於禪宗六祖惠能《金剛經口訣》。顧炎武提出的證據是魏伯陽的《參同契》中，在首章即說「春夏據內體，秋冬當外用。」而魏伯陽爲東漢人，生於惠能（唐朝）之前，因此論定，並舉「體用」二字實始於東漢魏伯陽，只是後來惠能及朱子都予以使用。

> 朱子少時嘗注《參同契》，而「剛柔爲表裡」，亦見於《參同契》之首章，惟「精粗」字出《樂記》。此雖非要義，然不可以朱子爲用惠能之書也。至於明道存心、經世宰物之論，及表章《崇正辨》、《困知記》二書，吾無閒然。448

顧炎武指出朱子少時曾注《參同契》，且「剛柔表裏」也見於《參同契》首章，而「精粗」二字是出於《樂記》。雖非爲主要義旨，但萬不可以朱子藉用惠能用語。

李二曲對顧炎武的第三封書函回覆如下：

> 不讀佛書固善，然吾人祇爲一己之進修，則《六經》、《四子》，及濂、洛、關、閩遺編，儘足受用。若欲研學術同異，折衷二氏似是之非，以一道德而砥狂瀾，《釋典》、《玄藏》亦不可不一寓目。譬如鞫盜者，苟不得其贓之所在，何以定罪？449

李二曲對於顧炎武不閱讀佛書，回覆得相當巧妙，他說若是僅關涉個人修身，則儒典之《六經》、《四子》及理學之濂、洛、關、閩遺

---

447 同註 446，頁 151。
448 同註 446，頁 151-152。
449 同註 446，頁 152。

編，實夠受用。但若要做學問，論辨比較學術異同，折衷了解釋道二氏之似是而非，作爲道德的中流砥柱，則《釋典》、《玄藏》不可不看，看佛書閱道藏如同「得贓定罪」。李二曲這番看法在卷九〈東行述〉中得到例證：：「禪師琳峨亦環視傾聽，歎『未曾有』！一士酷好內典，細質所疑，先生一一響答，凡《楞嚴》、《圓覺》、《心經》、《壇經》、《涅槃》、《止觀》、《廣錄》、《宗鏡錄》、《大慧》、《中峰》諸語錄要旨，及三藏中『真似是非之辨』，咸爲拈出。既而喟然嘆曰：『吾儒之道，至簡至易，至平至實，反而求之，自有所得。故不必借津竺乾，索之無何有之鄉，空虛莽蕩，究無當於天下國家也。』」[450]李二曲認爲知識份子做學術學問的態度，應是理性開放，治學應懷謹慎嚴謹的態度，有一分證據，講一分話，對於釋道二氏的本質主張，應要在能深入同情理解，再予以批判，否則一味批評二氏，又不閱其書，如此只是隔靴騷癢，且易帶著有色的門戶之見，輕下斷言，未能持平中肯論斷，皆違治學之道。李二曲對於學術的看法，較同時的學者持平。認爲欲「研究學術同異」，不能不讀所反對之書。楊向奎《清儒學案新編》（一）：「亭林學識淵博，而二曲於佛老之學似勝於亭林。傳統理學固諱言二氏，而二曲雖云鞠盜得贓，其實學有所染，諱不能諱。」[451]楊向奎提出李二曲對佛老之學的深入勝於顧炎武，但也同時認爲李二曲之學滲染佛老之學。

> 《參同契》，道家修仙之書也，禪家之所不肯閱，兼惠能生平絕
> 不識字，亦不能閱，其所從入，不繇語言文字，解經演法，直
> 抒胸臆，而謂用之《參同》，竊所未安。[452]

對於顧炎武所提「體用」二字始由魏伯陽拈出，而惠能及朱子延用。李二曲持反對理由有二：其一，在於《參同契》是道家修仙之書，因此禪家不會閱讀道家書籍；其二，惠能生平不識字，因此不可能閱讀，惠能解經說法，非透過望文生義，而是直抒胸臆，自性清淨心的

---

450 同註 40，頁 69。
451 楊向奎：《清儒學案新編》(第一卷) (山東：齊魯書社，1985)，頁 268。
452 同註 446，頁 152。

流露。所以對於顧炎武以時間先後，斷言惠能引用《參同契》，他是持懷疑且不安。

> 朱子弱冠，未受學延平時，嘗從僧開謙之游，以故蚤聞其說。《參同》之注，乃訓定《四書》多年之後。六十八歲，黨禁正熾之際。蔡西山起解道州，朱子率及門百餘人，餞於蕭寺。瀕別，猶以《參同》疑義相質。事在慶元二年冬，非少時注也。況伯陽本納甲作《參同》，所云「二用無爻位，周流游六虛」，及「春夏秋冬，內體外用」之言，皆修鍊工夫次第，非若惠能之專明心性，朱子之專為全體大用而發也。[453]

李二曲認為朱子在弱冠，且未受學李延平時，曾與佛僧開謙之遊學，所以應在早期即聽聞「體用」二字並舉。另李二曲也指出顧炎武對朱子注《參同契》時間考據上的錯誤，李二曲根據史實，斷定《參同契》之注並非朱子在少時所注，而是慶元二年冬，朱子六十八歲，時值蔡西山起解道州，朱子率及門百餘人，相餞蕭寺，彼此還以《參同》之疑義相質。再就，《參同契》與惠能及朱子三者的關係釐清，李二曲認為魏伯陽之《參同契》所言，為道家納甲修鍊工夫次第，並不同於惠能所言之明心見性，也不同於朱子為全體大用而發之意。

> 然此本無大關，辯乎其所不必辯，假令辯盡古今疑誤字句，究與自己身心有何干涉？程子有言：「學也者，使人求於本也，不求於本而求於末，非聖人之學也。」何謂求於末？考詳略，採異同是也。而《淮南子》亦謂：「精神越於外，而事復反之。」是失之於本而索之於末，蔽其玄光而求知於耳目也。區區年踰「知命」，所急實不在此，因長者賜教，誼不容默。悚甚，愧甚！[454]

最終，李二曲申明學術上的論辨，要能為有本之學，才是聖人之學，否則只是求於末，盡是皓首窮經，考據詳略，別採異同，如此就算辨盡古今多少疑誤字句，如此只會「蔽甚玄光而求知於耳目」，終究

---

453 同註 446，頁 152。
454 同註 446，頁 152。

與自己身心沒有任何干涉？李二曲區分修己治人之學與訓詁之學，其「體用全學」即講明修己之方及經世之略，他指出訓詁之弊，認爲從事辯證爲「役有用之精神，親無用之瑣務」。

顧炎武之學，博大精深，不止辯證一端，但以辯證見長。他並認爲辯證爲通經之徑，以通經爲經世之資，因此在與李二曲的書信中，處處可見其辯證。二者的治學路數不同，但能經世致用又爲二者的共識。例如顧炎武在《日知錄》卷八至十二，對於經史、官方、吏治、財賦、典禮、輿地、清運、河務、鹽政方面多所發揮；李二曲在卷八〈讀書次第〉的經史、禮樂、水利等學習次第講明（在本文第五章第二節在教育上之引伸，會有詳細說明，在此不予贅述）。

顧炎武與李二曲，爲何往返書信，一問一答共計六封，反覆不斷地論辯「體用」對舉及淵源等問題？實肇因「體用」二字，自宋明以來多用於理學，體謂本體，用謂工夫。然自晚明王學產生流弊，學者多遺用而侈言體，學術呈現虛寂不實之風。明亡以後，學者因鼎革之變，學風漸改爲倡導經濟，但也不廢理學。言理學則體用兼綜，以救晚明侈言本體之弊，在理學之外仍倡經世致用，與理學相濟。

至於「體用」二字作爲中國哲學一對範疇概念，是由何人提出建立？除李二曲認爲是唐朝六祖惠能、顧炎武則以東漢魏伯陽，呈顯出不同的意見，近人張立文先生則指出建立體用範疇是始自三國魏之王弼 (226~249)在其《老子注‧三十八章》「萬物雖貴，以無爲用，不能捨無以爲體也」。張立文先生在其《中國哲學範疇發展史－天道篇》中說：「秦漢以至隋唐，體用由概念演變成範疇……使體用真正具有哲學範疇的意義，恐推魏晉玄學。玄學家王弼構築了一個哲學範疇系統，他在論證無與有本體範疇時，不僅以體用範疇的性質去規定無有，而且作爲無有與本末、一多、靜動、常變、意言等範疇的中介，把無有與諸範疇連接起來，構成了以無爲本的哲學邏輯結構。他指出：『萬物雖貴，以無爲用，不能捨無以爲體也。捨無以爲體，則失其爲大矣，所謂失道而後德也。』萬物以無爲本體，不能離開無自以爲用。形形色色的萬物，是無的功用、表現。在《老子》書中，以本無體用範疇來說明無有，王弼以體用來論證無有，是對老子學說的發展。這是因

爲體用具有辯證性，比如若承認以無爲用，便必須承認以無爲體；離開體的用，用就無根據；有之以爲用，是無的使然……王弼不自覺地蘊含著一個重要的思想，即無兼體用、體用不二的觀念。無以自身爲根據又內在於萬物，天地萬物是無的作用和表現。王弼以體用規定有無，使體用範疇得以擴展。」[455]

三、與惠能「定慧等學」思想之會通

理學家大多諱言佛老二氏，李二曲致力於二氏之書，於二十七歲閱讀《釋藏》，「辯經、論、律三藏中之謬悠。它若西洋教典、外域異書，亦皆糾其幻妄。」[456]另外在與顧炎武書信往返中，對於「體用」二字並舉，認爲始自中國禪宗六祖惠能，且肯認《六祖法寶壇經》對體用的闡衍。因此，根據上述諸多線索之探究，發現李二曲在遣詞用句、思維模式，有些觀點與惠能的主張頗有暗合之處，現將其相關對比如下：

李二曲「體用全學」	惠能「定慧等學」
人人具有此靈原，良知良能，隨感而應，日用不知，遂失其正。(卷二〈學髓〉，頁18)	菩提般若之智，世人本自有之。(宗寶本《壇經‧般若第二》，《大正藏》卷四八，頁350上)
「不學不慮」之「良」，乃人生本面。(卷四十二〈四書反身錄‧孟子下‧盡心〉，頁529)	般若之智亦無大小。(宗寶本《壇經‧般若第二》，頁350下)
此一念萬年之眞面目也。(卷十八〈書三‧束惠含眞第四書〉，頁204)	當知愚人智人佛性本無差別。(宗寶本《壇經‧般若第二》，頁350上)
人人有此心，即有此理。自聖賢以至愚夫愚婦，此心同，此理同。(卷三〈常州府武進縣兩庠彙語〉，頁24)	不思善不思惡，正與麼時，那箇是明上座本來面目？(宗寶本《壇經‧行由第一》，《大正藏》卷四八，頁349中)

---

455 張立文：《中國哲學範疇發展史－天道篇》，台北：五南圖書，1996，頁635-637。
456 〈附錄三‧二曲先生年譜〉，〈順治十年癸巳〉條，頁633。

形骸有少有壯，有老有死，而此一點靈原，無少無壯，無老無死，塞天地，貫古今，無須臾之或息。會得此，天地我立，萬化我出，千聖皆比肩，古今一旦暮。(卷二〈學髓〉，頁18) 自識性靈，自見本面，日用之間，炯然煥然。(卷四十二〈四書反身錄·孟子下·盡心〉，頁529)	
無聲無臭，不睹不聞。虛而靈，寂而神，量無不包，明無不燭，順應無不咸宜。(卷二〈學髓〉，頁18) 通天地萬物、上下古今，皆此靈原之實際也。(卷二〈學髓〉，頁18)	心量廣大，猶如虛空，無有邊畔，亦無方圓大小……諸佛剎土，盡同虛空。(宗寶本《壇經·般若第二》，《大正藏》卷四八，頁350上) 世界虛空，能含萬物色像，日月星宿，山河大地，泉源溪澗……總在空中。(宗寶本《壇經·般若第二》，《大正藏》卷四八，頁350上-中)
日用之間，如何體認？此是學問大主腦，用工大肯綮。悟此，謂之悟性；見此，謂之見道。(卷十六〈書一·答張澹庵〉，頁143) 人生喫緊要務，全在明己心，見己性，了切己大事。(卷十六〈書一·答徐鬥一第二書〉，頁158) 識己心，悟己性，良知本體炯炯不昧是也。知及此，便是本領，便是得，守者守此而已。(卷三十九〈四書反身錄·論語下·衛靈公〉，頁498) 人要明心見性，本源澄澈，此心凝然不動，常變如一。(卷三〈常州府武進縣兩庠彙語〉，頁25) 性靈果徹，寐猶不寐，晝夜昭瑩，如大圓鏡。(卷十六〈書一·答張伯欽第四書〉，頁161) 天賦本面，一朝頓豁，此聖胎也。(卷二十九〈四書反身錄·大學〉，頁406)	識自本性，見自本性，無動無靜，無生無滅。(宗寶本《壇經·付囑第十》，頁362上) 識心見性，自成佛道。(敦煌本《壇經》，《大正藏》卷四八，頁340下) 我本元自性清淨，若識自心見性，皆成佛道。(宗寶本《壇經·疑問第三》，《大正藏》卷四八，頁351上) 若起正真般若觀照，一剎那間妄念俱滅。若識自性一悟即至佛地。(宗寶本《壇經·般若第二》，《大正藏》卷四八，頁351上) 一念愚即般若絕，一念智即般若生。(宗寶本《壇經·般若第二》，《大正藏》卷四八，頁350中)

人爭一箇覺，能覺，則虛明融徹，洞識真我；不覺，則昏惑迷昧，痺麻一生。能覺則爲賢爲聖，不能覺則爲愚爲狂。(卷十六〈書一‧答王天如〉，頁163)	自性若悟眾生是佛；自性若迷佛是眾生。（宗寶本《壇經‧付囑第十》，《大正藏》卷四八，頁361下）
聖人肯學，所以就業保任，能全此知，是以謂之「聖」；眾人不肯學，所以隨起隨滅，自負其知，是以謂之「凡」。是聖凡之分，在學與不學之分，非知之有分，稟來之原不同也。(卷九〈東行述〉，頁66)	不悟即佛是眾生，一念悟時眾生是佛。（宗寶本《壇經‧般若第二》，《大正藏》卷四八，頁351上）
	凡夫即佛，煩惱即菩提。前念迷即凡夫，後念悟即佛。前念著境即煩惱，後念離境即菩提。（宗寶本《壇經‧般若第二》，《大正藏》卷四八，頁350中）
皎日所以失其照者，浮雲蔽之也，雲開則日瑩矣。(卷一〈悔過自新說〉，頁4)	世人性淨，猶如清天。惠如日，智如月。智惠常名（明），於外看敬。妄念浮雲蓋覆自姓，不能明。（敦煌本《壇經》，《大正藏》卷四八，頁339上）
心體之累、終身之玷，亦猶浮雲之障太虛，掃而去之，則萬裏清澈，光風霽月，其快無涯。(卷三十四〈四書反身錄‧論語上‧述而〉，頁458)	世人性自本淨，萬法從自性生……如天常清，日月常明，爲浮雲蓋覆，上明下暗，忽遇風吹雲散，上下俱明，萬象皆現。（敦煌本《壇經》，《大正藏》卷四八，頁339上）
	因何聞法不悟，緣邪見障重煩惱根深。猶如大雲蓋覆於日，不得風吹日無能現。（宗寶本《壇經‧般若第二》，《大正藏》卷四八，頁351下）
蓋上根之人，頓悟頓修，名爲「解悟」；中材之人，漸修漸悟，名爲「證悟」。吾人但期於悟，無期於頓可矣。(卷一〈悔過自新說〉，頁6)	法無頓漸，迷悟有遲疾。（宗寶本《壇經‧般若第二》，《大正藏》卷四八，頁351中）
來論謂：「陽明之學，天資高朗者易得力；晦庵之學，質性鈍駕者易持循。」誠然，誠然。然晦庵教不躐等……陽明之學，徹上徹下，上中下根，俱有所入。(卷十六〈書一‧答張敦庵〉，頁139)	時祖師居曹溪寶林，神秀大師在荊南玉泉寺。于時兩宗盛化，人皆稱南能北秀，故有南北二宗頓漸之分，而學者莫知宗趣。（宗寶本《壇經‧頓漸第八》，《大正藏》卷四八，頁358中）
吾儒學術之有此兩派，猶異端禪家之有南能北秀，各有所見，各有所得，合併歸一，學斯無偏。若分門別戶，牢不可破，其識	法本一宗，人有南北，法即一種，見有遲疾，何名頓漸？法無頓漸，人有利鈍，故名頓漸。（宗寶本《壇經‧頓漸第八》，《大正藏》卷四八，頁358中）
	本來正教無有頓漸，人性自有利鈍。迷人

力學問，蓋可知矣。中無實得，門面上爭閑氣，噫，弊也久矣！(卷十五〈富平答問·附授受紀要〉，頁 136)

漸修（契）悟人頓契（修）。自識本心自見本性，即無差別。所以立頓漸之假名。(宗寶本《壇經·定慧第四》，《大正藏》卷四八，頁 353 上)

我自法門，從上已來，頓漸皆立。(敦煌本《壇經》，《大正藏》卷四八，頁 338 下)

苟有一念未純於理，即是過，即當悔而去之；苟有一息稍涉於懈，即非新，即當振而起之。(卷一〈悔過自新說〉，頁 5)

若在未嘗學問之人，亦必且先檢身過，次檢心過，悔其前非，斷其後續，亦期至於無一念之不純，無一息之稍懈而後已。(卷一〈悔過自新說〉，頁 5)

修身當自「悔過自新」始，察之念慮之微，驗之事爲之著，改其前非，斷其後續，使人欲化爲天理，斯身心皎潔。(卷二十九〈四書反身錄·大學〉，頁 407)

前念後念及今念，念（念）不被愚迷染，從前惡行一時自姓（性）若除即是懺悔。前念後念及（今念）念念不被疽疾（嫉妒）染，除卻從前疾垢（嫉妒）心，自性若除即是懺。(敦煌本《壇經》，《大正藏》卷四八，頁 339 中-下)

改過必生智慧，護短心內非賢。(宗寶本《壇經·疑問第三》，《大正藏》卷四八，頁 352 下)

何名懺悔者終身不作，悔者知於前非惡業恒不離心。諸佛前口說無益，於此法門中，永斷不作名爲懺悔。(敦煌本《壇經》，《大正藏》卷四八，頁 339 下)

凡夫愚迷，只知懺其前愆，不知悔其後過，以不悔故前愆不滅，後過又生。前愆既不滅，後過復又生，何名懺悔？(宗寶本《壇經·懺悔第六》，《大正藏》卷四八，頁 354 上)

無念之念，乃爲正念，至一無二，不與物對。此之謂「止」，此之謂「至善」。(卷二〈學髓〉，頁 19)

善與惡須一切放下，胸無一善可執，方爲至善，方是「盡性至命」之絕詣。若盡性而猶有爲善之見，橫於胸中，物而不化，未免爲善累，猶眼爲金玉屑障。性何由盡？命何由至？故必忘而又忘，并忘亦忘，令心如太虛，始獲庶幾。(卷十八〈書三·答范彪西徵君第二書〉，頁 198)

無念者，於念而無念。(宗寶本《壇經·定慧第四》，《大正藏》卷四八，頁 353 上)

於諸境上心不染，曰無念。於自念上常離諸境，不於境上生心。(宗寶本《壇經·定慧第四》，《大正藏》卷四八，頁 353 上)

無者無何事？念者念何物？無者無二相，無諸塵勞之心。念者念真如本性，真如即是念之體，念即是真如之用。真如自性起念，非眼、耳、鼻、舌能念。真如有性所以起念；真如若無眼、耳、色、聲當時即壞。(宗寶本《壇經·定慧第四》，《大正藏》

	卷四八，頁353上-中）
	於一切鏡上不染名爲無念，於自念上離鏡，不於法上念生，莫百物不思，念盡除卻。（敦煌本《壇經》，頁338下）
	但淨本心，使六識出六門於六塵中無染無雜來去自由通用無滯，即是般若三昧自在解脫名無念行。（宗寶本《壇經·般若第二》，《大正藏》卷四八，頁351上-中）
	念念之中不思前境，若前念今念後念，念念相續不斷，名爲繫縛。於諸法上念念不住，即無縛也。此是以無住爲本。（宗寶本《壇經·定慧第四》，《大正藏》卷四八，頁353上）
	智慧觀照內外明徹識自本心，若識本心即本解脫。若得解脫即是般若三昧，即是無念。何名無念，若見一切法不染著，是爲無念。（宗寶本《壇經·般若第二》，《大正藏》卷四八，頁351上）
	悟無念法者，萬法盡通；悟無念法者，見諸佛境界；悟無念法者，至佛地位。（宗寶本《壇經·般若第二》，《大正藏》卷四八，頁351中）
此心空洞無物便是道。人能寂然不動，感而遂通，廓然大公，物來順應，非「無思無慮」而何？……儼然若思，而實無思，不起意，不逐物，內外澄湛，而實無一物之或遺。（卷四〈靖江語要〉，頁37）	但一切善惡都莫思量，自然得入清淨心體，湛然常寂，妙用恆沙。（宗寶本《壇經·宣詔第九》，《大正藏》卷四八，頁360上）人心不思本源空寂，離卻邪見，即一大事因緣，內外不迷即離兩邊，外迷著相，內迷著空，於相離相，於空離空，即是內外不迷。（敦煌本《壇經》，《大正藏》卷四八，頁342下）
念起，而後有理欲之分，善與惡對，是與非對，正與邪對，人禽之關，於是乎判。所貴乎學者，在慎幾微之發，嚴理欲之辨。存理克欲，克而又克，以至於無欲之可克；存而又存，以至於無理之可存。欲	自性含萬法，名爲含藏識，思量即轉識。生六識出六門六塵是，三六十八。由自性邪起十八邪合。自性十八正合。惡用即眾生，善用即佛。用油（由）何等，油（由）自性。（敦煌本《壇經》，《大正藏》卷四八，

理兩忘，纖念不起，猶鏡之照，不迎不隨，夫是之謂「絕學」。(卷二〈學髓〉，頁 19)	頁 343 中) 自性起用十九對，長與短對，邪與正對，癡與慧對，愚與智對，亂與定對，慈與毒對，戒與非對，直與曲對，實與虛對，險與平對，煩惱與菩提對，常與無常對，悲與害對，喜與瞋對，捨與慳對，進與退對，生與滅對，法身與色身對，化身與報身對；此是十九對也。(宗寶本《壇經‧付囑第十》，《大正藏》卷四八，頁 360 中)
道理本是平常，此心惟貴平常。若厭平常而好高奇，即此便是勝心，便是心不得其平。善乎!羅惟德之言曰:「聖人者，常人而安心者也；常人者，聖人而不安心者也。」(卷六〈傳心錄〉，頁 45) 平常心是道「中庸」不可能，只是炫奇好異，不平常也。若平平常常，信心而行，為其所當為，何不可能之有……或出或處，只要平常。心果平常，無所不可。(卷三十〈四書反身錄‧中庸〉，頁 418-419) 心要平常；然平常不平常，不在言說，臨境便見。能素位而行，便是平常；一或願外，心便失常；心一失常，平常安在?(卷三十〈四書反身錄‧中庸〉，頁 420-421)	一行三昧者，於一切處行住坐臥，常行一直心是也。如淨名經云:「直心是道場，直心是淨土。」莫心行諂曲，口但說直。(宗寶本《壇經‧定慧第四》，《大正藏》卷四八，頁 352 下) 平直即彌陀。(宗寶本《壇經‧疑問第三》，《大正藏》卷四八，頁 352 中) 念念見性，常行直心，到如彈指，便覩彌陀。(宗寶本《壇經‧疑問第三》，《大正藏》卷四八，頁 352 上) 一念平直，即是眾生成佛。(宗寶本《壇經‧付囑第十》，《大正藏》卷四八，頁 362 上)
即新建之盛德大業，亦得力於龍場之三載靜坐，靜何可忽也。然則程必以香，何也?曰:「鄙懷俗度，對香便別，限之一炷，以維坐性，亦猶猢猻之樹，狂牛之栓耳。」曰:「每日三坐，不亦多乎?」曰:「吾人自少至長，全副精神俱用在外，每日動多於靜。今欲追復元始，須且矯偏救弊，靜多於動，庶有入機。三度之坐，蓋為有事不得坐，及無坐性者立。若夜能持久，則不在此限。」水澂則珠自現，心澂則性自朗。故必以靜坐為基，三炷為程，齋戒為功夫，虛明寂定為本面。(卷二〈學髓〉，	一戒香，即自心中無非無惡，無嫉妬無貪瞋無劫害，名戒香。二定香，即覩諸善惡境相自心不亂，名定香。三慧香，自心無礙，常以智慧觀照自性不造諸惡；雖修眾善心不執著，敬上念下矜恤孤貧，名慧香。四解脫香，即自心無所攀緣，不思善不思惡，自在無礙，名解脫香。五解脫知見香，自心既無所攀緣善惡，不可沈空守寂；即須廣學多聞，識自本心達諸佛理，和光接物無我無人，直至菩提真性不易，名解脫知見香。此香各自內薰，莫向外覓。迷人著法相，執一行三昧，直言常坐不動妄不

頁 20) 「齋」者，齊也，所以齊其不齊也。或靜或動，覺有一念之不如此，便是不齊，即齊之使。「齋戒」者，防非止惡，肅然警惕之謂也。終日乾乾，保攝乎此而已矣。（卷二〈學髓〉，頁 21）	起心，即是一行三昧。（宗寶本《壇經·懺悔第六》，《大正藏》卷四八，頁 353 下）心地無非是自性戒，心地無癡自性慧，心地無亂是自性定。（宗寶本《壇經·頓漸第八》，《大正藏》卷四八，頁 358 下）
須勇猛振奮，自拔習俗，務爲體用之學。澄心返觀，深造默成以立體；通達治理，酌古準今以致用，體用兼該，斯不愧鬚眉。（卷二十九〈四書反身錄·大學〉，頁 401） 如「明道存心以爲體，經世宰物以爲用」，則「體」爲真體，「用」爲實用。（卷十六〈書一·答顧寧人先生〉，頁 149） 內足以明心盡性，外足以經綸參贊，有體有用，方是大道，方是「致遠」。（卷四十〈四書反身錄·論語下·子張〉，頁 507） 立身要有德業，用世要有功業……方有體有用，不墮一偏。（卷十五〈富平答問·附授受紀要〉，頁 136） 言「體」言「用」者固多，然皆就事言事，拈體或不及用，語用則遺夫體，初夫嘗兼舉並稱。如內外、本末、形影之不相離，有之實自佛書始。西來佛書……未嘗有此二字……亦何嘗有此二字。然西來佛書，雖無此二字，而中國佛書，盧惠能實始標此二字。惠能，禪林之所謂六祖也，其解《金剛經》，以爲「金者，性之體；剛者，性之用」。又見於所說《法寶壇經》，敷衍闡揚，諄懇詳備。（卷十六〈書一·答顧寧人先生第一書〉，頁 149）	諸學道人，莫言先定發慧，先慧發定，各別。作此見者，法有二相，口說善語，心中不善，空有定慧，定慧不等。若心口俱善，內外一種，定慧即等。（宗寶本《壇經·定慧第四》，《大正藏》卷四八，頁 352 下）定慧一體不是二。定是慧體慧是定用；即慧之時定在慧，即定之時慧在定。若識此義即是定慧等學。（宗寶本《壇經·定慧第四》，《大正藏》卷四八，頁 352 下）定慧猶如何等，猶如燈光，有燈即光，無燈即闇，燈是光之體，光是燈之用，名雖有二，體本同一。（宗寶本《壇經·定慧第四》，《大正藏》卷四八，頁 352 下）
若必待戒務有暇，而後整肅身心，料理工夫，則是閒時操存，忙時放過，心隨法華轉，非是轉法華，夫豈「造次必於是」之謂耶？故必不論有事無事，閒時忙時，隨	心迷《法華》轉，心悟轉《法華》。（宗寶本《壇經·機緣第七》，《大正藏》卷四八，頁 355 下）心正轉《法華》，心耶（邪）《法華》轉。（敦

在提撕，終日乾乾，無事恆若有事，有事行所無事。立身行己在此，安身立命在此。(卷十七〈書二・答四川周總督〉，頁171) 《六經》皆古聖賢救世之言，凡一字一句，無非爲後人身心性命而設。今人只當文字讀去，不體認古人立言命意之旨，所以白首窮經，而究無益於自己身心性命也。(卷三十一〈四書反身錄・論語上・爲政〉，頁431) 鄧潛谷……以經證悟，以悟證經。(卷十九〈題跋・謚言〉，頁236)	煌本《壇經》，《大正藏》卷四八，頁 343上) 經有何過？豈障汝念？只爲迷悟在人損益由己。口誦心行，即是轉經；口誦心不行，即是被經轉。(宗寶本《壇經・機緣第七》，《大正藏》卷四八，頁 355 下)
聽言而悟，超語言文字之外……悟超言外，因言可以悟道。(卷三十一〈四書反身錄・論語上・爲政〉，頁434) 悟門既闢，見地自新(卷三十〈四書反身錄・中庸〉，頁 423)	若大乘人，若最上乘人，聞說《金剛經》，心開悟解，故知本性般若之智，自用智慧，常觀照故，不假文字。(宗寶本《壇經・般若第二》，《大正藏》卷四八，頁 350 下) 諸佛妙理非關文字。(宗寶本《壇經・機緣第七》，《大正藏》卷四八，頁 355 上)
經書所載，莫非修己治人之道，皆前人苦心，爲吾人晰疑指迷，作路引也。(卷十〈南行述〉，頁 79) 讀聖人書，而不能實體諸躬，見諸行，徒講說論撰，假途干榮，皆侮聖言也。(卷三十九〈四書反身錄・論語下・季氏〉，頁 500) 吾人口誦而身違，書自書，我自我，是謂叛經；講了又講，解了又解，徒誇精闢奧，藉以標名，是謂侮經。(卷四十二〈四書反身錄・孟子下・盡心〉，頁 531)	錯解佛之圓妙最後微言，縱覽千遍有何所益。(宗寶本《壇經・頓漸第八》，《大正藏》卷四八，頁 359 中) 執空之人有謗經，直言不用文字。既云不用文字，人亦不合語言。只此語言，便是文字之相。又云，直道不立文字，即此不立兩字，亦是文字。(宗寶本《壇經・付囑第十》，《大正藏》卷四八，頁 360 中) 見人所說便即謗他言著文字，汝等須知，自迷猶可，又謗佛經，罪障無數。(宗寶本《壇經・付囑第十》，《大正藏》卷四八，頁 360 中)
然辨朱辨陸，論同論異，皆是替古人擔憂。今且不必論異同於朱陸，須先論異同於自己，試反己自勘，平日起心動念，及所言所行與所讀書中之言同耶，異耶？(卷四〈靖江語要〉，頁 36)	自悟修行不在於諍。若諍先後即同迷人。不斷勝負卻增我法。(宗寶本《壇經・定慧第四》，《大正藏》卷四八，頁 352 下) 德(得)是最上乘，乘是最上行，義不在口諍。(敦煌本《壇經》，《大正藏》卷四八，

往往言「太極」、談「理性」、辨「朱陸異同」、指「陽明近禪」，葛葛藤藤，惟鼓脣吻，此其一病也。(卷三〈常州府武進縣兩庠彙語〉，頁 28)	頁 343 上） 此宗本無諍，諍即失道意。執逆諍法門，自性入生死。(宗寶本《壇經·付囑第十》，《大正藏》卷四八，頁 361 上）
往往講之以口，而實未嘗驗之於身，逞臆見，爭門戶，祇以增勝心，此亦通人之通患也。(卷四〈靖江語要〉，頁 38)	
乃踒步未移，徒資口吻，終日讀所指、講所指、藻繪其辭闡所指，而心與指違，行輒背馳，欲肆而理泯，而心之爲心，愈不可問，自負其心，而並負聖賢立言啓迪之苦心……上口不上身，誠反而上身，使身爲仁義道德之身，聖賢君子之身。(卷二十九〈四書反身錄·二曲先生讀四書說〉，頁 399)	口莫終日說空心中不修此行，恰似（如）凡人自稱國王，終不可得。世人愚迷不見般若，口說般若心中常愚，常自言，我修般若，念念說空不識真空。般若無形相，智慧心即是，若作如是解，即名般若智。此須心行，不在口念，口念心不行，如幻如化如露亦如電，口念心行則心口相應。……一念修行自身等佛。(宗寶本《壇經·般若第二》，頁 350 中）
須勇猛奮勵，立堅定課，每日靜多於動，恭默寂坐，無思無慮，一念不生，則全體自現。至此，見方是真見，得方是真得。行住坐臥，終日欽欽，保而勿失，方是真成。(卷十六〈書一·答張伯欽第五書〉，頁 162)	自色身中邪見煩惱愚癡名（迷妄）自有本覺性，將正見度，既悟正見，般若之智除卻愚癡迷妄，眾生各各自度。邪見（來）正度，迷來悟度，愚來智度，惡來善度，煩惱來菩薩（提）度，如是度者是名真度。（敦煌本《壇經》，《大正藏》卷四八，頁 339 中）
自返自照，自戒自證，乃各人自致其各人當由之道也。(卷三〈常州府武進縣兩庠彙語〉，頁 31) 學須以悟爲得。(卷四〈靖江語要〉，頁 38)	於一切時，念念自淨其心，自修自行，見自己法身，見自心佛，自度自戒。(宗寶本《壇經·懺悔第六》，《大正藏》卷四八，頁 353 下）

由以上之對比可知，李二曲與惠能的思想、方法及辭彙運用實有其相應之處。大致上可分爲四類，即本體、修養工夫、體用、語言經典。在本體部分，由李二曲對人生本原的主張、聖人凡人本質同異問題、心性本體障蔽以日光雲霧爲喻。在工夫的部分，李二曲對於不同資質的人，以頓漸相資的修養方法，悔過自新；無念之念是爲正念；靜坐爲基，三炷爲程，齋戒爲功夫，虛明寂定爲本面。在體用的部分，

倡明體適用。關涉經典及語言討論，由《六經》《四書》的正確運用，及對於經典的錯誤使用分別爲叛經、侮經，對於語言採慎言，強調知行合一，透過自證自得自成的自得之學。相應於惠能對心性佛性的主張、眾生與佛本質同異的問題、心性迷妄以雲霧蔽日爲喻；惠能主張法無頓漸，自性懺悔，無念，自性本具五分法身香；惠能倡定慧等學不二。對於經典文字及語言使用，闡心轉《法華》及謗經問題，且法不在諍，強調須能口誦心行，自修自悟自度。

(一)就本體而觀

1.「靈原」與「自性」

李二曲認爲人人具有「此靈原，良知良能」[457]「『不學不慮』之『良』，乃人生本面。」[458]爲「一念萬年之真面目也。」[459]「人人有此心，即有此理。自聖賢以至愚夫愚婦，此心同，此理同。」[460]此乃同於惠能所謂「菩提般若之智，世人本自有之。」[461]菩提般若之智，非從外求得，而是世間的眾生本來俱有的。李二曲認爲靈原沒有聖愚之別：「形骸有少有壯，有老有死，而此一點靈原，無少無壯，無老無死，塞天地，貫古今，無須臾之或息。會得此，天地我立，萬化我出，千聖皆比肩，古今一旦暮。」[462]此乃同於惠能「般若之智亦無大小。」[463]「當知愚人智人佛性本無差別。」[464]惠能認爲愚癡之人和智慧之人，愚智雖有不同，但他們所具有的佛性，原本是沒有差別的。李二曲強調「自識性靈，自見本面，日用之間，炯然煥然。」[465]與惠能教導後學參悟：「不思善不思惡，正與麼時，那箇是明上座本來面目？」[466]於

457　同註 3，頁 18。
458　同註 7，頁 529。
459　同註 29，頁 204。
460　同註 39，頁 24。
461　宗寶本《壇經·般若第二》，《大正藏》卷四八，頁 350 上。
462　同註 3，頁 18。
463　同註 461，頁 350 下。
464　同註 461，頁 350 上。
465　同註 7，頁 529。
466　宗寶本《壇經·行由第一》，《大正藏》卷四八，頁 349 中。

善惡都不思念的那個時候，什麼是自己的本來面目？

　　李二曲也認為良知、靈原是虛明寂神「無聲無臭，不睹不聞。虛而靈，寂而神，量無不包，明無不燭，順應無不咸宜。」[467]「通天地萬物、上下古今，皆此靈原之實際也。」[468]此即相應於惠能：「心量廣大，猶如虛空，無有邊畔，亦無方圓大小……諸佛刹土，盡同虛空。」[469]「世界虛空，能含萬物色像，日月星宿，山河大地，泉源溪澗……總在空中。」[470]世人妙性真空，如同虛空能含藏萬法，自性本即清淨，淨則寂，寂則空，空則能包容萬法，自性空寂，祇因妄加思量才起萬法。

　　李二曲「日用之間，如何體認？此是學問大主腦，用工大肯綮。悟此，謂之悟性；見此，謂之見道。」[471]李二曲標出人生喫緊要務，「全在明己心，見己性，了切己大事。」[472]「識己心，悟己性，良知本體炯炯不昧是也。知及此，便是本領，便是得，守者守此而已。」[473]「性靈果徹，寐猶不寐，晝夜昭瑩，如大圓鏡。」[474]「天賦本面，一朝頓豁，此聖胎也。」[475]實同於惠能識心見性的思想：「識自本性，見自本性，無動無靜，無生無滅。」[476]若能識自本有自心，見到自己本有覺性，即是悟得本來面目，自然就能成就佛道：「識心見性，自成佛道。」[477]「我本元自性清淨，若識自心見性，皆成佛道。」[478]「若起正真般若觀照，一刹那間妄念俱滅。若識自性一悟即至佛地。」[479]

467 同註 3，頁 18。
468 同註 3，頁 18。
469 同註 461，頁 350 上。
470 同註 461，頁 350 上-中。
471 卷十六〈書一・答張澹庵〉，頁 143。
472 卷十六〈書一・答徐門一第二書〉，頁 158。
473 同註 237，頁 498。
474 同註 21，頁 161。
475 同註 6，頁 406。
476 宗寶本《壇經・付囑第十》，《大正藏》卷四八，頁 362 上。
477 敦煌本《壇經》，《大正藏》卷四八，頁 340 下。
478 宗寶本《壇經・疑問第三》，《大正藏》卷四八，頁 351 上。
479 同註 461，頁 351 上。

「一念愚即般若絕，一念智即般若生。」[480]惠能認爲於二六時中，心念了知諸法體空而不愚妄，常行般若智慧，即是般若行；倘若一念愚妄，則般若斷絕；一念離妄，則般若生起。

　　2．「凡人」「聖人」與「眾生」「佛」

　　李二曲愚聖之別在於覺或不覺：「人爭一箇覺，能覺，則虛明融徹，洞識真我；不覺，則昏惑迷昧，瘖麻一生。能覺則爲賢爲聖，不能覺則爲愚爲狂。」[481]聖凡之別：「聖人肯學，所以兢業保任，能全此知，是以謂之『聖』；眾人不肯學，所以隨起隨滅，自負其知，是以謂之『凡』。是聖凡之分，在學與不學之分，非知之有分，稟來之原不同也。」[482]聖人能保任全其良知，凡愚之人自我辜負，在學與不學而已；實乃同於惠能認爲迷悟即對佛性的覺與不覺，亦是凡聖區別所在。眾生本具般若之智，唯在一念相應，識自本心，即能成佛。執迷的凡夫雖聞頓教，但由於信心不具，莫說短時無法見自本心、悟自本性，即便經過累劫的修習，也無法頓悟自心。「自性若悟眾生是佛；自性若迷佛是眾生。」[483]「不悟即佛是眾生，一念悟時眾生是佛。」[484]一般人認爲生佛有很大的差別，而不知凡夫如能捨迷入悟，當下即是佛，因爲凡夫與佛皆具相同的佛性，只是凡夫的佛性沒有顯現出來而已，「凡夫即佛，煩惱即菩提。前念迷即凡夫，後念悟即佛。前念著境即煩惱，後念離境即菩提。」[485]凡夫與佛的差別不在本質的差別，而在迷悟的殊異。

　　3．「日光雲霧」與「雲霧蔽日」

　　李二曲將本原之蔽，喻如「皎日所以失其照者，浮雲蔽之也，雲開則日瑩矣。」[486]、「心體之累、終身之玷，亦猶浮雲之障太虛，掃

480　同註 461，頁 350 中。
481　同註 46，頁 163。
482　卷九〈東行述〉，頁 66。
483　同註 476，頁 361 下。
484　同註 461，頁 351 上。
485　同註 461，頁 350 中。
486　同註 5，頁 4。

而去之，則萬裏清澈，光風霽月，其快無涯。」[487]如同惠能說明佛性與客塵煩惱的關係「世人性淨，猶如清天。惠如日，智如月。智惠常名（明），於外看敬。妄念浮雲蓋覆自姓，不能明。」[488]、「世人性自本淨，萬法從自性生……如天常清，日月常明，爲浮雲蓋覆，上明下暗，忽遇風吹雲散，上下俱明，萬象皆現。」[489]佛性本自清淨，爲何根器狹小之人聽聞圓頓教法，卻不能自心覺悟？「因何聞法不悟，緣邪見障重煩惱根深。猶如大雲蓋覆於日，不得風吹日無能現。」[490]實因其邪見業障過重，加以煩惱根深蒂固，就像烏雲遮日，若無大風吹散烏雲，則原有的日光不能朗現。

（二）就修養而觀

1.「頓漸相資」與「法無頓漸」

李二曲認爲雖有不同資質根器之人，分別以不同的徑路，透過頓悟或漸悟，但重要都期在能獲悟：「蓋上根之人，頓悟頓修，名爲『解悟』；中材之人，漸修漸悟，名爲『證悟』。吾人但期於悟，無期於頓可矣。」[491]對於王學及朱學的特色皆能肯定：「來諭謂：『陽明之學，天資高朗者易得力；晦庵之學，質性鈍駑者易持循。』誠然，誠然。然晦庵教不躐等……陽明之學，徹上徹下，上中下根，俱有所入。」[492]李二曲並將王學之頓與朱學之漸對於接引後學差異，喻如佛家禪宗「南能北秀」：「吾儒學術之有此兩派，猶異端禪家之有南能北秀，各有所見，各有所得，合併歸一，學斯無偏。若分門別戶，牢不可破，其識力學問，蓋可知矣。中無實得，門面上爭閒氣，噫，弊也久矣！」[493]惠能認爲佛法並無頓漸之別，唯迷悟則有差別：「法無頓漸，迷悟有遲疾。」[494]祖祖相傳的見性之法，無有頓漸之分，「時祖師居曹溪寶林，神秀

---

487 同註 2，頁 458。
488 同註 477，頁 339 上。
489 同註 477，頁 339 上。
490 同註 461，頁 351 下。
491 同註 5，頁 6。
492 同註 86，頁 139。
493 同註 221，頁 136。
494 同註 461，頁 351 中。

大師在荊南玉泉寺。于時兩宗盛化，人皆稱南能北秀，故有南北二宗頓漸之分，而學者莫知宗趣。」[495]「法本一宗，人有南北，法即一種，見有遲疾，何名頓漸？法無頓漸，人有利鈍，故名頓漸。」[496]「本來正教無有頓漸，人性自有利鈍。迷人漸修（契）悟人頓契（修）。自識本心自見本性，即無差別。所以立頓漸之假名。」[497]但因眾生根器有利鈍的不同，所以悟道則有快有慢，「我自法門，從上已來，頓漸皆立。」[498]若能覺悟自性，頓悟頓修，當下即是，不落階級，亦無漸次，所以不須建立一切法相，諸法畢竟空寂，更無次第可循。

2.「悔過自新」與「自性懺悔」

李二曲倡「悔過自新」，認爲「苟有一念未純於理，即是過，即當悔而去之；苟有一息稍涉於懈，即非新，即當振而起之。」[499]「若在未嘗學問之人，亦必且先檢身過，次檢心過，悔其前非，斷其後續，亦期至於無一念之不純，無一息之稍懈而後已。」[500]「修身當自『悔過自新』始，察之念慮之微，驗之事爲之著，改其前非，斷其後續，使人欲化爲天理，斯身心皎潔。」[501]實暗合惠能所主張「自性懺」，惠能以懺悔乃是發自真心的「無相懺悔」，亦是在滅除三世的罪業使得身、口、意三業能時時保持清淨無染「前念後念及今念，念（念）不被愚迷染，從前惡行一時自姓（性）若除即是懺悔。前念後念及（今念）念念不被疽疾（嫉妒）染，除卻從前疾垢（嫉妒）心，自性若除即是懺。」[502]從前念後念一直到後念，念念之間都不被愚迷、愚癡、嫉妒所污染；並且把從前所作的一切惡業等罪，從自性上消除滅盡，永不生起，就是懺悔。「改過必生智慧，護短心內非賢。」[503]「何名

495　宗寶本《壇經‧頓漸第八》，《大正藏》卷四八，頁 358 中。
496　同註 495，頁 358 中。
497　宗寶本《壇經‧定慧第四》，《大正藏》卷四八，頁 353 上。
498　同註 477，頁 338 下。
499　同註 5，頁 5。
500　同註 5，頁 5。
501　同註 6，頁 407。
502　同註 477，頁 339 中-下。
503　宗寶本《壇經‧疑問第三》，《大正藏》卷四八，頁 352 下。

懺悔者終身不作，悔者知於前非惡業恒不離心。諸佛前口說無益我此法門中，永斷不作名爲懺悔。」[504]懺是永遠斷除從前所造成的一切罪業，使其不起感果作用；悔是瞭解以前過錯和罪業，以後永不再犯。須知一切罪惡皆從心起，心若不淨，仍造新殃，所以要從心懺悔。「凡夫愚迷，只知懺其前愆，不知悔其後過，以不悔故前愆不滅，後過又生。前愆既不滅，後過復又生，何名懺悔？」[505]凡夫不知悔改未來可能會造的錯誤，所以從前的罪業就不能徹底滅除，往後的過失就不斷而起。

3.「無念之念乃爲正念」與「無念」

李二曲「無念之念，乃爲正念，至一無二，不與物對。此之謂『止』，此之謂『至善』。」[506]「善與惡須一切放下，胸無一善可執，方爲至善，方是『盡性至命』之絕詣。若盡性而猶有爲善之見，橫於胸中，物而不化，未免爲善累，猶眼爲金玉屑障。性何由盡？命何由至？故必忘而又忘，并忘亦忘，令心如太虛，始獲庶幾。」[507]實乃同於惠能主張「無念者，於念而無念。」[508]無念即是於諸念中，不在境上生起妄念：「於諸境上心不染，曰無念。於自念上常離諸境，不於境上生心。」[509]「無者無何事？念者念何物？無者無二相，無諸塵勞之心。念者念真如本性，真如即是念之體，念即是真如之用。真如自性起念，非眼、耳、鼻、舌能念。真如有性所以起念；真如若無眼、耳、色、聲當時即壞。」[510]無念不是沒有雜念，而是指沒有染著、相對、塵勞等念；也就是，沒有貪瞋癡等邪念，且念念當中，捨離取捨分別，因爲相對分別之念，皆是塵勞妄念，此爲煩惱與痛苦的根源。塵勞妄念會使得本來了無滯礙、了無滯住的心性受到牽絆。「於一切鏡上不染名爲無

---

504 同註 477，頁 339 下。
505 宗寶本《壇經‧懺悔第六》，《大正藏》卷四八，頁 354 上。
506 同註 3，頁 19。
507 同註 110，頁 198。
508 同註 497，頁 353 上。
509 同註 497，頁 353 上。
510 同註 497，頁 353 上-中。

念，於自念上離鏡，不於法上念生，莫百物不思，念盡除卻。」[511]「但淨本心，使六識出六門於六塵中無染無雜來去自由通用無滯，即是般若三昧自在解脫名無念行。」[512]「念念之中不思前境，若前念今念後念，念念相續不斷，名爲繫縛。於諸法上念念不住，即無縛也。此是以無住爲本。」[513]一念若住，念念即住，則被煩惱所纏，此即繫縛。反之，若能於所緣諸法，前念後念，念念不住，即是無有繫縛。人的本性是不住的，由不住的自性所生起的一切法也是念念不住的。無住即是無著，亦即心不染著諸境，此即以無住爲本。「智慧觀照內外明徹，識自本心，若識本心即本解脫。若得解脫即是般若三昧，即是無念。何名無念，若見一切法不染著，是爲無念。」[514]惠能的修行觀絕非斷滅百思的觀心觀淨，而是念念不住、念念無著。惠能認爲真正了悟無念法的人：「悟無念法者，萬法盡通；悟無念法者，見諸佛境界；悟無念法者，至佛地位。」[515]不祇通達萬法，且能徹見佛境，獲得佛果。

　　李二曲認爲此心「空洞無物便是道。人能寂然不動，感而遂通，廓然大公，物來順應，非『無思無慮』而何？……儼然若思，而實無思，不起意，不逐物，內外澄湛，而實無一物之或遺。」[516]乃同於惠能「但一切善惡都莫思量，自然得入清淨心體，湛然常寂，妙用恆沙。」[517]「人心不思本源空寂，離卻邪見，即一大事因緣，內外不迷即離兩邊，外迷著相，內迷著空，於相離相，於空離空，即是內外不迷。」[518]祇要對一切善惡之法都不去思量，了知善惡皆不可得，自然就會了悟清淨心體，此清淨心體，澄明湛然，照而常寂，能起恒沙妙用。

　　李二曲提出「念起，而後有理欲之分，善與惡對，是與非對，正與邪對，人禽之關，於是乎判。所貴乎學者，在慎幾微之發，嚴理欲

511　同註 477，頁 338 下。
512　同註 461，頁 351 上-中。
513　同註 497，頁 353 上。
514　同註 461，頁 351 上。
515　同註 461，頁 351 中。
516　同註 30，頁 37。
517　宗寶本《壇經·宣詔第九》，《大正藏》卷四八，頁 360 上。
518　同註 477，頁 342 下。

之辨。存理克欲，克而又克，以至於無欲之可克；存而又存，以至於無理之可存。欲理兩忘，纖念不起，猶鏡之照，不迎不隨，夫是之謂『絕學』。」[519]惠能對自性如何生起萬法的過程，有具體的描述：「自性含萬法，名爲含藏識，思量即轉識。生六識出六門六塵是，三六十八。由自性邪起十八邪含。自性十八正含。惡用即眾生，善用即佛。用油（由）何等，油（由）自性。」[520]自性若起分別思量，即爲轉識，自性若攀緣於邪，則會起十八邪行；自性如果得正，就可生起十八種正行。此用若是惡用即是眾生用；善用即爲佛用，但無論此用是出自邪正，都是自性本有。「自性起用十九對，長與短對，邪與正對，癡與慧對，愚與智對，亂與定對，慈與毒對，戒與非對，直與曲對，實與虛對，險與平對，煩惱與菩提對，常與無常對，悲與害對，喜與瞋對，捨與慳對，進與退對，生與滅對，法身與色身對，化身與報身對；此是十九對也。」[521]宇宙現象皆由自性而生，客觀事物即是「對法」，亦即互相對待的諸法，這些都是屬於外境。自性在起用方面，計有十九種對法，這十九種對立的事相，都是由自性而顯發的妙用。

　　李二曲強調「心貴平常」：「道理本是平常，此心惟貴平常。若厭平常而好高奇，即此便是勝心，便是心不得其平。善乎！羅惟德之言曰：『聖人者，常人而安心者也；常人者，聖人而不安心者也。』」[522]「平常心是道『中庸』不可能，只是炫奇好異，不平常也。若平平常常，信心而行，爲其所當爲，何不可能之有……或出或處，只要平常。心果平常，無所不可。」[523]「心要平常；然平常不平常，不在言說，臨境便見。能素位而行，便是平常；一或願外，心便失常；心一失常，平常安在？」[524]實同於惠能認爲：「一行三昧者，於一切處行住坐臥，常行一直心是也。如淨名經云：『直心是道場，直心是淨土。』」莫心行

519 同註 3，頁 19。
520 同註 477，頁 343 中。
521 同註 476，頁 360 中。
522 同註 100，頁 45。
523 同註 12，頁 418-419。
524 同註 12，頁 420-421。

諂曲，口但說直。」[525]「平直即彌陀。」[526]「念念見性，常行直心，到如彈指，便覩彌陀。」[527]「一念平直，即是眾生成佛。」[528]惠能以行住坐臥常行直心，作爲修行的根本，於一切法無有執著，不拘泥於常坐除妄。能常行直心，即常契真如佛性，對一切諸法不起執著。

4.「靜坐爲基，三炷爲程，齋戒爲功夫，虛明寂定爲本面」 與「自性之五分法身香」

李二曲認爲靜坐爲學問入手：「即新建之盛德大業，亦得力於龍場之三載靜坐，靜何可忽也。然則程必以香，何也？曰：『鄙懷俗度，對香便別，限之一炷，以維坐性，亦猶猢猻之樹，狂牛之栓耳。』曰：『每日三坐，不亦多乎？』曰：『吾人自少至長，全副精神俱用在外，每日動多於靜。今欲追復元始，須且矯偏救弊，靜多於動，庶有入機。三度之坐●蓋爲有事不得坐，及無坐性者立。若夜能持久，則不在此限。』水澂則珠自現，心澂則性自朗。故必以靜坐爲基，三炷爲程，齋戒爲功夫，虛明寂定爲本面。」[529]透過靜坐之基礎，以早中晚三炷香程，並加上齋戒工夫，使得本體湛然朗現：「『齋』者，齊也，所以齊其不齊也。或靜或動，覺有一念之不如此，便是不齊，即齊之使。『齋戒』者，防非止惡，肅然警惕之謂也。終日乾乾，保攝乎此而已矣。」[530]實相應於惠能的五分法身香：「一戒香，即自心中無非無惡，無嫉妒無貪瞋無劫害，名戒香。二定香，即覩諸善惡境相自心不亂，名定香。三慧香，自心無礙，常以智慧觀照自性不造諸惡；雖修眾善心不執著，敬上念下矜恤孤貧，名慧香。四解脫香，即自心無所攀緣，不思善不思惡，自在無礙，名解脫香。五解脫知見香，自心既無所攀緣善惡，不可沈空守寂；即須廣學多聞，識自本心達諸佛理，和光接物無我無人，直至菩提真性不易，名解脫知見香。此香各自內熏，莫向外覓。

---

525 同註 497，頁 352 下。
526 同註 503，頁 352 中。
527 同註 503，頁 352 上。
528 同註 476，頁 362 上。
529 同註 3，頁 20。
530 同註 3，頁 21。

迷人著法相，執一行三昧，直言常坐不動妄不起心，即是一行三昧。」[531]「心地無非是自性戒，心地無癡自性慧，心地無亂是自性定。」[532]戒香，是心中無是非、無罪惡、無嫉妒，亦無慳貪瞋忿的念頭、無劫掠殺害的意圖，這叫做自性法身戒香。定香，是看到一切善惡境相，自心不散亂，這叫做自性法身定身。慧香，是說自心無礙，常以智慧觀照自性，不造諸惡；雖然修行種種善行，但心中不執著所作的善行；尊敬長上而體念幼下，憐憫孤苦且救濟貧窮，這就叫做自性法身慧香。解脫香，是自心不攀緣外境，不思善惡，自在無礙，這叫做自性法身解脫香；解脫知見香，為自心既不攀緣善惡，也不落入斷空枯寂；參學聞法，識自本心，通達佛理，於待人接物時同塵和光，做到無人、我相，一直到圓滿菩提，真如自性毫無變易，這就叫做自性法身解脫知見香。對此五分法身香，須各自向內薰修，非於自性以外能求。

（三）就體用而觀

「明體適用」與「定慧不二」

李二曲強調體用兼賅：「須勇猛振奮，自拔習俗，務為體用之學。澄心返觀，深造默成以立體；通達治理，酌古準今以致用，體用兼該，斯不愧鬚眉。」[533]並以能否「如『明道存心以為體，經世宰物以為用』，則『體』為真體，『用』為實用。」[534]、「內足以明心盡性，外足以經綸參贊，有體有用，方是大道，方是『致遠』。」[535]、「立身要有德業，用世要有功業……方有體有用，不墮一偏。」[536]、李二曲肯認「體用」二字為中國禪宗六祖惠能拈出：「言『體』言『用』者固多，然皆就事言事，拈體或不及用，語用則遺夫體，初夫嘗兼舉並稱。如內外、本末、形影之不相離，有之實自佛書始。西來佛書……未嘗有此二字……亦何嘗有此二字。然西來佛書，雖無此二字，而中國佛書，盧惠能實

---

531 同註 505，頁 353 下。
532 同註 495，頁 358 下。
533 同註 6，頁 401。
534 同註 421，頁 149。
535 同註 141，頁 507。
536 同註 221，頁 136。

始標此二字。惠能，禪林之所謂六祖也，其解《金剛經》，以爲『金者，性之體；剛者，性之用』。又見於所說《法寶壇經》，敷衍闡揚，諄懇詳備。」[537]透過參佐《法寶壇經》可知惠能反對傳統定慧分立的觀點，揭示「定慧等學」的理念，其實，禪定就是智慧，智慧就是禪定，二者是不一不二的，若不能把握此種關係，則不能獲得解脫:「諸學道人，莫言先定發慧，先慧發定，各別。作此見者，法有二相，口說善語，心中不善，空有定慧，定慧不等。若心口俱善，內外一種，定慧即等。」[538]、「定慧一體不是二。定是慧體慧是定用；即慧之時定在慧，即定之時慧在定。若識此義即是定慧等學。」[539]定慧一體，而不是定慧各別而爲二。定是慧的體；慧是定的用。發慧之時，定亦在慧中；入定之時，慧亦在定中。定慧一體還有差別？若能明識此義，即是定慧等持。定之體當下即發智慧妙用，而慧用也離不開正定之體，如光與燈其本質上是合一不二的。惠能認爲要能展現自心之清淨本性，使能六識出離六根門頭，因爲六識攀緣外在的六塵境界，於是生起各種貪瞋癡無明煩惱，若六識能捨離六根，於六塵中無染雜，則能內外通明。惠能爲了讓眾生能明白定慧是即體即用的關係，還作了比喻，他說:「定慧猶如何等，猶如燈光，有燈即光，無燈即闇，燈是光之體，光是燈之用，名雖有二，體本同一。」[540]燈是光的體，即燈是發光的本源；而光是燈的用，因爲有光才可看東西。所以「燈」、「光」名稱雖有兩種，然其體性本爲同一。惠能認爲定慧是體用合一的關係，定之體當下即發智慧的妙用，而慧用也不離開正定之體，如光與燈其本質上是合一不二的。只有將定慧視爲一體，才能實現直指本心的覺悟。

（四）就語言經典而觀

1.《六經》《四書》與「心轉《法華》」

李二曲強調動靜一如:「若必待戎務有暇，而後整肅身心，料理工夫，則是閒時操存，忙時放過，心隨法華轉，非是轉法華，夫豈『造

---

537 同註 421，頁 149。
538 同註 497，頁 352 下。
539 同註 497，頁 352 下。
540 同註 497，頁 352 下。

次必於是』之謂耶？故必不論有事無事，閒時忙時，隨在提撕，終日乾乾，無事恆若有事，有事行所無事。立身行己在此，安身立命在此。」[541]心要能轉法華，非隨法華轉。《六經》及《四書》「皆古聖賢救世之言，凡一字一句，無非為後人身心性命而設。今人只當文字讀去，不體認古人立言命意之旨，所以白首窮經，而究無益於自己身心性命也。」[542]「鄧潛谷……以經證悟，以悟證經。」[543]相類於惠能主張「心迷《法華》轉，心悟轉《法華》。」[544]「心正轉《法華》，心耶（邪）《法華》轉。」[545]惠能教人莫為言相所縛，應領宗得意。誦經在於明白經旨，自心如實修行，悟佛知見，才是轉經。「經有何過？豈障汝念？只為迷悟在人損益由己。口誦心行，即是轉經；口誦心不行，即是被經轉。」[546]經文的本身有何過失？難道障礙你誦念嗎？只因為迷悟在個人，所以損益也在自己。口誦經文且心亦能如實行其義理，即能轉而悟明經文；口誦經文而心不如實奉行，如此的誦經，即是被經文所轉迷失自性。所以修行之人必須以心行經，才能心口相應，定慧不二。惠能突破傳統流於形式的誦經，點化眾生要真正了悟佛說法之真實妙義。惠能認為修行重在不執著文字，貴在自心體證；古德嘗謂：誦經不如讀經，讀經不如悟經，悟經則在明心見性，透顯真如佛性。

李二曲言語言文字與悟道的關係：「聽言而悟，超語言文字之外……悟超言外，因言可以悟道。」[547]、「悟門既闢，見地自新。」[548]實同於惠能：「若大乘人，若最上乘人，聞說《金剛經》，心開悟解，故知本性般若之智，自用智慧，常觀照故，不假文字。」[549]眾生本性自有般若智慧，般若非從外求，都是由自心豁然悟解，且「諸佛妙理

541 卷十七〈書二‧答四川周總督〉，頁171。
542 同註13，頁431。
543 卷十九〈題跋‧諗言〉，頁236。
544 宗寶本《壇經‧機緣第七》，《大正藏》卷四八，頁355下。
545 同註477，頁343上。
546 同註544，頁355下。
547 同註13，頁434。
548 同註12，頁423。
549 同註461，頁350下。

非關文字。」[550]諸佛所說微妙義理，並不在文字上；佛經祇是傳達佛意，佛法的真實妙義並不是經文本身。

2.「叛經侮經」與「謗經」

李二曲認為經書的真實義涵：「經書所載，莫非修己治人之道，皆前人苦心，為吾人晰疑指迷，作路引也。」[551]但許多學人讀聖賢書，「而不能實體諸躬，見諸行，徒講說論撰，假途干榮，皆侮聖言也。」[552]於是造成對於經書的誤曲：「吾人口誦而身違，書自書，我自我，是謂叛經；講了又講，解了又解，徒誇精闢奧，藉以標名，是謂侮經。」[553]實同於惠能認為若要悟得真如本性，必須依靠自心體悟，而不能依靠語言文字。因為吾人皆具本性般若妙智，若執著語言文字，則是向外索求，悖離心性。因為依文解義，則易：「錯解佛之圓妙最後微言，縱覽千遍有何所益。」[554]此乃誤用經教文字，所以，必須經過自心深切的體會，誦經才會有意義，「執空之人有謗經，直言不用文字。既云不用文字，人亦不合語言。只此語言，便是文字之相。又云，直道不立文字，即此不立兩字，亦是文字。」[555]實際上，語言及文字，皆為指涉事理的方便，若捨棄語言文字，則無法接引眾生；而是藉由語言文字，使其體悟佛性。不應執著於經中的文字，為文字所縛。「見人所說便即謗他言著文字，汝等須知，自迷猶可，又謗佛經，罪障無數。」[556]

3.「慎言」與「不諍」

李二曲對於論辨學術同異的看法：「然辨朱辨陸，論同論異，皆是替古人擔憂。今且不必論異同於朱陸，須先論異同於自己，試反己自勘，平日起心動念，及所言所行與所讀書中之言同耶，異耶？」[557]明確點出此為學人的通病：「往往言『太極』、談『理性』、辨『朱陸異同』、

---

550 同註 544，頁 355 上。
551 卷十〈南行述〉，頁 79。
552 同註 174，頁 500。
553 同註 7，頁 531。
554 同註 495，頁 359 中。
555 同註 476，頁 360 中。
556 同註 476，頁 360 中。
557 同註 30，頁 36。

指『陽明近禪』，葛葛藤藤，惟鼓脣吻，此其一病也。」[558]「往往講之以口，而實未嘗驗之於身，逞臆見，爭門戶，祇以增勝心，此亦通人之通患也。」[559]實相應於惠能認爲修行之人須要善用語言：「自悟修行不在於諍。若諍先後即同迷人。不斷勝負卻增我法。」[560]修道之人貴在自悟，如法修行，不在口頭上諍論先後。倘若在口頭上諍論定慧先後，即是迷或愚人，不知定慧。甚至不斷爭論勝負，反而徒增我法二執之見，這是與道違背的，「德（得）是最上乘，乘是最上行，義不在口諍。」[561]「此宗本無諍，諍即失道意。執逆諍法門，自性入生死。」[562]最上乘義，不是在口頭上爭論，若與人諍論是非，就失去真正的道意。

4.「知行合一」與「口誦心行」

李二曲強調所學要能躬行實踐，非徒口空談，所行與所學相違悖：「乃跬步未移，徒資口吻，終日讀所指、講所指、藻繪其辭闡所指，而心與指違，行輒背馳，欲肆而理泯，而心之爲心，愈不可問，自負其心，而並負聖賢立言啓迪之苦心……上口不上身，誠反而上身，使身爲仁義道德之身，聖賢君子之身。」[563]實乃相應於惠能言世間許多學佛人，整日口念般若，但卻不識自性本具的般若，惠能以爲口念般若，而不如法修習般若行：「口莫終日說空心中不修此行，恰似（如）凡人自稱國王，終不可得。世人愚迷不見般若，口說般若心中常愚，常自言，我修般若，念念說空不識真空。般若無形相，智慧心即是，若作如是解，即名般若智。此須心行，不在口念，口念心不行，如幻如化如露如電，口念心行則心口相應。……一念修行自身等佛。」[564]此乃因般若是無上法，若祇有一味口說，而不能如法實修，是難以修

558　同註 460，頁 28。
559　同註 30，頁 38。
560　同註 497，頁 352 下。
561　同註 477，頁 343 上。
562　同註 476，頁 361 上。
563　卷二十九〈四書反身錄‧二曲先生讀四書說〉，頁 399。
564　同註 461，頁 350 中。

成正果的，惠能強調自性般若，般若不唯口念，亦在心行，即解行相應。

5.「自證自得自成」與「自修自悟自度」

李二曲認爲學要能自得，才是真得「須勇猛奮勵，立堅定課，每日靜多於動，恭默寂坐，無思無慮，一念不生，則全體自現。至此，見方是真見，得方是真得。行住坐臥，終日欽欽，保而勿失，方是真成。」[565]「自返自照，自戒自證，乃各人自致其各人當由之道也。」[566]「學須以悟爲得。」[567]實乃同於惠能所倡的自度乃真度：「自色身中邪見煩惱愚癡名（迷妄）自有本覺性，將正見度，既悟正見，般若之智除卻愚癡迷妄，眾生各各自度。邪見（來）正度，迷來悟度，愚來智度，惡來善度，煩惱來菩薩（提）度，如是度者是名真度。」[568]「於一切時，念念自淨其心，自修自行，見自己法身，見自心佛，自度自戒。」[569]心中的邪見煩惱，即是愚癡迷妄眾生，而眾生本具有覺性，所以要以正見加以度脫，既然了悟正見，即可用本性般若妙智，掃除愚癡迷妄，而使眾生各各得以自度；煩惱來時，即以菩提度脫它，能對如是等心、如是等眾生，一一以自性度脫，即是真度。心中的眾生是最難降伏的，祇有每個人反觀自心本性，才能使自心中的眾生真得度脫。

---

565 卷十六〈書一・答張伯欽第五書〉，頁 162。
566 同註 460，頁 31。
567 同註 30，頁 38。
568 同註 477，頁 339 中。
569 同註 505，頁 353 下。

第四章 李二曲「體用全學」之特色

　　本章旨在探究李二曲於面對所承傳的言教、儒學的內涵特色及使命，李二曲在面對時空環境所衍生的弊端，加入那些創新而新穎的理念，設計出符應當時環境之良方。本章即在探究李二曲「體用全學」之特色，透過傳統對「儒」的相關界說，俾助瞭解「儒」的原始內涵，李二曲對時「儒」之反思。其次，李二曲對「儒」義之闡釋，「真儒」的全幅展現爲何？透過前述之第二章「體用全學」的義涵及第三章「體用全學」的理論基礎下，爲「真儒」理想人格的養成教育，確立了知行並重、德功合一、體用兼學、內外交養、本末一貫等原則，涵攝「真儒」的內聖修養工夫及外王表現，展現出「體用全學」之功效，足以區辨真儒、全儒、君子儒、大人儒與腐儒、霸儒、俗儒、假儒、小人儒之別。進而探究李二曲「體用全學」中注重實修實證且強調靜坐觀心；和會學術異同及重視經世致用的特色。

第一節　李二曲對時「儒」之反思

　　「二曲李先生，關中鉅儒也。不屑章句之學，以闡明學術，救正人心爲己任」、「足以康濟天下，而其志終不欲以功名之士自期」[1]、「自奮自立，其志以萬物爲一身，萬世爲一世，任道擔當，風力其勁。」[2]當時的陝西總督鄂善上奏朝廷的奏摺中舉薦李二曲「海內真儒」，並言其：「刊行緒論，咸洞源達本之談；教授生徒，悉明體適用之務。」在當時，李二曲與孫夏峰及黃宗羲爲時人喻稱是「海內三大儒」。李二曲

---

1 卷四〈靖江語要序〉，頁 32。
2 卷二〈學髓・序〉，頁 15。

的門人王心敬亦識言其：「言言發於天籟，出自性靈，不離日用常行，洩千古不傳秘密，明眼人觀之，當自莫逆於心。然觀先生之言，固足以淑身心，振頹俗；……則先生扶植世教，砥礪名節之功，有不可得而誣者矣！」[3]「先生之言，以正心術、勵躬行爲要，而下手處在靜則涵養，動則省察。一時薦紳暨弟子員環堵而聽，猶聾者忽聞鐘鼓之聲，盲者忽睹五彩之華也，無不歡忻暢悅，如夢斯覺。」[4]可知，李二曲身爲一位儒者，其對自己的期許及其對社會的影響。

　　爲明瞭傳統對「儒」的界說定義，首先由字源定義，在許慎（約58~約147）《說文解字》提到：「儒，柔也，術士之稱。」又鄭玄（127~200）：「儒之言優也，柔也；能安人，能服人。又，儒者，濡也；以先王之道，能儒其身。」（《禮記·儒行》《正義》引鄭玄《目錄》）、應劭：「儒者，區也，言其區別古今。」（《後漢書·杜林傳》）揚雄（前53~18）：「通天、地、人曰儒，通天、地而不通人曰伎。」（《法言·君子》）董仲舒（前176~前104）：「天、地、人，萬物之本也。天生之，地養之，人成之。天生之以孝悌，地養之以衣食，人成之以禮樂。三者相爲手足，合以成體，不可一無也。」（《春秋繁露·立元神》）又「古人造文者，三畫而連其中謂之王。三畫者，天、地與人也；而連其中者，通其道也。取天、地與人之中以爲貫而參通之，非王者孰能當是？」（《春秋繁露·王道通三》）司馬談（？~前110）：「儒者博學寡要，勞而少功，是以其事難盡從；然其予君臣父子之禮，列夫婦長幼之別，不可易也。」「夫儒者以《六藝》爲法。《六藝》經傳以千萬數，累世不能通其學，當年不能究其禮，故曰『博而寡要，勞而少功』。若夫列君臣父子之禮，序夫婦長幼之別，雖百家弗能易也。」（《史記·太史公自序》）班固（32~92）：「儒家者流，蓋出於司徒之官，助人君順陰陽明教化者也。游文於《六經》之中，留意於仁義之際，祖述堯舜，憲章文武，宗師仲尼，以重其言，於道最高。」（《漢書·藝文志》）

---

3 〈小引〉，頁1。
4 卷三〈兩庠彙語序〉，頁23。

綜觀，傳統對「儒」的界說或陳述，可知儒之所以爲儒的內涵、特徵，及儒者當有之行。儒者是具有柔忍、濡世、知識、道德節操、技藝之人，居天地樞紐之位置，能裁成天地萬物，與參贊天地化育，使其生活世界，成爲一人文化成世界。

李二曲非常推崇《禮記》中〈儒行〉，他認爲身穿儒服，口誦儒經，尚未可視爲真儒，因爲儒者有其本質特色，在其確切踐履符合其特質的作爲，所以李二曲在卷十三〈關中書院會約〉中特別標示出《禮記·儒行》的內容，藉以提醒並勸勉其門生弟子。而《禮記·儒行》所載的內容：

> 儒有席上之珍以待聘，夙夜強學以待問，懷忠信以待舉，力行以待取，其自立有如此者。[5]

「儒者之強學，所以自致其知，非爲君之來問也，而自可以待問。儒者之懷忠信，所以自立其本，非爲君之舉我也，而自可以待舉。儒者之力行，所以自盡其道，非爲君之取我也，而自可以待取。猶玉之在席上，非有求於人，而聘問者自不能舍也。夫無求於世，而其君自不能舍，則可謂能自立矣。」[6]論其所學、所行足以待天下之用而不窮。

> 儒有衣冠中，動作慎。其大讓如慢，小讓如僞，大則如威，小則如愧。其難進而易退也，粥粥若無能也。其容貌有如此者。[7]

就儒者容貌而觀，儒者衣著合宜，舉止謹慎，充容大方，態度謙和。「衣冠中，謂得其中制，不異於眾，不流於俗而已。動作慎，非禮勿履而已。非其義也，祿之以天下弗顧也。辭其大者，若自尊以驕人然，非自尊也，尊道也。辭其小者，若矯飾而不出於情然，非矯飾也，欲由禮也。尊道而不屈於世，若有所威；由禮而不犯非禮，若有所愧。非義不就，所以難進；色斯舉矣，所以易退。」[8]

> 儒有居處齊難，其坐起恭敬，言必先信，行必中正。道塗不爭險易之利，冬夏不爭陰陽之和，愛其死以有待也，養其身以有

5　卷十三〈關中書院會約·儒行〉，頁111。
6　孫希旦：《禮記集解》（下），（台北：文史哲出版社，1990），頁1400。
7　同註5，頁111。
8　同註6，頁1400。

　　　　為也。其備豫有如此者。[9]

　　就日常豫備而觀，言而有信，行須中正；在與人互動關係中，當行經險阻之路，不與人爭平易之地；於多冷夏熱之時，不爭舒服之處而居住；能善自養身而為有為之需。「儒者之居處必慎，坐起不苟，所以遠其身之害，言必先信，行必中正，所以進其身之德，皆所以養其身也。不爭險易，不爭陰陽，不妄與人爭競者，皆所以愛其死也。夫愛其死，非貪生也，蓋以懲其血氣之忿，而養其義理之勇，以待夫事之大者而爭之也。養其身，非私其身也，蓋以我之身乃民物之所託命，故慎以養之，而將以大有為於世也。」[10]

　　　　儒有不寶金玉，而忠信以為寶；不祈土地，立義以為土地；不
　　　　祈多積，多文以為富。難得而易祿也，易祿而難畜也。非時不
　　　　見，不亦難得乎；非義不合，不亦難畜乎；先勞而後祿，不亦
　　　　易祿乎。其近人有如此者。[11]

　　就待人接物而觀，不以金銀財富等物質為珍寶，而視忠信節操為珍貴；不祈求財富，而以立義為財富；不積財，而以博學多文為富有；國家無道則不出仕，且秉持無功不受祿；待之不義則離去，有義則與之合作；先辛勞服務而後享俸祿。「寶者，人之所珍藏也，儒者則內蘊忠信，故曰『忠信以為寶』。土地，各有所宜者也，儒者之立義，亦因事制宜，故曰『立義以為土地』。積聚之多，人之所謂富也，儒者則多學於《詩》、《書》六藝之文；故曰『多文以為富』。夫儒者之內足乎己而無求於外若此，似乎高峻而不可攀矣，然而難得而易祿也，易祿而難畜也，其先勞後祿，固未嘗遠乎人情。而其非時不見，若見為難得者，值其時又未嘗不見也。其非義不合，若見為難畜者，處以義又未嘗不可得而畜也。」[12]

　　　　儒有委之以貨財，淹之以樂好，見利不虧其義；劫之以眾，沮
　　　　之以兵，見死不更其守。鷙蟲攫搏不程勇者，引重鼎不程其力。

9　同註 5，頁 111。
10　同註 6，頁 1401。
11　同註 5，頁 111。
12　同註 6，頁 1402。

往者不悔，來者不豫，過言不再，流言不極，不斷其威，不習其謀。其特立有如此者。[13]

「雖有凶暴之威，苟自反而縮，則不自程其勇，而有所必赴也。雖有艱鉅之任，苟義所當為，則不自量其力，而有所必任也……有不善未嘗復，何再之有？此改過之勇也。流言，起於人者也。在己者可以自信，何窮之有？此自反之功也。不斷其威者，氣配道義而無所餒。不習其謀者，道立於豫而不疑其所行也。」[14]

儒有可親而不可劫也，可近而不可迫也，可殺而不可辱也。其居處不淫，其飲食不溽，其過失可微辨而不可面數也。其剛毅有如此者。[15]

就剛毅而觀，與人相處，和而不同，士可殺而不可辱，居住飲食簡樸不奢華；有錯則改過。「儒者立於義理而已。以義交者，雖疏必親，非義加之，雖強禦不畏，故可親、可近、可殺而不可劫、迫、辱也……不淫不溽，立義以勝欲也。其過失可微辨而不可面數，此尚氣好勝之言，於義理未合。所貴於儒者，以見義必為，聞過而能改也。子路聞過則喜，成湯改過不吝，推是心也，苟有過失，雖怨詈且將受之，況面數乎？」[16]

儒有忠信以為甲冑，禮義以為干櫓。戴仁而行，抱義而處，雖有暴政，不更其所。其自立有如此者。[17]

就自立而觀，在面對患難時，以忠信為甲冑，以禮義為干櫓；在行處間，居仁由義；面對惡勢政權，能堅持原則，不易節操。「忠信以感人，則人莫之欺；禮義以服人，則人莫之侮。忠信、禮義，可以禦人之欺侮，猶甲冑、干櫓之可以禦患也……尊仁而行之……言無事不在乎義也。不更其所，不變其所立之仁義也……此章言『自立』，論其所信、所守足以更天下之變而不易。二者皆自自立，而有本末先後之

---

13 同註5，頁111。
14 同註6，頁1402-1403。
15 同註5，頁111。
16 同註6，頁1403。
17 同註5，頁111。

差焉。」[18]

> 儒有一畝之宮，環堵之室，篳門圭竇，蓬戶甕牖。易衣而出，
> 并日而食。上答之不敢以疑，上不答不敢以諂。其仕有如此者。
> [19]

　　就為官任仕而觀，一畝宅院，裝潢簡單素雅；衣著飲食平凡；沒
有猜疑心，也不諂媚以求榮。「言貧窮屈道，仕為小官也……并日而食，
二日用一日食也……上答之不敢以疑，自信者篤也。上不答不敢以諂，
自守者堅也。此言儒者之仕，將以行道，若不得其志，則辭尊居卑，
辭富居貧，至於窮約如此，不欲諂媚以求厚祿也。」[20]

> 儒有今人與居，古人與稽，今世行之，後世以為楷。適弗逢世，
> 上弗援，下弗推。讒諂之民，有比黨而危之者，身可危也，而
> 志不可奪也。雖危起居，竟信其志，猶將不忘百姓之病也。其
> 憂思有如此者。[21]

　　就其憂思而觀，立身行道，能為後世所效法；生不逢時，不高攀
不求援；讒媚小人只能危害其身，無法撼動其節操信念；身處逆境仍
能堅持己志，不忘卻蒼生百姓之苦難。「儒者上有所考於古人，下可以
法於來世，雖生弗逢世，至於見危，而其志不可屈，猶且以百姓之病
為憂，而不為一己之私計也。」[22]

> 儒有博學而不窮，篤行而不倦，幽居而不淫，上通而不困。禮
> 之以和為貴，忠信之美，優游之法，慕賢而容眾，毀方而瓦合。
> 其寬裕有如此者。[23]

　　就寬裕而觀，孜孜於博學篤行，隱居獨處，無愧屋漏，待人接物，
循禮而行，溫恭謙和，見賢而思齊。「『博學』七句，言行己之寬裕也。

18　同註 6，頁 1403-1404。
19　同註 5，頁 111-112。
20　同註 6，頁 1404-1405。
21　同註 5，頁 112。
22　同註 6，頁 1405。
23　同註 5，頁 112。

『慕賢』二句，言接物之寬裕也。」[24]

> 儒有內稱不辟親，外舉不辟怨。程功積事，推賢而進達之，不
> 望其報。君得其志，苟利國家，不求富貴。其舉賢援能有如此
> 者。[25]

就舉賢與能而觀，外舉不避怨仇，內舉不避親近，而能選賢與能，推賢薦舉人才，不奢求回報，為國家著想，不計個人富貴。「不求其報，不望所舉者之報也。不求富貴，不求國家之賞也。蓋薦賢以為國，而不以為私，此儒者舉賢援能之心也。」[26]

> 儒有聞善以相告也，見善以相示也。爵位相先也，患難相死也。
> 久相待也，遠相致也。其任舉有如此者。[27]

就任舉而觀，對待朋友，聞善相告，見善相示，讓爵祿，患難相助，互相幫助。「舉賢援能，儒者所以待天下之士也。任舉者，所以待其朋友而已。為同其好惡，故聞善相告，見善相示。為同其憂樂也，故爵位相先，患難相死。彼雖居下，不待之同升則不升。彼雖疏遠，不致之同進則不進。」[28]

> 儒有澡身而浴德。陳言而伏，靜而正之；上弗知也，麤而翹之，
> 又不急為也。不臨深而為高，不加少而為多。世治不輕，世亂
> 不沮。同弗與，異弗非也。其特立獨行有如此者。[29]

就特立獨行而觀，潔身自愛，不同流合污，對上有諫陳，待決於上；人不己知，不應急求表現；要能謙沖自牧，不炫自傲；在世治能與人善處，於世亂時，能秉行己志。「人臣之事君，雖功如伊、周，皆分之所當盡，無可以自高而自多也。苟臨深為高，加少為多，則是有自滿假之心，此齊桓之震矜之所以為假之也。蓋澡身浴德，所以為事君之本也……世治不輕，道可以行之於世也。世亂不沮，節可以守之

24 同註 6，頁 1405。
25 同註 5，頁 112。
26 同註 6，頁 1406。
27 同註 5，頁 112。
28 同註 6，頁 1406。
29 同註 5，頁 112。

於己也。同乎己者弗與，則不黨同。異乎己者弗非，則不伐異。和而不同，以異理爲主，而己不與也……此言『特立獨行』，以事君言也。」[30]

> 儒有上不臣天子，下不事諸侯，慎靜而尚寬，強毅以與人，博
> 學以知服。近文章，砥礪廉隅，雖分國，如錙銖，不臣不仕。
> 其規爲有如此者。[31]

就規爲而觀，上不臣天子，下不事諸侯；謹慎鎮定，舉行大方，與人相處，剛正不阿；博學多聞；知書達禮砥德礪行；不當爲臣任仕之時，則不應爲。「君臣之義，無所逃於天地之間，儒者非不臣天子也，枉其道則有所不臣矣。非不事諸侯也，枉其道則有所不事矣。不臣天子，不事諸侯，其心可謂慎靜，其操可謂強毅也。慎靜則恐其規模之太狹，而又能貴尙乎寬容；強毅則慮其風裁之太峻，而又能汎愛以與人。所學極其博，然博學則慮其泛濫而失歸，而又能知其所當行。多文以爲富，然近文章則慮其浮華而無實，而又能砥礪乎廉隅……非其道義，雖國君分國以祿之，視之如錙銖之輕，而不臣不仕，蓋其廉隅之峻飭如此。」[32]

> 儒有合志同方，營道同術。並立則樂，相下不厭。久不相見，
> 聞流言不信。其行本方、立義，同而進，不同而退。其交友有
> 如此者。[33]

就交友而觀，與志同道合之友相交，以同仕共任爲樂，別濶多時，雖聽相關友人的流言毀謗，也不予以採信，存心方正，行爲合義，同則進，不同則退。「所合之志同其方，心意之同也。所營之道同其術，學業之同也……敬業樂群，以受勸善規過之益也。其不相見也，則聞流言不信，同心斷金，而不間於出處語默之異也。其行本乎方，而存於心者無阿諛取容之意；立乎義，而見於外者無便辟善柔之失。」[34]

---

30 同註 6，頁 1407。
31 同註 5，頁 112。
32 同註 6，頁 1407-1408。
33 同註 5，頁 112。
34 同註 6，頁 1408。

溫良者，仁之本也；敬慎者，仁之地也；寬裕者，仁之作也；
遜接者，仁之能也；禮節者，仁之貌也；言談者，仁之文也；
歌樂者，仁之和也；分散者，仁之施也。儒皆兼此而有之，猶
且不敢言仁也。其尊讓有如此者。[35]

　　就尊讓而觀，溫良爲仁之根本；敬慎爲仁之土壤；寬裕爲仁之施
爲；謙讓待物爲仁之技能；禮作爲仁之容貌；言語談吐爲仁之文章；
歌唱音樂爲仁之和悅；分散積蓄爲仁之恩施，兼具有以上長處的人，
猶不敢自稱爲仁人。「溫良稟乎性，敬慎存乎心，寬裕見乎事，孫接應
乎物。本以基之，地以居之，作以發之，能以爲之，貌以表之，文以
飾之，和以積其順，施以廣其恩，蓋道莫大於仁，儒者之爲仁，必兼
此入者而有之，然猶不敢自以爲仁也。」[36]

儒有不隕穫於貧賤，不充詘於富貴。不恩君王，不累長上，不
閔有司，故曰「儒」。今眾人之命「儒」也妄，常以儒相詬病。
[37]

　　就人格而觀，雖處貧賤，卻不移志，倘處富貴，亦不失節，能奉
公守法，善盡職責，公正清廉。「困於貧賤，若草之隕落，而失其生意
也……淫於富貴，志意充滿，而不能自強於義理也……言今眾人之命
爲儒者，本未嘗有儒之實，故爲人所輕，常以儒相詬病。若有儒行之
實者，不可得而詬病也。」[38]

　　李二曲認爲儒學本是以「經世爲宗」，「吾儒之教，原以『經世』
爲宗，自宗傳晦而邪說橫，於是一變而爲功利之習，再變而爲訓詁之
習。浸假至今，則又以善筆札、工講誦爲儒教當然，愈趨愈下，而儒
之所以爲儒，名存而實亡矣。」[39]「今之教者，不過督以口耳章句、
屬對作文，朝夕之所啓迪而鼓舞者，惟是博名媒利之技。蒙養弗端，
童習而長安之，以致固有之良，日封日閉，名利之念，漸萌漸熾。誦

35　同註5，頁112-113。
36　同註6，頁1408-1409。
37　同註5，頁113。
38　同註6，頁1409。
39　卷十四〈盩屋答問〉，頁122。

讀之勤、文藝之工，適足以長傲逐非、率意恣情。今須力反其弊，教子弟務遵此章從事。」[40]李二曲為恢復儒學本來宗旨，「使斯世見儒者作用，斯民被儒者膏澤」[41]反對「所學非所用，所用非所學」，也反對尋章摘句，高談性命，另一方面，更應當關心「生民之休戚、兵賦之機宜、禮樂之修廢、風化之淳漓」[42]而倡「明體適用」的主張。所提出經濟適用，「道不虛談，學貴實效，學而不足以開物成務，康濟時艱，真擁衾之婦女耳」[43]而發展出第三條路－「明體適用之實學」，聖賢千言萬語，為能使人了知「不過明此心，體此理，修此身」，人能從為己上用功，「古人為學之初，便有大志願、大期許，故學成德就，事業光明俊偉，是以謂之『大人』……吾人立志發願，須是砥德勵行，為斯世扶綱常、立人極，使此身為天下大關係之身，庶生不虛生，死不徒死。」[44]從「立志，當做天地間第一項事，當做天地間第一等人，當為前古後今著力擔當這一條大擔子，自奮自力。在一方，思超出一方；在天下，思超出天下。今學術久晦，人失其心，闡而明之，不容少緩。當與一二同心，共肩斯事，闡揚光大，衍斯脈於天壤。『救得人心千古在，勳名直與泰山高』，則位育參贊事業，當不藉區區權勢而立矣。」[45]不論資稟高下，皆可達到聖賢地位，可看出李二曲欲儒者齊職業、事業及志業，此學即是為己之學、儒者之學、盡性至命之學、大人之學、君子之學，聖人之學。

李二曲在面對時「儒」現況，產生相關的省思，即在面對儒者志於舉業，對於德業本懷漠不關心。在〈附錄三·二曲先生年譜〉就言及，當時士人除對於與科舉考試相關的《四書》、八股文予以閱讀之外，「餘書不知寓目」[46]，倘若談到「性鑑」，便以為涉獵龐雜，甚至對於

---

40 卷三十一〈四書反身錄·論語上·學而〉，頁429。
41 卷三十六〈四書反身錄·論語下·先進〉，頁480。
42 同註41，頁480。
43 卷七〈體用全學〉，頁54。
44 卷二十九〈四書反身錄·大學〉，頁404。
45 卷六〈傳心錄〉，頁46-47。
46 〈附錄三·二曲先生年譜〉，頁632。

李二曲「嗜古博稽」[47]，視之如怪物般，共相恥笑，並同情李二曲會如此，是因其「無師友指引正路，誤用聰明，不知誦文應考，耽誤一生，可惜！」[48]於是父兄子弟相互告戒，不要與李二曲接觸，原因有二，一是嫌其家貧，一是唯恐其他子弟效法李二曲而誤入歧途。清人吳懷情在此處按言「科舉時代，《四書》、八股外餘書不知寓目，舉世皆然。」[49]可知科舉流弊之害無窮。

　　但事實上，是否舉業真是一無可取，且舉業與德業二者之間，只能是水火不溶嗎？舉業為「言其修明體適用之業，舉而用之也，其制曷嘗不善。」[50]透過「試以《五經》《四書》，欲人之明其體也；試以論，欲人之有蘊藉也；試以策，欲人之識時務也。表以觀其華，判以驗其斷。」[51]但不可否認，舉業實有其陋習，高彙旃舉馮少墟曾言:『漢唐宋之制科，本無關於身心，殊非聖賢之務，若八股之業，所讀者，聖賢之書，所摹擬者，聖賢之語，只是不曾發得聖賢之心，故不能做聖賢之事，立聖賢之品。』[52]也就是科舉制度八股之業，其所閱讀的書籍是聖賢之書，所揣摩的言語，也是聖賢的言語，差別就在不能立聖賢之心之品，所以「今亦不須易業，只就其先資之言，而勉為實行，便是聖賢了。」[53]

　　《詩》及《禮》「未嘗不家傳而戶誦」[54]，《詩》「原鑑其善惡以淑心」、《禮》「準其儀節以律身」[55]，但現今景況是誦《詩》「惟諷誦其章句，講明先儒之所發明，以為舉業之資而已。」[56]讀《禮》「惟裁取可為科試題目，以為應識之備而已。」[57]可知不論誦《詩》或是讀《禮》

47　同註 46，頁 632。
48　同註 46，頁 632。
49　同註 46，頁 632。
50　卷十一〈東林書院會語〉，頁 97。
51　同註 50，頁 97。
52　同註 50，頁 97。
53　同註 50，頁 97。
54　卷三十四〈四書反身錄・論語上・泰伯〉，頁 463。
55　同註 54，頁 463。
56　同註 54，頁 463。
57　同註 54，頁 463。

自「肄習之始，便以弋名媒利爲事，而欲善心之興、律身之卓，何可得耶？然則屏舉業不事，專心致志，肄《詩》肄《禮》，惟藉以淑心律身可乎？」[58]所以，如此的誦《詩》讀《禮》表相上雖人人相同，但事實上是有天壤之別，倘能對其所誦之《詩》及所讀之《禮》，「一一反之於心，見之於行」[59]，如是出而應任制舉，乃是在其躬行心得之餘，所以「發之舉業，方爲有本之舉業」，且能達到「善心之興、律身之卓，益以舉業而達諸用，舉業即德業矣。」[60]

李二曲批評當時科舉取士之弊，因爲科舉取士連繫了利祿與讀書，使士人扭曲學問乃在濟世之本懷，反而紛紛，藉由讀書以中舉，全在圖謀功名利祿，如此，試場則名符其實，成爲個人追求名位利祿的最佳升仕管道。如此影響擴及，讀書人之學風及志節，完全蕩失無存，倘若使這般爲一己之私的讀書人，中舉當官，則蒼生百姓，如何期許他們能有經世濟民的作爲呢？且「當第之始，正養德養望之始，善自匡持，凡百勿異乎時。昔一峰念庵暨吾鄉涇野先生，並大魁天下，其居家處鄉，並謙謹恬靜，一如處子。提學高汝白之諸父，隱君子也，雖則教汝白以舉子業，每嘆曰：『可惜！可惜！假令得狀元，亦自枉過一生。』其後，汝白舉進士，以書督責之曰：『汝得一第，吾不爲喜而以爲憂，此後必浸放肆，可錄逐日言行寄我。』汝白歎曰：『吾終日在側，豈不我知，而憂我放哉？』試問一老家人。曰：『比舊漸不同矣。』乃驚懼，置一簿，錄其所爲，試自檢點，其過不可勝書，乃大激勵爲學，卒爲善士。」[61]

李二曲自覺做爲一個社會知識份子或者處於菁英團體的一份子，其理念理向或價值取向若已嚴重扭曲錯解，終日只知「獵榮網譽爲務；多材多藝，祇以增其勝心」[62]或者「誦讀《六經》、孔、孟之言，不過爲資聞見、博富貴之階梯，論者以爲經不燬於秦火，而燬於後儒之誦

---

58 同註 54，頁 463。
59 同註 54，頁 463。
60 同註 54，頁 463。
61 卷十八〈書三‧答惠少靈〉，頁 207-208。
62 卷二十九〈四書反身錄‧二曲先生讀四書說〉，頁 400。

言忘味。」[63] 一心全只圖謀個人身家的富貴利達，在權利名位等私利私益上作考量盤算，進而媚世媚俗，於世海中浮沈，完全將終極志抱與使命意識，拋之於九霄雲外。李二曲認為許多學者，「祇不過為青紫之階，而於先聖先賢之精意，不啻塵土視之，糟粕棄之。」[64] 誠如高宏害所言：「無奈以書本為敲門瓦，科名到手，書本棄去，一一盡是反做。」[65] 一旦獲取功名，便將往昔所讀聖賢言教拋諸腦後，功名已落入第二義，「自以為功名，卻不知『功名』二字，今人亦多認錯了。所謂功名者，有功於一方，有功於天下，有功於萬世。如伊周孔孟，得志則經綸參贊，兼善天下；不得志則紹前啟後，兼善萬世。自然天下頌之，後世傳之。不求名而名自隨，如形之必有影，是有功即有名也。而今童子進學，舉人登第，只知肥身家、保妻子，謂之富貴則可，謂之功名則未也。若謂真正學問，即功名已落第二義了。」[66]「自成名之說出，而天下後世之人，類多惟名是圖。為性分職分而學者，百無一二，為博學成名而學者，蓋千人而千、萬人而萬也。於是學尋章摘句，以科第成名，學詩學文，以風雅成名；學多材多藝，成名於天下；學著書立言，成名於後世。」[67] 對此漏洞流弊應予以端本清源。

　　雖然，國家取士制度有其衍生的相關問題，但須明瞭「國家設科取士特重經書，蓋欲世之學者實踐力行，而體用備具之儒，得以羅而貢之大庭。是則聖賢之所以垂教萬世，與國家之所以儲養真儒，惟篤行是尚，而不在乎詞章句讀語言文字間也。然而《四書》之在今日，固已家傳戶誦，未之有異矣；而求其紹聖賢之學，以慰國家之望者，抑何寡乏耶？豈非以窮年誦讀者，僅視為口耳之具、進身之階哉？」[68] 李二曲看到國家科舉取士的美意宗旨原在儲備培養真儒人才，但現狀卻悖離甚已淪喪為工具手段，成為通往求富貴、肥身家、保妻子的最

63　卷四十三〈四書反身錄・反身續錄序〉，頁 534。
64　同註 4，頁 23。
65　同註 50，頁 97。
66　卷三〈常州府武進縣兩庠彙語〉，頁 25。
67　卷三十五〈四書反身錄・論語上・子罕〉，頁 466。
68　卷二十九〈四書反身錄・四書反身錄序〉，頁 397。

佳捷徑，面對如此的萎靡之狀，李二曲欲穿透問題的核心，深刻的挖掘現象背後所潛隱的危機。他重申取士制度，「蓋欲讀者體諸身，見諸行，充之爲天德，達之爲王道，有體有用，有補於世也。國家頒《四書》於學宮，以之取士，非徒取其文也，原因文以徵行，期得實體力踐，德充道明，有體有用之彥有補於世也；而讀之果體諸身、見諸行，充之爲天德，達之爲王道，有體有用，有補於世乎？否則誦讀雖勤，闡發雖精，而入耳出口，假途以干進，無體無用，於世無補，夫豈聖賢立言之初心，國家期望之本意耶？」[69]李二曲所關心在於所學習誦讀的，是否能親履實踐，使天德王道、體用兼具，俾益於世道人心。

第二節　李二曲對「眞儒」之闡釋

　　李二曲的治學態度，具有相當開闊的胸襟，李二曲治思想史出入各家（含釋道）、面對儒學內部的不同流派（程朱陸王），又能透過批判反省各家、融攝各家，另對當時之外域西學，亦皆包容納入，融貫古今，以古爲主幹，對今修正時弊，使其適時恰分。透過古今之辨，古之儒者治學態度彰顯，以鮮明對比手法強烈反襯時人爲學所圖，足起震懾人心，當下令人汗顏。儒者之教的終極典範，不應陷於章句、功利。李二曲對朱學科舉所衍生相關弊病，欲探究其層層相因的問題所在，是否儒學在走向軌道已有小幅改變，或已質變，偏離原之初衷已遠，是否麻痺或不自覺，而卻「枝枝葉葉外頭尋」[70]，或者放任或假藉其名，只爲獲取個人生活之舒適，仕途之順遂，士風學風已蕩然無存，或者諸多已流爲僵化或突具外在形式，其內在本質義已被隱蔽遺忘甚至取代，完全功利導向。

　　當然，李二曲也體認到，王學末流所帶來的空疏弊端，所以雖肯認王學對本體部分的貢獻，但爲防弊，須資以朱學的下學工夫。可知，

---

69 卷二十九〈四書反身錄·識言〉頁 396。
70 卷十三〈關中書院會約·會約〉，頁 115。

歷來儒者處理的問題，在與時代脈動之互動衝撞，不是消極逃避而是予以選擇決取，當傳統舊習之見解，已不再是萬靈丹時，須尋覓出一條新的活路，提出具啓迪人心智慧，發人深省之真知卓見，因而絕不是單純的舊瓶新裝或折衷，必定加入時代的新元素，賦予新義。李二曲關於會通儒釋、朱陸、朱王之長的學術理論，爲一精湛學術理論原則，且將其轉化爲一種方法論原則和具體方法，貫穿在建構論證其「體用全學」的操作過程中。其開列「明體適用」之書單即如一張索驥圖，或如練功前奏基礎工夫須紮穩。李二曲的「體用全學」即爲明體適用之學、內聖外王之學，即爲君子、大人之學、盡性至命之實學、儒者之學、博學，李二曲認爲須具志向、志節才能治學，他一再揭舉儒者應具之「爲天地立心，爲生民立命，爲往聖繼絕學，爲萬世開太平」的使命意識，此與假學、俗學實有天壤之別。

　　透過李二曲的思想用語中，可覺察其對當時學術社會種種狀況，進行許多的反思批判，提出其所期許的理想人格典範之性格或內涵基礎爲何，所以他常用真儒、真心、真人、真學、真養、真知、真鍊、真口訣、真品、真才、真隱、真剛、真修實證、君子儒、大人儒等辭彙，而與假儒、俗儒、霸儒、腐儒、應付儒、小人儒等類型做區別，企圖彰顯學術知識份子的本質義涵及功能施爲。

　　要做真儒，就必須知儒之所以爲儒的道理，及身爲儒者所應踐履的德行，並在現實生活情境中踐履「真儒」之行。真儒的內涵特徵：

> 德合三才之謂儒。天之德主於發育萬物，地之德主於資生萬物，士頂天履地而為人，貴有以經綸萬物。果能明體適用而經綸萬物，則與天地生育之德合矣，命之曰「儒」，不亦宜乎！71
> 能經綸萬物而參天地謂之「儒」，務經綸之業而欲與天地參謂之「學」。……儒者之學，明體適用之學也。……其實道學即儒學，非於儒學之外別有所謂道學也。72

　　李二曲以德合三才來定義儒，天德發育萬物，地德資養萬物，士

71　同註39，頁120。
72　同註39，頁120。

人頂天立地，能經綸天地間之萬物。李二曲以具有「明體適用」能「經綸萬物」、「合天地生育之德」來定位儒。既然「儒」是能經綸天下萬物而參贊天地化育，因此真能務實實踐此內涵、特色者即為「儒學」。「立人、達人，轉相覺導，由一人以至於千萬人，由一方以至於千萬方，使生機在在流貫，便是為『為天地立心，為生民立命』。」[73]李二曲也透過文字定義及配合其「體用全學」架構來呈顯「儒」的內涵：

> 「儒」字從「人」從「需」，言為人所需也。道德為人所需，則式其儀範，振聾覺瞶，朗人心之長夜；經濟為人所需，則賴其匡定，拯溺亨屯，翊世運於熙隆：二者為宇宙之元氣，生人之命脈，乃所必需，而一日不可無焉者也。然道德而不見之經濟，則有體無用，迂闊而遠於事情；經濟而不本於道德，則有用無體，苟且而雜乎功利：各居一偏，終非全儒。……道德經濟備而後為全儒。如是則窮可以儀表人群，達則兼善天下，或窮或達，均有補於世道，為斯人所必需，夫是之謂「儒」，夫是之為「君子」。[74]

> 儒有博學而不窮，篤行而不倦……儒有澡身而浴德。[75]

上述引文所呈顯之義涵，可分為五點：一、儒乃人與需；二、道德與經濟；三、有體無用；四、有用無體；五、全儒、士、君子。儒者就其字形從人從需，所為人所需求；而道德與經濟都是人所需要的，道德具有規範行為，啟明人心的作用，經濟能使社會進步安定，世運昌隆。二者皆是人所必需的，且不能一日無此二者。而道德與經濟二者的關係，為體用關係，缺其中之一而向另一方傾斜皆不可，若偏向其中另一方則無法為「全儒」。例如具道德乏經濟，則是有體無用，會落於迂腐空疏，不能致遠利生；若有經濟而缺道德，則是有用無體，則易營計於自利。唯有道德與經濟皆具者才足以稱為全儒，如此的儒者，在面對其生活實踐場域，因際遇窮達之不同，對天下人有其不同

---

73 卷二〈學髓〉，頁 19。
74 卷三十三〈四書反身錄・論語上・雍也〉，頁 450。
75 同註 5，頁 112。

的功能作用，「士人立身，無論顯晦，俱要有補於時。在位，則砥德勵行，表正人倫於上；在野，則砥德勵行，表正人倫於下。所謂在朝在野皆有事是也。」[76]窮時，其行為足為時人的典範；達時，則能將明體適用推展，進而澤施蒼生百姓，所以為眾人所需的叫做儒，也是君子。

> 士人儒服儒言，咸名曰「儒」，抑知儒之所以為儒，原自有在也。
> 夫儒服儒言，未必真儒，行儒之行，始為真儒。[77]

李二曲認為「真儒」，不在其外在穿著儒者服飾，而是在其是否真正踏實踐履儒者應為的行為，李二曲在卷十三〈關中書院會約〉中即談到〈儒行〉。李二曲曾勒《儒鑑》一書，其中收錄時間自「上自孔、曾、思、孟，下至漢、隋、唐、宋、元、明諸儒」[78]，記載有關「事功、節義、經術、文藝，兼收并包」[79]，希望使著儒冠儒服者，能有所考核借鏡，「知所從事，念非切己急務，遂輟不復為。」[80]

李二曲的中州後學劉青霞在〈四書反身錄序〉：

> 竊歎四子之書乃孔曾思孟內聖外王之具，明體達用之學，而古今常存、人心不死者恃有此也。以故國家設科取士特重經書，蓋欲世之學者實踐力行，而體用備具之儒，得以羅而貢之大庭。是則聖賢之所以垂教萬世，與國家之所以儲養真儒，惟篤行是尚，而不在乎詞章句讀語言文字之間也。[81]

上述引文具有幾項關係：聖賢與四書、四書與學者、明體適用與國家科舉考試制度。李二曲期許儒者不是徒會背誦四書，盡而藉由科舉考試，一登仕第，完全把閱讀聖賢書的本義本懷忘得一乾二淨，李二曲闡明聖賢著述，皆是明體達用之學，內聖外王之具。國家科舉考試乃作為擇選及儲養修己務實之儒、體用備具之儒、道德經濟備之儒。

---

76 卷五〈錫山語要〉，頁 39-40。
77 同註 75，頁 110。
78 卷十六〈書一・答吳野翁〉，頁 154。
79 同註 78，頁 154。
80 同註 78，頁 155。
81 同註 68，頁 397。

期許儒者能注重反躬實踐，救補世道人心，非陷溺章句背誦或文字遊戲間。當一個知識份子所關心不再只陷溺於個人仕途功名、身家富貴利達之時：

> 「學不志穀」，方是實學，方為有志。實學道德，自不志於功名，實為身心性命，自不念及於富貴利達。[82]

也唯有如此的立志、價值取向，才是實學道德，才是身心性命之學。

> 須明古今法度，通之於當今而無不宜，然後為全儒，而可以語治平事業；須運用酬酢，如探囊中而不匱，然後為資之深，取之左右逢其原，而真為己物。[83]

一個全儒者，須通曉古今典章制度，以資外王之具，如囊中取物，易如折枝，左右逢原，在適用時才真能游刃有餘。一個儒者要能體用兼賅，當然，其本身須具有自覺自奮之力，能具有超拔脫俗之行誼：

> 須勇猛振奮，自拔習俗，務為體用之學。澄心返觀，深造默成以立體；通達治理，酌古準今以致用，體用兼該，斯不愧鬚眉。[84]

學問旨在盡性至命、安身立命[85]，主軸重心確立，價值層級綱舉目張，而非望文生義，依文解義，慣性地朗朗上口，世人趨炎附勢，大都攀附權貴，以手段為目的，自私用智，終無法安頓滿全其生命價值。

> 故君子於學也，隱而幽獨危微之介，顯而人倫日用之常，以至古今致治機歟，君子小人情偽，及禮、樂、兵、刑、賦、役、

82　同註 54，頁 464。

83　卷十六〈書一‧答王天如〉，頁 163。

84　同註 44，401。

85　「吾人一生，凡事皆小，性命為大；學問喫緊，全在念切性命。平日非不談性說命，然多是隨文解義，伴口度日，其實自有性命，而自己不知性，不重命，自私用智，自違天則，性遂不成性，而命靡常厥命。興言及此，可為骨慄。誠如人生惟此大事，一意凝此，萬慮俱寂，炯炯而常覺，空空而無適，知見泯而民彝物則，秩然矩度之中，毫不參一有我之私。成善斯成性，成性斯凝命矣，此之謂『安身立命』」。(卷三十〈四書反身錄‧中庸〉，頁 414-415)

農、屯，皆當一一究極，而可效諸用，夫是之謂大人之學。[86]

君子不論處於隱或顯，窮或達，若能達對於往古來今的治平事業之運作訣竅，或關於文化教養、兵法軍事、經濟農田水利等制度，都應逐一窮究，效法學習，以達到經世致用之效。

李二曲透過其所建構之「體用全學」來檢視，儒者是否真足以堪稱為儒者？李二曲以「明體適用」作為劃分標準，對缺乏其中一部分或二部分皆缺者，區分出三類：

> 明體而不適於用，便是腐儒；適用而不本明體，便是霸儒；既不明體，又不適用，徒滅裂於口耳伎倆之末，便是異端。[87]
> 明體而不適用，失之腐；適用而不明體，失之霸。腐與霸，非所以言學也。[88]

一為「明體不適用」的「腐儒」；二為「適用不明體」的「霸儒」；三為「不明體不適用」的「異端」。對於腐儒的界定，可知腐儒為不具外王之具，無下學工夫，不能經綸天下萬物：

> 居敬而不窮理，則空疎無用，而究不足以經世宰物，便是腐儒。[89]

至於「異端」，則是其內心完全為人，為一己之自私自利，不具絲毫康濟群生之淑世情懷：

> 離人無所為我，此心一毫不與斯世斯民相關，便非天地之心，便非大人之學，便是自私自利之小人儒，便是異端枯寂無用之學。吾輩須為天地立心，為生民立命。窮則闡往聖之絕詣，以正人心；達則開萬世之太平，以澤斯世。豈可自私自利，自隘其襟期。[90]

面對個體與群體之關係，要具有志抱為天地立心，為斯世生民百姓之福祉著想，面對時遇之窮達屈伸，作不同的社會貢獻，這才是大

---

86 同註 76，頁 40。
87 同註 39，頁 120。
88 卷七〈體用全學‧識言〉，頁 48。
89 卷十五〈富平答問〉，頁 126。
90 卷二十八〈司牧寶鑑‧司牧寶鑑序〉，頁 368。

人之學。但也有將利字擺中間,「其有閉戶讀書,雞鳴吟誦,人人便欽其篤志,稱其好學,卻不知彼終日揣摸者,全在富貴利達,起心結念,滿胸成一利團。如此爲學,即終日懸梁刺股,囊螢映雪,忘食忘寢,亦總是孜孜爲利,與大舜分途者也。」[91]另外對於經書與閱讀者關係:

> 誦經讀書,見聞淵博,而闇於政事,短於辭令,此章句腐儒之
> 常,猶無足怪;惟是藉經書以行私,假聖言以文奸,政事明敏,
> 辭令泉湧,適足以助惡而遂非,其爲害有甚於腐儒,乃經學之
> 賊、世道之蠹也。[92]

李二曲認爲就儒者本身內部有一種爲章句腐儒;另一種爲經學盜賊、世道蠹蟲,爲假藉讀聖賢書,進而欺世盜名。後者對社會的爲害所導致的殺傷力,乃遠超乎腐儒的影響力。耽溺於章句文義的腐儒所表現的常態,雖具學問廣博,但有一重要弊病,即其不具外王表現。可知,李二曲相當重視在個人修養及其身所對之世界(公共領域),兩者的關係如何維持一種平衡:

> 士君子立身行己,固不可取媚於世,爲浮沈苟免之計,然亦不
> 可戾世取禍,須權衡於身世之間,既不失身,又不戾世,始爲
> 無弊。[93]

君子立身行世,不應媚俗從眾,隨俗浮沈,不應太多之算計利害之心,迷失沈淪於患得患失之世俗塵海中。

其次,李二曲亦對儒學與俗學做了區判:

> 能經綸萬物而參天地謂之「儒」,務經綸之業而欲與天地參謂之
> 「學」。儒而不如此,便是俗儒;學而不如此,便是俗學。俗儒、
> 俗學,君子深恥焉。[94]

與儒者的內涵及儒者所學習的理念取向不同者,即爲俗儒及俗學,身爲君子或者一位儒者是深恥居於俗儒、俗學之列。俗學一方面亦在對於明體不透徹:

---

91 同註 66,頁 26。

92 卷三十八〈四書反身錄‧論語下‧子路〉,頁 489。

93 卷三十三〈四書反身錄‧論語上‧公冶〉,頁 445。

94 同註 39,頁 120。

窮理而不居敬，則聞見雖多，而究無以成性存存，便是俗學。[95]

以李二曲「體用全學」而言，聞見窮理只完成「明體中之功夫」。

> 大凡立志，先貴脫乎流俗，是故行誼脫乎流俗，則為名人；議論脫乎流俗，則為名言。果能擺脫流俗，自然不埋於俗、安於俗。而不思脫俗者，斯其人固已惑矣；欲脫俗而又欲見信於俗，則其惑也不亦甚乎！[96]

所以學者在立志或議論時，貴在能擺脫流俗，不將己之志向志抱所言所學，為個人私利營計所浸滲埋沒。

「體用全學」能明辨「為己之學」及「為人之學」[97]。「為學所以自盡其心，自復其性，非以炫彩矜名也。須是刊落聲華，潛體密詣，纔有一毫露聰明、逞修能之意，便是表暴，便是務外。務外則心勞日拙，縱使行誼超卓，亦總是因人起見，本實先撥，天機絕矣，烏足言學？」[98]

> 為己則潛體密詣，兢兢焉惟恐己心未澄、己性未明、己身未修、己德未成，己以外自不馳騖。迨身修德成，己立己達，宇宙內

---

95 同註 89，頁 126。

96 同註 39，頁 119-120。

97 「古人之學多為己，今人之學多為人。夫子教子夏，所以有『君子儒』、『小人儒』之分，而君子、小人之分，只在立心上辨別。為己之學，事事從自己身心上體認，絕無一毫外炫；為人之學，不但趨名趨利，為聖賢所棄，即聰明才辯，無一可恃。故聖門如子貢，夫子不取而獨取顏子。顏子何等聰明，夫子只取他『不遷怒，不貳過』，蓋顏子一味為己，只在心地上用功故也。人能從為己上用功，不論資稟高下，箇箇可造到聖賢地位。……為己之學，不過明此心，體此理，修此身。此心未發之前要涵養，既發之後要省察，總不外日用常行、綱常倫理閒，隨時隨處體認而已。夫子說『三畏』，說『九思』，《中庸》說『戒懼慎獨』，孟子說『求放心』，總是令人收拾身心，不致放逸。此便是聖賢為己根本。古人學知求本，父兄相戒，子弟相規，只在此處，別無他道。今人教子弟，自六七歲讀書時，惟是富貴利達，子弟自受學之初，便已種下務外的種子。故朝夕所從事者，名利而已，與人會聚，言及名利則欣悅，言及修己治人，不以為迂，則以為異。此古今人之所以不相及也。而猶居之不疑，自以為功名，卻不知『功名』二字，今人亦多認錯了。所謂功名者，有功於一方，有功於天下，有功於萬世。如伊周孔孟，得志則經綸參贊，兼善天下；不得志則紹前啟後，兼善萬世。自然天下頌之，後世傳之。」（同註 66，頁 24-25）

98 同註 45，頁 45。

事，皆己分內事，立人、達人，莫非為己。其心在為人則反是，不但攻記誦、組詞翰是為人，即談道德、行仁義，亦無非為人。故理學、俗學，君子儒、小人儒，上達、下達之所由分，分於一念之微而已。[99]

　　為己之學為理學、為君子儒、真儒、大儒，其所具之特徵能由身修德成，透過己立己達，才能立人達人；若是為人之學則為俗學、為小人儒、俗儒、應付儒，惟空談道德、行仁義、致力於記誦辭藻。孔子謂：「古之學者為己，今之學者為人。」[100]、「子路問君子。子曰：『修己以敬』。曰：『如斯而已乎？』曰：『修己以安人。』曰：『如斯而已乎？』曰：『修己以安百姓，堯舜其猶病諸？』」[101]、「子貢曰：『如有博施於民，而能濟眾，如何？可謂仁乎？』子曰：『何事於仁？必也聖乎！堯舜其猶病諸！』」[102]

古之學者「為己」，「君子儒」也；今之學者「為人」，「小人儒」也。[103]

「君子儒」為天地立心，為生民立命，為往聖繼絕學，為萬世開太平；「小人儒」則反是。[104]

　　李二曲勾勒君子儒的志抱，「為天地立心，為生民立命，為往聖繼絕學，為萬世開太平」，小人儒是不具如此淑世胸襟及使命責任感。換言之，「大人所期，原自與小人異。小人於稼圃之外，無復關懷，大人則志在天下國家。」[105]「向來所為是小人，從今一旦改圖，即為君子矣。當此之際，不惟親戚愛我，朋友敬我，一切人服我，即天地鬼神亦且憐我而佑我矣。」[106]

僧有禪宗、有應付，道有全真、有應付，儒有理學、有應付，

99　卷三十九〈四書反身錄・論語下・憲問〉，頁494。
100　《論語・憲問》。
101　同註100。
102　《論語・雍也》。
103　同註74，頁450。
104　同註74，頁450。
105　同註76，頁40。
106　卷一〈悔過自新說〉，頁3。

咸一門而兩分之，內外之分也。噫，讀儒書，冠儒冠，置身於
儒林，既以儒自命，乃甘以應付儒結局生平乎？然則必何如而
後可？曰：孔子對哀公儒服之問，〈儒行篇〉載之詳矣。誠自振
自奮，自拔於流俗而允蹈之，便是真儒、大儒、「君子儒」，否
則終是俗儒、應付儒、「小人儒」，而猶居之不疑，自以為儒，「儒」
豈如是耶？[107]

惟志不在安飽，其品格始定；志不在安飽，於道誼始專；處不
為安飽之圖，則出必不為肥家之計。如此方為君子，否則便是
小人。[108]

有些人不自覺，以為透過外在形式，例如學習教材、衣著服飾、
置身場域等諸般條件之貌似甚或等同，就好似找到一安全避風場域，
即合理自視為一儒者不作他想，自我麻痺沈醉，毫無自我省察之敏銳
力。殊不知儒有理學與應付之兩種，要能自覺區判是否真修實證，自
我振奮自覺，具有超拔流俗之毅行。

今人初學之日，便是「志穀」之日。揣摩帖括，刻意雕繪，疲
精竭神，窮年累月，無非為穀而然，此外無志，故此外無學。
夫惟此外無志，是以修己務實之儒，世不多見，以致修己務實
之業，無人講求，士趨日卑，士風日壞，病正坐此，可勝歎哉！
[109]

反觀現今學者，初學立志不在修己務實，全在志穀，致力文藻雕
繪，窮神耗命，積年累月無不在富貴利達上鑽研，實無志無學，此乃
士風之敗壞惡源之所在。

再而，對於博學與雜學之區判：

君子為學，貴博不貴雜，洞修己治人之機，達開物成務之略。
如古之伊、傅、周、召，宋之韓、范、富、馬，推其有足以輔
世而澤民，而其流風餘韻，猶師範來哲於無窮，此博學也；名

---

107 同註 74，頁 451。
108 同註 40，頁 430。
109 同註 54，頁 464。

> 物象數，無賾不探，典故源流，纖微必察，如晉之張華、陸澄，
> 明之升菴、弇山，叩之而不竭，測之而益深，見聞雖富，致遠
> 則乖，此雜學也。自博雜之辨不明，士之緟故紙、泛窮索者，
> 便侈然以博學自命，人亦翕然以博學歸之，殊不知役有用之精
> 神，親無用之瑣務，內不足以明道存心，外不足以經世宰物，
> 亦祇見其徒勞而已矣。[110]

博學者具有化民成俗，澤施百姓，其樹立之典範價值，行遠有耀，
博學即明體適用之學，兼具修己治人開物成務。雜學者雖窮盡見聞，
但無法致遠，徒以有用之精神親無用之繁瑣雜務。

> 肯為身心性命而博，則凡有補於身心性命之人，無不咨叩，有
> 補於身心性命之書，無不綜核，惟恐墮於一偏，不能洞徹身心
> 性命之全。故四通八達，不執一隅之見，徧訂互證，諄懇詳說，
> 務其至當歸一，斯用功方有著落，身心性命方有歸宿。若止欲
> 廣見聞以儲詩文材料，知人之所不知，以資談柄，此是雜學非
> 「博學」，其說雖詳，徒掉脣舌，北轅南轍，入於陷阱而無歸宿，
> 可哀也已！[111]

博學的前提綱領要能把握，即出發點乃在為身心性命之全。所以
對於身心性命有幫助之聖賢應予以學習，對有益於此的書籍，亦應綜
覽契入核心。否則，若徒落於詩文材料之儲藏記憶，藉以勝負口舌之
諍，李二曲評此為雜學。

> 縱博盡羲皇以來所有之書，格盡宇宙以內所有之物，總之是騖
> 外逐末。昔人謂「自笑從前顛倒見，枝枝葉葉外頭尋」，此類是
> 也。[112]

對於本末內外要能辨明，否則就算博覽群書，窮盡宇宙天下之物
理乃是屬枝節末葉之事。

最後，李二曲以「內足以明心見性，外足以經綸參贊」來區判大

---

110 同註 89，頁 125-126。
111 卷四十二〈四書反身錄·孟子下·離婁〉，頁 521。
112 同註 44，頁 405。

道與小道：

> 「小道」……在今日詩文字畫皆是也。為之而工，觀者心悅神
> 怡，躍然擊節，其實內無補於身心，外無補於世道，「致遠恐泥」，
> 是以知道君子「不為」也。……豈可全不為，顧為須先為大道，
> 大道誠深造，根深末自茂，即不茂亦不害其為大也。……問大
> 道，曰：內足以明心盡性，外足以經綸參贊，有體有用，方是
> 大道，方是「致遠」；其餘種種技藝，縱精工「可觀」，皆不足
> 以「致遠」，皆「小道」也，皆不足為。[113]

小道對身心世道皆無關注，傾注心力於詩文字畫等諸種技藝的經
營，此種精緻巧工，雖能讓鑑賞者心曠神怡，但對身心世道無任何助
益，不能致遠；大道即有益身心世道。

李二曲區分體用關係：

> 如「明道存心以為體，經世宰物以為用」，則「體」為真體，「用」
> 為實用。……苟內不足以明道存心，外不足以經世宰物，則「體」
> 為虛體，「用」為無用。[114]

體用的關係有二種：一為真體真用，即能「明道存心，經世宰物」，
為具內聖與外王；一為虛體虛用，內聖外王皆無法達致。

> 立身要有德業，用世要有功業。德業須如顏、曾、思、孟、周、
> 程、張、朱，功業須如伊、傅、周、召、諸葛、陽明，方有體
> 有用，不墮一偏。[115]

立身與用世，即儒者之內聖與外王，內要有德業，外要有功業，
德功合一，不失一偏，體用兼賅之真儒者。若能具有真心，此心即是
具有羞惡之恥心，及道德經濟皆具於心者，此人才是真人，此學才是
真學，如此方立大本而有源。

> 論學於今日，不專在窮深極微、高談性命，只要全其羞惡之良，
> 不失此一點恥心耳。不失此恥心，斯心為真心，人為真人，學

---

113 卷四十〈四書反身錄・論語下・子張〉，頁507。
114 卷十六〈書一・答顧寧人先生〉，頁149-150。
115 卷十五〈富平答問・附授受紀要〉，頁136。

> 為真學，道德、經濟咸本於心，一真自無所不真，猶水有源，
> 木有根；恥心若失，則心非真心，心一不真，則人為假人，學
> 為假學。道德、經濟不本於心，一假自無所不假，猶水無源，
> 木無根。116

對比於真心真人真學，為不具羞惡恥心的假心假人假學，是無源無根的。透過本立，即內聖修養之完成，進而達道行，在外王表現能經世宰物，如此內外交養，此為盡性至命之實學117：

> 學不信心，終非實學；仕不信心，經綸無本。成己而後能成物，
> 自治而後可治人。118

儒者透過自我的實現，自身之修養的完成，推而廣致萬物百姓，由己立己達向外輻射立人達人治人。

第三節　注重實修實證、強調靜坐觀心

前文已就李二曲「體用全學」之理論，包括本體論、修養論、境界論、德行之知及體用論舖陳，並闡明李二曲對時「儒」之反思及對「真儒」之闡釋，足資對李二曲「體用全學」有概括的認識。歷史上每位時代思想家都有自己學說的特徵，尤其李二曲「體用全學」注重實修實證、強調靜坐觀心、和會學術異同、重視經世致用，由此而展顯其思想的特色。

一、注重實修實證

李二曲的「體用全學」具有濃厚的實踐色彩，范鄗鼎稱讚李二曲：

---

116 同註 92，頁 491。
117 「終日欽凜，對越上帝……內外交養，湛然無適，久則虛明寂定，渾然太極，天下之大本立矣。大本立而達道行，以之經世宰物，猶水之有源，千流萬派，自時出而無窮。然須化而又化，令胸中空空洞洞，無聲無臭，夫是之謂盡性至命之實學。」（同註 115，頁 135）
118 同註 93，頁 446。

「竊窺先生之學，全在躬行；其躬行之實，在安貧改過……先生之安貧改過，蓋非託之空言，實有見諸行事之深切著明者。」[119]

　　《關中三李年譜・二曲先生年譜附錄上》唐鑒所撰之〈國朝學案〉亦載：「先生學在反身，道在守約，功在悔過自新……先生處處從身上驗真修，事事從約中求實踐。而猶謂踐履弗篤，躬實未逮，口頭聖賢，紙上道學，張浮駕虛，自欺欺人，墮於小人禽獸之歸。自反之嚴亦至矣，曾子『十目』、『十手』，何以異乎！夫先生之嚴如此，篤守程、朱諸錄，及康齋、敬軒等集，可以盡下學之功。或者自反之初，亦有取於陸之本體乎？觀其謂『《六經》皆有注腳，爲象山之失；滿街都是聖人，爲陽明之失』，則其確示程朱家法，亦大可知矣。」[120]

> 重實行，不重見聞；論人品，不論材藝。夫君子多識前言往行，原為畜德；多材多藝，貴推己及人，有補於世。若多聞多識，不見之實行以畜德，人品不足，而材藝過人，徒擅美炫長，無補於世。以之誇閭里而驕流俗可也，烏足齒於士君子之林乎！[121]

李二曲重視實行甚於見聞，對於人格的注重甚於專長才藝，因為博聞多識，原在能蓄厚養德，進而推己及人，有補世道人心；但倘若徒有廣博聞識，卻不能躬行實踐，如此無法蓄德及人，或是人品操守有瑕疵卻徒有才藝，則容易炫耀誇揚己長，如此亦是無補於世道人心。李二曲認為知識份子要能明識時務：

> 學人貴識時務，《奏議》皆識一時之務者也。……右自《衍義》以至《奏議》等書，皆適用之書也。噫！道不虛談，學貴實效，學而不足以開物成務，康濟時艱，真擁衾之婦女耳，亦可羞已！[122]

道不在嘴上吹噓，學重在實際效用，要具開物成務，能康濟時艱

---

119 〈附錄四・二曲集序〉，頁 740。
120 〔清〕吳懷清撰；〔當代〕陳俊民校編：《關中三李年譜》，台北：允晨文化，1992，頁 161-162。
121 同註 115，頁 136-137。
122 卷七〈體用全學〉，頁 54。

的有用之學。李二曲強調「戒空談，敦實行。」[123]就如同行步應要腳踏實地，切忌憑虛蹈空，倘若輕忽低視言行的踐履，而高談潤論性命，便是憑空蹈虛，究非實分。識心悟性，實修實證，在閱讀書籍時，應持：

> 凡閱一章，即思此一章與自己身心有無交涉，務要體之於心，驗之於行。[124]

書籍文章乃聖賢所體貼的真理，可視為道的載體，因此，透過實修實證，心體行驗聖賢立書之旨，才能對自家身心有助益。

> 讀聖人之書，而不能實體諸躬，見諸行，徒講說論撰，假途干榮，皆侮聖言也。[125]

相反，若閱覽聖賢之書，卻無法躬行實踐，只是空講杜撰，為求升仕，這是低侮聖人立言之旨。

> 為政欲速非善政，為學欲速非善學。王道無近功，聖學無捷效。[126]

而不論為政或是為學，欲速則不達，速政即非善政，速學即非善學，王道之成，亦是透過長時的良政耕耘，使人民蒙受恩澤；相同的，為聖之學，也是沒有捷徑，更無立竿見影之效，須靠長期不懈地努力。

> 用力喫緊之要，須著著實實，從一念獨知處自體自認，自慎幾微，此出禽入人，安身立命之大關頭也。此處得力，如水之有源，千流萬派，時出而無窮矣。若祇在見解上湊泊，格套上摹倣，便是離本逐末，舍真求妄，自蔽原面，自梏生機。[127]

李二曲指出讀書人的通病之一，在易於「道聽途說」：

> 「道聽途說」，乃書生通病，若余則殆有甚焉。讀聖賢遺書，嘉言善行，非不飫聞，然不過講習討論，伴口度日而已，初何嘗

---

123 同註 40，頁 456。

124 卷十三〈關中書院會約‧學程〉，頁 116。

125 卷三十八〈四書反身錄‧論語下‧季氏〉，頁 500。

126 同註 92，頁 490。

127 同註 70，頁 114。

　　實體諸心、潛修密詣以見之行耶？[128]

　　閱讀聖賢所流傳下來的珍貴豐富資源，美言善行都是讀者學習的典範目標，但往往卻將其徒落於口舌爭辯，或流於慣性的朗誦，無心口合一去實踐，亦即無深刻地透過體驗於心，及由內化於心，而自然行諸於外在的行為表現。

　　　　千古聖賢，皆從兢業中成。吾人不真實為己則已，苟真實為己，須終日乾乾，如涉春冰。如是則天理常存，而此心不死。故區區嘗謂堯舜十六字心傳，須濟以「戰戰兢兢，如臨深淵，如履薄冰」十二字，工夫方有下落。[129]

　　而歷來的聖賢人格的完成，乃是透過一步一腳印，踏踏實實地在終日乾乾，以戰戰兢兢，如臨深淵，如履薄冰的憂患自覺中，虔敬畏懼自身修德恐有懈怠，如此才能天理常存，人欲弗雜，如此工夫才有著落。

　　　　人苟知學，須時時向自心隱微處，自參自求，自體自認，不拘有事無事，閒中忙中，綿密勿輟。[130]

　　人在學習當中，也必須是時時刻刻，自我檢視內心隱微處，以自參自求，自我體認，這番功夫是無間於有事無事，或閒或忙，是綿密不斷的。

　　　　譬之行路，雖肯向前直走，若遇三岔歧路，安得不問，路上曲折，又安得不一一辨明。故遇歧便問，問明便行，方不託諸空言。若在家依然安坐，只管問路辨程，則亦道聽塗說而已矣。[131]

　　雖強調自參自求，努力用功，但是倘若內心有疑慮，就如同行至三岔路，對於方向必須問清，才能繼續向前邁進，學問實踐上的疑難之處，也要能辨明清楚。如此才能遇疑即問，問明即行，才不徒流空言，如此理論與實踐是不斷地相輔相成，理論指導實踐，而透過實際操作，實證理論，融會深化。李二曲揭示實修實證的見解，可作為其

128　卷三十九〈四書反身錄・論語下・陽貨〉，頁503。
129　卷十〈南行述〉，頁75。
130　同註129，頁80。
131　同註70，頁115。

思想的主要特色。

二、強調靜坐觀心

　　李二曲主張「以尊德性爲本體，以道學問爲工夫，以悔過自新爲始基，以靜坐觀心爲入手。」[132]由此可知，李二曲「體用全學」特色之一即在強調靜坐觀心，以下即就靜坐之效、靜坐之境、靜坐時程等面向予以闡述。《關中三李年譜・二曲先生譜附錄下》倪元坦撰〈二曲集錄要序〉：「自有明以來，重悟出，者鮮實修，重修者鮮實悟；重悟者以力行爲徇迹，重修者以真知爲騖空。至先生出，而學者皆知實修、實悟兩不可缺，確然有所宗守。」[133]

　　《關中三李年譜》之〈二曲集錄要序〉[134]記載曾有門人請益李二曲靜坐工夫是否近禪？李二曲回以：「此學髓也，小子何敢妄言。」也就是靜坐工夫不是李二曲妄言發明的，李二曲認爲是承續先賢立教，證據就在濂洛關閩之說。過去周濂溪作《太極圖說》倡言「主靜，立人極。」在其《通書》也說「一者無欲也，無欲則靜虛動直。」周子（1017~1073）之學再傳至二程，程明道（1033~1107）告訴謝良佐（1050~1103）：「爾輩在此相從，只是學某言語，故其學心口不相應，盍若行之？」謝良佐請問，明道答以且靜坐。「伊川每見人靜坐，便嘆其善學。」程子之學傳於張橫渠（1020~1077），又傳於楊龜山（1053~1135），楊龜山的靜坐體驗：「中立最會得容易，三日，即驚汗浹背」而言：「不至是，幾虛過一生矣。」之後侍席二十餘年，後又築室山中，絕意仕進，整日端坐。李延平（1093~1163）從學於羅豫章（1072~1135）時，相對靜坐纍年，盡得所傳之奧。李延平退而屏居山田，結茅水竹之間，謝絕世故，餘四十年，食飲或不充，而怡然自得。李延平在講誦之餘，危坐終日。嘗答朱子（1130~1200）書曰：

132　〈附錄二・誌傳・國史儒林本傳〉，頁602。
133　同註120，頁183。
134　同註120，頁183。

「某曩時從羅先生學問，終日相對靜坐，只說文字，未嘗及一雜語。先生極好靜坐，某時未有知，退入室中，亦只靜坐而已。先生令靜中看喜怒哀樂未發之謂中，未發時作何氣象。此意不惟於進學有力，兼亦是養心之要。」[135]往後，朱子從學於李延平，也時時靜坐。朱熹認為：「靜坐則收拾得精神定，道理方有湊泊處。」[136]他也提及其有時靜坐，亦被批評為學禪：「須是靜，方看得道理出。廬山諸人如蔡元思、胡伯量輩，皆不肯於此著功，見某有時靜坐，諸公皆見攻，以為學禪，雖宏齋亦不能不以為慮也。」[137]朱熹認為「李先生教人，大抵令於靜中體忍，大本未發時氣象分明，即處世應物，自然中節，此乃龜山門下相傳指訣。然當親炙之時，貪聽講論，又方竊好章句訓詁之習，不得盡心於此，至今若存若亡，無一的實見處，辜負教育之意，每一念此，未嘗不愧汗沾衣也。」[138]由上述，對靜坐工夫的省察，可知李二曲認為學要從靜坐入手，不是其妄說，因為靜坐乃濂洛關閩相傳的要訣。

　　李二曲對於靜坐的重視，可由日常生活中的實踐，及接引門人觀知。在卷九〈東行述〉李二曲在白煥采（1607～1684）的書屋，「焚香默坐，晤對簡編，閉局謝客」[139]，但因訪客絡繹不絕，於是，白煥采延訪客夜宿別館，於次晨入揖，與李二曲相與一會，李二曲在「會時不遽與之談，必坐久氣定心澄，方從容商量所疑」[140]，意懇旨暢，詞平氣和，求訪者自能有所收獲。另李二曲門人駱鍾麟在卷二十三〈襄城記異・襄城記異律詩三首有序〉：「先生善規誨，每造廬即命靜坐，坐次惟時惕以政事之不合人心者。視有合處，止以『鮮終』為戒，從不出一諛詞。」[141]由此可知，李二曲在接引學人時，會以先行靜坐的

135　同註 120，頁 183-184。
136　同註 120，頁 184。
137　同註 120，頁 184。
138　同註 120，頁 184。
139　卷九〈東行述〉，頁 65。
140　同註 139，頁 65。
141　卷二十三〈襄城記異・襄城記異律詩三首有序〉，頁 303。

方式，待學人能心神專注，氣定安詳，才與其懇談。

　　至於靜坐之境界，在卷九〈東行述〉也記載了一段，李二曲與張襄陵一齊默坐的經驗，及默坐之後，李二曲對張襄陵靜坐體驗的肯認，並期許張襄陵莫忘此體驗。「是夕，乘涼坤成閣，樹鳥時鳴，清風徐來，相與默坐。」[142]過了許久，李二曲問說：「此際，俱各神閒氣定，沖融和平，不審各人胸中自覺何若？」[143]張襄陵回答說：「此際殊覺輕活暢適，生意勃發，清明洞達，了無一物。」[144]李二曲首肯張襄陵之言而說：「惟願無忘此際心。一時之清明無物，便是一時之仁體呈露。」[145]而靜坐所體驗到的仁體呈露，必須透過保任，「趁此一時之清明，延之時時皆然，積時成日，積日成月，積月成年，縣縣密密，渾然罔間，徹始徹終，表裏湛瑩。」[146]須要時間的積累，綿密的工夫，由時時而積日，進而成月成年，達徹始終內外湛瑩，如是，則雖然外在的形骸肢體與人相同，但其展現於視聽言動中，卻渾是天機，可以達天補天。靜坐之效能使心體仁體呈露，李二曲提及「陳白沙先生亦謂靜坐久之，見此心之體隱然呈露」[147]，進而能在日用間種種應酬，隨心所欲，「如馬之御銜勒，水之有原委」[148]，這就是作聖之功，大多數人的為學，乃是在書冊之外，多落於因循，未嘗能鞭辟著裏竭才以進，如此想要能有所見地是很困難的。

　　李二曲也提到靜坐工夫，「非悠忽淺嘗者所可幾」[149]，要下很深的工夫，於日常動作食息中，念茲在茲，「如雞抱卵，如龍養珠」[150]，凝神專注於一意。事實上，靜坐之效藉由遇境徵心，即可看出其靜坐工夫到家與否？以前倪潤從薛中離講學，夜深，薛中離令倪潤睡覺去，

142　同註139，頁66。
143　同註139，頁66-67。
144　同註139，頁67。
145　同註139，頁67。
146　同註139，頁67。
147　同註67，頁470。
148　同註147，頁470。
149　同註111，頁520。
150　同註149，頁520。

「五更試靜坐」[151]，之後再講。次日，薛中離問坐時何如？倪潤回答：「初坐頗覺清明，既而舟子來報風順，請登舟，遂移向聽話上去，從此便亂。」[152]實際上，心很容易隨事物而紛拏，靜時少而動時多，倘若希望常不失此清明之際，須能屏除緣慮，一味的靜養，靜時能純，才能保動時不失，才能動靜如一。另一例子爲於姑蘇之地有位盛寅，「人以椒寄其家」[153]十五年來，只要一夢到有人急欲辣椒，就開啓封口，取少許予人，夢醒即痛自咎責：認爲是否自己對於義利有不明，不然爲何會作此夢？因此「整衣冠而坐」[154]，過了數日仍不能釋懷。在卷二十九〈四書反身錄・大學〉載有呂原明晚年學習靜坐，雖害怕危險，但未嘗少動，自歷陽經過山陽，渡橋損壞，轎人俱墜浮於水面，害怕溺斃，而呂原明卻能安坐轎上，神色自若，後經自我省察較量一番，說到自己這十幾年來，面對外境變化而內心所起相應，「十餘年前在楚州，橋壞墮水中時，微覺心動；數年前大病，已稍勝前；今次疾病，全不動矣。」[155]學問得力與不得力，臨時便見。李二曲認爲呂原明能臨生死而不動，則世間有何物可以擾動其心？大多數人居恆談定談靜，試切己自反，此心果定果靜，臨境不動能如呂原明否？

　　靜坐之效的體驗，有些必須是因身體患病，所謂「生平學問，多自貧病中得之。」[156]才造就此人學習靜坐的「進德之機、入道之緣」[157]，李二曲以蔣道林先生（1483~1559）患病習靜爲例，蔣道林「病甚，嘔血危矣，乃謝卻醫藥，默坐澄心，常達晝夜，不就枕席。」[158]透過不斷靜坐的工夫，「一日，忽香津滿頰，一片虛白，炯炯見前，泠然有省之間，而沈疴已溢然去體矣。」[159]蔣道林因靜坐而使身心產生

151　同註 85，頁 416-417。
152　同註 85，頁 416-417。
153　同註 139，頁 65。
154　同註 139，頁 65。
155　同註 44，頁 403。
156　卷四十二〈四書反身錄・孟子下・盡心〉，頁 530-531。
157　同註 156，頁 530。
158　同註 156，頁 530。
159　同註 156，頁 530。

蛻變，對於爲學有了一番新的體悟，他說在初期讀到《魯論》及關、洛等書時，頗見得『萬物一體』是聖學立根處，但未敢自信；一直到三十二、三歲，「因病去寺中靜坐，將怕死與戀老母的念頭一齊斷卻」160，如此經過半年之後，「一旦忽覺此心洞然，宇宙渾屬一身，呼吸痛癢，全無間隔，乃信得明道所謂『廓然大公無內外』是如此，『自身與萬物平等看』是如此，參之《六經》，無處不合。」161並言其「向來靜坐，雖亦有湛然時節，只是箇光景，這聖學立根處，豈能容易信得及，須是自得。」162

　　李二曲回覆張伯欽第二封書函時，對張伯欽註解《靜坐說》的書評，認爲張伯欽用心勸奮，但似乎不是該所當急。

> 以成己言之，則自己既曉，只宜依其說實實靜坐，何待自解自看。若欲示人成物，未有己尚未成而遽先成物者也。原稿不妨存之，且宜涵養。昔人有問耿楚侗先生以「天命之性」者，先生方欲訓解，其人曰：「意公自言其性耳。」先生爲之矍然。馮慕岡先生會友於白下，凝然相對，寂無言說。或曰：「馮公何無講？」客曰：「此人渾身是講。」此皆以身發明道理，而不尚詮釋者。163

　　他的理由有二：其一，就成己而言，自己既已清楚靜坐爲何事，只須依書中所說著實靜坐即可，不須多此解看之舉；其二，若欲演示他人成物，也從來沒有自己尚未有所成而遽然先成物的。所以，李二曲的建議是，此註解原稿不妨暫時存留，更須涵養。以前有人問耿楚侗先生何謂「天命之性」，耿楚侗才要予以解釋時，此人卻說「意公自言其性耳」，耿楚侗感到相當驚訝。另馮慕岡先生與朋友相會，凝然相對無言，有人或問「馮公爲何不講話？」客人答說：「此人渾身是講。」這些都是以自身發明道理，不靠言詮。

　　終日寂坐，迴光返照，保守所得之端倪，眞機流盎，不貳以二，

---

160 同註 156，頁 530。
161 同註 156，頁 530。
162 同註 156，頁 530。
163 卷十六〈書一·答張伯欽第二書〉，頁 160。

> 不參以三。略閱先儒格言數篇，少頃，隨即掩卷寂坐，蓋恐胸
> 中端倪因閱書而或有散亂也。[164]

整天靜坐，迴光返照，保任持守所得端倪，真機流露。約略閱讀
歷代先儒格言數篇，片刻之後，即馬上閤書靜坐，因恐胸中端倪，因
閱書而有些許散漫。

> 靜默返照，要在性靈澄徹；性靈果徹，寐猶不寐，晝夜昭瑩，
> 如大圓鏡。汝年來切實為己，學雖精進，然只增得幾分知識見
> 解而已，性靈尚未澄徹，內未凝一，故外鮮道氣，收攝不密，
> 聰明盡露。昔人所謂目擊而道存，實未臻此，可不勉乎！須斂
> 而又斂，如啞如癡，精神凝聚，斯氣象凝穆。凝，凝，凝！[165]

靜默自我返照，主要是使性靈澄徹，性靈真徹時，則睡如處不睡
之中，日夜光明，如大圓鏡般。李二曲認為張伯欽切實為己，努力為
學精進，但如此只是增添幾分知識見解罷了，性靈如果未澄徹，內在
無法凝一專注，因此外在呈顯就少道氣，這是因收攝功夫不夠，使聰
明外露。還沒達到古人所言目擊道存境地，能不勉勵嗎？必須不斷收
斂，如啞之靜默不語，如癡之若愚，精神氣象凝聚專一。

> 須勇猛奮勵，立堅定課，每日靜多於動，恭默寂坐，無思無慮，
> 一念不生，則全體自現。至此，見方是真見，得方是真得。行
> 住坐臥，終日欽欽，保而勿失，方是真成。[166]

要發奮勇猛，立定功課，每天靜時多於動時，恭默寂坐，無思無
慮，使一念不生，則虛明本體自然朗現。到此景況，才是真見真得，
並在行住坐臥中，終日欽欽，保任勿失，才是真成。

> 學須屏耳目，一心志，向「無聲無臭」處立基。胸次悠然，一
> 味養虛，以心觀心，務使一念不生。久之，自虛室生白，天趣
> 流盎，徹首徹尾，渙然瑩然，性如朗月，心若澄水，身體輕鬆，
> 渾是虛靈。秦鏡朗月，不足以喻其明，江漢秋陽，不足以擬其

---

164 卷十六〈書一‧答張伯欽第三書〉，頁161。
165 卷十六〈書一‧答張伯欽第四書〉，頁161-162。
166 卷十六〈書一‧答張伯欽第五書〉，頁162。

> 縞。行且微塵六合，瞬息千古，區區語言文字，曾何足云。即有時不得不言，或見之語言文字，則流於既溢，發於自然；不煩苦思，不費安排，言言天機，字字性靈，融透爽快，人己咸愜矣。167

學須屏除耳目感官思慮，專心一志，朝「無聲無臭」下功夫。胸次悠然無礙，專心養虛，以心觀心，必使一念不生。時間久了，自然虛室一片光明，天趣流露，至首徹尾，渙然瑩透，性如明月之亮，心如澄水之清，身體安詳輕鬆自在，充滿虛明靈覺。就算秦鏡朗月，也無法比擬其光明，江漢秋陽，不無法形容其微妙。語言文字無法形容，就算有時不能不說，或須透過語言文字，就像水滿了就流溢出來，發於自然而然；不勞苦思竭慮，不刻意安排，而所說卻能言言天機，字字性靈。

> 象山謂「學苟知本，《六經》皆我註腳」者，此也；延平之「體認天理」，體認乎此也。而體認下手之實，惟在默坐澄心。蓋心一澄，而虛明洞徹，無復塵情客氣，意見識神，為之障蔽，固有之良，自時時呈露而不昧矣。168

象山所說「學若爲有本之學，《六經》皆我註腳」，講的就是這個；李延平所說「體認天理」，就是體認這個。體認下手的實際，就在默坐澄心。因爲心一澄清，能虛明洞徹，不受到塵情客氣及意見識神所障蔽，能使本有固有之良能，時刻呈顯不受矇昧。

> 學須先難而後獲，期驗便不是。「静中養出端倪」，此白沙接引後學之權法，未可便以為準的也。近溪子論此甚詳，覽之當自知。169

> 先輩開講，恐學者乍到氣浮，必令先齋戒三日，習禮成而後聽講，先端坐觀心，不遽與言。今吾輩縱不能如此，亦須規模靜定，氣象安閒，默坐片晌，方可申論。170

---

167 卷十六〈書一．答張澹庵第四書〉，頁 145。
168 卷十六〈書一．答張澹庵第二書〉，頁 144。
169 卷十五〈富平答問〉，頁 130。
170 同註 70，頁 113。

　　先輩在書院開講前，唯恐學者初至容易心浮氣躁，因此，先令學者齋戒沐浴三天，學習相關禮規後再行聽講，聽講前，亦須端坐觀心，不會馬上講課。現今，就算無法做到上述，也應規定靜定，使氣象安平閒和，默坐片刻，再予申述講論。李二曲認爲「進修之實，全貴靜坐。」[171]

　　學人進修的實際，全貴在靜坐。在書院中每日學程，須每天至少三炷香靜坐，有其分別作用：「每日須黎明即起，整襟危坐少頃，以定夜氣。」[172]每天黎明破曉即起身，穿戴整齊，靜坐片刻，以持守夜氣。「中午，焚香默坐，屏緣息慮，以續夜氣。」[173]到中午，燒香默坐，屏息內外緣慮，以持續夜氣。「每晚初更，……。閱訖，仍靜坐，默檢此日意念之邪正，言行之得失。」[174]每晚初更，待閱讀書籍後，仍要靜坐，默自檢視，這一天當中，意念萌動邪正，言行舉止的得失。

> 每日靜多於動，恭默寂坐，無思無慮，一念不生，則全體自現。
> 至此，見方是真見，得方是真得。行住坐臥，終日欽欽，保而
> 勿失，方是真成。[175]

　　使每天靜時多於動時，透過恭默寂坐，無思無慮，一念不生，使虛明本體自現，如此才是真見真得。並在行住坐臥中，終日收攝，保任勿失，才是真成。

> 以心觀心，乃學問用功之要，高明廣大之域，必如此，方可以
> 馴至。始也，以心觀心，久則無心可觀。夫觀心而至於無心可
> 觀，斯至矣。若謂墮落方所，舍心從事，不淪於空虛莽蕩，便
> 滯於邊見方所，而千古聖賢用心存心之訓，皆贅語矣，可乎？
> 況以心觀心，直從「無極太極」而入，即本體以為工夫，此正
> 不墮邊見，不落方所。否則，雖欲不墮邊見，不落方所，何可

---

171 同註 169，頁 130。
172 同註 124，頁 116。
173 同註 124，頁 116。
174 同註 124，頁 117。
175 卷十六〈書一・答張伯欽第五書〉，頁 162。

得也？此復。[176]

以心觀心，爲學問用功旨要，虛明寂定本體之高明廣大之域，必須透過以心觀心，才可達至。剛開始，以心觀心，久了，則無心可觀。如果墮於邊見方所，於是捨心從事，不是淪落空虛莽蕩，就是執滯於邊見方所，則千古聖賢，用心存心之訓語，都成了贅語，況且以心觀心，直接從「無極太極」而入，所謂本體即工夫，正是不墮邊見方所。不然，就算期其不墮邊見，不落方所，如何可得？

> 屏緣息慮，以心觀心，令昭昭靈靈之體，湛寂清明，了無一物，養未發之中，作應事之本。[177]

屏息外緣內慮，以心觀心，使昭昭靈靈本體，湛然寂定，心中了無一物，涵養此未發之中，作爲應事的根本。

> 學問之要，全在定心；學問得力，全在心定。心一定，靜而安，寂然不動，感而遂通，廓然大公，物來順應，猶鏡之照，不迎不隨，此之謂「能慮」，此之謂「得其所止」。[178]

學問的宗要，全在定心，學問的得力處，全在心定。心定則靜安，靜時寂然不動，動則感而遂通，廓然大公無私，隨物來而順應，如鏡之照物，不逢迎亦不妄隨，這就是「能慮」，能「得其所止」。

第四節　和會學術異同、重視經世致用

李二曲「自經史子集，以至二氏書，靡不博觀，而不滯於訓詁文義，曠然見其會通。」[179]而李二曲「體用全學」特色之一爲和會學術異同，因此，本節欲就李二曲論三教之異同問題，三教各自其宗傳晦所面臨的問題、三教同而異、三教異端、釋道輪迴報應、釋氏枯寂參話頭、釋氏空心空理，以觀李二曲對儒釋道三教之會通觀點。

---

176 卷十六〈書一·答王天如第二書〉，頁164。

177 同註124，頁116。

178 同註44，頁403。

179 〈附錄二·誌傳·國史儒林本傳〉，頁602。

一、和會學術異同

> 夫道一而已矣，教安有三耶？使教有三，則道亦有三矣。然姑
> 就世俗所謂「三教」者言之。[180]

李二曲認爲世俗所言的「三教」，即「吾儒之教」、「老氏之教」、「釋
氏之教」，三教學說所共同面對的問題，乃是各自學說內部，皆因時間
久遠，造成其本質義涵的轉變，積弊叢生。

> 吾儒之教，原以「經世」為宗，自宗傳晦而邪說橫，於是一變
> 而為功利之習，再變而為訓詁之習。浸假至今，則又以善筆札、
> 工講誦為儒教當然，愈趨愈下，而儒之所以為儒，名存而實亡
> 矣。[181]

儒學以經世爲其宗旨，後因學術晦暗邪說橫行，於是變爲以功利
爲導向，再變爲章句訓詁的學習。至今，又以精善筆札、講演爲儒教
之理所當然，每下愈況，真正儒之所以爲儒的本質，早以名存實亡。

> 老氏之教，原以「無為」為宗，自宗傳晦而怪幻興，於是一變
> 而為「長生」之說，再變而為「符籙」之說。浸假至今，則又
> 以誦經咒、建齋醮為道教當然，愈趨愈下，而道之所以為道，
> 名存而實亡矣。[182]

道教原以「無爲」爲其旨要，但後因宗旨無法闡揚，因而詭譎幻
怪之說興起，於是變爲求長生益壽之說，後又流變爲消災祈福的符籙
之說。至今，則以誦經念咒、建齋祈醮爲道教的內涵，每況愈下，道
教之所爲道教，已是名存實亡。

> 釋氏之教，原以「圓寂」為宗，自宗傳晦而詐偽起，於是一變
> 而為「枯禪」之說，再變而為「因果」之說。浸假至今，則又
> 以造經像、勤布施為釋教當然，愈趨愈下，而釋之所以為釋，

---

180 同註 39，頁 122。
181 同註 39，頁 122。
182 同註 39，頁 122。

名存而實亡矣。[183]

佛教以「圓寂」為其宗要，但自所傳宗旨晦闇不明，巧詐欺偽於焉興起，於是變為枯禪之說，再變而為因果之說。至今，又以鑄造經像、勸人布施為佛教之主要內涵，每況愈下，佛教之所以為佛教，也已名存實亡。簡而言之，李二曲在面對明末儒釋道三教，透過對於三教的終極本懷的瞭解，並且看到三教各自面臨的危機，他以為：

> 然使二教盡亡，則風俗之蠹可息；儒教若亡，則風俗之蠹愈滋。[184]

釋道二教，若因其喪其本來實質宗要，因而名存實亡，則風俗的禍害還能平息；但是若作為儒教真的蕩然無存，則對於風俗的禍害更是助長。可知，李二曲認為就三教對社會風俗的教化功能，儒教扮演更重要且決定的關鍵因素。

岳華山先生問：「天命之性，三教同否？」

> 先生曰：「同而異。在天為於穆不已之命，人稟之為純粹至善之性，直覷原本，不落思想，不墮方所，以臻無聲無臭之妙，是則同；持之以戒慎，濟之以窮理，聰明睿智，寬裕溫柔，發強剛毅，文理密察，立大本，綸大經，參贊位育、溥博淵泉而時出之，則異而異矣。以彼真參實悟，其有見處，非不皎潔，而達之於用，猶無星之戥，無寸之尺，七倒八顛，迴視儒者真實作用，可啻霄壤！」[185]

就三教同異之辨，李二曲認為三教是同而異的，即三教在本體論的論證上是相同的，「宜覷原本，不落思想，不墮方所，以臻無聲無臭之妙」。但三教唯儒家能，「持之以戒慎，濟之以窮理，聰明睿智，寬裕溫柔，發強剛毅，文理密察」，能立本經綸，參贊位育的有本之學。李二曲肯認釋道二氏在本體修養論上的成就，「以彼真參實悟，其有見處，非不皎潔」，但是若與儒者的「真實作用」具體用兼賅相較，釋道

---

183 同註 39，頁 122。
184 同註 39，頁 122。
185 同註 66，頁 30。

二氏之學無法達之於用，真是天壤之別。

　　就三教異端問題，李二曲以「異端」之辨，來區別釋老及教內之不同。

> 楊、墨，異端也；佛、老，異端之異端也；徇華廢實，吾教中
> 之異端也。教外之異端，其害淺；教內之異端，其害深。[186]
> 吾儒之所以別於異端者，禮也。知禮，斯律身有藉，動不違則，
> 不然便茫無所措，何以自立？[187]

　　關中自橫渠後，諸儒力斥佛老之學，視為異端，至呂涇野（1479-1542）提出所謂同類之異端：「古之異端猶異類也，今之異端則同類也，挾術數者，世稱才儒，閑詩賦者，世稱雅儒，記雜醜者，世稱博儒，趨時而競勢者，世稱通儒，談玄者，世稱高儒，臨事含糊淹滯者，世稱老儒，蹈襲性命之言者，世稱理儒，斯非皆為孔子之書者乎？然誤天下蒼生者，皆此異端也。」（《涇野子內篇》卷二）呂坤（1536～1618）在《呻吟語》提出異端分為兩種，佛道為異端之異端，理學為儒者之異端，呂坤以指斥理學先生非偽即腐，「偽者，行不顧言，腐者，學不適用。」（《去偽齋集・楊普庵文集序》）提出學術以「國家之存亡、萬性之生死、身心之邪正」為鵠的，反對「開口便講學脈，便說本體。」（《呻吟語》卷一）的務虛玄談之風。呂坤並指出儒者之異端為理學，其傷害性遠甚於異端之異端：「人皆知異端之害道。而不知儒者之言亦害道也。見理不明，似是而非，或騁浮詞以亂真，或執偏見以奪正，或狃目前而昧萬世之常經，或狥小道而潰天下之大防，而其聞望又足以行其學術，為天下後世人心害，良亦不細！是故有異端之異端，有儒者之異端。異端之異端，真非也，其害小，吾儒之異端，似是也，其害大。」（《呻吟語》卷一）李二曲認為異端有二種：其一，儒教外之異端；其二，儒教中的異端。儒教外之異端，又可分為兩種：一是楊朱墨學屬於異端之學；另一是佛老之學為異端之學中的異端。儒教內的異端指的是徇華廢實。若就教外與教內異端的影響，教內異

---

186 同註 39，頁 121。

187 卷四十〈四書反身錄・論語下・堯曰〉，頁 511。

端之害影響遠甚於教外異端。那麼何謂「端」呢？

> 「端」字亦須體認。吾人發端起念之初，其端果仁、果義、果
> 禮、果智，此是正念，此便是心術端，此便是端人正士。否則，
> 便是邪念，便是心術不端，便非端人正士。即此便是大異端，
> 不待從事於楊墨釋老而後為異端也。[188]

李二曲認為對於「異端」的「端」字，要能細加體認。當人發端
起念之時，其念頭是否合乎「仁義禮智」，若合則就是正念，就是心術
端正，為端人正士；否則，就是邪念，心術不正，即不是端人正士，
不用因其研究楊墨釋老之學而稱其為異端。因此李二曲在「異端」、「異
端之異端」的「教外之異端」之外，更指出這種人才是真正所謂的「大
異端」。李二曲在卷二十二〈觀感錄‧夏雲峰農夫〉中記錄夏雲峰所言：
「《論語》所謂『異端』云者，謂其端異也。吾人須是研究自己為學初
念，其發端果是為何，乃為正學。今人讀孔孟書，若止為榮肥計，便
是大異端，如何又闢異端？」[189]李二曲對於「異端」的產生，及儒學
在不同階段所面對的異端，有作一詳盡說明：

> 古者道德一而風俗同，師無異指，學無異術，無希闊遼絕、玄
> 妙可喜之論滑汩其間，咸有以全乎知能之良，而循乎綱常彝紀
> 之分，民協其中，世登上理。三代之衰，道術不一，學始多歧，
> 賊德敗義，漸以成俗。[190]

古時道德風俗一同，表現在同師同學，並無玄妙希遼言論參雜其
中，因而人民能滿全自具之良能良知，行舉間合於綱常法紀。後因三
代之衰敗，因而「道術不一」，演成學術分歧，道德仁義淪喪。於是孔
子深刻惕省，認為此亂象之源頭，來自鄉愿的亂德傷俗。

> 孔子惕然有感，故曰「攻乎異端，斯害也已」，其所以為人心世
> 道之防者至矣！雖未明指其開端之人，然而惡鄉愿之亂德，三
> 致意焉。是孔子同時異端，蓋即鄉愿也。[191]

---

188 同註 66，頁 25。
189 卷二十二〈觀感錄‧夏雲峰農夫〉，頁 282-283。
190 卷三十一〈四書反身錄‧論語上‧為政〉，頁 435。
191 同註 190，頁 435。

戰國時期，百家爭鳴，此時異端，主要是以告子、許行、莊周、
鄒衍、鄧析、公孫龍等之言論主張。

> 戰國異端，則告子、許行、莊周、鄒衍、鄧析、公孫龍子之屬，
> 紛紛藉藉，所在爭鳴，而楊朱、墨翟「為我」、「兼愛」之說，
> 尤為世所宗尚。孟子目擊其弊，以為生心害政，烈於洪水，辭
> 而闢之，其說始熄。[192]

在這些異端中，又以楊朱（約前 395~前 335）主為己、墨翟（前
468~前 376）倡兼愛，為世人所推崇。「楊氏之學，志於義者也，一介
不取，一介不與，從其學者，人人一介不取，一介不與。此其為學，
視後世辭章、名利之習，相去何啻天淵！」[193]「墨氏之學，志於仁者
也，視天下為一家，萬物為一體，慈憫利濟，唯恐一夫失所。」[194]孟
子在面對這風尚洪流所帶來的弊病，深知其若發為害政，如洪水猛獸
般，於是起而闢邪端、距詖詞，於是異端之說才止熄。「孟子猶以為愛
無差等，理亂不關，辭而闢之，至目為『無父無君』，比之『洪水猛獸』，
蓋慮其以學術殺天下後世也。夫以履仁蹈義為事，其源少偏，猶不能
無弊。矧所習惟在於詞章，所志惟在於名利，其源已非，流弊又何所
底止。」[195]

> 漢唐以來，異端託老氏以行世，若魏伯陽之仙術、張道陵之符
> 籙，皆足以蠱人心志。而釋氏五宗雲布，禪風盛興，卑者惑於
> 罪福，高者醉於機鋒，率天下之人棄實崇虛，披靡失中，其為
> 害何可勝言？程朱從而闢之，人始曉然於是非邪正之歸。今其
> 說雖未盡熄，要之不至生心害政；其生心害政，惟吾儒中之異
> 端為然。[196]

至漢唐時期，異端主要以釋老二氏為代表。李二曲認為假託老氏
之說，如魏伯陽仙術及張道陵符籙說，都是蠱惑人心的異端邪說。至

---

192 同註 190，頁 435。
193 卷十二〈匡時要務〉，頁 104。
194 同註 193，頁 104。
195 同註 193，頁 104-105。
196 同註 190，頁 435-436。

於釋氏自六祖祖師禪後，分燈五宗，禪風興盛，但不是流於消災祈福[197]，就是落入機鋒棒喝，造成一股棄實崇虛的風尚。迨宋儒程朱先後闢釋，是非邪正才曉然明白。但至今，釋老之說尚未止熄，此二說還不會造成生心害政；真正能生心害政的學說，唯有儒學中的異端。

> 蓋吾儒之學，其端肇自孔子，思孟闡繹，程朱表章，載之《四書》者備矣，無非欲人全其固有之良，成己成物，濟世而安民也。吾人讀之，果是體是遵，全其固有之良乎？果人己兼成、康濟民生乎？[198]

因儒學肇始於孔子，子思、孟子予以闡揚演繹，程朱予以彰顯，《四書》記載完備，無非是希望人人能發揮滿全其固有之良知良能，進而立人達人，成己成物，濟世安民。

> 否則止以榮肥為計，其發端起念，迴異乎此，與《四書》所載，判然不同，非吾儒中之異端而何？生於其心，害於其事，發於其事，害於其政，吾不知其於洪水猛獸何如也？[199]

否則，其發端起念，完全與《四書》所載截然不同，一心只為一己榮華富貴，這樣難道不是儒學中的異端嗎？於是生害於心，發而為事，對於政事之害，實與洪水猛獸無別。另外李二曲也提到一種「理學中之異端」：

> 世之究心理學者，多舍日用平常而窮玄極賾，索之無何有之鄉。謂之「反經」，而實異於經；謂之「興行」，而實不同於日用平常之行。其發端起念，固卓出流俗辭章之上；而流蕩失中，究異於《四書》平實之旨：是亦理學中之異端也。故學焉而與愚夫愚婦同者，是謂「同德」；與愚夫愚婦異者，是謂「異端」。[200]

此種異端，來自於原欲究心理學，一心一意欲「反經」、「興行」，

---

197 同註 62，頁 399：「而今把一部經書當作聖賢遺留下富貴的本子，矻矻終日講讀惓惓，只為身家，譬如僧道替人念消災禳禍的經讖一般，念的絕不與我相干，只是賺些經錢食米來養活此身，把聖賢垂世立教之意辜負盡了。」
198 同註 190，頁 436。
199 同註 190，頁 436。
200 同註 190，頁 436。

但所思所為既不同經典所言，亦不同日用平常。雖然其發端起念，是超拔流習拘泥辭章，但卻隨波逐流，終不同《四書》的見之日用平常的旨要，這也是理學中的異端。所學與愚夫愚婦不同，就叫異端。

> 程子以佛、老之害甚於楊墨。……余亦云：儒外異端之害淺而易關，儒中異端之害深而難距。201

李二曲提到，程子評判佛老之說所造成的禍害，遠超過楊朱墨翟之說所帶來的影響。但他更語重心長的認為，釋老二說是屬於儒外之異端，對於教外異端，李二曲認為它們所造成的禍害淺而且容易關熄；但若根於儒中的異端，即教內的異端，則禍害深且難以對抗。

> 又釋、道兩門，與吾儒真實作用固不同矣，嘗見先儒有坐化者，釋與道亦有坐化者，一靈炯炯，不知皆往何處去也。輪迴之說，然乎？否乎？報應之說，真乎？幻乎？今之行善者，未必蒙福，而為惡者，反以遠禍，無怪乎顏子之夭折，而盜蹠以壽終也。此皆所不可解者也。202

有學生門人認為儒者的「真實作用」是相當不同於釋道二教。雖說，儒釋道三教皆有坐化之人，但對於一靈炯炯，到底往何處去？對於釋道之輪迴報應說的真確性，持懷疑不解，例如現世的行善之人，未必得福，但造惡之人，卻反而遠禍，難怪顏子早夭，盜蹠為惡之人卻能壽終正寢。

> 二氏作用，與吾道懸殊，而一念萬年之實際，亦有不可得而全誣者，區區坐化之迹，當非所計，輪迴之說，出於瞿曇，吾儒口所不道；君子唯盡其在己者，三塗、八苦、四生、六道，有與無任之而已。若因是而動心，則平日之砥修，乃是有所為而為，即此便是貪心利心，又豈能出有超無，不墮輪迴中耶？203

李二曲深知釋道二氏的作用，與儒教的「真實作用」是懸殊有別，但對釋道二氏在本體論上的成就是肯認的，所謂「一念萬年之實際，

---

201 同註 190，頁 436。
202 同註 89，頁 127。
203 同註 89，頁 127-128。

亦有不可得而全誣者」。對出於佛家的輪迴之說，是儒者所不言的。儒者於平日所作所爲，皆是盡其在己。若平時砥德勵行，是有所爲而爲，懷有貪欲私利之心，則如何出有脫無，不墮輪迴？

> 積善有餘慶，積惡有餘殃，報應之說，原真非幻；即中閒善或未必蒙福，惡或未必罹禍，安知人之所謂善，非天之所謂惡？又安知人之君子，非天之小人耶？[204]

對於「積善之家必有餘慶，積惡之家必有餘殃」的善有善報，惡有惡報的報應說法，李二曲認爲是真實；有可能中途爲善但尚未蒙福，也有可能中途爲惡但尚未罹禍，那裏知道人所認爲的善，不是上天所認爲的惡呢？又那裏知道人所認爲的君子，不是上天所認爲的小人呢？

> 人固有勵操於昭昭，而敗檢於冥冥，居恆謹言慎行，無非無刺，而反之一念之隱，有不堪自問者。若欲就一節一行顯然易見者，便目以為善，是猶持微炬而徧照八荒之外。即表裏如一，粹乎無瑕，而艱難成德，殷憂啟聖，烈火猛燄，莫非鍛鍊之藉，身雖坎壈，心自亨泰。[205]

人常在眾目睽睽下，勵德操行，卻在獨處之下，作盡敗德喪良之事。應是無時無刻皆能謹言慎行，表裏一如，雖說希聖希賢之路是漫長坎坷，身體歷盡煎熬，心卻是坦蕩亨泰的。

> 至於惡或未即罹禍，然亦曷嘗終不罹禍？明有人非，幽有鬼責，不顯遭王章，便陰被天譴；甚或家有醜風，子孫傾覆。念及於此，真可骨悚！以形骸言之，固顏殀而蹠壽；若論其實，顏未嘗殀而蹠亦曷嘗壽也。[206]

造惡之人，雖尚未逢遇，但不保證他終究不會咎由自取，受到道德的嚴厲譴責。或許就身體的壽命而言，顏子是殀折，盜蹠是長壽，但就實質，即就道德精神的壽命而言，顏子又何嘗是夭折的，盜蹠又

204　同註 89，頁 128。
205　同註 89，頁 128。
206　同註 89，頁 128。

何嘗是長壽的。

> 羅豫章先生亦謂：「聖道由來自坦夷，休迷佛學惑他歧。枯木死
> 灰渾無用，緣置心官不肯思。」由是觀之，則思之功，初學
> 亦何可遽廢，必也由思而至於無思，則朗然常覺，而本體常現，
> 緝熙不斷。如是，則常寂而常定，安安而不遷，百慮而一致，
> 無聲無臭，於穆不已。儒之所以顧諟明命，超凡作聖者，實在
> 於此，夫豈釋氏參話頭，麻其心於無用者，可得而班耶！207

羅豫章先生（1072~1135）認爲佛學使學者誤歧，因爲佛學閒置
心官不思，如此爲枯木死灰、枯寂無用之學。李二曲同意羅豫章先生
對於釋氏佛學的看法，認爲思之功，是初學者不可偏廢，由思以至
於無思，則本體朗然澄現，常覺不斷。常寂常定，無聲無臭，於穆不
已，這就是儒者所講顧諟明命，超凡入聖，實與釋氏參話頭公案，麻
木心官於無用，明顯有別的。

> 夫子「空空」，亦何待言，此則專就鄙夫說。蓋鄙夫惟其「空空」，
> 素無意見橫於胸中，斯傾懷惟夫子之言是聽，若先有所見，必
> 不向夫子問；即問亦必自以與夫子所見不合，必不能虛懷以受。
> 208

孔子「空空」一詞，專對鄙夫所言，唯有無意見橫豎胸中，才能
傾懷聆聽孔子言教，否則，先有意見在胸中，則不待向孔子請益，必
與孔子意見不同，如此無法虛心接受。

> 曰：若謂夫子亦「空空」，議者以爲近禪，何也？曰：言夫子「空
> 空」，而便疑其近禪，則是鄙夫胸無意見，而夫子反有意見，多
> 聞多識，物而不化，與後世書生之學富二酉、胸記五車何異？209

對於孔子有言「空空」一詞，有人評議孔子此話近禪。李二曲認
爲，如此批判之人，是自認自己胸無意見，而卻把孔子當成了有意見，
多聞識、物而不化，如後世博學書生？這都是不明瞭孔子之言：

---

207 卷十六〈書一·答胡士倓〉，頁147。
208 同註67，頁468。
209 同註67，頁468。

夫子惟其「空空」，是以大而能化，心同太虛，顏子惟其「屢空」，是以未達一間，若無若虛。後儒見不及此，因釋氏談空，遂諱言空，並《論語》之明明言及於空者，亦必曲為訓解，以避其嫌。是釋能空其五蘊，而儒不能空其所知；釋能上達，而儒僅下達也？本以闢釋而反尊釋，崇儒而反卑儒，弗思甚矣！[210]

　　孔子之「空空」一詞，旨在大化，使心同太虛，才能近道，顏子言「屢空」，似若虛若無。「『簞瓢陋巷』，室之空匱何待言，『屢空』還是說心之空虛。心惟空虛，是以近道；惟其近道，故不以空匱動其心。亦惟『屢空』而未至於常空，如夫子之『空空』，是以未達一間。若以『屢空』為空匱，不但同門如曾子之七日不火食、歌聲若金石，原憲之踵決，子夏之肘露，可以稱『屢空』、稱『庶乎』，後世狷介之士，亦有居無卓錐、食無隔宿而恬坦自若者，亦可以稱『屢空』、稱『庶乎』矣！」[211]後儒不達原意，僅因為釋氏說空，為避嫌而不談空，且認為《論語》中有言及空者，則訓為曲解。如此，反成了釋氏能空其五蘊，儒學反不能空其所知；釋氏能上達，而儒學僅能下達？原先意在闢釋尊儒，反成卑儒崇釋。「先儒所以解『空』為空匱，深駁『空虛無物』之說者，蓋恐學人墮於禪寂，不得不為之防。誠能明物察倫，深造自得，空豁其心，內外兩忘，而惺惺不昧，有體有用，不至操失其柄，體用俱空，庶不負先儒防微苦心。」[212]

夫「空」之出於釋者固可避，而出於夫子之口者則不可避；「空苦」、「空幻」、「真空」、「無相空」、「無所空」之說可闢，而「空空」，「屢空」之說不可闢。[213]

　　李二曲認為「空」字，如出於釋氏之說，就應當避免使用；但是若出於孔子之說，則不應該避諱。因此如釋氏之說的「空苦」、「空幻」、「真空」、「無相空」、「無所空」等辭彙應當闢，至於「空空」、「屢空」等二詞彙，就不應予以闢諱。

210　同註 67，頁 468。
211　同註 41，頁 479。
212　同註 41，頁 479。
213　同註 67，頁 468。

> 彼釋氏空其心而並空其理，吾儒則空其心而未嘗空其理；釋氏
> 綱紀倫常一切皆空，吾儒則綱紀倫常一切皆實：得失判若霄壤，
> 豈可因噎廢食。214

李二曲認為儒釋在「空」義之辨，即釋氏之說除空心並空理，而儒學則空心未空理；因為釋氏之說認為綱紀倫常一切都是空幻，吾儒則認為綱紀倫常一切皆是真實不幻。李二曲認為儒釋二者主張的得失，實有天壤之別。除肯認儒學之外，並對於儒學中的「空空」、「屢空」二辭彙，認為不應因其與釋氏「空」字相同，而避諱使用，如此則患了「因噎廢食」之病。

二、重視經世致用

李二曲身處天崩地解的時代，因此其論學多與世為體，注重經世之學的講求，並身體力行。他認為理學與經濟原相表裡。

> 呂、馮二集，理學之書也。理學、經濟，原相表裏，進呈理學
> 書而不進呈經濟之書，則有體無用，是有裏而無表，非所以明
> 體適用，內聖而外王也。經濟書，《大學衍義》而外，莫切於呂
> 氏《實政錄》，言言痛切，字字喫緊，讀之令人躍然擊節。215

李二曲的適用之學，指的是齊家、治國、平天下等切實有用的學問。李二曲又以孔門諸賢，對於兵農禮樂各有自信，而今日學者卻對於：

> 凡生民之休戚、兵賦之機宜、禮樂之修廢、風化之淳漓，漠不
> 關心。216

生民休戚，兵賦機宜，禮樂修廢，風化淳漓等都漠不關心，對於經世相關事宜，應要實在體會深究，務求實際有用。儒者的志抱，應要使人民得受恩澤，才不枉費讀書一場。

---

214 同註 67，頁 468。
215 卷十七〈書二‧答許學憲第四書〉，頁 176。
216 同註 41，頁 480。

儒學明晦，不止係士風盛衰，實關係生民休戚，世運否泰。[217]

士風的盛衰，生民休戚，世運否泰，都與儒學的闡揚或晦暗有關。天地人民萬物與我皆是一體，臍帶相連，因此人民的痛癢豈可不予關心。所以學要具有開物成務，康濟時艱的胸懷。

吾輩須為天地立心，為生民立命。窮則闡往聖之絕詣，以正人心；達則開萬世之太平，以澤斯世。豈可自私自利，自隘其襟期。[218]

要為天地立心，為生民立命。不得志，則闡揚往聖絕學，以端正社會人心；得志，則平治天下，澤施蒼生百姓。不應自私自利，自我限制。

夫人幼而學之，壯而行之，所行本於所學。……一當事任，心長才短，空疎鮮實，所學非所用，所用非所學，樹立無聞，可恥孰甚。須是力矯斯弊，務為有用之學。凡治體所關，一一練習有素，所學必求可行，所行必合所學，致君澤民，有補於世。此方是幼學壯行，不虛此生。[219]

人在幼時學習，壯時實踐，其中實踐又以學習為基礎前導。但其中有諸多流弊，有人一旦擔官任事，卻心有餘而力不足，因其所學空疏不切實際，「所學非所有用，所用非所學」，即過往學習與實踐之間，產生斷裂之鴻溝，無法有效連繫，所以沒有任何建樹，此為可恥至極。應為有用之學，與治體相關，對於所學，應一一加以練習琢磨，必定要求達到，「所學必求可行，所行必合所學」，達學習和實踐間的完善契合。於是能輔佐上位者，澤施百姓，有補世道，這才是幼學壯行，不虛耗此生。

法二帝、三王，端治本以立大綱；漢唐宋明經國之制，亦不妨節取其長，隨時補偏救弊，以詳致治之目。綱目具舉，萃歷代之美，以為己美，其於平治天下也何有？[220]

---

217 同註 39，頁 120。
218 卷二十八〈司牧寶鑑・司牧寶鑑序〉，頁 368。
219 卷四十一〈四書反身錄・孟子上・梁惠王〉，頁 512。
220 同註 111，頁 547。

　　效法二帝、三王之治，爲從政治國之大綱；另對於漢唐宋明歷朝治國的制度，也不妨取其優點，以資隨時補偏救弊。

> 「平治天下」，須是力行仁政。如果力行仁政，要在取法先王，凡二帝、三王治天下大經大法，古今咸宜，確可通行者，奉以爲準；有宜於古而不宜於今者，不妨斟酌損益，期適時務。規模既定，蚤作夜思，心二帝、三王之心，行二帝、三王政之，勵精圖治，終始不變，如是而民不被澤，世不雍熙，吾不信也。221

　　要平治天下，唯透過力行仁政一途。關鍵在於能否效法二帝、三王，對於治理天下的大經大法。其中要能揀擇，對於古今皆宜，實際可通行施用者，則奉爲圭臬準繩；如果適合古時，不適用當今，則要能斟酌損益，期能適時適務。政事規模砥定，日夜所思，心是二帝三王之仁心，行是二帝三王之仁政。如果能奮勵圖治，持恆不斷，而人民未受恩澤，不受人民擁戴，這是不可能的。

> 堯舜必藉仁政以平治天下，而究其所爲政者，皆自一念不忍之心，推而達之，則是仁政者治天下之規矩六律；而仁心者，又仁政之規矩六律也。……故王者必以正心爲第一義，而人臣事君，必以陳善閑邪爲恭敬。222

　　堯舜平治天下必是透過行仁政，而探究其施政方針，都是以一念不忍之心推達擴充。仁政是平治天下的規矩準繩；則仁心更是仁政的規矩準則。所以治國者必須以正己心爲仁心爲第一要務，人臣對待君王，也要以陳諫善言防止邪惑爲恭敬。

> 治國平天下，必須純一無僞。赤心未失之大人，率其固有之良，躬行孝弟仁慈，端治本於上；民孰無良，自感格蒸蒸，興孝興弟，不倍風動於下。上下協和，俗用丕變，孟子所謂「人人親其親、長其長而天下平」者此也。此至德要道，於治國乎何有？223

---

221 同註 111，頁 547。
222 同註 111，頁 548。
223 同註 44，頁 410。

　　爲治者，治國平天下，須純一端正，無任何虛僞矯飾。以其赤子之心，順其本有之良知良能，實踐孝弟仁慈，如此在上者端正治本，則民無不良？透過發揚孝弟，則上行下效，風行草偃，上下協和，風俗自然趨善。這即孟子所言「人人親其親，長其長，而天下平」景況。

> 好惡不公，由君心不清；君心之所以不清，聲色、宴飲、珍奇、
> 禽獸、宮室、嬖倖、遊逸為之也。君若以二帝、三王自期，以
> 度越後世庸主自奮，以建極作則，治登上理為事，自無此等嗜
> 好而心清；心清斯好惡公，好惡一公，則理財、用人事事皆公，
> 與天下同其好惡而合乎天下人之心。……此之謂「天下平」。[224]

　　君心因耽迷於聲色、宴飲、珍奇、異獸、宮室、嬖倖、遊逸等嗜好，造成君心不清明，因而國君好惡不公。國君如果以效法二帝三王自我期許，以超越後世昏庸國君自我奮勵，建立制度規模，以平治天下爲首要之務，如此國君沒有上述嗜好，則自然心自廓清，心清明則好惡自公，好惡能公而無私，則施於理財用人，也能舉事皆公，並與天下人民同好好惡惡，能合於天下人民之心，這就是平治天下。

> 平天下莫大乎用人，而相則佐君用人以平天下者也。相得其人，
> 則相所引用之人俱得其人，故必極天下之選，擇天下第一人而
> 相之，以端揆於上，休休有容，好賢若渴。……相苟不得其人，
> 妨賢妬能，蠹政害民，……然則置相可不慎乎？[225]

　　欲平治天下，國君也要懂得用人，宰相一職即在輔佐君王善用人才，進而使天下太平。宰相用對人，則宰相再引用所組成的幕僚系統的人才，也都能適才適所用對人。因此，宰相一人的任用，實居平天下與否的關鍵樞紐，必須「極天下之選」爲上上選之人，擇選天下第一人來擔當，則當其任事在上，就能喜愛擢用賢能之人；反之，若宰相一職用人不當，於是劣幣逐良幣，反而造成賢能人才被排擠在野，壞政害民無窮。因此可知，任相不能不小心謹慎。換言之，李二曲認爲平治天下，須靠聖君賢相。

---

224 同註 44，頁 411。
225 同註 44，頁 411-412。

「仁義」曷嘗不「利」，只患人不「仁義」耳。天子仁義，則天
下欽仰，天下欽仰，斯天下隆昌；卿大夫仁義，則朝野欽仰，
朝野欽仰，斯爵位隆昌；士庶人仁義，則鄉縣欽仰，鄉縣欽仰，
斯身家隆昌。[226]

提倡仁義並非沒有任何好處，只怕人不仁義。一國之中，天子能
仁義，則天下百姓感念欽佩，則天下興盛；卿大夫能仁義，則朝野內
外欽佩感念，爵位興盛；士人平民百姓能仁義，則鄉里欽佩，則身家
興盛。

問：「平天下」若全不言利，則經費不足，亦何以平天下？曰：
「……三代之天下，經費何以足？三代以後之天下，經費何以
每患其不足？……蓋三代之天下經費儉，儉則恆足；三代以後
之天下經費奢，奢則不足。今且勿論三代，……靈臺惜百金之
費，不輕營造，後宮無錦繡之飾，凡百有節，是以財貨充積，……
故有天下者，能以文景為法，經費亦何患不足耶？」[227]

對於平治天下，是否會因不關涉談論利益，致使國家財源不足，
而對能否平治天下產生疑義？事實上，就上古三代天下來說，天下經費
為何能足夠使用？三代以後的天下，經費未何常憂患不夠？查其原
委，則知三代的天下，經費運用以節儉為度，因此能常恆足；三代以
後的天下，經費使用極其奢華，因此常是缺乏不夠。若不言遠及上古
三代，就拿文景之帝，不輕易營造耗資百金的靈臺樓閣，以供一己私
用；後宮也不奢華舖飾，凡事當能有節度，因此財貨得以充實，這些
也都足以作為欲平治天下者所效法，何來憂苦經費短缺？

問：「財聚則民散」，固矣；然國家正供，所入有限，安能以有
限之財散之百姓？曰：只不使掊克之人在位橫斂，正供之外，
不求羨餘，不別巧取；鰥寡孤獨、顛連無告之人，時加存恤；
水旱饑疫，流離失所之民，亟圖賑救，不事虛文，務求實效。

---

226 同註 219，頁 535。
227 同註 44，頁 413。

> 即此便得民心，民豈有不聚乎？[228]

另有對於「財聚則民散」的值疑，認爲國庫正供的收入有限，如何以因所擁之有限財源，使得百姓流離失所？實際上，問題是在於，只要不使貪官污吏在位橫征暴斂，在正常的稅收之外，不求肥身家，或巧立名目，剝削民脂民膏；另於鰥寡孤獨，顛連無告的失怙之人，能常予福利妥善照料；還有因水旱災，而受饑苦病痛的流離失所之人，應該設法賑災救濟，不要冠冕堂皇，徒有虛表，必求實際功效，如此則能得民心，而人民那裏有不聚集？

> 不以堯舜自期者，是謂薄於自待；不以堯舜望君者，是謂薄於待君；然究之薄待君者，正其薄於自待。故孟子處處以堯舜三代望時君，正其以堯舜三代人物自處也。[229]

不以堯舜之治自我期許，是妄自菲薄；不以堯舜仁政期許君王，是對於君王不信任。對於君王的薄待，追根究底，正來自其妄自菲薄。所以孟子常以堯舜仁政王道期許當時君王，正因孟子能以二帝、三王自我期許。

> 問：古法既不可盡復，王道又不可粗略苟且而成，今欲行之，何施而可？曰：擇吏、重農、輕斂、禁暴，其始乎；明禮、正學、興賢，其成乎……。[230]

前述有言，法要能因時制宜，因此古法雖好，但不能完全照搬使用。王道也不是一朝一夕，短時之內一蹴可幾，現今欲實行王道如何可能？透過擇官吏、重農耕、輕稅斂、禁暴力等爲王道之始，以明禮法、正學術、興賢人爲王道之成。

> 得其人則法行，非其人則法廢，責實效、慎保舉，此擇吏之要也。[231]

選擇官吏的重要，在於用人得當，使良政良法得以推行，反之，用錯人，則法令無法推展。因此要督責實際效用，謹慎推舉。

---

228 同註 44，頁 411。
229 同註 111，頁 548。
230 同註 219，頁 537。
231 同註 219，頁 537。

> 農者，國之本、民之命，勤相有術，而後地無遺利，審其土宜，
> 通其有無，如水利其最要矣；次如種樹、種蔬、種藥之法，必
> 詳必備，則生眾而民富國足矣：此重農之要也。[232]

農業爲國本民命，爲政者要能善巧勸民務農，才能使地盡其利，瞭解地質適種之農作，作最佳之運用；其中，水利灌溉又是最爲首要，其次，如栽植樹木、種植蔬菜、種植藥草的培育方法，也都要詳盡備實，如此重農，地利豐收，使民富有而國富足。

> 稅斂無藝，則吏緣爲奸，究之上之所入無幾，而民之受害無窮，
> 非時不征，額外有禁，則民力寬然有餘矣，「百姓足，君孰與不
> 足」？此輕斂之要也。[233]

稅制漫無章法制度，則官吏容易爲奸，實際上，就上而言國庫增加沒有多少，但對人民百姓來說，卻是深受其害；所以明定非時不征稅，並嚴令禁止在按額之外另再行課征，如此則人民能手頭寬裕。百姓富足，國君那有不富足的？這是輕征稅斂的重要。

> 污吏漁民，豪強兼并，奸胥網利，有一於此，皆爲民蠹，此禁
> 暴之要也。[234]

貪官污吏漁肉百姓，豪強惡霸侵併手無寸鐵之百姓，奸官網獵名利，其中任何一種，都是人民百姓的害蟲。要禁止任何對百姓的施暴，免除民擾。

> 夫如是，則吾民養生喪死無憾矣，養生喪死無憾，此王道之始
> 也。[235]

能做到上述，慎擇官吏、重視農業、輕征稅斂、禁止暴力，使百姓養生送死無有遺憾，屬於在位者在施政上的措施，在官僚體系及相關政令稅法，並爲民除害，保障其生命財產安全，也教其如何農耕栽種，生活能富足，這是王道養民之始。

> 禮不明則體統陵，體統陵則民志惑。民志惑者，僭奢之端、禍

---

232 同註 219，頁 537-538。
233 同註 219，頁 538。
234 同註 219，頁 538。
235 同註 219，頁 538。

　　亂之原也。自君后以至庶人，自祭享以至日用飲食，自宮室以
　　至車服器用，貴賤有章，隆殺有等，崇樸尚雅，黜浮去靡，如
　　是則上下志定，而用度節約，民有餘財，國無乏用，而天災人
　　害可無虞矣，此明禮之要也。[236]

　　其次，為政者對於人民的教化。禮法不明則體統式微，人民受惑，
為造成僭越奢華，禍亂的根源。由君王到庶人百姓，從祭祀到日常生
活起居，從居住至交通服飾器具的使用，皆是貴賤有別，華麗平凡有
等。如果上位者能崇尚樸實素雅，脫去浮華奢靡，則能上下心志一定，
用度有節，則人民有餘財，國家無匱用。這是明禮的重要。

　　學術者，人心風尚所關，人才所由出也，無所統一，斯小辯起
　　而害道矣。明孔孟之大義，距異端之邪說，無妄分門戶，以壞
　　吾道之大全，無徒徇皮膚，以戕聖學之血脈，可大可久，「無黨
　　無偏」，此正學之要也。[237]

　　學術關乎人心風俗習尚，也是造就人才所從出。學術無統一，則
分辨爭端興起害道。所以應闡揚孔孟大義，駁斥異端邪說，不要妄加
分別門戶異同，以壞吾道之全，不要徒學皮毛，進而戕害聖學血脈，
使吾學光輝久大，無私無偏，此為正學首要。

　　有治人，無治法，治以賢始，即以賢終，然無所待而興者，其
　　惟聖人乎？其餘則皆俟乎上之振作鼓舞矣，而興學校其首也。
　　其法則《禮記》之說詳，而前朝王文成之說，更為精明可用。
　　慎師儒其次也，其法則宋明道先生上神宗之說為至要而可行。
　　精選舉、嚴考成，又其次也，其說則《周禮》與《戴記》之言
　　備矣。以至宗族勳戚之學必嚴，武弁侍衛之教必詳，則《大學
　　衍義補》之所條陳，可斟酌而採取矣。[238]

　　治人以賢能開始，亦以賢能終了，興學校為首要，此於《禮記》
記載詳明，而前朝王文成對此說，更是精明可用；慎師儒是其次，此

---

236 同註 219，頁 538。
237 同註 219，頁 538。
238 同註 219，頁 538。

法在宋明道先生上宋神宗之說，爲極佳而可行；再而精選舉，嚴考成
又其次，此說在《周禮》與《戴記》言說詳備。還有《大學衍義補》
中對於宗族勳戚之學必嚴考，武弁侍之教必詳盡，都可斟酌採用。

> 教化明則學術端而人心正，人心正則人才蒸蒸然出而不窮，人
> 才衆而天下有不久安長治者乎？此興賢之要也。如是則頒白不
> 負戴，而黎民不饑寒，此王道之成也。[239]

教化與學術及人心息息相關，人心正則人才層出不窮，人才多則
天下那有不長安久治？這就是興賢的首要。此乃王道教民之成。

> 荒政無奇策，皆不過權宜補救於什一耳；即行之盡善，僅足以
> 救民之死，而不足以贍民之生。故聖賢言治，皆以平日力行王
> 道爲要。但在今日，時異勢殊，與古昔作用，必不能盡同。如
> 孟子言王道之始，在重農事、明禁戒；王道之成，在制里田、
> 教樹畜、興學校。……古法既不能盡行，而王道又不可以苟且
> 粗略而成。[240]

爲政救荒沒有特別新奇政策，只不過是爲了能權宜補救於十一罷
了，就算作得盡善盡美，也僅能救民免於一死，卻不能贍顧人民生存。
所以聖人談論治理國家，都是以平時能力行王道爲首要。但在今天，
時空環境暨相關條件殊異，與古時作用，必然不可能完全相同。如孟
子倡王道之始，在重農、明禁戒；王道之成，在制里田、教樹畜、興
學校。上述古法不能完全施行，且王道又不是苟且粗糙而能達成。

> 吾人讀書論世，正須從此反身，實究出一段不乖於時、不悖於
> 古的大經大法，使他日得位行道，不必盡襲成跡，而亦足使民
> 養生喪死如古時；不必盡摹古法，而亦足使「老者衣帛食肉，
> 黎民不饑不寒」如古時，然後爲通時變，善讀書也。不然，不
> 達其意而徒古法之泥，縱於前人之言解得明、說得當，究成何
> 濟？[241]

---

239 同註219，頁538。
240 同註219，頁537。
241 同註219，頁537。

　　所以，平時讀書論世，就是要能反身躬行實踐，並理出一個不違現今，又不違悖古時大經大法的法則，於他日能在位澤施百姓，不必完全延襲成跡，也能使百姓如古時養生喪死無憾；不必完全摹倣古法，也能使百姓如古時老者衣食無缺，百姓不挨餓受凍。這樣才是通達時變的善讀書；否則，不能通達古法之精髓，反受古法拘泥，縱然前人解釋得詳盡明白，解說穩當，終究沒有幫助。

第五章　李二曲「體用全學」之引伸

　　前已論述李二曲「體用全學」之理論及其特色，本章旨在闡明李二曲「體用全學」思想，在倫理上、教育上及政治上的引伸。透過使命意識、人際關係網絡(群己關係)、教育、政治，等諸多關係網絡中交叉定位，呈顯出李二曲「體用全學」爲儒者的終身學習並努力完成，包括道德及知識、經濟適用的生涯規劃，期理論能落實並與實踐合而爲一的動態歷程。

第一節　在倫理上之引伸

　　李二曲「體用全學」在倫理上之引伸，可藉由己與己之關係、己與人之關係、己與物之關係、己與境之關係、己與天之關係等面向予以舖陳。

一、己與己之關係

　　就己與己之關係，將探討關於立志、立品、修身、立身、保身等問題。李二曲以爲「豪傑豈是天生，不過一念自奮，能奮則凡民即爲豪傑。」[1]且古人爲學初時，就立大志願、大期許，因此終能學德兼成，事業光輝弘大，而能稱爲大人。

　　　　立志，當做天地閒第一項事，當做天地閒第一等人，當為前古後今著力擔當這一條大擔子，自奮自力。在一方，思超出一方；

1　卷四十二〈四書反身錄・孟子下・盡心〉，頁 529。

> 在天下，思超出天下。今學術久晦，人失其心，闡而明之，不
> 容少緩。[2]

　　既然，志向之確立，在自身學德上扮演重要角色，則立志要立何
志呢？立志要做天地間第一項事、第一等人、為往古來今著力擔當大
擔子。「在一方，思超出一方；在天下，思超出天下」。如今學術長久
晦暗，人心流失，闡明學術，實為刻不容緩之事。

> 惟志不在安飽，其品格始定；志不在安飽，於道誼始專；處不
> 為安飽之圖，則出必不為肥家之計。如此方為君子，否則便是
> 小人。[3]

　　當人立志不在圖一己之溫飽，此人品格才確立；因唯有所志不在
營計個人生活物質獲取，於道誼才能專注努力。立處不圖謀個人安飽，
則為官時則不會圖求肥己身家。如此才真為君子，否則就是小人。宋
時王曾不論參加鄉試、會試、殿試都居榜首，祝賀之人讚嘆王曾：「你
連登三元，一生吃不盡。」[4]王曾嚴肅答說：「曾平生志不在溫飽。」[4]之
後王曾在朝任事，一絲不苟，事功彪炳。反觀，「今人生平志在溫飽，
是以居官多苟，事業無聞，甚至播惡遺臭，子孫蒙羞諱言，不敢認以
為祖。故人品定於所志，事業本乎生平。」[5]現今人生平所志在求溫飽，
所以當官大多苟且，事業沒沒無聞，甚至遺臭萬年，子孫蒙羞諱言，
不敢認其為祖。所以人品之定在於所立之志，事業本於生平所志。

> 吾人學非為人。人之知不知，原於己無損，故不以此為患，惟
> 是人不易知，知人實難。我若不能窮理知人，則鑑衡昏昧，賢
> 否莫辨，是非混淆，交人則不能親賢而遠佞，用人則不能進賢
> 而屏奸。在一己關乎學術，在朝廷關乎治亂，雖欲不患，得乎？
> [6]

　　吾人所學非為他人。他人知或不知，對於己原無減損，因此不應

---

2 卷六〈傳心錄〉，頁46。
3 卷三十一〈四書反身錄・論語上・學而〉，頁430。
4 同註3，頁430。
5 同註3，頁430。
6 同註3，頁430-431。

以此爲憂患，只因人不容易知，知人實難。若不能窮理知人，鑑衡昏昧，賢肖不辨，是非不明，交友無法親近賢人遠離小人，用人也不知拔進賢人，屛除奸佞。在己關涉學術，在朝任事關涉國家治亂。所以，立志發願，要能砥礪德行，「見得人即道德，到聖人田地，亦只成無虧此七尺之軀耳。可見未至於聖人者，不免負天地生身之義」[7]要能踐形，爲此世扶綱常立人極，使此身爲天下大關係之身，才不虛生徒死。

> 聖人無不可為之時，不論有道無道，直以綱常名教為己任，撥亂返治為己責。若自己德非聖人，才不足以撥亂返治，只宜遵聖人家法，有道則見以行義，無道則隱以守身。[8]

聖人沒有不能有所作爲之時，不論有道無道，聖人都以綱常名教、撥亂返治爲一己責任。倘若自己德行不比聖人，才能不足以撥亂返治，就應遵守聖人家法，天下有道就彰仁行義，無道則退隱守身。

> 志於道德者，潛心性命，惟期道明德立，功名不足以奪其志；志於功名者，究心經濟，惟期功成名就，富貴不足以奪其志。若志在貪圖富貴，刻心「雕蟲」，銳意進取，輒自以為有志，人亦以有志目之，及所圖既遂，便以為有志者事竟成，其實止成得一個患得患失之鄙夫耳，烏睹所謂志哉！茍患失之，無所不至，境臨即奪，安往不可？故學莫先於辨志，亦惟辨之於三者之間而已。[9]

雖然，爲學立志很重要，但要先能辨志，對於立志於道德、功名、貪圖富貴三者要能區分清楚。立志道德的人，窮究性命，只求道德明立，所以功名不能奪其志；立志功名的人，究心經濟，只求功名成就，所以富貴不能奪其志；倘若立志於貪求富貴，著墨雕蟲末技，鑽研進取，便自以爲有志，他人也認爲其有志，等到其達成所圖富貴，而以爲這是有志者事竟成，事實上，他只成了一個患得患失的鄙夫罷了，那裏知道什麼是立志！若憂患失去，於是無所不用其及，則臨境即奪。

---

7 卷四十四〈四書反身續錄・孟子下・盡心〉，頁 553。
8 卷三十九〈四書反身錄・論語下・微子〉，頁 506。
9 卷三十五〈四書反身錄・論語上・子罕〉，頁 471-472。

> 人惟無志，故隨俗浮沈，若真實有志，自中立不倚。主意既定，
> 九死靡移，如水必東，百折不回。此之謂乾坤正氣，人中鐵漢，
> 凜烈一時，彪炳千載。[10]

所以，當人無志，容易隨波逐流；倘真實有志，則能中立不偏倚；心中主意堅定，生死也不會動搖心志，如水必向東，百折不回。這就是乾坤正氣，人中硬漢，凜烈一時，所立功績彪炳千載。李二曲感慨習俗文盛而質寡，沈溺於章句，葛藤於口耳，如此茫昧一生，李二曲深以此為警惕，所以生平「未嘗從事語言文字，亦絕不以語言文字待人」，他認為只有「立品」二字奉送，唯有「不以文人竟其生平。凡文人之所營逐，時藉以為鑑戒，他人如是，而己獨不如是，品斯立矣。品立而後學可得而言也。」[11]李二曲認為「『恥』之一字，人品、心術、善惡、生死之關。」[12]孟子也說為人有恥，不恥不若人。為人君能有恥，則必以不為堯舜為恥，因其恥不為堯舜，所以人君所作所為必能為堯舜之道。為人臣能有恥，則必以不為禹、稷、皋、夔感到羞愧，因其恥不為禹、稷、皋、夔，所以必會學習禹、稷、皋、夔。為學能有恥，則必以不為孔、孟、周、程為恥，所以必能為孔、孟、周、程。可知「有恥則為賢為聖而無不足，一無恥則為愚、為罔、為小人而有餘，恥之所關大矣哉！」[13]有恥心，則必能為聖為賢，相反，無任何恥心，就會淪為愚肖、小人之屬。

> 修其身為道德仁義之身，聖賢君子之身，擔當世道之身，主持
> 名教之身，方不孤負其身，方是善修其身。[14]

聖人之發憤忘憂，「全為明道修德，道有未明，德有未修，安得不憂？安得不發憤？道明德修，不容不樂，樂則何憂之有？」[15]聖人將身世情緣置於度外，並死生亦忘，身與道為一；反觀，世人發憤，不

---

10 同註 9，頁 471。
11 卷十九〈題跋・立品說別荔城張生〉，頁 233。
12 卷四十三〈四書反身續錄・孟子上・公孫丑〉，頁 543。
13 同註 12，頁 543。
14 卷二十九〈四書反身錄・大學〉，頁 409。
15 同註 3，頁 458。

過爲貪圖富貴功名罷了，未得富貴則發憤圖謀，待其得到富貴即覺遂意快樂。吾人應當立志修己身爲道德仁義、聖賢君子、擔當世道、主持名教之身，才不辜負己修，才是善於修身。李二曲認爲身心與外在物質的本末緩急關係多被錯置，「人於一衣、一房、一器之壞，尙縈神圖修，乃自己身心，反多因循荏苒，任其壞而不修」[16]，因而常是重其所輕而輕其所重，而自誤自己。修身首要在謹愼言語，「修身須先謹言。心者，身之主宰；口者，心之藩籬。藩籬不守，主宰空存，故守口乃所以守心。」[17]因爲心是身的主宰，而口又是心的門籬，藩籬能固守，則主宰無存，所以守口乃所以守心。

> 立身以行檢爲主，居家以勤檢爲主，處人以謙下爲主，涉世以忍讓爲主。[18]

> 人之立身，言與行而已。言愼則不招尤，行愼則不招悔，無尤無悔，品始不差，一有玷闕，他長莫贖。[19]

　　平時立身行爲舉措要合宜，居家以勤勞爲主，待人要能謙卑，處世要以容忍謙讓。就外在言行舉止的表現「容貌要頭容直，目容端，口容止，氣容肅，坐如尸，立如齊。遇事要如執玉，如捧盈，無大無小，無敢或忽，視聽言動，勿其非禮。」[20]在日用起居，飲食男女，辭受取予，甚或應事接物中，都應依於良知而行。

> 入孝出弟，謹信愛眾，親敬好人，此人道之要、立身行己之本、弟子日用職分而教弟子者之先務也。[21]

　　能出入孝弟，謹守信諾，友愛眾人，親近尊敬善人，這就是人道之要，立身行己根本，爲學者日用間應盡的職分，也是教導學者的首要之務。透過自我反省「試自反平生，果一一克盡而無歉乎？苟此分未盡，便是性分未盡，而猶高談性命，不知何者謂之性命？倫常有虧，

---

16 卷三十九〈四書反身錄・論語下・憲問〉，頁495。
17 卷三十一〈四書反身錄・論語上・爲政〉，頁438。
18 卷十三〈東林書院會語・學程〉，頁117。
19 同註17，頁437。
20 卷三十八〈四書反身錄・論語下・子路〉，頁490。
21 同註3，頁428。

他美莫贖。」[22]於平時能常念及此，即便有慚愧及遺憾之心。對自我的期許，在此世為孝子，在宇宙為完人，今日在名教是聖賢，將來在冥漠為神明，才不辜負此生，「方不枉活人一場」[23]。

　　士君子立身要能明哲保身。倘要能「保身」，則如胡廣之「中庸」、蘇味道之「模稜」、揚雄(前53~18)之身仕二姓、馮道之歷仕五季，皆是能「保其身」[24]、「既明且哲」[25]。對於死亡的價值看法，李二曲認為「夫等死耳，然死有輕於鴻毛，有重於泰山，此處要見之真，守之定。倘輕於鴻毛，不妨斂身避難，保其身以有待。苟事關綱常名彝，一死重於泰山，若比干之剖心、文天祥之國亡與亡，此正保其千古不磨之身，乃『明哲』之大者。」[26]死有輕於鴻毛，有重如泰山，要能分辨清楚。如果失去生命，輕於鴻毛，不如暫時斂身避難，保全生命以待時遇許可。倘若事情關涉綱常名彝，一死有重於泰山，如比干因直言諫紂被剖心而死、文天祥(1236~1283)與國同亡，這真所謂保有千古不磨之身，為明哲之大。

二、己與人之關係

　　其次，言及己與人之關係，李二曲反省世人之所以紛紛擾擾，生出諸多事端皆起由於爭，「文人爭名，細人爭利，勇夫爭功，藝人爭能，強者爭勝，無往不爭，則無往非病。」[27]文人爭名聲，細人爭小利，勇夫爭事功，藝人爭才能，強者爭獲勝，什麼都爭，就什麼都為人所詬病。君子為學不近名聲，居處不圖謀利益，謙沖自牧，恬退不伐，有什麼好爭的呢？只是見義爭為，見不義爭悔改，君子之所以為君子，

22　卷三十〈四書反身錄‧中庸〉，頁 420。
23　卷五〈錫山語要〉，頁 41。
24　同註 22，頁 424。
25　同註 22，頁 424。
26　同註 22，頁 424。
27　卷三十二〈四書反身錄‧論語上‧八佾〉，頁 439。

不過如此罷了。「人生豈塊然獨處」[28]，在實踐往來中，不容待徵諸他人，「要在反諸己」[29]，自己的言行舉止是否誠敬，「到處人自傾孚，此非可以襲取僞爲，必存於心」[30]，表現在「一啓口，一舉步」[31]，無時無處而念念誠敬。此外，李二曲認爲立身涉世，務「使人飲醇心醉，景我之盛德」[32]，而不是「令人群吠虛聲，揚我之才鋒」[33]，且須以「異地之風聞爲可懼，勿以遠方之傳播爲可喜」[34]，透過韜光養晦，假以時日德成之時，則四方之人，漸有求問，如饑渴之懷，於是才昭舉所得，如「順風之舟，一日千里矣。」[35]至於人與人間語言的使用，李二曲認爲「凡語言氣象之間，吾人之學問於是乎見」[36]，要謹守適宜溫醇，切忌粗豪之原則，語言不當隨意輕發，在與他人書信往返中，也應當把握「審其人，果十分真心求我方可」[37]，切勿「輕以長篇與人往還」[38]的原則。

　　李二曲認爲己與人的關係，應透過良好的人倫關係，展現在父母、兄弟、夫妻、子孫、主僕、君臣等關係的和諧處理，李二曲以「身爲型家之準」[39]，身倘若不修，則家無有準繩，雖欲齊家，如何得齊？李二曲肯認曹月川先生(1376~1434)之治家有成，在於曹月川自身能言動不苟，於是「諸子侍立左右，恪肅不怠」[40]使能達到「子孫化」[41]；「夫人高年，參謁必跪」[42]的「室家化」[43]；「兄愛弟恭，和順親睦」

28　卷三十九〈四書反身錄・論語下・衛靈公〉，頁496。
29　同註28，頁496。
30　同註28，頁497。
31　同註28，頁497。
32　卷十六〈書一・與友人〉，頁140。
33　同註32，頁140。
34　同註32，頁141。
35　同註32，頁141。
36　同註32，頁142。
37　同註32，頁142。
38　同註32，頁142。
39　同註14，頁409。
40　同註14，頁409。
41　同註14，頁409。
42　同註14，頁409。

44的「兄弟化」45;「諸婦皆知禮義,饋獻整潔,無故不窺中庭,出入必蔽其面」46的「婦女化」47;「鈴下蒼頭皆知廉恥,趨事赴工,不大聲色」48的「僕隸化」49。

> 居家果言有物而行有恆,無親愛賤惡等辟,家人自心悅誠服,一一聽命惟謹。居家事父母,須感格妻子,同心盡孝。冬溫夏清,晨昏定省,怡怡祇奉,務承其歡。待兄弟宜以父母之心為心,友愛篤至。中間有賢有愚,賢者是敬是依,愚者多方化誨,即或冥頑難化,亦須處之有方,斷勿忿疾以致決裂。50

居家若能所說言之有物,所行恆常實踐,親愛無別,一視同仁,家人自會心悅誠服,唯命是從。居家事奉父母,要能感動妻子,使其一同盡孝道。對於父母能噓寒問暖,冬溫夏清,早晚覺寐,怡順侍奉,必求順親承歡。對待兄弟,要以父母之心來對待,互相友愛。兄弟間資質有賢能及愚肖之別,對於賢能者,應恭敬是依;對於愚肖者,應盡量感化勸誨,就算真的是冥頑難化,也要能相處有道,絕不應忿恨相對,以致關係決裂。

> 父母不順,兄弟不睦,子孫不肖,婢僕不共,費用不節,莫不起於妻。家之興敗,全係乎妻,能齊其妻,方是能齊其家,斯家無不齊。居家教子,第一在擇端方道誼之師,教以嘉言善行,俾習聞習見,庶立身行己,一軌於正。51

就與妻子關係而言,「閨門床第之際,莫非上天昭鑒之所,處閨門如處大庭,心思言動,毫不自苟。不愧其妻,斯不愧天地」52,夫妻

---

43 同註 14,頁 409。
44 同註 14,頁 409。
45 同註 14,頁 409。
46 同註 14,頁 409。
47 同註 14,頁 409。
48 同註 14,頁 409。
49 同註 14,頁 409。
50 同註 14,頁 409。
51 同註 14,頁 410。
52 同註 22,頁 420。

之間要能相敬如賓，如此才克盡夫妻之道，且能克盡夫妻之道，則必能克盡父子、兄弟、君臣之道。倘若對父母不孝順，兄弟間不能和睦相處，子孫忤逆不肖，婢僕不和，費用開銷不能節度，這都是妻子造成。可知，家之興衰，與妻子有很大關係，所以能齊妻，才是能齊家。平時教導子弟，首要在能選擇端品道誼的老師，教子弟美言善行，在長期習聞習見，潛移默化中，立身行正。

> 孝為百行之首，修身立德為盡孝之首。舜之大孝在「德為聖人」，故人子思孝其親，不可不砥礪其德。德為聖人，則親為聖人之親；德為賢人，則親為賢人之親；若碌碌虛度，德業無聞，身為庸人，則親為庸人之親；甚至寡廉鮮恥，為小人匹夫之身，則親為小人匹夫之親。虧體辱親，莫大乎是，縱日奉五鼎之養，亦總是大不孝。[53]

孝順為百行首要，修德立身也以孝為首要之務。舜的大孝展現在其修德為聖人，所以為人子女，若想孝順雙親，就應砥礪德行。如果修德為聖人，其雙親為聖人之親；修德為賢人，其雙親為賢人之親；倘若庸庸碌碌虛度一生，德業沒有絲毫建樹，則身為庸人，其雙親為庸人之親；更甚有寡廉鮮恥，使身為小人匹夫之身，其雙親成為小人匹夫之親。愧對侮辱授體雙親，沒有比這更大，就算每天奉養豐厚，仍是大不孝。

> 子有身而「父母惟其疾之憂」，子心已不堪自問，若不能自謹而或有以致疾，則不孝之罪，愈無以自解矣。故恆居須體父母之心，節飲食，寡嗜欲，慎起居，凡百自愛，必不使不謹不調，上貽親憂。[54]

子女有身，父母憂慮子女身體有疾，倘若為人子女不能謹慎，而導致生病，是犯不孝之罪。因此，在日常生活，須體貼父母心意，飲食有節度、嗜欲寡少，起居謹慎，凡事潔身自愛，不使身體有疾不調，以減親憂。事實上，父母擔憂子女，不只在其身體的挨餓受凍，或勞

---

53 同註 22，頁 421。
54 同註 17，頁 432。

役失調的身體病痛，「凡德不加進，業不加修，遠正狎邪，交非其人，疎於檢身，言行有疵，莫非是疾。」[55]凡是德業不加進修，或者離正近邪，結交損友，疏於自我檢視，在言行間有缺失，都是患病。爲人子女若不能謹身修身，以慰父母之憂，則必定是「病狂喪心之人」[56]。對於父母的「不敬」，「非必形之聲色言辭」[57]，只要一念不真誠，就算不敬。爲人子女對於父母之恩，竭盡終身心力回報，都還有所遺憾，又那堪因自己一時不謹身，而終落奉養父母如同養犬馬般，犯此大不孝之罪？

> 古今咸稱老萊之孝，以其愛親肫摰，情見乎色，常得父母之歡心故也。今吾人雖不可襲其迹，不可不心其心，有其心斯有其色，吾父母自心安意愉。夫是之謂承歡膝下，夫是之謂根心真孝。[58]

李二曲稱揚老萊子之盡孝，因愛親篤摰，發於內心，自然展露外貌，能常獲父母歡心。現今之人雖不用模仿老萊子盡孝方法，但要以老萊子之孝心爲心，有此孝心即有此孝顏，父母能心安愉悅。這就是所謂承歡膝下，根心真孝。

從李二曲對人與己的人倫關係中，可知人和人之間的人倫關係是無可逃避的，而人也不應有意逃避因人倫關係中的位份而有的義務。而道德義務是否僅屬片面的，即是否只有下對上的單向義務，而沒有上對下的義務呢?事實上，此種觀點是有所偏頗:「從嚴格的道德意義來說，人倫關係中雙方的義務是對等的，君義對臣恭(或君仁對臣忠)，父慈對子孝，夫和對妻柔(或夫義對婦聽)。這種對應性並不僅僅停留在一般的規範要求上，而且是通過各種具體的義務行爲的對應履行完成的。中國人在人倫關係中的義務是對等的，權利的平等要求存在於對人倫關係的另一方的義務的履行的要求之中;對權利的要求也就是對義務的要求，在人倫關係中，處於某一位份的個體的義務的履行總

是相對於人倫關係另一方位份的履行，儘管前者並不以後者爲條件，而且在後者未得以實現後者之義務時更表現出自己義務的道德價值，但處於人倫關係的另一方不履行自身位份規定的義務，那他沒有權利要求對方義務的履行。」[59]

三、己與物之關係

再次，就己與物之關係，可透過李二曲對辭受餽贈講學禮幣及糯稻之惠的事例中，瞭解其謹慎於辭受取予之間。李二曲深知「利」對於學問品格之殺傷力，「『利』之一字，毒埒於鴆，鴆一入口便喪命，利一薰心便喪品。」[60]因此，唯有透過革去利心、絕去利源，「處富貴如無與，處貧賤如無缺，處患難如無事，隨遇而安，悠然自得」[61]，方見學力，才堪爲真學真品，否則終日談玄說妙，只是徒飾皮毛，好利之病根仍在。也因植基於「不受百鎰、不受萬鍾，非其義一毫不以假借」[62]，李二曲認爲要於財上分明，且「名節者，衛道之藩籬；辭受者，立身之大節。學者談仁義、服道德，必須有此操守，然後學爲真學，品爲真品。」[63]所以，當李二曲在無錫、江陰、靖江等地，講會完畢之時，邑宰及學博、鎮將暨士大夫，爲感念李二曲闡明絕學，對於地方諸多貢獻，「各具禮幣展謝」[64]，但是李二曲予以婉謝，「未嘗納一錢一物」[65]，而大眾爲期其接受，就援引孔子爲例子，「交以道，接以禮，雖孔子亦受」，希望李二曲能夠接納禮幣，而李二曲則笑而答以「僕非孔子，況孔子家法，吾人不效者多矣！豈可偏效其取財一事？」

---

59 參閱陳福濱：〈《白虎通義》的倫理價值觀及其現代意義〉，《倫理與中國文化》，台北：輔仁大學出版社，1998，頁 154-155。
60 卷四十三〈四書反身續錄・孟子上・梁惠王〉，頁 535。
61 同註 22，頁 421。
62 卷四十三〈四書反身續錄・孟子上・天時〉，頁 544。
63 同註 62，頁 544。
64 卷十〈南行述〉，頁 81。
65 同註 64，頁 81。

66李二曲也說明爲何辭謝原因,「僕壁謝再四,非敢矯情,實以辭受一節,乃人生操履所關,若隨來隨受,則生平掃地矣。」67另外眾人皆以其能安貧,如此怎能受金而安貧呢?「或受或不受,惟義所在。若義不當受而受,一時苟得,生平掃地,可不慎乎?」68因此眾人也就無法再勉強李二曲接受餽贈。

　　李二曲認爲辭受取與間,要能清楚分明,所謂「及其老也,戒之在得」,李二曲深恐己犯「在得」之戒,李二曲因患病而接受張瀲庵糯稻餽贈,乃因糯米可以滋養病體,於是因患病頻仍,覺得接受無妨:

> 往年糯稻之惠,原因弟病,蓋為糯米可以養病,病愈常受,殊覺無謂。去秋之受,至今常如頑冰在心,此番若違心復受,愈增心病。弟老矣,豈堪中心多病耶?69

　　他對於張瀲庵在其生病之時,所給予的糯稻恩惠耿耿於懷,「若犯『在得』之戒,冒昧屢受,則廉恥掃地,所失多矣。所得不補所失,其爲心病,何可勝言。」70於是書信叮嚀切勿再餽糯稻,以保全晚節。

　　關於己與著述而言,李二曲申言「著述一事,大抵古聖賢不得已而後有作,非以立名也。」71就算有所編纂,也不應「當時誇詡於人,或衹以自怡,或藏諸名山。」72就如同一位庸醫,突獲奇方,不能先行服用,以療身病,忽見患有相同疾病之人,於是授以此方,並且說:「此神方也,傳自異人,君宜敬修合而服之,毋輕忽也。」73而患病之人,茫然不敢置信。這是爲什麼呢?原在於此人見我病情每下愈況,就算我剖心掏肝相示,他又那裡肯相信我給他的藥方,真可以療其所患之病。應等待適當的時機,「至其德成之後,或既死之日,舉世思其餘風,想其爲人,或訪諸其子孫,或求諸其門人,思欲得其生平之一

66　同註 64,頁 82。
67　卷十七〈書二·答阿撫臺〉,頁 166。
68　卷四十一〈四書反身錄·孟子上·公孫丑〉,頁 515。
69　卷十八〈書三·答張瀲庵第二書〉,頁 201。
70　同註 69,頁 201。
71　同註 32,頁 141。
72　同註 32,頁 141。
73　同註 32,頁 142。

言以爲法訓。」[74]至此時，書不出則已，「一出而紙貴洛陽，千門傳誦矣。」[75]李二曲對於著書就出以示人，他認爲讀者大都會呈顯兩極反應，一是「人之服我者固多」[76]，但是「議我者亦復不少」[77]；這二者所持的肯定或否定，在於肯定者，乃僅止於佩服「我之聞見精博，能彙集而成書也」；否定者，乃評議「直謂我躬行未懋，舍本趨末，欲速立名，適滋多事。」[78]至於有些談詠，落於「偏枯虛寂，大類釋子偈頌，而儼然列之簡册」[79]，認爲這更是會遭人竊議。

　　人所居住之房舍，只要能有個遮風蔽雨的棲身之所就足夠了，但有些人卻執迷於「輪奐其居，甲第連雲」，且深以爲得意。殊不知人無百年不壞之身，世無數百年不壞之屋，轉盼成空，究竟還擁有什麼？外在事物，隨著時間剝蝕，「昔之畫閣樓臺，今爲荒丘礫墟者何限，當其金碧輝煌，未嘗不左顧右盼，暢然自快，而今竟安在哉？」[80]李二曲就舉近世一位顯宦爲例，大興土木建築豪宅，不放心還親自監督施工，對於棟樑砌壁，要求必達最穩固堅毅的程度，如果施工有未達其要求之處，就震呵不已，於是施工之人就對顯宦說：「邑中某宦所修某宅，皆小人充役，當時只嫌不堅，今雖堅完如故，而宅已三易其主，雖堅，亦徒然耳。」[81]人倘若能見理得透，形骸尤可自外，何況在形骸之外這些微不足道的外物，事實上，能留給後代子孫最好的資財，與其「貽之以豐業」，還不如「貽之以積善之爲得耶？」[82]

四、己與境之關係

　　就己與境之關係，此部分闡明李二曲對於外境之聲色名利，認爲

74　同註 32，頁 141。
75　同註 32，頁 141。
76　同註 32，頁 142。
77　同註 32，頁 142。
78　同註 32，頁 142。
79　同註 32，頁 142。
80　同註 20，頁 489。
81　同註 20，頁 489。
82　同註 20，頁 489。

應以何種態度處之。李二曲認爲「貧不爲恥，貧而動其心爲可恥；向人言及，爲尤可恥。」[83]、「遇色能不亂，懲忿無求勝，臨財無苟得」[84]，對上述的外境能分明清楚，才是「好操持、好立腳」[85]，不然跟腳稍有差失，則對生平有所玷辱。李二曲對於外在的毀譽態度，是聽順自然，「一以空豁曠達之宇處之」[86]。因爲外在的讚譽，若是「賓實之名」[87]，即名符其實，就算有再多的毀謗也不會墜失，就如同「佳木植於芳苑，經風雨而彌茂」[88]；但倘若爲「無根之譽」[89]，就算強加保持也終必湮沒，就像「剪綵綴於宮樹，歷時日而隨敗」[90]。對於外在施加的毀謗，也因其有真僞之分，能虛心接受批評指教，倘若「我有是而人謗之」[91]，反觀自省痛改前非唯恐不及，何容狡辯，倘若「我無是而人謗之」[92]，則隨其自起自滅，付之不聞，又何須申辯。

五、己與天之關係

就己與天的關係，可由李二曲之生死觀、禍福觀、定命觀、堪輿觀予以省察。李二曲以生死乃屬於一理，所以「知生則知死矣」[93]，「生者，造物之所始；死者，造物之所終。」[94]而生之必有死，就如同白晝之後必有黑夜，且自古至今，沒有人能倖免於死。李二曲認爲「只要平日心事無歉，便是臨終了死善著。」[95]而所以生及所以死之實際，

83　卷十七〈書二・與程邑侯〉，頁 191。
84　卷三十九〈四書反身錄・論語下・季氏〉，頁 500。
85　同註 84，頁 500。
86　同註 32，頁 141。
87　同註 32，頁 141。
88　同註 32，頁 141。
89　同註 32，頁 141。
90　同註 32，頁 141。
91　同註 32，頁 141。
92　同註 32，頁 141。
93　卷三十六〈四書反身錄・論語下・先進〉，頁 478。
94　同註 93，頁 478。
95　卷三十四〈四書反身錄・論語上・泰伯〉，頁 462。

也不是以生及死來作區別，倘若「生既不能俯仰無愧，浩然坦然於世上，屬纊之時，檢點平生，黯然消沮，自貽伊戚於地下，存不順而沒不寧，何痛如之？」[96]所以真正能面對生死，乃在於「知終方肯善始，知死方肯善生」[97]、「蓋善始乃能善終，善生乃能善死。」[98]深知死期之不可預測，於是能戰戰兢兢，思慮所當自治，惟恐今日思言行舉違逆天理，無法善始善生，「便非他日所以善終而善死」[99]，透過心常存不放，到最後檢視平生，則能達到「超然無累而逝，方是好結果、好散場。」[100]因此，李二曲主張要能「生時慎了又慎，免得死時悔了又悔」[101]，而抱「生時不努力，死時徒傷悲」[102]之憾。

李二曲認為「天與之死，不妨速還造化；天與之生，不妨久待天工。」[103]因此其對生死所持的觀點是「存，吾順事；沒，吾寧也。」[104]且不同於世俗以生命的壽殀，來計算衡量生命。李二曲認為如果真要以壽殀來評價，則應將壽命，分為三類，其中「有形壽，有名壽，有神壽」[105]，有自形體而言、有自名聲而論、也有就精神層面而言。李二曲認為七十、百年，這種是屬於有限的身體壽命，所謂「日月易邁，人壽不常，倏而青顏，倏而白髮，此智者悲寸陰之易去，楊億哭老年之不逢也。」[106]至於流芳百世，此種是屬於名聲的壽命；一念萬年，此乃精神的壽命。可知欲活出生命的價值，應看自己是努力於何種壽命的維持，其中即可辨知，盜蹠期頤之死是屬於真死，因其危害社會且對於社會無有任何貢獻，但是顏回雖是三十二歲而亡，在形壽是屬於早殀，但顏回實未真亡，因其道德精神生命是穿透時空，綿延

---

96 同註 93，頁 478。
97 同註 93，頁 478-479。
98 同註 95，頁 462。
99 同註 93，頁 479。
100 同註 95，頁 462。
101 同註 93，頁 479。
102 同註 93，頁 479。
103 卷十五〈富平答問〉，頁 133。
104 同註 103，頁 133。
105 同註 103，頁 133。
106 同註 23，頁 41。

流傳於後世萬代。

李二曲以爲積善有餘慶，積不善有餘殃，此乃一定之道理常則，無庸置疑，「天道固未易測，而錯則決不錯也」[107]，於平時之立身涉世，一生的禍福榮華，端看「各人存心何如耳」[108]，存心若正，則身雖處貧賤患難，卻能自反無愧，此實無異於「三公之貴，陶朱之富」[109]；但倘若存心不正，就算富貴亨通，自反多慚，則無異處在「囹圄糞穢中也」[110]。李二曲也認爲人之窮達得喪，爲「真實有命」[111]、「咸本天定」[112]，要能安分循理，否則附熱躁進，是對「定命無秋毫之益，於名節有泰山之損。」[113]而信命之人必能安命，「一窮通，齊得喪，泯順逆」[114]，語言動作，不失常理法度。真正的英雄豪傑，於日常生活起居無異於常人，只有在遭逢邊變及逆境，卻能安閒恬定，一如平常，可知其「規模器局，自是不同」[115]。對於外在的種種變化，無非都是希望能「藉境徵心」[116]，以達動忍增益之助。

李二曲對於世人喜好風水堪輿之學，也提出相關看法，在宋明先儒如程子謂：「地美則神靈安。」[117]、朱子在〈上孝宗山陵議〉都有關於地理之說。李二曲認爲天理與地理的本末先後關係，應是「有天理，而後可以言地理；未有天理，不足專恃地理而蒙庥者也。」[118]李二曲批評風水堪輿家「茫然於天理而專講地理，於理便不通矣，烏覩所謂理哉！」[119]李二曲也不諱言自己早年於治學過程中，對於地理正

---

107 同註 103，頁 133。
108 同註 103，頁 133。
109 同註 103，頁 133。
110 同註 103，頁 134。
111 同註 27，頁 441。
112 同註 27，頁 441。
113 同註 27，頁 441。
114 卷十七〈書二・答董郡伯第二書〉，頁 179。
115 同註 114，頁 179。
116 同註 114，頁 179。
117 同註 103，頁 132。
118 同註 103，頁 132。
119 同註 103，頁 132。

宗書籍，諸如《雪心賦》、《青囊經》，也曾「深研其說，尋龍倒杖之法，少時亦嘗留心。」[120]後有感於世人捨卻天理，而專講地理，爲杜絕此弊，李二曲於是生平絕口不再談地理，而一味主張天理，「天理若得，則地理在其中矣。」[121]

第二節　在教育上之引伸

李二曲「體用全學」在教育上之引伸，主要體現在教育的目、施教者及受教者、教育的場域及內容、教育的原則及教育的方法。

一、教育的目的

李二曲認爲天下治亂、人心邪正、學術明晦三者是息息相關的，他觀察當時現況總結而言「從來政治之得失，世運之盛衰，未有不與學術、人心相推挽者也。」[122]

> 天下之治亂，由人心之邪正；人心之邪正，由學術之明晦；學術之明晦，由當事之好尚。所好在正學，則正學明，正學明則人心正，人心正則治化淳；所好在詞章，則正學晦，正學晦則人心不正，人心不正則治化不興。蓋上之所好，下即成俗，感應之機，捷於影響。[123]

天下治亂之根由，源於人心的邪正；人心的邪正，又是因學術明晦與否，但學術的明晦，實肇因當時在位者的喜好。若其所喜好在正學，正學闡揚，則人心正直，如此國家風俗淳化；若其所喜好在辭章，則學術晦暗，人心不正，如此國家不治。可知上位者之喜好，易造成上行下效，對天下治亂影響甚大。李二曲感嘆「今學術不明，士自詞

120　同註 103，頁 132。
121　同註 103，頁 132。
122　卷四〈靖江語要・序〉，頁 32。
123　卷十二〈匡時要務〉，頁 105。

章記誦外，茫不知學問爲何事……留連於章句詩酒，以此耗壯心而消餘年。」[124]但李二曲認爲知識份子，之所以會成爲貪圖富貴的鄙夫，事實上，「非生來如此，學術使然也」[125]、「此非讀書人之咎，亦學術不明，勢使然也。」[126]在爲學一開始，學術所引領的方向，會造就其往後一登仕途時的舉措心態。倘若所學爲「正誼明道之術」[127]，則於當官任事之時，「自靖共爾位，以道事君」[128]；反之，倘若所學爲「梯榮取貴之術」[129]，則爾後無庸置疑，必定是「止知躭榮固寵，患得患失，不依阿即逢迎」[130]，所以「術不可不慎也。」[131]李二曲深知學術晦暗所帶來的災害，遠勝過洪水猛獸所給予的禍患。

> 洪水猛獸，其爲害也，止於其身；學術不明，其爲害也，根於其心。身害人猶易避，心害則醉生夢死，不自知覺，發政害事，爲患無窮，是心害酷於身害萬萬也。[132]

洪水猛獸，人人避之惟恐不及，但其所造成的傷害也僅止於身；可是，學術晦暗，卻是造成人心之害；然而，身害明顯易躲，心害則造成人無自覺反省力，發爲政事，禍患無窮，所以心害比身害的殺傷力更大。若要拯救心害，讓學術闡明，必要有大爲君子，以世道名教爲己任。「爲今日計，惟在明學術。學術明則人才興。人才興則風俗正，而治化翔洽矣。」[133]因此現時最切要就是要能闡明學術，使其不要晦暗不明，因學術明，則能使人才興、風俗正、治化翔洽：

> 立人達人，全在講學；移風易俗，全在講學；撥亂返治，全在講學；旋乾轉坤，全在講學。爲上爲德，爲下爲民，莫不由此。

---

124 卷十六〈書一·答魏環溪先生〉，頁 153。
125 卷三十九〈四書反身錄·論語下·陽貨〉，頁 504。
126 卷三〈常州府武進縣兩庠彙語〉，頁 25。
127 同註 125，頁 504。
128 同註 125，頁 504。
129 同註 125，頁 504。
130 同註 125，頁 504。
131 同註 125，頁 504。
132 同註 123，頁 105。
133 同註 126，頁 25。

134

施行教育的主體為知識份子，教育的目的在明人倫，教育的結果
足以穩定民心，移風易俗。講學的功能，由完成個己，推己及人，或
者使社會轉風易俗，或是攸關政治之平治，可知講學居有重要之關鍵
樞紐。也就是透過「使一人之行修，移之於一家，一家之行修，移之
於鄉黨郡邑，則三秦之風俗成，人材出矣。」[135]因此要明學術人心，
就需透過講學，李二曲肯認馮少墟(1555~1627)對於講學功用的重視，
馮少墟檢視當時的社會現況，「見人心世道，不及曩者：邊臣不知忠義，
而爭先逃走；妖賊不知正道，而大肆猖獗；中外貪肆成風，縉紳奔競
成俗。」[136]人心不古、為臣不義、妖賊猖獗，社會風尚，瀰漫奔競逐
利之風。

> 諸如此類，正坐道學不講之過。……立會講學，凡同講諸臣，
> 彼此皆以忠孝大義相勸勉，使人人皆知正道，皆知君親之大倫，
> 或可少挽江河狂瀾於萬一。[137]

上述種種價值扭曲現象，皆因坐視道學不講之弊，而講學「正講
明其父子君臣之義，提醒其忠君愛國之心，正今日要緊第一著也。」[138]
所以透過立會講學，或多少對於為臣者，能曉以忠孝大義，使人人都
知正道及君親大倫，如此才能力挽狂瀾萬一。

二、施教者及受教者

教育活動包含教與學此二活動，施教者與受教者於教學活動中，
都扮演自身所屬之角色，施教之教導者透過講學授課方式，指引受教
之學習者為學努力的方向，培育國家社會未來的棟樑。

施教者在整個教育體制中，所居的位置有其重性及影響層面。倘

---

134 同註 123，頁 105。
135 卷十二〈關中書院會約・會約序〉，頁 110。
136 同註 123，頁 107。
137 同註 123，頁 107。
138 同註 123，頁 106。

若由政治之平治及人才之培育，此二因果關係環節予以省察，即可觀知「致治由於人才，人才出於學校，學校本於師儒」[139]，其中，更可突顯出施教者於其中所佔之關鍵決定性因素。李二曲強調「是師儒為人才盛衰、生民安危、世道治亂之關。故師道立則善人多，善人多則天下治，此探本至論。」[140]施教者須能善盡為師之道，為國家培養品德高尚之菁英人材，成為社會之一股清流，標舉出社會價值應努力的方向，使國家社會達到平治之安定力量。於是，對於施教者的傳授方式，肯定講學的重要性：

> 講學之風，入人甚神也。……大知覺小知，小知覺無知，大覺
> 覺小覺，小覺覺無覺，相與知覺者益眾，則人之承流感化者愈
> 多。[141]

講學的影響力，是潛移默化，相當深刻。由個己到群體，由大知－小知－無知；大覺－小覺－無覺，透過層層擴及，知覺眾，則感化多；個己天理展現，身心平和，小人化為君子，如此世運平治。

> 自己不知學，不可不尋人講，講則自心賴以維持；自己知學，
> 不可不與人共講，講則人心賴以維持。所講在學，學術愈明，
> 則世道賴以維持。[142]

不論己之知學或者不知學，都必須藉由講學。就己之不知學而言，唯有透過他人講學，才能使自心維持；若己之知學，也要能與人共講，透過講學人心才能維持。講學能使學術昭明，世道予以維持。

> 學之不講固可憂，講而不行尤可憂。蓋講學本為躬行，如欲往
> 長安，不容不講明路程，若口講路程而身不起程，自欺欺人，
> 其病更甚於不講……，豈不尤為可憂。[143]

講學旨在躬行，李二曲認為講、學、行三者關係是連繫的，由口講而身行。因此，對於將其中的任何一項予以割裂，都是他所擔憂的，

---

139 卷四十一〈四書反身錄・孟子上・滕文公〉，頁516。
140 同註139，頁516。
141 同註123，頁107。
142 卷三十四〈四書反身錄・論語上・述而〉，頁455。
143 同註142，頁456。

且三者之內在關係，又有重輕之分，所謂不講學是其一，但講而不行卻又是病重一等，最為忌諱的。講學是為了躬行實踐，三者關係若割裂，就如同想到長安，當然須將到長安的路程說明清楚，但徒口講路程，而此身仍留原地，不動身啟程，李二曲認為這是自欺欺人的行徑。李二曲批判歷來講學的通病，「往往講之以口，而實未嘗驗之於身，逞臆見，爭門戶，祇以增勝心，此亦通人之通患也。」[144]常是口講而身未能躬行，徒具言教失卻身教，善於互較意見高下，致力標榜自我，落於口舌之辨，徒長其勝負之心。如此景況，如同再多計畫策略，研習再多的兵法，不斷來回沙盤推演攻敵計畫，終是紙上談兵，口說殺賊，不若拿起武器槍桿，於戰場上之作戰，與賊人嘶殺一番之臨場且務實。

　　若施教者僅重言教，不在意身教，不能以身作則，如此，即使講得再好，也只能算是的空洞學說，而失去了教育的力量。李二曲對於語言的使用，非常謹慎。「修身須先謹言。心者，身之主宰；口者，心之藩籬。藩籬不守，主宰空存，故守口乃所以守心。」[145]他以為修身首重謹言，就身、心、口三者之關係，心是身之主宰，而口又是心的防護線，透過守口才能守心。「夫講之以言，何如其無言；講之以口耳，何如講之以身心之為得耶！」[146]語言的確切運用，關涉其是否俾益世道人心，或是否已躬行實踐，內自體認。

> 凡言不但無補於身心者當慎，即有補於身心而躬所未逮，亦當羞澀其口而致慎。即躬行心得之餘，借言以明道淑人，而所遇非可言之人，亦當慎而又慎，或不得已而言，言貴有節。[147]

　　李二曲由四個層面來談，第一是如果言語對世道人心無所補救，應當謹慎；第二是就算所說有助益世道人心，但仍未躬行實踐，也須羞澀其口而持以謹慎；第三是如果躬行實踐而自得，望能透過言語而達明道淑人，也須謹慎再謹慎；第四是縱使不得已而言，也應要有節

---

144 卷四〈靖江語要〉，頁 38。
145 同註 17，頁 438。
146 卷十〈南行述〉，頁 76。
147 同註 17，頁 438。

度。

> 今人教子弟，自六七歲讀書時，惟是富貴利達，子弟自受學之
> 初，便已種下務外的種子。故朝夕所從事者，名利而已，與人
> 會聚，言及名利則欣悅，言及修己治人，不以為迂，則以為異。
> 148

施教者在教育中扮演舉足輕重之地位，若施教者灌輸受教者之價
值觀念是扭曲錯誤的，「不過督以口耳章句、屬對作文，朝夕之所啓迪
而鼓舞者，惟是博名媒利之技。蒙養弗端，童習而長安之，以致固有
之良，日封日閉，名利之念，漸萌漸熾。誦讀之勤、文藝之工，適足
以長傲遂非、率意恣情。」[149]所造成的後果將是不堪設想的。李二曲
認為應「力反其弊」[150]，受教者在學習過程中，如同白紙般，對於施
教者所傳達的價值理念，完全汲取接受滲透，因此，施教者教導若有
所偏頗，則受教者，在潛移默化，日積月累中，早就植入誤曲的務外
取向，時刻傾注唯功名利祿罷了。於是表現在與人言談中，談到升官
發財的議題，就雀悅不已；若論及修己治人，則嗤之以鼻，認為迂腐
怪異。完全忘卻當初受學的用意，是要能立志發願，砥礪德行，立人
極扶綱常，有補世道人心，為社會有所貢獻，而不至虛耗此生。在學
術晦暗不明之時，世人要如何辨明大小貴賤之體？須是有志之士「共
講明心性之學，以指迷導惑乃可。」[151]透過輔以《孝經》、《小學》、《童
蒙須知》、《四禮翼》等之學習，使受教者能立其學問之大根本，「大本
既立，夫然後肆習詩書藝業，則教不凌躐，庶成人有德，小子有造矣。」
[152]可知講學之施教者，對其從事講學教育的本質義及功能義，須具有
反省自覺之力，而不是以盲導盲，應堅守其職司之道德倫理，樹立受
教者正確之價值理念。

> 如是人人沒有的，真不該講，如磨磚求明，磨之何益！如原是

---

148 同註 126，頁 25。
149 同註 3，頁 429。
150 同註 3，頁 429。
151 卷四十四〈四書反身續錄・孟子下・告子〉，頁 551。
152 同註 3，頁 429。

人人有的，只被功名勢利埋沒了，豈可不講？講之者，只講明
其所本有，提醒其所本有者也，如磨鏡求明，磨何可無。153

　　講學之施教者，就是要將父子君臣之義，說清楚講明白，另一方
面要能醒喚人所忘失自棄的君臣愛國之心。講學就是講明且提醒人人
所本有的，只因有時被功名勢利所湮沒，講學功用就如同磨鏡求明。
負有風化責任，透過「講理學以淑士，講鄉約以淑民」154，輔翼振德，
能如此施行，而士不能砥德勵操，人民不能興起善行，是不可能的。
李二曲肯認馮少墟以「講學」爲學者之第一切要之務。因爲若沒有「真
師友相與講切」155，則就算終日鑽研探索，也只能是妄見罷了。

　　　不講學者，可無論已。乃有挺身號召，名為講學者，及察其實，
　　　仍舊只是摹章句，論書旨。如此只是講書，非講學也。156

　　講學與講書決然不同，李二曲指出一般誤認講書爲講學。實際上，
若依章解句，陳述書中意旨，這只能算是講書；還有一種是能不拘泥
執滯章句文字，但卻又往往不用心於個人的進步，只是徒增口舌葛藤
之辨，這是施教者的一大弊病。講書講得再好，對於章句能倒背如流，
但至多不過是一位好的經師罷了；反之，講學旨在講明人心所本有，
能使人明心體理，自我實現，這才是真正的人師。李二曲認爲不論是
講學、著述或是經世宰物，都應秉持「『本諸身』、徵諸人，考諸往聖
而不謬，『建諸天地而不悖，質諸鬼神而無疑，百世以俟聖人而不惑』」
157，否則學不成學、書不成書、經濟不成經濟、事業不成事業。

　　事實上，「經師易遇，人師難逢」158如以前呂文簡公在鷺峰東所
講學，逢學人問學，呂文簡詢其所志，回答其所志唯在科目，呂文簡
適時授以機會教育，導正學人將學的目標限在登科取第之科目上，於
是告知科目有數等，有千萬年、數千年、數百年、數十年科目。並舉

153　同註 123，頁 106。
154　同註 139，頁 517。
155　卷四十四〈四書反身續錄·孟子下·離婁〉，頁 550。
156　同註 126，頁 28。
157　同註 22，頁 424。
158　同註 142，頁 459。

例「千萬年科目，如顏、閔德行科；數千年科目，如程、朱；數百年科目，如薛文清、羅一峰；數十年科目，做一官便了。」[159]學人應將志向遠光放遠，所志實不應區區僅登數十年科目。且應慎選施教者「爲學而不務得師，愚亦甚矣」[160]。李二曲對於衡州書吏曾封翁之卓越識見相當肯認，因爲大多數人未能於舉業師外，再延一講學師，曾封翁並非深知學問之人，卻能於曾朝節及曾朝符尙未登取第時，爲其「延一舉業師，又延一講學師」[161]，後來曾植齋高中探花，官至大宗伯，爲世名儒。反觀，「世之教子者，不過教子務舉業、延名師、厚館穀、嚴課程而已」[162]，於是子弟終日研習，「往往限於資稟，或習焉而弗工，厄於時命，或工焉而弗遇；況未嘗廣經師匠，冒期獲禽，可乎？」[163]

　　受教之學習者，能夠立志進而確立人生的宏遠理想及奮鬥目標，如此所具有的學習動力，使人願意爲實現一己的理想而奮鬥獻身。

> 今之學者，不講於敦本務實之學，而役役於辭賦詩文之場，甚者馳逐乎富貴聲華之域，窮年卒歲，敝精疲神而不知反，吾不知謂之何？[164]

　　學習之受教者，在爲學初始，就要立定志向，做天地間第一項事，做天地間第一等人，能清楚定位自己，所圖不在權力勢位，而致力於修身及承擔文化的使命意識，位育參贊天地之化育。李二曲也提及就算達到世人稱誦喜愛的「生平著述絕世，聰明過人，聲名溢四海，勳業超古今，至此總與性命毫無干涉，毫無可倚。」[165]又如何呢？要能回復本然之性，真能安身立命，才是著力處。即「勿先講論，以滋葛藤；勿先著書，以妨實詣；勿執臆見，於門面上爭閒氣。去耳目支離

159　卷十九〈題跋・諗言〉，頁236。
160　卷四十三〈四書反身續錄・孟子上・莊暴〉，頁541。
161　卷十九〈題跋・促李汝欽西歸別言〉，頁234。
162　同註161，頁234。
163　同註161，頁234。
164　同註160，頁541。
165　卷六〈傳心錄〉，頁47。

之用，以全虛圓不測之神，則身安命立，天賦之本然復矣。」[166]學問最忌諱持志不夠堅毅，欲有所作為，卻又不能果決，欲退縮卻也有所顧慮，如此「往往騎兩頭馬」[167]，時間歲月就在如此景況下，蹉跎耽擱，李二曲認為須有「沈竈焚舟，持三日糧，示士卒以必死，作一背水陣」[168]的決心毅力，於學問才有幫助。

就社會各行各業之層級結構而言，以農、工、商、賈為滿足溫飽，因此汲汲於功利。「士為四民之首，當正誼明道，表正四民，乃汲汲於利，反更甚若輩。其有閉戶讀書，雞鳴吟誦，人人便欽其篤志，稱其好學，卻不知彼終日揣摸者，全在富貴利達，起心結念，滿胸成一利團。」[169]但士人（知識份子）本居四民之重要地位，緣於知識份子能正誼明道，足資四民之表率，現況之知識份子已喪其淑化表率之功能，而馳逐於名利，甚至比起四民，要變本加厲，有過之而不及，士風敗壞可想而之。平日早起讀誦，表面上予人的印象是篤志好學，骨子裏卻揣摸算計，另有所圖，覬覦富貴利達，所謂正誼明道放兩旁，唯有利字擺中間。

> 學則天理常存，而人欲弗雜；不學則人欲易迷，而天理難復。
> 人禽之判，判於此而已。……人苟知學，須時時向自心隱微處，
> 自參自求，自體自認，不拘有事無事，閒中忙中，綿密勿輟。
> 積久自微，仍須在應感上隨事磨鍊，務使內外無閒，心境如一，
> 方可言學。[170]

學與不學的差別，在於學能使天理呈現，不夾雜人欲；不學則易受人欲迷惑，使天理不彰。知學要如何做？且要做到何種程度之學，才能談得上是學？李二曲認為學要能自我參求體認，不論有事無事，或閒或忙；並要能隨事磨鍊，內外無閒，心境一如，才可以言學。李二曲對於學的本質定義，即學之所以為學「只是修德；德若不修，則

---

166 同註 165，頁 46。
167 卷十六〈書一·答張澹庵〉，頁 143。
168 同註 167，頁 143。
169 同註 126，頁 26。
170 同註 146，頁 80。

學非其學。」[171]且學「原盡其性分之當然、職分之所不容已耳」[172]認爲學旨在「所以存心復性，以盡乎人道之當然也」，也唯有達至「心存性復，不愧乎人道之宜，始可以言學」[173]；其次，學亦具有覺義，學即「覺也。學以覺乎其固有」[174]；學還有另一重要涵義在「學，所以敦倫」[175]、「學以學夫敦倫，而敦倫乃所以爲學也」[176]。

　　李二曲明確區判學與非學，認爲「學苟不在性情上用功，則學非其學。」[177]首言，學「非辭章記誦之謂也」[178]。如果只是鄉人之識、世俗之見一味的「學尋章摘句，以科第成名，學詩學文，以風雅成名；學多材多藝，成名於天下；學著書立言，成名於後世。地無南北，人無窮達，莫不各勉所學，各圖成名而止，而性分職分、當務之急，終其身反多茫然」[179]。學的重點並不在辭章記誦，要在存心復性，無愧人道之宜。學的實際用功處，「在證諸先覺，考諸古訓，尊所聞，行所知」[180]是就所讀誦之古訓，能確切實行。學的進修之次序，「敬以爲之本，靜以爲之基」[181]。以敬爲根本，以靜坐爲基礎，「博學、審問、慎思、明辨而躬踐之，一有缺焉，非學也。」[182]透過學、問、思、辨而躬行實踐，缺一不能言學。在養於內的方面，「戒慎恐懼，涵養於未發之前；迴光返照，致審於方發之際。察念慮之萌動，炳理欲於幾先。懲忿窒慾，遏惡擴善，無所容乎人欲之私，而有以全乎天理之正，皆所以養其中也」[183]透過戒慎恐懼，未發時涵養，方發時自審自照，省

171　同註 142，頁 455。

172　同註 9，頁 466。

173　卷十一〈東林書院會語〉，頁 96。

174　同註 173，頁 97。

175　同註 3，頁 429。

176　同註 3，頁 429。

177　卷三十三〈四書反身錄・論語上・雍也〉，頁 449。

178　同註 173，頁 96。

179　同註 9，頁 466。

180　同註 173，頁 96。

181　同註 173，頁 96。

182　同註 173，頁 96。

183　同註 173，頁 96。

察念慮萌動，區判理欲之分；抑惡揚善，無容人欲之私，全天理之正；就制乎其外，「足容重，手容恭，頭容直，目容端，口容止，氣容肅，聲容靜，立容德，坐如尸，行如蟻，息有養，瞬有存，畫有為，宵有得，動靜有考程，皆所以制乎外以養其內也。」[184]透過二六時中言談行為舉止之威儀莊重；「內外交養，打成一片」[185]，使內外交互涵養，打成一片。「喜怒哀樂中節，視聽言動復禮，綱常倫理不虧，辭受取與不苟，造次顛沛一致，得失毀譽不動，生死患難如常，無入而不自得。」[186]也就是在情感的表達上，使喜怒哀樂發乎中節，在言行舉止上，使視聽言動復歸於禮法，日用綱常倫理無有缺失，與他人之辭受取與之間，一絲不苟，不論面對造次顛沛、得失毀譽、生死患難，都能自得，此般才足以言學。

　　既然學具有覺之義，「人爭一箇覺」[187]，李二曲亦區判覺與不覺。能覺則「虛明融徹，洞識真我」[188]、「為賢為聖」[189]；不覺則「昏惑迷昧，痹麻一生」[190]、「為愚為狂」[191]，不能著行，不能察習，終身由知之而不知其道者，都是不能覺。其次，為何學「非覺先覺之固有也」？原因在於學者不應「舍己之田，而耘人之田」[192]；但是李二曲也肯認在未覺的過程中，倘若「不效先覺之所為，則覺亦未易言也。」[193]而先覺即是「能率其性所固有，由其日用之所當然」[194]，對於先覺所為的事例，李二曲言及如堯之「執中」，舜之「精一」，禹之「祇承」，湯之「以義制事，以禮制心」，文之「不臨亦式，不諫亦入」，武之「敬勝怠，義勝欲」，周公之「思兼」，孔子之「敏求」，顏回之「愚」，曾

184　同註 173，頁 96。
185　同註 173，頁 96。
186　同註 173，頁 96。
187　卷十六〈書一・答王天如〉，頁 163。
188　同註 187，頁 163。
189　同註 187，頁 163。
190　同註 187，頁 163。
191　同註 187，頁 163。
192　卷十六〈書一・答王心敬〉，頁 159。
193　同註 173，頁 97。。
194　同註 126，頁 30。

子之「魯」，元公之「主靜」，二程之「主敬」，朱子之「窮理致知」，陸象山之「先立乎其大」，王陽明之「良知」，湛甘泉之「隨處體認」等俯拾皆是。透過效法先覺之作爲，近資時習也能覺。如此，覺的過程，分爲始末兩個進程，即一開始「效先覺之所爲而求覺」[195]，但至最終之目標，在求「覺吾心之固有，而爲己之所當爲」[196]，換言之，「後之學者，誠能如群聖已然之效，而率之、由之，尊所聞，行所知，見羣聖之心而因以自是其心。」[197]反之，倘若自始至終，只知「事事效先覺之所爲」[198]，李二曲評其爲「義襲於外，是行仁義」[199]，造作仁義，不是「由仁義」[200]，如此，就算所爲是善，也只算是外入，卻不能爲左右逢源的自得之學。學的定義就是覺，且要覺其所固有，這須透過效法先覺之作爲，以此爲過渡階段。學貴在自得，終究期能由仁義行，非行仁義。所以效法先覺之施爲，只是開始時所借用的跳板，最終要能覺吾心之本有，貴在自修自證而自得。「聖賢辨學，全爲正人心」[201]。強調發揮受教者的主動精神，受教者在教學過程中的主體地位，「學之如何，亦惟全其心之所同，不至於自昧其靈，自趨於愚不肖之歸而已。」[202]學也只在全吾心之所同，使其不愚昧，不落不肖之流，因此不可不學，「爲學所以自盡其心，自復其性，非以炫彩矜名也。」[203]藉由學才能復性盡心，並非用來沽名釣譽。

學也在於敦倫，李二曲闡述學與敦倫二者的關係，「舍倫而言學，則其學爲口耳章句之學、富貴利達之學，失其所以學；敦倫而不學，雖或至性過人，未必情文兼至，盡善盡美。」[204]可知，二者關係相當

---

195 同註 173，頁 97。

196 同註 173，頁 97。

197 同註 126，頁 30-31。

198 同註 173，頁 97。

199 同註 173，頁 97。

200 同註 173，頁 97。

201 同註 139，頁 518。

202 同註 165，頁 44。

203 同註 165，頁 45。

204 同註 3，頁 429。

密切。李二曲也分述在人倫與學的關係中，　如果徒知好賢、事親、
事君、交友等但卻不學，如此，則會在各個人倫面向中產生相關缺失。
譬如「好賢而不學」[205]，易缺乏知人之明，於是所喜好的未必是賢能
之人，因此真正的賢能之人也未能為其所喜好薦用，或者其所喜好的
果真是位賢能之人，但倘若「無學以濟之」[206]，則會有「色病未易識
破，心地未易廓清」[207]的問題。其次，「事親而不學」[208]，則不知所
當竭力之處，或者能知竭力之處，但「無學以濟之」[209]，如此只是養
親之口體，卻未必能承繹先志，根心生色；又如能事親「怡怡祇奉，
愛敬無歉，而不竭其力於聖賢德業，行道顯親」[210]仍不能算是竭力事
親。再次，「事君而不學」[211]，則不知致身，就算知致身之道，卻「無
學以濟之」[212]，則會「不學無術，不足以匡君定國；康濟時艱」[213]，
雖鞠躬盡瘁，孜孜奉公，臨難能為國殉節，「然而無補於治亂安危，亦
未得為能致。」[214]最後，「交友而不學」[215]，則昏昧於謹慎擇友，就
算所交是益友，但「無學以濟之」[216]，就會有「未必言其所當言，而
信其所當信」[217]的疑慮。李二曲以為學之如何？也只是在對於上述人
倫關係中，能戰戰兢兢，「以求至乎其極，表裏克盡，巨細罔歉而已。」
[218]

　　後世在孩童之時，「自志學之初，便已種下務名種子，畢精竭力，

---

205 同註 3，頁 429。
206 同註 3，頁 429。
207 同註 3，頁 429。
208 同註 3，頁 429。
209 同註 3，頁 429。
210 同註 3，頁 429。
211 同註 3，頁 429。
212 同註 3，頁 429。
213 同註 3，頁 429。
214 同註 3，頁 429。
215 同註 3，頁 429。
216 同註 3，頁 429。
217 同註 3，頁 429。
218 同註 3，頁 429。

惟名是務」[219]所立之志唯在利祿。雖然，所閱讀的書籍是鞭辟近裏之書，但所學習的卻都是務外徇名之事。於是終其一生，「畢生澆灌培養的是棘蕘，為病愈深，死而後已。此皆膏肓之證，盧、扁之所望而卻走者也。」[220]學習重點只擺在辭章上面，對於謹言慎行、修身立德之道，視為迂腐，絕口不提。學習者最難勘破乃名利之關，或是追求富貴利達，或者為聖賢君子之名，不論深淺，都是名根之病；且若好名之病不予革除，就算努力謹慎言行，戰戰兢兢，終其一生所培養灌溉都是葛藤荆棘，這是所謂難治的膏肓之症。李二曲強調為學一開始，即須能夠立本，否則「立本不固，世俗富貴利達之念，乘閒發生，不知不覺，漸為轉移，日復一日，大負初心。」[221]對於病根應予以勇猛省克，如此為學才有實際。李二曲歡喜人能知學能學，但對於有些人雖自稱知學能學，卻展現出「不是標榜門戶，支吾外面，便是支離葛藤，墮於言詮」[222]，或者能鞭辟著裏，肯踏實做工夫，卻又往往自視深造，這種人實處於「闖其藩未窺其要，涉其麓而未登其巔」[223]仍滯半途的狀態而不自知。李二曲在卷十七〈書二·答秦燈巖〉中，讚許能像秦燈巖治學敦大原、身體力行，實不多見，認為「大道無窮，燈巖竟之，聖學忌雜，燈巖純之。擔當世道，主持名教，非燈巖其誰耶？」[224]可看出他對秦燈巖的高度肯定。

三、教育的場域

教化之推行必以學校為教育場域之基礎點，因此，學校的施設具有其重要性。

明倫堂為設教之地。教化必自學校始，未有教化不行於學校，

---

219 卷三十七〈四書反身錄·論語下·顏淵〉，頁484。
220 同註126，頁28。
221 卷九〈東行述〉，頁64。
222 卷十七〈書二·答秦燈巖〉，頁185。
223 同註222，頁185。
224 同註222，頁186。

而可以言教化者也。然教化不在空談義理，惟在明此心，體此理。人人有此心，即有此理。自聖賢以至愚夫愚婦，此心同，此理同。225

教化的宗旨在明此心，體此理，而此心此理唯聖凡所同具。就學習的軟硬體觀之，「經書垂訓，所以維持人心也；學校之設，所以聯群會講，切劘人心也。」226在學校中所使用的教科書，以聖賢之言教書籍為依歸，功在維持人心；而學校的施設，為了是能提供學習者一個學習的固定場域，可透過團體生活之切磋學習，及規律的講學授課，砥礪人心。要言之，不論是經典書籍或者是學校，皆屬於硬體之設備都是在期欲維持提撕人心，二者實深契教化的真實義涵。李二曲對當時教化功能喪失提出批判：

今庠序未嘗不設，學校各處皆有，而教安在哉？不但立身行己之道、濟世安民之務，夢想所不及，即章句文藝之末習、登堂畫卯之故事，亦廖廖無聞。227

他感慨當時教育制度的景況，雖然學校到處林立，惜教育真義已被忘卻掩蓋，彌而不彰。非但「立身行己之道、濟世安民之務」成為天方夜譚而遙不可契，甚至連「章句文藝之末習、登堂畫卯之故事」也都湮沒無聞。這皆是肇因「教化陵夷，父兄之所督，師友之所導，當事之所鼓舞，子弟之所習向，舉不越乎詞章名利」228，因此，不論是施教者對受教者之引導的價值取向有所偏失，或者就上位執政者所鼓勵喜好的，甚或受教之學習者的志向，完全以詞章名利為目標導向，「茫不知學校為何設，讀書為何事」229，至此，學校之施設及讀書的真義已喪失怠盡，受教者根本忘卻學校及讀書的本質義在明心體理。

李二曲在卷四十一〈四書反身錄・孟子・滕文公〉中提及四位先生的教法，才真是將教育場域的功能作用，發揮到淋漓盡至的境地，

---

225 同註 126，頁 24。
226 同註 123，頁 104。
227 卷四十三〈四書反身續錄・孟子上・滕文公〉，頁 545。
228 同註 123，頁 104。
229 同註 123，頁 104。

使得「庠序方不徒設，明倫堂方不寂寞。」[230]這四位先生的教法各有何特色？首是胡安定(993~1059)於湖庠教授，時遇詞藝之風盛行當道，「獨以『明體適用』爲倡」[231]，其受教學者皆是足堪爲世所用的成德達材；其次，曹月川 (1376~1434)在霍庠講授，「以躬行爲教」[232]且「言動步趨，皆有準繩」[233]；第三，爲海剛峰教諭南平，申明「教官一職，尤人才所由造，世運所由理」[234]；但「自教職之義不明」[235]，人多因爲貧困而欲仕進求官，所以造成居此官者，大多齟齬，不能充分善盡職責，士風敗壞蠱惑吏治，從來已久，應以「師道自任，嚴課程，勤訓迪」[236]使士風改變。最後，張綠汀署諭華陰，他的「教法嚴而造就有等」[237]，規定學生，「不得衣服華美，不得出入酒肆，不得輕履公門，不得宴飲用妓」[238]，透過不斷在言行舉止中收攝防戒，於是士風因而改觀。

教育場域爲具體實現教育活動的場域，許多有志之士深刻體認到良好的教育場域，有助地方的社會教化。在卷十〈南行述〉中附有「請建延陵書院公呈」，這是由常州府武進縣兩學廩增附生員屠迵、張涵生、陸士楷等人上呈公文，文中提及希望地方能啓建書院，「爲崇正學以端風尙，葺書院以育人才」[239]，這是關於書院的功能。其次，文中也剖析其他地方皆有書院及會講地方，例如錫山有東林書院，荊山有明道書院。但東林書院久湮，龜山書院又廢，「郡中獨無考業之地」[240]，清楚呈顯欲建書院，非爲徒增，實有其切時之須。地方所回覆之公文，

---

230 同註 139，頁 516。
231 同註 139，頁 516。
232 同註 139，頁 516。
233 同註 139，頁 516。
234 同註 139，頁 516。
235 同註 139，頁 516。
236 同註 139，頁 516。
237 同註 139，頁 516。
238 同註 139，頁 516。
239 卷十〈南行述‧附請建延陵書院公呈〉，頁 92。
240 同註 239，頁 93。

也深知「學術之晦明，係人心之邪正；人心之邪正，關世道之污隆」[241]，於是對於「請修書院以爲會講之區，復集生徒以廣居稽之益」[242]的訴求，批示「伏乞俯順輿情，准令修葺，倣鵝湖白鹿成規，以時會講」[243]，於是不到數月間書院即啓建完工，學人能以時會晤切磋。

四、教育的內容

在教育之環節中，除上述之教育場域外，教育的內容亦是體現整個教育精神指標重要的一環，李二曲對於教育活動中所使用的教科書籍，主要分爲四個部分，涵蓋《四書》、《六經》、宋明諸儒之講學明道著述、經濟適用書籍。此四部分書籍在教材中的各自定位，乃是《四書》屬於基礎教材；《六經》屬於高等進階教材；宋明諸儒之語錄著述則具有輔助《四書》、《六經》的功效，上述三者屬於修齊之法；而經濟適用書籍則屬於治平之略。

李二曲對於《四書》旨詣，他認爲「《大學》一書爲明體適用之書，《大學》之學乃明體適用之學」[244]、「《中庸》聖學之統宗，吾人盡性至命之指南也」[245]、「《論語》一書，夫子之語錄也。開卷第一義首標『學』字，以爲天下萬世倡」[246]、《孟子》「七篇之書反覆開導，無非欲人求心」[247]。至於《六經》部分，李二曲也言及「子雅言《詩》《書》《禮》者，原欲學者雅聞其說，心繹神會，以之理性情、謹節文、練政事而達之用也。」[248]、「禮以謹節文，樂以養性情，此日用而不可離者。」[249]並以「修己以敬」爲《四書》、《六經》之精義，「『修己以

---

241 同註239，頁93。
242 同註239，頁93。
243 同註239，頁93。
244 同註14，頁401。
245 同註22，頁414。
246 同註3，頁426。
247 同註1，頁532。
248 同註142，頁458。
249 同註84，頁499。

敬』，此堯舜以來所傳心法，千聖不易之宗旨也，《六經》、《四子》精義，總不外此。」[250]如此所修所學才是真修真學。

李二曲認為除《四書》、《六經》之外，「再勿泛涉」[251]，惟獨取閱「濂、洛、關、閩、河會、姚涇、東林、少墟諸先儒講學明道之書」[252]，李二曲也舉例諸如「《近思錄》、《讀書錄》、高景逸《節要》、《王門宗旨》、《近溪語要》，沈潛涵泳，久自有得，方悟天之所以與我者。」[253]李二曲也說明閱讀先儒講學明道之書的用意，為先儒之書「皆本於躬行心得之餘，非汲汲以著述為事者也，其言純粹精切，足以羽翼《六經》《四書》，開來學於無窮。」[254]可知上述此類書籍所具有之輔助功效，應慶幸有先賢遺留下之豐富寶貴資源，「方今《六籍》大明，學術歸一，前有孔孟為之宗盟，後有宋明諸儒為之羽翼」[255]，進能坐享現成，當慎加予以運用，雖去聖甚遠，但藉「由其著述，可以會其精神，緣其行履，可以得其心性，真所謂適康莊而由坦途。」[256]

上述三類為有漸進次序的修齊之法，李二曲並認為與經世宰物及濟世時務相關的書籍，例如「《衍義》、《衍義補》、《文獻通考》、《經濟類書》、《呂氏實政錄》及會典律令」[257]，也都應逐一細加考究，並斟酌古今，使其適時機宜而能付諸實行。

李二曲主張之教育的內容，除對教材書籍的明確定位外，也提供相關的讀書指導法，李二曲肯認歷來儒者的用心，「夫讀書之法，前賢亦有目次矣。」[258]為培養受教者其自學能力，引導受教者自力鑽研，書院將引導受教者讀書列為教學重點。李二曲在卷七〈體用全學〉為培養全儒，開列「體用全學」的書單，在本文第二章已有闡述，於此

---

[250] 同註 16，頁 495。
[251] 同註 14，頁 405。
[252] 同註 142，頁 453。
[253] 同註 14，頁 405。
[254] 同註 142，頁 453。
[255] 同註 1，頁 553。
[256] 同註 1，頁 554。
[257] 同註 14，頁 405。
[258] 卷八〈讀書次弟・識言〉，頁 55。

不擬再贅述。另於卷八〈讀書次第〉也有一系列對書籍的推介。李二曲根據自己長期治學、講學經驗，在讀書的範圍、主次、程序及方法等各方面，制定出相關讀書計劃及閱讀應掌握之原則，以指導有心學習之受教者如何讀書自學。其讀書指導方法，由小學教育漸入大學教育，由經而傳，由傳而文，由文而史，循序漸進，每個階段的學習，都有其學習的目標，如此才是真入學聖之路。李二曲門人李士璸在卷八〈讀書次第・識言〉指出李二曲所提供的書程，即關涉讀書的階段程序，不論是童蒙或者大人，皆應依循。

> 由《小學》漸入《大學》，自經傳徐及文史，步步有正鵠，書書有論斷，真入聖之正門，為學之上路也……此等書程，自童蒙以至大人，皆不外此。學人據此，固無偏駁支離之弊，文人據此，亦自無風雲月露之習矣。259

教育階段由小學至大學，透過小學教之以灑掃、應對進退之之節，禮、樂、射、御、書、術之文；進而大學教之以窮理、正心、修己、治人之道。由近而遠，由簡單趨於複雜，由具體至較抽象，因學習年齡層之不同，視以斟酌調整，這在教學上是有積極意義。

李二曲博覽群書，有鑑於茫茫書海，有心學習者，不知從何處下手？所以開列書單，及讀書次第方法，對於學者推介導讀，為學的次序進程，並對書籍的優缺提出其評價，並建議學者，對於各類書籍，須了解其特色功能作用。李二曲對於書籍的推介及閱讀自修的進程，使學者具有事半功倍，能駕輕就手，且能斟酌莫將重心錯置。讀那些文集，有助文筆流暢；還有經世者欲透過鑑往知來，所必讀之史籍。另有些是必讀不可，為學者之急務。要了解閱讀之先後緩急，還有其間的位階順序，有些只須瀏覽，有些採重點式略讀即可，有些則建議暫不要觀之，因易分心而礙專注一心。

讀書方法的第一個階段，是關於研習經典的部分，例如《小學》「不便童習，宜撮其要」260每個學習者的隨其年齡層不同，能理解的

---

259 同註258，頁55。
260 卷八〈讀書次弟〉，頁56。

內容不同，所修習的重點亦有殊異；《近思錄》則「初學宜時閱之，以為格物致知之階。」[261]《禮記大全》「多粹語至論，宜日讀一過以薰心。」[262]內薰己心；《儀禮注疏》最切合實際日用，「雖時異世殊，難以盡遵，然斟酌損益，隨時變化可也。」[263]要能因時制宜懂得權變。有些適合精讀深究：《詩經大全》「從容玩味，抑揚頓挫，庶涵育薰陶，養成德性。」[264]《儀禮經傳通解》「去取精嚴，所宜深究。」[265]至於，《詩經注疏》及《書經大全》「要在讀者之善擇」[266]，觀書如交友，久與之習，必有薰染，須能善於揀擇。

完成上述「經既治」的階段，進入第二個「觀史」階段。李二曲以為「觀史須先觀編年」[267]，而於此類編年史籍中，他最推崇司馬氏《通鑑》的詳盡，此書的優點，在於「上下數千年，治亂興亡之迹，爛若指掌」[268]。在閱完編年之後，透過時間年代的架構，再輔以「讀史以盡其詳」[269]，但歷代各朝正史，洋洋灑灑，難以遍覽逐一細究，唯獨《函史上編》具「提綱挈微」[270]的特色，為研讀史學的重要書籍；另外《函史下編》「上自天官曆法，下自賦役漕屯，援古證今，靡不折衷」[271]，欲圖經世致用者，自然不能不閱。

第二階段之「史既通」後，可邁入第三階段「肆文」。《八家文集》若無法遍讀，則「去取甚精，宜熟讀之，以暢其筆」[272]，擇取最精華處，透過反覆熟讀，使文筆流暢。由經而史而文，這三個階段都是學人的緊要之務。倘若仍有餘力之時，再披覽屬課外讀物之群「集」，可

---

261 同註 260，頁 56。
262 同註 260，頁 57。
263 同註 260，頁 57。
264 同註 260，頁 58。
265 同註 260，頁 58。
266 同註 260，頁 58。
267 同註 260，頁 61。
268 同註 260，頁 61。
269 同註 260，頁 61。
270 同註 260，頁 61。
271 同註 260，頁 61。
272 同註 260，頁 62。

以開拓視野。譬如「《老》、《莊》、《管》、《韓》、《檀子》、《鴻烈》等集，或閒一披覽，以廣其識可也。」[273]

　　至於地理書之類，例如《大明一統誌》、《寰宇通記》，對於郡邑、形勢、戶口、錢糧相關記載，「臚列周詳，宜購之以備參閱。」[274]可購置作為工具書，雖屬隨時備參之用，但在同一地理書類中，也要比較其長短優缺，如《廣輿記》、《皇輿圖》、《職方考鏡》等書，「終不若《一統誌》之詳甚」[275]，所以要能善於揀擇較好的版本內容，「勿觀覽以分精力」[276]不要逐一遍覽而分散精力。可知，李二曲十分注重受教者用功能精力集中，專心致志的學習態度。

　　上述是李二曲在卷八〈讀書次第〉所提列的相關讀書方法，另於卷十三〈關中書院會約〉中的「學程」，也有提供一些讀書方法，可予以輔助佐視。李二曲對於閱讀經典所選用的註疏版本，提到的原則是「註取其明白正大，簡易直截；其支離纏繞，穿空鑿巧者，斷勿寓目。」[277]另於研讀《四書》時，白話文及註疏閱讀先後的順序，他主張「須看白文，勿先觀《註》；白文不契，然後閱《註》及《大全》。」[278]其次，對於經濟適用書籍，例如《大學衍義》及《衍義補》，須「深研細玩，務令精熟。」[279]才是道德與經濟兼備的大人之學。每日下午精神容易懈怠懶散，可以透過「從容朗誦」[280]漢魏古風、〈出師表〉、〈歸去來辭〉、〈正氣歌〉、〈卻聘書〉的方式，達到「以鼓昏惰」[281]之效。

　　前已論述李二曲關於讀書的指導方法，但李二曲認為學習者對於書本經籍與人心的關係，要能明瞭其間的確切義涵，「經書所載，莫非

273 同註 260，頁 62。
274 同註 260，頁 62。
275 同註 260，頁 62。
276 同註 260，頁 62。
277 卷十三〈關中書院會約‧學程〉，頁 116。
278 同註 277，頁 116。
279 同註 277，頁 116。
280 同註 277，頁 116。
281 同註 277，頁 116。

修己治人之道，皆前人苦心，爲吾人晰疑指迷，作路引也。」[282]先儒的語錄，千言萬說，莫不是「法語」、「巽語」，學人的通病，在於只講而不行，也就是講與行的中間環節，支離割裂；縱使多講詳解，說得口沫橫飛，天花亂墜，卻毫無實踐講學內容於萬一。於此，聖賢經書所欲闡明修己治人之道，苦口婆心爲後學指點迷津，至此全派不上用場。「讀之者非全無所悅，然果繹之於心而見之於行乎？果力改舊習、維新是圖乎？否則長爲棄人，負聖賢立言之苦心，其可悼爲何如耶？」[283]唯有講明與踐行並進，才不辜負聖人之心血，及枉失學人閱讀經書所投注的心力。在卷二十五〈家乘〉由龔百藥所撰之〈盩厔李氏家傳〉中，也提到李二曲自身雖著書數萬言，但李二曲「意不在書也，欲人觀之自得而已。」[284]閱讀書籍重在能實踐以自得。換言之，就如同研習《易經》當「不必求《易》於《易》，而且求《易》於己。」[285]李二曲認爲如此才真是「學《易》之三昧」[286]。倘若「不爲己而治《易》，則其平日之所以朝研而夕討者，乃欲解眾人之所不能解，發眾人之所不能發，誇精鬬奧，作一場話說而已。此其爲力甚苦，而其用心亦可謂太勞已。」[287]

　　今人林繼平先生對於李二曲在卷七〈體用全學〉及卷八〈讀書次第〉所開列的書籍，予以高度評價：「一則講求如何明體，再則又講求如何適用，使道德與知識融成一片，立德、立功，併歸一路，臻其極致，以實現功業道德化的理想……注重哲、史、文三部門學問的配合，以奠定通才教育的學問基礎。究其性質、功能，與現代文、法學院有關科系歸併一路的情況，略爲近似。這是通才教育一種預備教育。在前清科舉制度下，二曲對教育的構想、設計，顯然比當時政府規定的教育，有用得多……一個國家各方面的領導人，無一不需要通才，作

---

282 同註 146，頁 79。
283 同註 9，頁 471。
284 卷二十五〈家乘‧盩厔李氏家傳〉，頁 328。
285 卷五〈錫山語要〉，頁 42。
286 同註 285，頁 42。
287 同註 285，頁 41。

爲各部門行政實施的動力。其職位愈高，責任愈大，所要求於此項人才應具備道德、知識的水準，亦愈嚴格，纔能負荷鉅艱，達成使命。⋯⋯一所完善的『綜合大學』的創辦，實屬必須。而二曲教育青年人的〈讀書次第〉，無異是這所綜合大學的課程標準。自然可以斟酌變通，予以修正、補充，以更新其內容，作爲通才教育的基礎。其體用全學或全體大用之學，正是這所綜合大學研究所的課程。」[288]李二曲對於教育內容的規劃，實已具有現今在大學課程規劃中通識教育課程的規模。

五、教育的原則

李二曲對於教育的基本原則，提綱契領大致可歸爲四項：(一)反本窮源；(二)有教無類；(三)貴講貴行；(四)會約學程。

第一項原則爲反本窮源（學貴敦本）：

> 吾之教人，使其鞭心返觀，重本輕末。久則自覺意思安閒，襟懷瀟灑，一切外物，自不入處。[289]

> 爲學先要識本，誠識其本而本之。本既得，則末自盛。⋯⋯吾人學苟知本，實體於躬，則爲道德而不知所謂道德也；⋯⋯學貴敦本也。[290]

李二曲認爲學習要能敦本識本，知道何謂本末主從關係，要能重本輕末，就如樹木的生長原理，倘若根本能培顧完善，則枝末自然繁盛；相似於人的學習，能躬行實踐，則能自然流露，所作所爲合於道德規範。

> 然治病於標，可謂得學之骨，非學之髓也。最後白君以向上一機請，先生欣然告以安身立命之旨，脫去支離，直探原本，言約而道大，詞顯而理精，⋯⋯學者誠斂華就實，惟髓是急，得其髓則骨自健，膚自豐，無所往而不可；否則膚骨雖或無恙，

---

288 林繼平：《李二曲研究》，台北：臺灣商務，1999，頁348-349。

289 同註144，頁33。

290 同註144，頁34。

而元髓不充，盧、扁將望而卻走矣，恐未見其能濟也。[291]

李二曲以本末關係，再結合中醫培本顧源的原理，而提出學習的透徹深入度之不同，所謂由學膚、學骨、學髓三種層次，可檢視學習者是否契入學習的核心課題？是否對於學習的重點掌握清楚？就中醫病理而言，治病要能治本，治標能緩和病狀，但僅收暫時之效，所患病根仍在，唯有治本才能徹底杜絕微患。身體的康健，也是透過內在根本調理得當，則所外顯之骨架自然健壯，容貌膚澤自然美悅。此與學習連接而觀之，則對於志向淹貫古今或者經濟，屬於急末緩本之學膚型；志於道德，雖動靜有考程，但仍是治標未治本，屬於學骨型。上述此二型皆未達學的最菁華根本處，當在能達學髓之理，即能直入本原，安身立命，也唯有此根本的確立及達成，自然保證學膚、學骨所欲戮力的達成。

第二項原則為有教無類（不以類自拘）：

施教者在面對受教者，應持以有教無類的教育原則，使受教者能充分發揮其內在潛能，「箇箇人心有良知」[292]，而此良知，不應在聖而增，在凡而減，更是「不以類而殊」[293]，其聖凡貴賤是人人相同的。真正的聖凡貴賤在立志或不立志，「立則不昧本良，順而致之，便是天則，火然泉達，凡即為聖；否則，乍起乍滅，情移境奪，反覆牿亡，聖即為凡。」[294]真正貴賤的區判乃是在「道無往而不在，學無人而不可。苟辦肯心，何論儔類？」[295]而非世俗所認為的以出身卑賤為判準。

李二曲在卷二十二〈觀感錄‧觀感錄序〉以王心齋先生、小泉先生、朱光信、韓樂吾、農夫夏雲峰、網匠朱子節等人，能「紹前啟後，師範百世」[296]、「任道擔當，風韻四訖」[297]、「證性命」[298]、「覺斯人」

---

291 卷二〈學髓序〉，頁 16。
292 卷二十二〈觀感錄‧觀感錄序〉，頁 273。
293 同註 292，頁 273。
294 同註 292，頁 273。
295 卷二十二〈觀感錄‧李珠吏胥〉，頁 280。
296 同註 292，頁 273。
297 同註 292，頁 273。
298 同註 292，頁 273。

299、「表正鄉閭」300、「介潔不苟」301，他們都是屬於「本凡鄙卑賤，而能自奮自立，超然於高明廣大之域，上之爲聖爲賢，次亦獲稱善士。」302因爲「之數子者，初曷嘗以類自拘哉！彼其時身都卿相，勢位赫烜而生無所聞，死無可述者，以視數子，其貴賤爲何如耶？謹次其履歷之槩，爲以類自拘者鏡。」303不自我侷限出身之卑賤，自奮自立，成爲一時之大豪傑大賢人。

第三項原則爲貴講貴行：

在現實生活中，人易患知而不行，如此之知非僅不能鞏固，亦不能達至知之深、知之實。唯有透過親身踐履的知識，才能內化至自己生命。

> 人患不著實躬行，誠肯著實躬行，則不可一日不講。講則神情娓娓，日精日進；不講則自作自輟，率意冥行。譬猶杜門安坐之人，終日講盡無窮路程，而自身卻依然在家如故，此則可羞可戒。若啟程就途，不詳講路程，而曰「貴行不貴講」，未有不北轅南轍，入海而上太行者也。304

李二曲體認講學的重要性，亦注重躬行實踐；若學不講，則學習者率意冥行。譬如終日坐視家中，講盡無窮路程，終在家中；若啓程前往，又無詳言路途，卻說貴實踐不貴口講，如此可能南轅北轍，搞錯方向用錯力氣。因此要講也要行，要行也要講，二者要兼重。有本之學是尚實踐，不是「靠耳目外索，支離葛藤，惟訓詁是躭」305、「非托空言」306，如同「譬諸土木被文繡，血脈安在？」307這些都是捨本逐末，無有本領之學。

299　同註 292，頁 273。
300　同註 292，頁 273。
301　同註 292，頁 273。
302　同註 292，頁 273。
303　同註 292，頁 273。
304　同註 126，頁 29。
305　卷四十二〈四書反身錄‧孟子下‧告子〉，頁 527。
306　同註 305，頁 527。
307　同註 305，頁 527。

第四項原則為會約學程：

李二曲為使本體工夫，一時俱到，在卷十三〈關中書院會約〉中之「會約」、「學程」，主要是透過書院的講授規程及自修學程，深化紮實受教者之學習。所以，對於團體學習的時間、運作流程及衍伸出的彌補措施；個人自我每日修習的次序，各個時段靜坐及閱讀如何操作，皆有清楚的說明規定：

首言，書院講授規程的運作方式：

> 每年四仲月，一會講。講日，午初擊鼓三聲……詣至聖前四拜禮，隨至馮恭定公少墟先生位前，禮亦如之……以齒為序分……講畢，擊磬三聲，仍詣至聖前，肅揖而退。先輩開講……先端坐觀心……默坐片晌，方可申論。先輩大堂開講，只統論為學大綱，而質疑晰惑，未必能盡。……不妨次日枉顧顓寓，縱容盤桓，披衷相示。[308]

基本上採行的方法，就時間而言，每年四仲月會講一次；就當日流程進行的禮規而言，開講以擊鼓為號，退席以擊磬為號，各擊三聲，講前及講後各對孔子及先賢，舉行四拜儀式，座次以年齡為序。在開講之初，須使受教者靜坐片響，透過收歛心志，然後才能予以申論。就疑難解惑而言，畢竟於大眾開講，只能提綱挈領予以講授，必會有許多未能詳盡說明的困難，且又礙於講課人數眾多，為維持課堂的氣氛的肅穆莊嚴，使在場的受教者能「鎮浮囂，定心志」[309]。因此，受教者於開講後，倘若仍有疑惑不明之處，或肯進修深究者，可以到講者私寓問難，以作為大眾開講，不能細部研討的補救措施。

次言，自修學程的操作方式：

> 每日須黎明即起，整襟危坐少頃……飯後，看《四書》數章，……中午，焚香默坐……飯後，讀《大學衍義》及《衍義補》……申酉之交，遇精神懶散，擇詩文之痛快醒發者……從容朗誦，以鼓昏惰。每晚初更，燈下閱《資治通鑑綱目》，或濂、洛、關、

---

308 卷十三〈關中書院會約・會約〉，頁113-114。
309 同註308，頁114。

閩及河、會、姚、涇語錄。閱訖，仍靜坐……每月朔望兩會，相與考德問業，來輔切劘。公置一簿，以記逐日同人言行之得失。310

　　每日須早起。每日默坐三次包括早起一次，午飯前一次，夜晚就寢時一次，每次以焚香一炷爲限。每日讀書亦分五節：早飯前讀經書，早飯後讀四書，午飯後讀《大學衍義》，及《衍義補》，申酉之交如精神疲乏時，則擇詩文之痛快醒發者從容朗讀，以振作精神，夜晚燈下閱《資治通鑑綱目》或濂、洛、關、閩及河會、姚涇語錄。每月初一及十五兩日開會一次，相與討論功課，及評判得失。公置功過簿一本，逐日記載與人言行之得失，公同評判。

六、教育的方法

　　李二曲深刻體認講學的重要性，因此其作爲施教者所操作的教育方法，將與其確認的教育目的及教育原則，有緊密的內在連結。施教者透過適切的教育方法，能引導受教者學習、解惑析疑，以下提出李二曲在講學時所臨活運用的教育方法：

　　反觀自省（自克自治，自復其元）的教育方法：

　　　我這裏論學，本無定法，本無一定下手之要，惟要各人自求入門，自圖下手耳。……我這裏論學，卻不欲人閒講泛論，只要各人迴光返照，自覓各人受病之所在，知有某病，即思自醫某病，即此便是入門，便是下手。311

　　學習者患的病症，種類煩多，因人殊異，例如患在聲色、名位、或者勝負心、慳吝心、人我是非心等等。李二曲認爲要能「自克自治，自復其元」312，「學問之要，在於自治其病」313有病就要治，但學者

---

310 同註 277，頁 116-117。
311 同註 126，頁 27。
312 同註 126，頁 27。
313 同註 126，頁 28。

要自我克治復元，自己迴光返照，反觀自省，自覺患病在何，予以針砭，這是入門下手處；若不服藥治病，口說仙丹妙方，依舊是個病人。

> 著裡之學，當如何下手？……別無他法，各從自己病痛上著工夫。務令病去，則本體自全。自古聖賢，未嘗於本體外有所增益也。如所病不除，雖終日講究，總是閒圖度，終日祇修，總是不貼切。[314]

學問的要旨就在自我醫治患病，沒有其他的方法，比從自己的病痛上下工夫，更切實際。患病只是將病醫好，非在本體上有所增益變化。若只是終日口說要去除病痛，但不實際操作，都是不切實情，對病情也無法改善。

應病與藥（應機法）的教育方法：

李二曲以「孔、顏、思、孟」、宋代的「濂、洛、關、閩」及明代的「河、會、姚、涇」等，皆是醫人的名醫；「《五經》、《四書》及諸儒語錄」，都是醫人的良方。不論是名醫或是良方，共同的目標，期在幫助免除患病之痛苦；李二曲透過聖賢與經書的關係，如同醫療中醫生與所開列藥方的關係：

> 吾人自少至長，終日讀其方，祇藉以為富貴利達之資，實未嘗以之按方服劑，自療其病，豈不辜負明醫立方之初心。[315]

實際上，學者對於治病之解藥良方，卻未能善加利用，因此無法明心體理，又有種種外在私欲牽擾，就如同患病之病人，也須能按方服藥，才能自療其病。李二曲「深懲末俗展轉於語言文字，支離蔽錮，故其論學，因病發藥，隨說隨掃。」[316]針對當時學風，不能務實反躬自省，進而「對症投劑，以『反身』二字，與人同相切砥。」[317]

因材施教（隨人開發，法無定法）的教育方法：

因材施教之教學原則，替教學中因統一要求與個別差異，所造成的衝突矛盾，予以解套。關鍵在於，因材施教對於受教者，要有深入

---

314 同註 165，頁 45。
315 同註 126，頁 28。
316 同註 285，頁 42。
317 卷十七〈書二‧答許學憲第二書〉，頁 172。

全面的瞭解，必須能準確掌握受教者的特點，而予以啓發引導。施教者在受教者的學習生涯中，必須積極引導啓發受教者的思維，培養受教者的獨立思考能力，標舉出努力的方向，因此，教育的方法不能是彈同調的千篇一律，固守單一模式，而應根據不同的情況，採取多樣差異的技巧方法。李二曲在講學中，就充份發揮此一教育方法「隨資開發，諄懇不倦。其接人有數等。」[318]、「因人而施，資之高下，學之淺深，誘之固各不同，而要無不以一念之不昧者擴充而實踐之，以爲希聖希賢之基。凡有答問，窮晝夜不倦，必使其人豁然於心目之間而後已。」[319]運用不同的施教方式，「隨資開發」[320]、「隨人開發，轉相覺導」[321]、「隨機響答，莫不灑然有契。」[322]能契合受教者的根器資質，「上則語上，下則語下，老者、壯者、少者各隨其宜，因人以立教者也。」[323]李二曲認爲僵化的教育方法：

> 若立定一箇入門下手之程，便不對症矣。譬猶所患在虛寒，教
> 以服溫補之劑，若即以此概投之強壯之人，悞人不淺！[324]

　　講學實踐在於施教者要能觀機逗教，對於學習者患症不同，要施予不同的藥方，協助或者引導學習者克服蔽障。就中醫而言，就是要能對症，不能病人所患爲虛寒之症，卻告知服用溫補藥方，如此不對症，非但無法治病，還會有反效果。施教者須具有靈敏的觀察力，檢知學習者所患在何處，知其學習缺失所在，告知適合的去蔽涵養之方，如此才真能補救倡道。

　　循序漸進的教育方法：

　　教學有序，不可躐等，循序漸進，不僅是爲了搭配教材內容的邏輯性施教，也是期在順應受教者的接受能力。

318　卷七〈體用全學・識言〉，頁48。
319　〈附錄二・盩厔李徵君二曲先生墓表〉，頁606。
320　同註221，頁67。
321　同註123，頁106。
322　同註146，頁78。
323　同註146，頁87。
324　同註126，頁27。

> 最上道理，只在最下修能，不必鶩高遠……但就日用常行，綱
> 常倫理，極淺極近處做起。[325]
> 夫道必講而後明固已，第學者必身體力行，則行遠自邇，登高
> 自卑，不患不到聖賢地位。[326]

李二曲認為「為學不要鶩高遠，但從淺近做起。」[327]學習要能行遠必自爾，登高必自卑，不要好高鶩遠，鑽研於晦深難解，眼高手低，妄想一步登天，要能於日常生活中循序漸進，有次序地躬行實踐，於言動中，一步一腳印，細加體驗，使言動皆無妄失。

辨證論治（就症言症，見症商症，藥始中病）的教育方法：

李二曲在治學過程中，體認到提問的重要性，透過普遍引導問難論辯的教學方法，不僅能使受教者主動提問，施教者講演解答，如此能活躍受教者之思維，且在教學相長的教學互動關係中，展露學術研討的氣氛。

> 吾人苟能奮志求新，痛自洗剔創艾，不作蓋藏，方始有益。……
> 譬之病人不自諱忌，肯將自己病源一一述出，令醫知其標本所
> 在，藥始中病。苟為不然，即有萬全良劑，與症不對，亦何補
> 哉！今吾人相聚切磋，慎勿漫衍泛談，所貴就症言症，庶獲見
> 症商症，以盡忠告之益。[328]

中醫診斷及辨證的方法，其中包涵病因病理及辨證要點及治療。中醫是辨證，透過分證治療可迅速全癒，而辨證論治是根本的方法[329]。醫生與病人之間應是互相合作之關係，醫生幫助病人，病人亦要

---

325 同註 165，頁 45-46。
326 同註 126，頁 23。
327 同註 126，頁 26。
328 同註 308，頁 114。
329 彭勝權主編：《中醫師手冊》，台北：百川書局，1991，頁 1：「中醫學是一門
實踐性很強的學科，掌握中醫基礎理論與基本知識的同時，必須經過反複的臨
床實踐，才能熟練應用理、法、方、藥與辨證論治的原則。中醫診斷是在調查、
收集臨床有關資料的基礎上，對這資料進行整理及分析，從而了解及掌握病情
的方法及過程，診斷是治療的基礎及先決條件，是臨床醫療實踐中重要的一
環。中醫主要的診斷方法問、望、聞、切等四診的方法，問診是詢問病人關於
疾病的發生、演變、診治及病人的自覺症狀等，以測知病情。望診：從病人的

能幫助自己，善盡告知相關事實，包括個人病史、病狀等，使得醫生能透過，病人詳盡陳述的相關訊息中，獲取充分完整的資料，再透過其專業素養中，對病況進行確切評估研判，開列出對症之藥方，如此才能對症下藥，藥到病除，否則就算有再好的藥劑，若不對症，也是於病無補。李二曲透過中醫之辨證論治法，運用到講學的方法中，告知學人在治學中，互相切磋，切忌不要漫談閒聊，才能就症言症，善盡忠告之實。而陸王在對時人學習之弊病，即「略本體而談工夫」，皆是「骨董積」，提出對治之救弊良方，破其執滯，「其言猶藥中大黃、巴豆」330，就如同中藥的大黃、巴豆的療效，主在「疏人胸中積滯」331，消積化淤。

問答解惑（解惑啟蔽）的教育方法：

師者所謂傳道、授業、解惑者也。學習之受教者在探索實踐真理的過程中，必有許多疑難不解之處，施教者扮演著領航角色，對於受教者之疑惑不解之處，予以導迷啟惑，李二曲常為各方就教者「剖惑析疑，令人惕然深省，如滄溟瀛海，莫窺其際」332：

> 答問汪洋，不開知見戶牖，不墮語言蹊徑，各隨根器，直指要津。333

> 先生平日啟迪後學不倦，士之承謦欬者，俱述錄之以自益，隨問輒答，總計不下數千紙。334

李二曲認為講學，在使學習者明心體理，所以在其門人王心敬提到編刊《二曲集》，其中除三篇由李二曲親撰外，「四方學者每從問答

體表各部及其排泄物等進行觀察，以了解疾病變化。聞診：從病人的聲音、言語，以及病人體內排出的體味，了解其內在病情。切診：切按病人的脈搏及體表其他部位，以診其病情的變化。辨證論治，即在列出中醫辨證之依據，將前四診所得資料，系統全面扼要歸納，為辨證提供依據，其次分析病因病機，進而提出治療原則及基本方藥及其他治療方法。」

330 同註 173，頁 98。
331 同註 173，頁 98。
332 卷二〈學髓・跋〉，頁 22。
333 同註 146，頁 75。
334 卷十四〈鰲屋答問〉，頁 119。

之餘，輯其所聞，各自成帙。」[335]其餘皆爲學人所錄李二曲問答之語。李二曲能隨順根器，因其發問疑惑不同，而予以解疑之津梁，不會陷入語言知見之窠臼。

聯群會講（受教學習者之間）的教育方法：

聯群會講即在透過不同學術觀點的學者，藉由聚會講學，以辨析異同，論辨是非。對儒家經典理解各抒己見，各書院也爲講會制定專門規約，涵蓋參加者所討論的議題、宗旨、組織、日期、儀軌、經典等詳細規定，或交換學習心得。

所謂三人行，必有我師焉，爲學而無友，則孤陋而寡聞[336]，因爲獨學易造成「游思易乘，易作易輟」[337]，但群體生活則具有「交發互礪，以引以翼」[338]的功效，講學須藉由學校施設固定場域，既是教學活動中心，亦是學術研究中心，讓學習者透過群體生活，共同學習。若實在無法作到晨夕相聚，也要能「時一會晤」[339]。爲何李二曲要如此強調會友呢？因爲藉由固定會晤之時，有助於「彼此切磋，斯聞所未聞」[340]，互相砥礪德行，交流新知，互通有無；另一面，又具有「訂證綿密，斯懈惰不生」[341]，透過反覆論證彼此學習，切磋琢磨學問碰撞出智慧火花，所謂「有真師友，乃有真口訣」，李二曲認爲學習者若真爲身心性命而努力，就要會友輔仁，透過立會聯友，「以資麗澤之益」[342]，達收攝身心之效，這是學人第一要務，當然有立會，則「不可無會約」[343]，會友就必須立有會約，資以作爲相關之規範尺準。

335　卷二十九〈四書反身錄・序〉，頁394。
336　《東林書院志》卷三云：「自古未有關閉門戶，獨自做成的聖賢。自古聖賢未有離群絕類，孤立無與的學問。」又云：「上不可言於君親，中不可言於兄弟，下不可言於妻子，而獨可以容擬議于朋友者」、「非朋友無以成其君臣父子夫婦兄弟。非講習無以成其朋友。」
337　同註219，頁486。
338　同註219，頁486。
339　同註219，頁486。
340　同註219，頁486。
341　同註219，頁486。
342　同註219，頁486。
343　同註219，頁486。

　　朋友的真實義涵，在彼此能「長善輔仁」[344]，且希望對方能把握住本末先後關係，務為「志道據德之圖」[345]。朋友之間能互相辨析論證學問，透過彼此切磋學習，期能於學問真理之路上「相長相益」[346]，不應該懷有「以苟讓為貴」[347]的心態，在論辨當中，倘若認為有不妥未安之處，一定要能「不厭反覆」[348]，這才是追求學問面對真理時應有的忠誠態度。會聚五到七位志同道合的朋友，成為一個學習團體，以「朝夕聚首，交發互勵」[349]的方式，有助提振於學習過程中的怠惰萎靡現象，能不斷注入發奮向上的動力。雖說，人生當中不能沒有朋友，但在交友時又不能不予以揀擇。能結交良友，則時刻能「得聞己過，聞所未聞，長善救失，開拓心胸，德業、學問，日進於高明」[350]，由此可知能多「交一賢友，則得一友之益，所交愈多，則取益愈廣」[351]，可知欲輔仁不可無良友；反之，結交損友，所謂「燕朋呢友」[352]，與其會晤言論，久而久之「在近朱者赤，近墨者黑」的耳濡目染中，「則塵情俗氣不知不覺入吾肺腑」[353]，也由於損友百般「依阿逢迎，善莫予責」[354]，於是在不自覺中養成「自足自滿，長傲逐非，德業、學問，日墮於匪鄙」[355]真是害仁不淺。因此結交益友或者損友，對於學問德業的向上提昇或向下沈淪，實有莫大的關係，交友不可不慎重。

　　會友的方式，是以「文」會友，但須明辨此「文」非彼「文」，換言之，此「文」應是「斯文」、「在茲」、布帛菽粟之「文」，而不是古文、時文、雕蟲藻麗之「文」。實因前類才真是在「天理上打點」，在

---

344 卷十六〈書一‧答友求批文選〉，頁 148。
345 同註 344，頁 148。
346 卷十八〈書三‧答朱字綠書〉，頁 218。
347 同註 346，頁 218。
348 同註 346，頁 218。
349 同註 285，頁 41。
350 同註 84，頁 499。
351 同註 84，頁 500。
352 同註 219，頁 486。
353 同註 219，頁 486。
354 同註 84，頁 499。
355 同註 84，頁 499。

「求放心」，彼此談論「莫非身心性命之理，日用常行之宜」[356]，因此能達至「斯會文友」、「以友輔仁」的目的；後類只在「人欲中揣摸」，釀成「使心放」，這種是「以文藝會友」，彼此談論「莫非尋摘句之技、博名梯榮之圖」[357]，所以朋友之間是「以友輔欲」。可知，上述兩種會友方式，雖都算是會友，但「會友之名雖同，而會友之實則異」[358]會友要能名實相符，許多打著會友旗幟，運作所發揮的功能效用，與會友原先的實際作用，實有天壤之別。因此，可知李二曲在教育方法上認為群體共同學習有其顯著效果，但能有益友互相扶持於求學路上更是一不可獲缺的因素，所謂欲「『輔仁』則不可無良友」[359]。李二曲肯認前代理學儒者，透過立會聯友，除了「每年春秋仲月」的三個大會之外，還有平時「每月三六九」[360]的小會，不論大會小會，都是期望「打點身心」[361]，而不是「求通聲氣」[362]。在先儒所立的諸多會約中，李二曲認為顧憲成 (1550~1612)的《東林會約》[363]是最醇正做

---

356 同註 219，頁 485。
357 同註 219，頁 485-486。
358 同註 219，頁 486。
359 同註 219，頁 486。
360 同註 219，頁 486。
361 同註 219，頁 486。
362 同註 219，頁 486。
363 《東林會約》時值萬曆三十二年(1604)東林書院落成，由顧憲成撰，高攀龍作序。會約依照朱熹於淳熙六年(1179)著〈白鹿洞書院揭示〉的精神予以制定。〈白鹿洞書院揭示〉有五項為學原則：「父子有親，君臣有義，夫婦有別，長幼有序，朋友有信，右五教之目。堯、舜使契為司徒，敬敷五教。即此事也。學者學此而已。其所以為學之序，亦五焉。具列如左。博學之，審問之，謹思之，明辨之，篤行之。右為學之序。學問思辨四者所以窮理也。若夫篤行之事，則自修身以至於處事接物，亦各有要。具列如左。言忠信，行篤敬，懲忿窒慾，遷善改過。右修身之要。己所不欲勿施於人，行有不得反求諸己。右接物之要。」（《朱子大全》卷七四）
顧憲成曰：「惟朱子白鹿洞規至矣，盡矣。士希賢，賢希聖，不出此矣。東林之會惟是相與講明而服行之，必飭四要，破二惑，崇九益，屏九損。」（《東林院志》卷二）
「飭四要，知本，立志，尊經，審幾。破二惑，講學迂闊而不切，高遠而難證。崇九益，國家設學本教人為聖為賢，非止科名。講學庶幾不負。廣聯同志，指視森嚴，整肅習氣，尋師覓友，廣見博文，一日之中可以諳既往，可以等將來，

切，並建議欲會友的學人，在立會約時要把握「酌奪古今之宜，倣而行之可也。」[364]

七、教育的管道

上已闡述諸多關於李二曲所倡的教育方法，而事實上，李二曲在面對整個的教化體制，其所呈顯的教育管道是多元，包括家庭教育、書院教育、社會教育等進路，且其所持之教育功能及主張，除各有其特色及作用，亦有不謀而合或相爲補足之處。以下即就家庭教育、書院教育予以闡示：

家規家法的教育，大略是生活勞作、規矩禮儀，一般在每月初一、十五舉行，甚至有的每天率全家大小，在早晨進行，如陸象山每天宣讀《家訓》，如果子弟違反就須受到家法懲罰。明清兩朝之家規家法教育，具有社會的教育作用。李二曲有鑑於陸賀治家有法，使家中男女老少「各以其班供職」[365]；陸九齡(1132~1180)承繹父志，著有《家制》流傳，具有「雋者不敢踔厲，樸者有所依據」[366]的功能，進而孝順友弟之德風，廣被鄉里，名聞天下。陸九韶將家訓誡規寫成《韻語》，於是「晨興，家長率眾子弟謁先祠畢，擊鼓朗誦，使列聽之，其家教如此」[367]。李二曲肯認陸氏之家規家法的實施，於是起而效尤，擇「取司馬溫公《家訓》及曹月川《家規》」[368]彙撮菁要，在「每朔望集家眾宣讀，以教其家」[369]，欲善齊其家爲勸儉禮義、清白仁厚之家。

人之責望我者愈重，我之自樹立者方真。屏九損，比昵狎玩，黨同伐異，假公濟私，評有司短長，議鄉井曲直，訴自己不平，說曖昧不明及瑣屑不雅、怪誕不經之事，交過飾非，多言人過，執是爭辯，道聽塗說。」(《東林院志》卷二)
364 同註219，頁486。
365 同註14，頁410。
366 同註14，頁410。
367 同註14，頁410。
368 同註14，頁410。
369 同註14，頁410。

在卷十九〈題跋・家戒〉中，記載李二曲之家法規誡，其中涵括的規定，包括五個大的面向：首先，是關涉閱讀書籍種類的規範及限制，李二曲只肯認「《五經》、《四書》、《性鑑》、《衍義》」[370]等書，對於其它所謂「天文、讖緯、《水滸》、《西廂》，一切離經叛道邪穢不正之書」[371]等類書籍，認爲不應該接觸泛覽；其次，是對於結交朋友的告誡，應當結交能夠「德業相勸、過失相規」[372]的良友，切忌濫交「緇流羽士、游客營丁、扶鸞壓鎮、妄談休咎，一切異端左道偏頗不正」[373]等類之損友；再次，是對於自己言所從出，所談論的議題，應當以關涉「身心性命、綱常倫理」[374]爲重心，不該議論涉及「朝廷利害、官員賢否、邊報聲聞」[375]等有關公門之政事，也不應該如三姑六婆般，論及各人家門私事；另外，對於個人的行爲舉止，當嚴守「不可出入公門，不可管人閒事」[376]。一切立身行事，都要「以小學爲金鏡」[377]；最後，是關於品德氣節的樹立，「寧孤立無助，不可苟同流俗；寧饑寒是甘，不可向人求憐」[378]。

教育的管道，除了上述家庭管道中的家戒家規之外，還有另一重要途徑，即是書院教育的功能，李二曲對於書院教育的措施主張，可藉由卷十三〈關中書院會約・學程〉予以瞭解。李二曲認爲學習者，每天除非萬不得已，若沒有「緊急大事，斷勿出門一步」[379]，他的理由來自於，謝絕外在諸多不必要的應酬，能使人神清品重。如果真有事外出，往返於親朋好友家，或是到地方洽談公務，行爲禮儀也要能合乎「行步須安詳穩重，作揖須舒徐深圓」[380]，不論或立或坐或周旋

370　卷十九〈題跋・家戒〉，頁 231。
371　同註 370，頁 231。
372　同註 370，頁 231。
373　同註 370，頁 231。
374　同註 370，頁 231。
375　同註 370，頁 231。
376　同註 370，頁 231。
377　同註 370，頁 231。
378　同註 370，頁 232。
379　同註 277，頁 117。
380　同註 277，頁 117。

當中，神色要安詳，威儀須莊嚴。另外，對於所到之處及衣著服飾也有相關的規定，例如「不可輕履市肆，不可出入公門，不可狎比匪類，不可衣服華美。」[381]上述種種，是針對日常生活起居中，與人應酬、行為舉止、所到之處及衣著樸實的相關規定。

再就學習方面，李二曲認為學習者要謹慎「言論」的運用。學習首要在「先習不言無論」[382]，因為當所見之理還未透徹，尚未付諸實踐，所以不當發言，或者就算「即見已透、行已至者」[383]也應該靜默不言。如此透過剛開始的勉強，由幾天進而數月，甚而到三年都不隨意輕發一語。這樣，才能蓄厚養深，「不言則已，言則成經矣；人不聞則已，聞即信服矣」[384]，這就是所謂「三年不言，言乃雍」的真義。但是，萬一若有長輩或者平時知心摯友相問，也要保握住「坦懷以對，必誠慎，務要簡當」[385]的原則。上述是關於言論的規定。

其次，書院教育很重要的一環，即在對於學習師友的重視，因此，必須「聯五七同志」[386]，須有固定時間，即在每個月的初一、十五會晤，旨在達到師友間能「相與考德問業，來輔切劘」[387]。除此之外，還要「公置一簿」[388]，這樣的功過簿，是作為記載自己當天與他人言行的得失。之後予以檢視，對於所載之得失，在每次會晤當天，會有實際相應的獎勵及處罰的執行，即「得則會日公獎，特舉酒三盃以示勸；失則規其改圖，三規而不悛，聽其出會」[389]，對於好的言行，大眾舉酒三杯表示勸勉；對於言行失當者，予以規勸，希望予以糾正改過，若經三次勸告仍是不予悔改，就判其出局，不准他再參加每月的會晤。如上的規定，在真正落實師友的學習團體，透過每個月彼此的

---

381 同註 277，頁 117。
382 同註 277，頁 117。
383 同註 277，頁 117。
384 同註 277，頁 117。
385 同註 277，頁 117。
386 同註 277，頁 117。
387 同註 277，頁 117。
388 同註 277，頁 117。
389 同註 277，頁 117。

互動學習，進而真能砥德勵行，且期許學習者本身要能不斷在德業上求精進。

　　至於會晤當天，辦學討論中的飲食問題，李二曲認為由每次的會主予以張羅，對於菜色認為只要「肉蔬四器，充飢而止」[390]，千萬不可出現「盃盤狼籍」[391]的現象，如此唯恐損及學人的風範。會中所講論的書籍，李二曲提列以「《康齋日錄》、《涇野語錄》、文清《讀書錄》、陽明《傳習錄》」[392]等幾種，認為上述有助於後學。另是關於言論的規定，同李二曲在卷十九〈題跋‧家戒〉中有關言論的規定是一致的，即不當議及各人私事及閨門隱事，或者評論官員賢良與否、朝廷公事，或者道人長短等等，如果有違反上述的規定，「罰備次會一會之飯」[393]，被罰之人，要負責準備下次會晤時的所須飲食一次，以作為違反相關規定的處罰。

第三節　在政治上之引伸

　　李二曲「體用全學」在政治上的引伸，主要體現於政治措施、舉賢揭能、制產養民及農田水利等方面。

　　康熙三十一年(1692)，李二曲在〈與布撫臺〉之書信中，針對關中嚴重的旱荒，建陳了七條切實可行的政治措施：

> 至今歲，陳請救荒一事，美意良法，盡關中百萬生靈，尤莫不誦之口而戴之心，公可謂不負朝廷，不負生民，不負所學矣。……用是不揣固陋，謹以目前所急，臚陳如左，以備採擇。[394]

　　向上陳請救荒一事，實為美意良法一樁，關中百萬生靈，沒有不傳誦佳話，感念在心，明公真是上不辜負朝廷，下不辜負百姓蒼生，

390　同註277，頁118。
391　同註277，頁118。
392　同註277，頁118。
393　同註277，頁118。
394　卷十八〈書三‧與董郡伯第二書〉，頁205。

也不辜負自己所學。李二曲感念董郡伯的爲民之心，於是願共襄盛舉，不嫌固陋，對於目前救荒政策，提供一些建議以資董郡伯參考採擇。

> 安集保全遺民。……請招懷流離……請設督農掌水之官，以大興農田水利。……急變轉運西米之法，以蘇民困。救民之饑，如救水火，先從其甚急者而先救之。……厚卹善類，以勵風教。……作養士氣，以培植人才。……禁止樂戶販賣良人子女。今茲關中荒饑異常，百姓計窮路絕，多以子女賣入樂戶，以苟易升斗，偷活旦夕。[395]

李二曲針對當時的現況，提出許多具體政策措施建議，諸如對於目前仍留在原荒地民眾，使其能夠安居；設法招懷流離失所人民；另設督農掌水官吏，發展農田水利；緊急改變轉運西米的方法，以疏解民困，救人民的饑餓，如同救水火，要從最急迫的地方先行搶救；要厚卹善人，以砥礪風俗教化；要培養人才；禁止樂戶販賣良人子女，由於關中饑荒異常，百姓在爲溫飽走投無路時，大多會選擇將子女賣入樂戶，來換取升斗米糧，苟活旦夕。

> 方今西安之民，以十分論，饑餓、瘟疫死者十二三，逃亡及賣入滿洲者十六七，計今留者，十不得三耳。向使此三分者皆足自保，永不流亡，而戶口減耗，田野荒蕪，明公猶難爲政。……民愈寡，田愈荒，無論明公無與興治，朝廷愨愨懇懇，所以付畀明公者，亦恐不如是也。僕愚以爲宜急籌畫賑濟安集之策，或再請發內帑，或再請協鄰省，或作速開設捐納，務使有司悉以覈實，計口均施，使強弱遠近，均霑實惠，不得仍前侵削苟且，罔上行私，以保全此秋成之前百餘日。夫民眾財難，賑濟雖非救荒全策，然在目前事急勢迫，則不得不剜心頭肉，以醫眼前瘡也。且爲國家者，非無財之患，而無民之患。故古之賢君，不惜竭府庫之藏，以厚惠下民；古之良臣名佐，不惜冒矯制之罪，身家之命，以解民倒懸。誠以民爲國本，有人則自當

有土有財也。[396]

今西安人民，以十分來論，因饑餓、瘟疫而死的約十有二、三，逃亡及被賣入滿州的十有六七，估計現今留在當地的，不到十分之三。如果能使這十分之三的人民，都能自足自保，不再流亡，否則戶口減少，無人墾地而造成田地荒廢，明公更加難以治理。人民愈少，田地愈荒蕪，姑不論明公有否興治，而朝廷懇懇託付明公，也應不是如此景況。李二曲認為現在應積極籌畫賑濟安集的政策，再請發公帑，或懇請鄰省幫助，或者迅速開設捐納一途，必使負責查核審實，根據人口數平均施給，使強弱遠近，都能受惠，不得有侵吞剝削，岡上行私等苟且之事，以保障能度過秋收前這百餘天之食用。事實上，人民眾多，國家財政拮据，賑災救濟雖然不是救荒的萬全策略，但在目前情勢急迫下，則不得不割心頭肉，以醫治眼前膿瘡。況且，國家所患不在無財富，而是在無民。所以古時賢君，都不吝惜散出府庫之藏，以嘉惠百姓；古時良臣，也常冒被上司定罪彈核，及身家性命危險，只為能解民倒懸。所以應當以民為國本，有人則自然有土有財。

> 方今西安民流諸關東諸省者，不下百萬；竄諸西北府、三邊及川蜀者，亦不下百餘萬；賣入本省、外省富商巨室者，亦不下十餘萬。賣者獲生矣，其流離者則去墳墓，棄田廬，離親戚，擔兒肩女，兩行露宿，沿門丐食，或空傭富家，或偷生娼門，甚者父食其子，夫殺其妻，兄弟奪一糠餅而推刃相戕。……自昔國家之敝，多由饑荒時當事者不留心安插，民不聊生，以致釀成亂階，為國家患害。……又皆在明公治屬之內，可坐視其死亡顛危而莫之恤乎？所宜悉心計籌方略，作速上請，務使逃者或歸或居，皆獲生路，無重陷溺，以仰體君仁，俯副民望，而早彌意外之患。[397]

當今西安流亡到關東諸省，不下百萬人；逃竄到西北府、三邊及川蜀等地，也不下百餘萬人；賣入本省、外省的富商家中的，也不下

---

396 同註 395，頁 210-211。

397 同註 395，頁 211。

十餘萬。被賣若獲重生，也淪落到背家園、離親戚，背著兒女，到處餐風露宿，沿路乞討，不是在富家中幫傭，就是在娼門苟且偷生，更甚父吃子，夫殺妻，兄弟為爭奪一塊糠餅，互相砍殺，當人生命受到威脅，此番人吃人的景象，真是慘絕人寰。以往國政的弊害，大多因為當事者對於饑荒一事，不留心處理，導致釀成亂源，造成國家禍患。關中為明公管轄範圍內，豈能坐視人民顛沛流離而不加撫卹？應用心計畫策略，火速上策，必使流離逃亡能歸來安居，使百姓能獲重生、不陷溺，對上能體恤君王仁政，對下能不負民望，提早杜防微患。

> 公以饑荒力陳撫軍，撫軍業已題請。傳聞部議，有今歲錢糧三分蠲一之說。如其果然，則宜嚴飭各縣，使明白為百姓豁除其蠲免之數，庶窮民實沾朝廷之惠，勿令朦朧作私，混征巧催，以重其流亡之心。[398]

明公以饑荒力陳撫軍，撫軍已向上題請，傳聞部議，對於今年錢糧有蠲免政策；若果如是，應嚴令各縣，使其清楚為百姓減除蠲免數額，讓貧窮百姓實蒙朝廷恩澤，切勿朦朧作私，含混亂征，巧立名目催收，而加重百姓流亡之心。

> 軍民皆係朝廷赤子，聞軍糧米豆，皆依部價折色，而民糧獨不蒙折色之恩，豈軍皆貧而民獨富，軍米豆無出，而民獨有出乎？且西安之民，數倍於軍，豈軍之逃亡死喪可憫，而民獨不可憫乎？殊非當事仁均澤普之義，謂宜一視同仁，以恤偏苦。[399]

軍及民都是朝廷子民，聽聞軍糧米豆，能依部價折色，而唯獨民糧未蒙折色恩澤，難道軍人皆貧而唯百姓富有，軍中米豆欠收，而唯獨人民有收獲？今西安人民比軍人，有數倍之多，難道軍人逃亡死喪就值得憐憫，而人民流離失所就不值得憐憫？這並非為政者均仁普施百姓之真實義，應該一視同仁，以體恤百姓的痛苦。

> 先王救荒有九政，而安富居其一；蓋國之所賴者財，財之所從出者在錢糧，而錢糧之可備緩急者，則富民居其大半。即如今

398　同註 394，頁 206。

399　同註 394，頁 206。

歲如此奇荒，貧民流亡大半，而州縣正項錢糧，皆已完過七八
分有餘，是非此一二勤儉有積蓄之民，何以致此乎？是國家之
所恃賴者，莫富民若也。且鄉里有富民，則一鄉之人緩急有恃，
借貸貨賣尚有所出。若必盡此富民而迫之逃亡，則上下交無所
恃矣。近聞州縣頗有疾富之病，如鄰里本族不能輸糧者，或逼
之貸完，或貧悍無賴之人，強貨產業，聲言找價霸業者，則逼
之分外補賠。至於借官事而巧取，託小故而勒索，凡此之弊，
在在而有。此之不禁，勢必至西安三十六屬之民，胥作流離餓
殍之人，是宜特為屬禁，杜此惡風。400

　　過去先王救荒有九種政策，而安定富民為其中一項。因國家所仰
賴在財富，而財富來於錢糧，錢糧可供不時之需，其中富民佔了大半。
當今如此奇荒，貧民已大半流亡，且州縣正項錢糧，七八分有餘，如
果沒有這少數勤儉有積蓄人民，何以能有此財富？所以國家仰賴為富
民。況且鄉里有富民，則一鄉之人緩急有所依恃，供人借貸貨物買賣，
仍有餘出。如果逼迫這些富民流亡，則國家人民無所可恃。近來聽聞
州縣有痛恨富民之狀況，如果鄰里本族不能輸糧，不是逼富民將之借
貸還清，就是貧悍無賴之人，強賣兼併產業，並揚稱找惡勢力霸佔產
業，逼富民高額貼補。至於其他藉由關官事訟訴而行巧取費用，或以
其他名義借機行勒索之實，凡上述種種弊病隨處可見。如果此風不禁，
勢必造成西安三十六屬人民，成為流離失所餓死之人，所以要嚴屬禁
止此風。

各屬錢糧已納者，多屬良富之民。若果有蠲免之命，已納者或
領有餘分數，或免明歲正賦，倘州縣不與豁除明白，或吏書借
端勒索使費，是朝廷有實惠，而百姓不得沾實惠也。是宜另請
督撫預飭各屬，以杜其奸。401

　　錢糧已繳納者，大多是善良富有之民。倘若有蠲免命令，對於已
繳納者或領有餘分數，或可免除來年征賦，若州縣不能告知明白，或

400　同註 394，頁 206。
401　同註 394，頁 206。

者官吏無端借故勒索規費，如此朝廷的實質恩惠，百姓卻沒有享受到。所以懇請督撫飭令所屬，妨杜貪吏爲奸。

> 救旱之策，莫要於興水利以灌田。見今天道又復酷旱，麥豆未
> 種者，尚有大半，已種者，將及旱死。為今之計，近山臨水者，
> 須教之開渠築堰，導引水泉；高原之地，亦宜教之穿井灌溉，
> 以為明歲夏獲之望。402

救旱政策，莫急於興水利以灌溉農田。當今酷旱，麥豆尚未耕種，遇有大半，已栽種的，又將會因乾旱而死。今日補救之計，在傍山臨水的地方，教其開鑿水渠修築堰堤，導引水泉；在高原之地，應教以穿井灌溉，以備明年夏獲之需。

> 今茲關中之荒，近世罕見，施粥既無救於大勢，蠲免僅少安其
> 憂心。隆冬及春，饑寒交迫，生機窮絕，非大行賑濟，其阽危
> 流亡，將有更不忍言者矣。然正賦既已奉旨蠲免，則朝廷將無
> 有餘之財，是宜力請督撫題請，開設捐納一途。夫朝廷以名器
> 假人，雖非盛世美談，然以之救荒賑民，亦屬權宜。但西安既
> 無外省可連之粟，而鄰府又不通舟車之路，如必令其輸粟，則
> 應例者，必無多人。無多人，則此事徒損國體，而無濟於實用。
> 是宜力請督撫題請，議行折色，輕減數目。行折色，則納者便；
> 減數目，則為者眾；納便為眾，則數十萬可旬月內坐而致也。403

關中旱荒，近世少見，施民米粥對於目前窘境沒有任何補救；另外蠲免稅役，對於民心擔憂，也只有稍微安撫。從嚴冬至明春，人民饑寒煎迫，生機窮紛，如果不大力施行賑災救濟，則流離失所，將有更多不忍言者。既然正賦已經奉旨蠲免，如此朝廷將無有多餘財源，應力請督撫，開設人民捐納。雖朝廷以公器行使，談不上盛世美談，然用來救荒賑民，也是屬於權宜之計。且西安沒有外省可連之粟田，鄰府又沒有舟車接泊之路，如果下令輸運粟米，能按如此做者，必定有限，結果反而只會損害國體，對於實際並無實質助益。所以應力請

---

402 同註394，頁207。
403 同註394，頁207。

督撫，商議實行折色米粟，輕減數目。行折色，則捐納者方便；減數目，則捐者眾；捐納方便者多，如此數十萬可在月內坐而達至。

右數則，倘有可採，力所能為者，願獨力斷然為之；力所不能者，必明目張膽，力請於督撫以行。其或不從，一之至於再，至於三；三之不行，則不惜慟哭流涕以力懇。[404]

李二曲在與董郡伯第二封書函，言到對於以上數則，若有適用且能加以採行，在能力所及範圍，願以一己之力斷然為之；但畢竟他仍是一介平民，許多事仍是力所未怠，他認為要明目張膽，懇求督撫實施，為蒼生百姓，不惜慟哭流涕以勸請。

> 夫娼優敗風傷化，王政之所大禁，仁人君子之所惻心。明公為國家振勵風化，宜留心頻飭州縣，令樂戶不得再買良人子女，其已買者，令州縣官設法贖回，不得隱匿。犯者，樂戶及本地千總地方，一體定罪。此萬世功德也，明公尤宜惓惓。[405]

娼優泛濫，傷風敗俗，是王政所嚴禁，且為仁人君子所擔心。若要提振國家善良風俗，應留心戒命各州縣，命令樂戶不能再買良人子女，如果有購買子女，命令州縣官吏設法將其贖回，不得隱瞞不告。如果知情不告，樂戶及本地千總地方，都要連坐定罪，以抑此風。

> 問：必如何而後謂之賢？曰：道明德立，學具天人，是謂道德之賢；識時達務，才堪匡世，是謂經濟之賢。道德之賢，上則舉之置諸左右，俾專講明古聖帝明王修己治人大經大法，朝夕啟沃，隨機匡正；次則舉之俾掌國學，督學政，師範多士，造就人才。經濟之賢，上則舉之委以機務，俾秉國成，獻可替否，默平章奏；次則舉之隨其器能，任之以事，分理庶務。[406]

任賢使能與政治品德的優劣有著相當密切的關係。怎樣的人能算是賢人？李二曲認為有兩種賢人，一種是道德賢人，一種是經濟賢人。能明立道德，學達天人，即是道德賢人，而對其任用，可舉置帝王左

404　同註394，頁207。
405　同註395，頁216。
406　同註14，頁412。

右，專門講明古聖帝王如何修己治人的大經大法，朝夕啓發沃聞，隨時匡正錯誤；其次，可舉置司掌國學，督導學政，造就人才。能識時宜通達事務，才能足堪匡世，即是經濟賢人，而對其任用，上則舉置委任機要事務，處理獻計更替，批閱章奏；其次，舉置隨其材識任事，掌理總務。

> 人苟好惡公，用舍當，為君則兆民服，為大臣則同列服，處一鄉則一鄉人服，處一家則一家人服。舉錯當與不當，關國家治亂、世運否泰。當則君子進而小人退，眾正盈朝，撥亂返治，世運自泰；否則小人進而君子退，群小用事，釀治為亂，世運日否。諸葛武侯有云：「親賢臣，遠小人，此先漢所以興隆也；親小人，遠賢臣，此後漢所以傾頹也。」言言痛切，可作此章翼註，人君當揭座右。[407]

人若其行為舉措為公無私，則為君則兆民服，為大臣則同列服，處一鄉則一鄉人服，處一家則一家人服。國君舉措合宜與否，關涉國家治亂、世運否泰。人才擢用恰當，則君子進而小人退，舉朝皆正人君子，自然能撥亂返治，世運安泰；否則，小人進而君子退，群小亂政，釀治為亂，世運每況愈下。所以為人君，當要親賢臣，遠小人，這是西漢所以興盛原因；親小人，遠賢臣，這是東漢所以滅亡之因。

> 清心寡欲以正身，正身以正朝廷，正朝廷以正百官，正百官以正萬民，此「無為而天下歸之」也。[408]
> 上不欲則源清，本源一清，斯流無不清；在在皆清，則在在不復妄取。敲骨吸髓之風既息，疲敝凋瘵之民獲蘇，各安其居，誰復思亂？[409]
> 政治之所以不中者，總緣存心不中。此治法之所以必本於心法，王道之所以必本於天德也。[410]

人君能清心寡欲以端正自身，則能端正朝廷，就能端正文武百官，

407　同註 17，頁 438。
408　同註 17，頁 431。
409　同註 219，頁 484。
410　卷四十〈四書反身錄・論語下・堯曰〉，頁 510。

也能正萬民，此即無所爲而天下歸之。李二曲檢討歷來禍亂根源自人
心的不正，尤其以首出庶物人君心術之不正。因而，爲解除百姓因人
君心術不正所造成的動亂禍苦，一針見血地認爲治本之道在能正人
心。能正君心，則能正朝廷，正百官，影響所至，當能正萬民。於人
治時代之人君，舉凡任一政治措施之擇取，又當逢公私利益兩相衝突
之際，則其內心的念慮殊異，實關涉蒼生百姓的禍福影響頗鉅，因此，
治道之根本，尤須著眼於人君能否明德正心及修身。

> 《書》稱「在知人，在安民」，蓋惟知人，方能安民，故惟知人，
> 方能愛人。若明不足以知人，而所用之人一有不當，本欲澤民
> 而反以殘民，則其愛也適以成害。即不殘不害，而材不勝任，
> 曠官廢事，不能承流宣化，民不被澤，亦何以溥其愛乎？舜惟
> 明足以知人，故於眾人之中，識拔皋陶；湯惟明足以知人，故
> 於眾人之中，識拔伊尹。皋、伊既賢，其轉相汲引之人，列於
> 庶位者，莫不皆賢。眾正盈朝，殘民害眾之徒，不惟無以逞其
> 殘，而且革心易慮，「咸與維新」，猶倨肆之人，一入神廟而肅
> 然起敬，無復雜念。是用一仁人而眾無不仁，仁豈有不覆天下
> 乎？[411]

知人才能愛人，也才能安民。如果不能知人，則所用之人，若有
一個用錯不當，則原是希望造福百姓，卻反而殘害人民，則其愛意剛
好造成其傷害；或就算沒有造成任何殘害，但是任用之人，其材能不
能勝任所事，造成官事曠廢，不能承流宣化，人民沒有受到任何恩澤，
要如何能普其愛護呢？歷來君王，如舜能知人，所以在眾人之中，卓
見遠識，正確擢拔賢能皋陶，商湯能知人，所以識拔伊尹。而這些賢
人既受擢拔，因此轉相薦引之人，也都是賢能之人。如此整個朝政都
是正人君子，使得欲殘害民眾之人，無法逞凶，並受到感化，而革除
心慮。因此用一仁人則眾皆爲仁。

> 知人亦有道乎？曰：鑑明則妍媸莫爽，理明則賢否自悉。故知
> 人先務，不外於格物窮理，理明而心公，廣詢博訪，斷以己見，

---

411 同註219，頁485。

其庶乎？[412]

> 悉心採訪人物，凡一材一藝之長，必貯之夾袋，公論僉同，則
> 矢公矢慎，極力推轂，務在得人為國，不樹私門桃李，即此便
> 是宰相大技。[413]

要悉心採訪人物，凡具有任何材藝專長，必將其建檔，一切秉公
處理，努力推諫人才為國效力，不另私立桃李門戶，這是身為宰相所
應具備職技。

> 遇事則延僚佐公議，虛己以聽，擇其所長而用之，以養其徇公
> 之意……至於境內賢才，果月旦推重，眾論僉同，知之既審，
> 宜先造廬式閭；果賢果才，小則尊禮，以示優異，大則申聞當
> 道，以備薦剡，使賢才不至埋沒，宰之職也。[414]

宰相的職責在於遇事時，能延請幕僚智囊商討對治之道，虛懷若
谷，採納諫言，擇優而用。對於境內賢能人材，倘為月旦評論所推崇，
應造訪以視尊重；果真為賢能人材，除尊之以禮，以彰其出類拔萃，
甚至可推薦任事，使賢能人材不被埋沒。

> 人人各有所知，人人各舉所知，則野無遺賢，世躋雍熙。各舉
> 所知不難，各舉所知無所為而為為難，否則適足以開徇私之門，
> 而長奔競之風。此須嚴立賞罰之格，得人則特加旌異，非人則
> 罰治有差。其或阿舉所私，或受賄妄舉，及知賢蔽賢，事發一
> 體連坐。如是，則人知所畏，不敢妄，亦不敢蔽。[415]

對於舉賢，人人倘若就其所知的賢能人材予以舉薦，就不會遺漏
任何賢能人材於在野；要舉薦賢能人材實際上問題不大，而是舉薦人
材而能無所為而為就較為困難，因為有些薦舉仍有相關的弊病發生，
可能反而會助長徇私奔競風氣，因此，為杜絕相關弊風，必須透過嚴
格訂立賞罰制度，對於薦舉的人若果是名符其實的賢能人材，就授旗
加以表揚，反之，若所薦舉為非人，則施以處罰。另外若有下列阿舉

所私、或收受他人賄賂而妄加濫舉、或知有賢能人材卻刻意隱瞞不薦
等情形，一待發現一律採取連坐處罰。如此重罰，則人人知所畏懼，
就不會發生妄舉非人或刻意蔽賢的問題。

> 諸葛武侯之相蜀，開誠布公，體國如家，日孜孜以人才為事，
> 微長必錄，雖讐不廢。下此如崔祐甫為相，推引薦拔無虛日，
> 作相二百日，除官八百人。李吉甫入相，咨於裴垍，曰：「報國
> 惟在進賢。」吉甫流落江湖，一旦入相，人才多所未諳，垍乃
> 取筆疏二十餘人，數月之間，所用略盡。王旦薦人，人未嘗知，
> 此雖與古一德大臣不可同日而語，然能獎進人才，較之貪權固
> 位、止知有己而不知有人者，猶為彼善於此。[416]

　　諸葛亮擔任蜀國宰相時，能開誠布公，視國如家，每天以揭舉賢
才為要事，唯才錄用。之後崔祐甫為相，每日推引薦拔賢人。李吉甫
入相，裴垍告知：報國惟在進用賢能之人。李吉甫一旦入相，許多人
才未能識用，裴垍於是筆疏二十多人，於是在短短數月間，李吉甫將
人才一一拔擢。王旦推薦人才，人不知之，這雖然與古時大臣不能相
提並論，但就其能獎進人才，與貪圖權力，戀棧權力名位，只知有己，
而不知有別人的相比，王旦是優於他們的。

> 厚卹善類，以勵風教。善人，國之福，民之範，風俗之儀表也。
> 故成周大賚四海，而善人是富，三代以來，雖風尚各殊，亦莫
> 不崇獎善類，尊德惇行，以樹風聲而勵貪頑。今茲關中逢此奇
> 荒，百姓死喪逃離，幾於十室九空。昔東海孝婦之冤未理，而
> 致國三年不雨。今闔郡數百萬生靈中，其為仁人、孝子、志士、
> 悌弟、節婦、義夫及忠信篤實者何限，而皆使之顛連死亡，抱
> 恨於無窮，恐非所以祈天和、調陰陽之道也。且當此風俗敗壞
> 糜爛之時，正宜崇獎德義，砥礪名節，使愚民曉然知上意之所
> 向，亦勵風移俗之一助也。愚意以為宜申飭州縣，悉心查訪實
> 德篤行，如仁人、孝子、節婦、義夫，及好學自修、守義狷介
> 之人，詳開姓名、里居、子孫、男女、口數申報。除本縣均給

---

416 同註 14，頁 412。

皇恩銀米外，明公為另設銀米，照月給散，務使足給一日兩食
之資，勿致死亡流離，則明公德譽陰騭，相永於無極矣，是一
舉而百美皆備者也。[417]

要能厚卹善人，有助風俗教化。善人是國家之福，人民學習效法
之人，能為社會風俗之表率。三代以來，雖然歷代風俗迥異，但都推
崇獎勵善人，尊德惇行，以樹立典範。今適遭逢關中奇荒，百姓死喪
逃難，十家有九家是空無人住。過去東海孝婦含冤未雪，而導至三年
天不下雨。今闔郡中數百萬生靈塗炭，其中是仁人、孝子、志士、悌
弟、節婦、義夫及忠信篤實的人何其多，卻都顛沛流離，死無其所，
抱恨無窮，這恐怕不是祈求風調雨順、國泰民安的方法。且當今風俗
敗壞靡爛之際，正適宜推崇德義，砥礪名節，使人民知道上意之趨向，
也可助移風易俗。李二曲認為應申令州縣，悉心查訪篤實德行，例如
仁人、孝子、節婦、義夫及好學自修而成、守義狷介之人，詳細開列
姓氏名字、居住、子孫、男女、人口數予以申報。除了本縣均配給皇
恩銀米之外，要另設銀米，按月供給，務使足夠一天兩餐之食用，勿
使其流離死亡。善人未獲國家妥善安置，事實上，也反映在李二曲與
李雪木身上，「吾以奇窮遭奇荒，保生實難，曾與雪木商及度荒之策，
相約共適漢南。吾家累二十餘口，留半難割，通移維艱，因循荏苒，
尚無定期，乃雪木則先我而往矣。」[418]

> 見賢而不能舉，蓋未見而浮慕其名高，既見而心厭其不阿，往
> 往目為迂闊，不復省錄。[419]

> 聚眾人之知，以為己智，則其智也大矣。知好問好察，用中於
> 民是大智，則知不問不察，師心自用是大愚。[420]

知賢能之人卻不願薦舉，在未見賢人時，則欽羨其名聞，等到見
了賢人時，卻心生討厭其公正不阿，認為賢人迂腐，不願引用。

紳衿者，國家人才之所從出，故治國家者，莫不以作養士類為

---

417 同註 395，頁 215。
418 卷十八〈書三・答惠少靈第二書〉，頁 208。
419 同註 14，頁 412。
420 同註 22，頁 418。

> 要務。今茲奇荒，而有司拘執文法，以為詔書無賑士之條，致
> 令章縫衣冠之士，多委填溝壑。夫旱荒徧千里，豈民皆饑而士
> 不饑；皇恩溥及草木，又豈獨於士而遂恝然，特詔書未分明言
> 之耳。明公為國家培植人才，宜申飭州縣，令自後凡有賑濟，
> 縱不能分外加厚，亦宜與齊民一體通行。[421]

紳衿士人為國家人才所從出，所以治理國家，莫不以養士為首要
之務，現今發生異常荒旱，而執政官吏拘泥文法，認為詔書沒有書寫
賑士之款項，以致到現在章縫衣冠士人，大多委填溝壑，天鬧荒旱遍
延千里，難道唯有人民饑餓，而獨士人不饑，皇恩應普及草木，又那
裏只獨對士人不賑，推說只因詔書上沒有書明。明公為國家培育人才，
應飭令州縣，往後凡有相關賑濟，就算不能對於士人特別照顧，也應
與平民百姓一體通行。

> 民有恆產，然後可望其有恆心。故明君將欲興學校以教民，必
> 先有以制民之產；所以然者，衣食足然後可望知禮義也。後世
> 言治者，動曰「興學校」，卻全不講為民制恆產，不知恆產不制，
> 而責民以恆心，是猶役餒夫負重，驅羸馬致遠，縱勉強一時，
> 究之半途而廢耳。[422]

人民有恆產，然後才能望其有恆心，所以明君想要興建學校來教
化人民，必須先要能制民恆產。之所以如此做，即當人民在衣食物質
條件滿足，無後顧之憂，才能望其知禮義。後世言治理國家，隨口即
說興建學校，卻全然不講為民制恆產，不知不施恆產，卻希望人民有
恆心，就如同差役餓夫，背負重擔，驅馳羸馬，跋涉致遠，只能勉強
一時，終會半途而廢，功虧一匱。

> 先儒謂「制其田里」，「薄其賦斂」，使民有常產，則倉稟實而食
> 足矣。此在先王畫井分疆之時，可以因丁授田；後世則田非井
> 授，地各有主，富者田連阡陌，貧者苦無立錐，雖欲制田，無

---

421 同註 395，頁 215-216。

422 卷四十三〈四書反身續錄·孟子上·梁惠王〉，頁 539。

田可制，無產赤丁，亦何從而得有常產乎？[423]

先儒倡「制其田里」，「薄其賦歛」，使人民有恆產，則糧庫豐而衣食富足。先王在施井田制度時，可以因戶中丁口人數而授以田畝；後世因爲田畝不是井授，田地各有地主，造成貧富懸殊，富者田連阡陌，貧者無立錐之地，就算想要耕田，也沒有田畝可供耕種，所以無恆產及壯丁，要如何能有常產呢？

> 惟有清覈豪霸隱占之田，俵給就近貧民，募墾荒田，量給牛種，許爲永業。其有田之家，勤惰不一，宜倣前代勸農之制，分道勸農。每春耕秋耘之際，掌印官屏騶從，按視田畝，省耕省歛：其冀多力勤、禾茂地闢者，量加旌別，以示鼓舞；遊手好閒，不務理之人，不時稽查，勒令業農。[424]

唯有清覈豪門惡霸侵占的田地，將其分配給貧窮人家，招募墾植荒田，並按田畝量額，配給牛隻及種苗，使其有田產可耕種。另對於有農田者，按照勤惰予以考核，倣效以前勸農制度，運用多種方式進行勸農。每到春天耕耘時候，派遣官吏隨從，查看田畝質地及收獲；對於努力耕種，稻禾茂盛，田地充分開墾的，授予旌旗，表示鼓勵；對於遊手好閒，不事生產之人，也要隨時稽查，命令業農。

> 先儒謂比什伍，時簡教，使民有勇而知方。古者因井制賦，因賦制軍，不出比閭族黨、鄰里鄼鄙、州縣鄉遂之民，而伍兩卒旅軍師寓焉。故得以比其什伍，時其簡教，居足以相守而無虞，出足以相戰而無敵。用則毒天下而民從，民即爲兵；不用則斂而藏之，兵即爲民。後世兵民相分，民不習戰，雖欲比其什伍，而無什伍可比；雖欲時其簡教而無從以施簡教。[425]

先儒有比什伍之組織，時時簡教，讓人民有勇力且知方法。過去因井制賦，因賦制軍，所以不出比閭族黨、鄰里鄼鄙、州縣鄉遂之民，而寓兩卒旅軍於伍中。所以比其什伍，時時簡教，平時能相守有虞，

---

423 同註219，頁482。
424 同註219，頁482。
425 同註219，頁483。

戰時能作戰無敵。戰時須要用兵，民即是兵；平時不須用兵，藏兵於民，兵即是民。後世兵民相分，人民不懂作戰，雖要比其什伍，卻沒有什伍可比；雖要時時簡教也無從可施。

> 惟就見在所養官兵，選其精壯，汰其老弱，勤操練，嚴節制，
> 貴精不貴多。其無兵之區，則簡閱丁壯，團練鄉勇，招徠教師，
> 教以諸般技藝，每冬一月，三次比試，立為賞罰，以示勸懲。
> 其比試之法，先箭後刀，次鎗次銃，及一應火器。就簡其技勇
> 出眾者，以為隊長；眾隊之中，擇尤過人者，加以千把總名色，
> 俾統之。有事則人自為戰，保障鄉曲；無事則肆力耕桑，不廢
> 農業。無養兵之費，而有捍衛之用，練無為有，轉弱為強，斯
> 亦足兵之一著也。[426]

若重點在培養官兵，則必要精選體格精壯，淘汰老弱，勤加操練，嚴厲節制，求其重質不重量，貴精不貴多。在無兵駐紮地方，則簡閱壯丁，團練習勇，聘請教練，教授諸般武藝，在每年冬天舉行比賽，三次比試，訂立賞罰制度，以示獎懲。比試的方法，先比箭後比刀，再比鎗及銃，最後為火器運用。從比賽中，對武技勇識出眾的人，命其為隊長；在眾隊中，再選表現過人，授旗統領大眾。如此，戰時有事時，則人民能自我防衛，保衛家園；平時無事時，則努力農耕紡織，農業亦不至荒廢。如此，雖沒有養兵的費用開銷，卻有捍衛的大用，這是練無為有，也是兵力兵源充沛的原因之一。

> 井田之行，古今紛如聚訟，有一輩人謂必可復，有一輩人謂必
> 不可復。夫大冬之可為大夏，萌芽之可為合抱，安在井田之必
> 不可復於後世？然大冬之不能遽為大夏，萌芽之不能遽為合
> 抱，又安在井田之能遽行於今日？兩家各執一偏，而不能相通，
> 宜其牴牾而不合也。即如三代而後，授田之制，唐為近古，然
> 實是緣周隋遺制而緣飾之，以成其制。今謂井田之必不可復，
> 何以於王制久湮之後而唐獨能行之？今謂井田之可以遽復，何
> 以於留心均田之周世宗而終未能行？大率古法無必可復，亦無

必不可復，亦視乎其時與人耳。[427]

　　對於井田制度施行，古往今來意見紛歧。有些人認爲可以恢復井田制；有些人持反對意見。這兩種意見就如同，酷冬可以爲炎夏，萌芽可以爲合抱大樹，難道井田制度不能在後世施行嗎？可是酷冬也不是馬上就成爲炎夏，萌芽也不能馬上成爲合抱大樹，難道井田制度能馬上驟行於現今？所以上述兩種意見，都是各執一偏之見，互相反對排斥，不能相互融通。在三代之後，授田制度，唐雖是近古，但其制度實根據周隋遺制而稍作修正完成。因此現今持井田制度必然不可恢復之論調者，爲何此王制在久湮之後，而唐朝卻依然能施行；現今持井田制度可以馬上恢復之論調者，應要留心周世宗之均田制，終未能施行此制。可知，大抵古法，沒有一定可以恢復，也沒有一定不可恢復，端視是否適時適人，而因時制宜。

> 疏溝洫，修陂堰，以通水利。田內穿井，井畔種桑，道旁廣栽雜樹及有用果木。婦女則督之織紡，以為足食之源。官為輕其徭役，免其火耗。[428]

　　疏通濬溝，修膳陂堰，以暢通水利。在田內鑿井，水井旁邊種植桑樹，在道路兩旁廣爲栽種雜樹及可食果樹。婦女教以織紡，以爲足食的根源；爲官應減輕徭役，免除人民受額外稅收之苦。

> 請設督農掌水之官，以大興農田水利。方今西安之所以大饑者，天旱而田不足於水故也。夫關中橫亙終南以為終始，山之所在，河泉多有，故西安近山一帶，恆繞河泉，渭北雖復高仰，而涇、洛、漆、沮、清河、石川諸水，亦所在而是。故總西安而論，其不可引渠灌溉者，固十七八，而可開渠引水者，亦不下十二三，兼以井泉，亦不下十三四矣。夫水利三四倍於旱田，以十分有三四之水田，勤力而專精其間，雖復天雨不時，亦足補旱田之闕而償其獲。即不足補，而此一半享水利之民，亦足以自

---

427 同註 139，頁 546。
428 同註 219，頁 482-483。

保，而再不至流離失所矣。[429]

懇請設置督責農田掌水利官吏，以興旺農田水利。當今西方之所以會鬧饑荒，肇因天久旱不雨，農田無水灌溉。就關中之地理位置，實橫亘終南，凡是有山的地方，也多有河泉，因此西安靠近出區一帶，常有河泉環繞，如涇河、洛河、漆河、沮河、清河、石川等河流，也都在附近。所以總評西安來說，雖然其中不能援引灌溉的，約佔十分之七、八，但可開渠引水的，也不下十分之二、三。再加上井泉，不少於十分之三、四。所以若可資灌溉的水利三四倍於旱田，就十分之三、四有水灌溉農田，努力耕耘專精其中，就算天有時不雨，也能補旱田之欠收而增加稻獲，或就算不夠彌補欠收損害，但就一半以上享有水利灌溉之便的人民，也能在大旱中得以自保，有民生用水可供食用，而不導至離鄉背井，流離失所。

> 即請於本省司道中擇精敏仁惠者，加以總管農田水利之權，使之專司農田水利。各州縣官於丞簿或紳衿中，擇公正好義、為眾所素信服者，大縣四五人，小縣三四人，加以掌管之權，使之相視督責。其一切興利除害，辟舉任使，皆委以便宜，不從上制，而重其廩祿，優其禮貌。凡近河者，雖一二十里內，但可引水，皆須築隄開渠，以資灌溉；無河泉者，皆須掘井而灌。[430]

懇請本省司道中選拔精敏仁惠之人，賦予總管農田水利權利，使其專門職司農田水利。各州縣官在丞簿或紳衿士人中，選擇急公好義、為大眾所信服的人，在大縣四、五人，小縣三、四人，賦予掌管權利，使其互相監督責核，為民興利除害，辟舉任使，俸祿優厚，優其以禮，凡是接近河邊，一二十里以內，可引河水，都須築堤開鑿水渠，以便灌溉；沒有河泉的地方，都須鑿井取井水灌溉。

---

429 同註 395，頁 212。
430 同註 395，頁 212。

結 論

　　本章旨在就上述各章節的探討作一總結性的論述，且加以批評檢討及評價，並評定李二曲「體用全學」在思想史上的地位及價值，最後，預估此一論題未來繼續研究的展望，針對本文未竟之處稍作補充說明，提示本文未來研究的可行向度及建議。

　　由李二曲的成長歷程得知：其父早亡，其母彭氏含辛茹苦養育，因家貧無力購書，故全賴借讀以自學，中年曾至江南、關中書院講學，拒受地方薦舉，曾絕食五日抗拒，至欲白刃自盡，才得免入朝受薦，晚年謝世閉關，不涉世務。李二曲治學早期，不畫珍域，博覽群籍，涉獵釋道二氏之學，著重兵法及經濟的研習，可視為「體用全學」的預備規模。中期為「體用全學」思想之成熟深化，雖因患病，默坐澄心，治學轉以明體為本，閱讀為末，但「體用全學」仍為其思想的重心。後期李二曲將「明體適用」具體化為明學術、醒人心的講學活動。李二曲之學遠紹孔孟，承繼程朱之學、陸王之學、關學崇樸重實踐的學風，及具實學的學術主張。

　　面對時代背景及社會環境，李二曲表現出知識份子對學術與政治問題的關懷，而展顯了自覺反省及問題意識，並且提出解決的方法，體現在對「體用全學」的提出及重視。「體用全學」的內涵乃是「窮理致知，反之於內，則識心悟性，實修實證；達之於外，則開物成務，康濟群生。」[1]李二曲認為「欲為明體適用之學，須讀明體適用之書」[2]。於是針對於「明體適用」書籍，李二曲開列「體用全學」書單，其中的架構有其辯證性的擇選，李二曲欲集各家之優，因此，其「體用

---

1 卷十四〈盩屋答問〉，頁 120。
2 卷七〈體用全學・識言〉，頁 48。

全學」包含明體類及適用類。明體類又分「明體中之明體」及「明體中之功夫」。明體類實即對理學的融會，明體類中的明體與功夫二類路數的學說，即是以「心即理」、靜坐、明體與「性即理」、主敬、綿密功夫爲主軸，二類路徑各有主攻特色及缺失流弊，二類中的學者之觀點，也相互出入，甚至互相批判。陸王之學大多以闡明心性良知之蘊，立爲學之大本爲特色；反之，程朱之學大多批陸王心學爲禪學，因此展現對儒釋之辨，嚴明儒佛之別，並批心學之流落入禪，另亦帶有屬於關學之崇簡重禮、重實踐的特色。「明體中之明體」即立足陸王心性本體，李二曲開列六本書籍，屬陸王心學之流，梳論陸王之優長及末流之弊。「明體中之功夫」即不遺程朱主敬窮理，李二曲開列九本書籍，屬程朱理學之流，梳論程朱之優長及末流之弊，可知，明體類實欲融攝尊德性道問學。至於「經濟適用類之學」，李二曲開列十七本書籍，認爲與經濟相關的議題，應逐一潛心研究，學者須能明體適用，若不能適用，則落於空談性命，無補於國計民生，並主張爲官應以清廉、謹慎、勤勞爲指標，以實心行實政，使百姓能安居樂業。

　　李二曲「體用全學」的理論，實爲建構本體－工夫－境界的路徑，由人人具有此靈原，人生本原乃無聲無臭，之所以會有聖凡差異，在於聖人不過先得愚夫愚婦所同然，保全良知良能使其勿喪，並非在良知之外有任何憑添增益。而人的本原何以會受到遮蔽？原因大多不外是受氣質所蔽、情慾所牽、習俗所囿、時勢所移、知誘物化，而漸失原初。若能透過遮撥、刮磨洗剔之功，使垢盡穢去，則靈原湛然恢復如初。然此復返良知靈原的徑路，李二曲是藉由總結宋明諸儒倡道救世之旨，以「悔過自新」爲要訣，他認爲倘若有一念未純於理，即是「過」，即當悔而去之，「新」乃是復返其故，即一反善復初的過程。「悔過自新」的修養工夫須透過主靜及主敬，換言之，李二曲肯認靜坐乃是古人下工的始基，而敬中常惺惺實爲聖賢徹上徹下的工夫。並倡無念之念乃爲正念，主張對於善與惡須一切放下，使胸無一善可執。最終，仍須透過收攝保任的持守工夫，而終日乾乾，屏緣息慮，令此心湛然若止水。俗謂「有真師友，乃有真口訣」，李二曲透過圖示以明示本體－工夫－境界的路徑，殷切繪以「人生本原圖」：期學者能明瞭學髓之

理；「靜坐爲基三炷爲程圖」：由早中晚三炷靜坐及齋戒之戒慎恐懼爲工夫，達虛明寂定之本面；「肘後牌圖」：內外交修，能經綸參贊，最終須化而又化。此外，李二曲亦處理德行之知－良知的論題，藉由區分聞見之知與真知，李二曲指出聞見知識之知乃屬於螟蛉之知，而真知卻是爲人所自具。知識之知與良知之知區別，在於良知之知，能知善惡是非；反之，知識之知，大都不是本來所固有，皆是屬於虛明之障。李二曲主張真知乃有實行，實行乃爲真知。他並視疑爲悟的基礎，主張學問要能切問近思，多聞多見僅屬於良知之用，而語言猶如水之性能載舟亦能覆舟，換言之，語言能悟道亦能障道，須能不墮言詮，不陷入語言迷障之中。李二曲在思維「體」「用」關係時，主張體立用行、即體攝用。與顧炎武三次往返書信中，二人反覆論證「體用」二字對舉，是源於儒學內部或是異質的佛家學說？李二曲認爲是由禪宗六祖惠能始標出此二字。他並主張若要研究學術，辨析同異，以區判釋道二氏似是之非，達一道德而砥狂瀾，則須閱讀釋道二氏之書。由此展現李二曲「體用全學」與惠能「定慧等學」的思維方式、工夫路數及命題語式有其相應之處，乃在「本體」之靈原、聖凡之異、頓漸相資、日光雲蔽喻本原之蔽；「工夫」之悔過自新、無念之念是爲正念、靜坐爲基三炷爲程，自證自得而自成；「體用」之明體適用；「語言經典」之對《六經》、《四書》的實踐、叛經侮經及知行合一等。李二曲以「體用」範疇，來架構其所承載的學術思想及所處的社會政治局勢，面對明末學術呈顯的的景況，及儒者所學不能經世致用，造成亡國，另外再加上西學的浸透，李二曲能以體用來反思，也就是以理學與經濟，亦即道德與經濟的體用關係，並提出「體用」二字並舉，爲中國禪宗六祖惠能所標出。李二曲希望透過明體適用，以實心行實政，期儒者能學以致用，而不是束手談心性，要能符應時代的需求，所以身爲知識份子須能識時務而作恰當的調整，對於兵法、農田、水利、行政、軍事、奏議，皆要能學習，酌古準今而鑑往知來，如此的內聖外王格局是恢宏的。

　　李二曲反對「所學非所用，所用非所學」的尋章摘句，及以書本爲敲門瓦，一但進仕登第，卻只知肥身家、保妻子的扭曲價值。他申

言儒學實以經世為宗,「使斯世見儒者作用,斯民被儒者膏澤」,倘能明體適用而經綸萬物,才是體用備具之儒,亦即唯有道德及經濟兼具完備而後能為全儒。透過確實踐履,行儒者之所當行,才能堪稱體用兼賅的全儒。換言之,李二曲以「明體適用」為標準,標舉真儒的典範及儒學的使命意識,旨在區別腐儒、霸儒、俗儒、應付儒、異端等為人之俗學雜學,期能求對社會具有真體真用。而李二曲「體用全學」的特色之一,乃在主張「戒空談,敦實行」,反對講習討論,伴口度日的道聽塗說,期能自參自求,自體自認。注重實修實證之程朱細密工夫,靜坐觀心之陸王明體;並在治學上嚴明儒釋道之辨,對其間的同異及會通,有肯認亦有批判。且強調靜坐觀心,透過靜默返照使性靈澄徹,以心觀心令昭昭靈靈之體,湛然寂定。其和會學術異同的特色,對於儒釋道三教,共同面對本質變異,而落名存實亡的窘境,指出異端不僅存於與儒學區判的異質學說,對於儒學內部中的異端,更須予以嚴辨分明。同時批判釋道輪迴報應之說、釋氏枯寂參話頭及釋氏空心空理的主張與儒學的真體真用,乃是霄壤有別。李二曲「體用全學」的特色,也表現在對外王的重視,倡經世致用及仁政王道的實施,關心生民休戚、兵賦機宜、禮樂修廢及風化淳漓等經世事宜,實實體究,務求有用,且具體落實於擇吏、選賢及農田水利等政治措施上。

李二曲「體用全學」在倫理上的引伸,即在層層錯綜複雜的關係中,確立並定位自己,由己而人、物、境、著述、天的立體架構,立志期許做天地間第一項事及第一等人,修己身為道德仁義及聖賢君子之身。在人倫關係,表現於君臣、父母、夫妻、子女及主僕的和諧互動中;就人與物的關係,李二曲認為「利一薰心便喪品」,因而主張對於物質金錢,須能「戒之在得」,不苟取一分一毫,對於福祿壽禧不汲汲追逐,更不迷戀執著於物欲的享受。在面對外境的紛擾誘惑,能不隨其牽引流轉,並以空豁曠達之心,回應外在的毀譽;面對生死能持以知生則知死,認為最佳之境乃在於「超然無累而逝,方是好結果、好散場」。其次,李二曲「體用全學」在教育上的引伸,即落實於講學實踐活動中,他標舉教育講學的旨要在立人達人、移風易俗、撥亂返治及旋轉乾坤。而作為教育的主體,施教者應清楚定位自身職責,明

瞭講學與講書自是有別，須傳授正確的價值觀；相同的，受教者亦要能立志學習，瞭解學習之真義，以覺己心之所固有。此外，學校作爲進行教育活動的固定場域，必須發揮教化的功能；其中，教學使用的教材或教科書，則以《四書》、《六經》、宋明諸儒之講學明道著述及經濟適用書籍爲主要的研討體裁。李二曲並提供讀書的相關指導方法，除具有使受教者能秩序及系列性的學習外，更具有提供學習者自學鑽研的指南作用。李二曲爲一講學教育家，因此其教育原則乃秉持反本窮源、有教無類、不以類拘、貴講貴行及會約學程的操作方式，期使受教者能獲學習之益；所以，其教育方法是採反觀自省法，並針對道德修業的弱點應病與藥，其無有定法的因材施教，並以循序漸進的方式引導受教者，且能對受教者剖迷啓惑，並倡聯群會講的方法，期使受教者能透過種種的教育方法，由自我之認識進而達自我之實現，終能至自我之完成。李二曲「體用全學」在政治上的引伸，即展顯於針對荒旱，提出時政建議，具體陳建福利救濟、法律規定措施、施政決策的修正及先後緩急等問題，期治標與治本雙管齊下，而在實際政策上則以舉賢揭能、制產養民及農田水利爲主要重點。李二曲深刻了解學術－人心－政治，三者具有環環相扣的密切關係，儒學乃是以經世爲宗，而當時學術卻是處於晦暗，亦即不明體也不適用，人心是不正，於是朝中缺乏正人及人材，唯有透過明學術、醒人心才能匡時救世。學術晦暗來自於口舌爭辯，人人只圖舉業，所以在面對聖賢承傳的寶貴資源，雖然物質性的文本是相同，但所採取的態度，卻不能體貼聖賢心意，從中萃取聖人精神血脈，將其涵化充實個人生命；相反的，卻個個以讀書爲敲門瓦，藉資獲取掌握通往仕途富貴的保證書，終使目的淪喪爲手段。至於人心不正所呈顯的景況，即患有追逐名利聲色病根，於是終身蒙昧過一生。李二曲以中醫治病的方法，透過應病與藥、辯證論治及培本顧源等方法，運用到治學及治國。在治學方面，即學須達學髓而非學膚及學骨，李二曲針砭當時知識份子普遍致力於青紫之階及梯榮取貴之術；在治國方面，守令要能對地方除害興廢，如同應病與藥，才堪稱人民的父母官。

綜覽李二曲「體用全學」思想，期對李二曲思想之理論特色、與

釋道思想交涉、時代意義以及對後世的影響，做一整體性之歸納，以管窺其「體用全學」思想在歷史發展中的地位及價值。李二曲具有「爲天地立心，爲生民立命。窮則闡往聖之絕詣，以正人心；達則開萬世之太平，以澤斯世。豈可自私自利，自隘其襟期。」的志抱[3]另亦倡導實修實證，透過真修實證而真成，此爲李二曲「體用全學」思想所具有的人生價值。

　　李二曲一生甘貧清苦，卻能與孫夏峰、黃梨州爲時人譽稱清初三大儒，實令人敬佩。顧炎武也讚嘆李二曲：「堅苦力學，無師而成，吾不如李中孚。」[4]梁啓超評價李二曲思想具有平民色彩：「他絕對不作性、命、理、氣等等哲理談，一切從切身處逼拶，所以他的感化力入人甚深。他自己拔自疏微，所以他的學風代有平民色彩，著有〈觀感錄〉一篇，所述皆晚明真儒起自賤業者。」[5]侯外廬等人主編的《宋明理學史》評價李二曲在理學史上的地位說：「李顒的明體適用之學，悔過自新之學，囿於理學家的思想範圍，沒什麼新意。雖然自成一家之言，其思想價值是不高的。但是其思想中的『同民之欲』，其〈觀感錄〉中，主張講學，主張集會結社的觀點，是十分寶貴的。由此李顒思想就多少具有啓蒙思想的性格。」[6]梁啓超及侯外廬二人同對於李二曲〈觀感錄〉之作，有較高的評價。此外，李二曲以講學明道爲己任，勸勉期許欲監督地方學政的官員，標舉正學、教法、氣誼等爲其切時之要務[7]，陳祖武先生亦肯認李二曲「體用全學」，他說：「作爲一種面對現

3　卷二十八〈司牧寶鑑・司牧寶鑑序〉，頁 368。
4　《亭林遺書》，卷六〈廣師〉。
5　梁啓超：《中國近三百年學術史》五〈陽明學派之餘波及其修正，台北：華正書局，1989，頁 48。
6　侯外廬、邱漢生、張豈之：《宋明理學史》（下卷）第三編「明末清初對理學的總結及理學衰頹」第二十九章〈李顒的反身悔過之學〉，北京：人民出版社，1997，頁 852。
7　卷十九〈題跋・別言〉，頁 240：「友人傳毘陵高公將視我關中學政……而公之視學也，振風紀，勵士習，先廉恥而後文藝，敦大體而戒煩苛。謂正學所以淑世正人心也，則謬以余爲嘗有志於斯，梓拙集以問世；謂教法所以培人才也，則旌賢母以示義方之教；謂氣誼所以振友道、勵薄俗也，則表義士以維士道之交。種種措注設施，無非有關於人心風俗之務，而士習翕然丕變，是夙昔所期毘陵諸君子

實的經世學說，以『明體適用』說爲核心的李二曲思想體系，雖然瑕瑜互見，得失雜陳，但是它旨在挽救社會危機的努力，則順應了清初歷史發展的客觀要求。」[8]此爲李二曲「體用全學」思想所具有的社會價值。

李二曲的治學態度及求學態度具有批判綜合性及廣博融通性。李二曲透過時代的大格局，面對整個大時代的趨向，即王學末流走到空疏，程朱最後變成章句支離，所以欲將此趨勢予以扭轉，本末予以廓清，欲由末返本。李二曲切中時弊，對陸王的工夫予以批判，輔以程朱細密的下學工夫，旨在矯治人的習心習氣，其中有其辯證性批判性的擇選，王學末流的空疏弊端，造成學術不正，不能適用，於此又擇取了程朱觀點，期下學上達，與明體適用來相互推擴，其中有其辯證性關聯。相同的，李二曲亦指出程朱下學不足之處，所以，雖然工夫細密吸收程朱，但對程朱不滿之處，在其本源不清，本體不明，透過總結宋明理學，將儒學概念、全儒之學概念予以釐清。換言之，李二曲有鑑於程朱陸王末流之弊，不是游談無根，充斥務虛玄風；就是論辨同異，標榜門戶，意氣紛爭，徒增口舌之辨。亦即不是淪於「務上達而舍下學」、就是落於「談工夫而略本體」的治學失衡現象。李二曲除對此二者的偏駁之見予以批判，也提供對於程朱陸王之學以折衷兼融的方式，兼採眾長而去其短，相資相成，他說「周、程、張、朱……則古稱先，篤信聖人。陸、吳、陳、王……反己自認，不靠見聞，亦不離見聞……各有所見，各有所得。合併歸一，學斯無偏」[9]，由此洗滌學人支離空疏的學風，這是針對儒學內部本身所作的綜合性批判。李二曲的治學歷程，融會了朱王之學，透過深入辨析朱陸教人的異同，進而探討朱王後學末流之弊，直達朱王學術的要旨，並開出盡性至命之明體適用的實學。對於學術能有一寬宏包容胸襟，具卓然智慧，勇於超脫門戶之見的，不致囿於一家之言，能兼容各家之優，揚棄弊害

豐功偉業，舉行令名之可媲美古人者。」

8　陳祖武：〈李顒思想研究〉，《淡江史學》第 5 期(1993，6)，頁 197。

9　卷十五〈富平答問・附授受紀要〉，頁 136。

缺失，實爲學者足以效法的治學態度。但不僅於此，李二曲因其早年博覽群籍，所以出入各家，開拓其治學胸襟，因此其學問也頗具廣博性。對於釋道二氏之學的涉獵，展現在與各家學派的學術交流上，比同時期的其他學者，除評判異於儒學核心主軸的相違論點外，也能肯認釋道二氏學說的學術成果，對其內部學術理論也具有同情的理解，因此能敞開會通學術的門戶，展現其治學的融通性。此爲李二曲「體用全學」思想所具有的學術價值。

李二曲期許「在乾坤謂之肖子，在宇宙謂之完人，今日在名教謂之賢聖，將來在冥漠謂之神明，方不枉活人一場也。」[10]在己與己、己與人、己與物及己與境、己與天等諸多關係網絡中，如何定位自己，透過立志持志，修身立身。其次，在面對父母、夫妻、兄弟、子孫、主僕、朋友時，所展現的根心至孝、相敬如賓、和睦相處、威儀教化、行爲不苟。就李二曲個人的行誼，其對父母的真孝，可知其爲孝子，其樸實的人格典範，不苟取一介，高風亮節，足爲吾人所效法景仰。而李二曲對於所學強調躬行實踐，他所期許的人格典範，是德業與學業並進，知行合一，而王陽明即是此典範的代表。此爲李二曲「體用全學」思想所具有的倫理價值。綜上可知，李二曲「體用全學」實具有人生價值、社會價值、學術價值、倫理價值等實際貢獻。

至於李二曲「體用全學」對於王學朱學的會通，這條路能否行得通，他是否真有成功?這樣的設計是否具有創見，對儒學內部是否注入積極的元素?有二種意見，一是肯認，一是否定的:

鍾彩鈞先生對於李二曲在理學上的地位，有以下的看法:「從這個分類，可以看出他心目中的學問規模，乃是以陸王之學明體，以程朱之學做工夫，而後要應用到實際政治措施上。……陸王之學講本心良知即是天理，爲客觀普遍的天理在直接呈露的本心中找到依據，其言透徹直截，故二曲即承之以明體。但王學末流講現成良知，以致不假修爲，也的確有虛玄而蕩、情識而肆的流弊。程朱學派以理氣分言，故在知識上窮究超越的理，在修爲上對治駁雜的氣。二曲在明體上主

---

10 卷五〈錫山語要〉，頁41。

陸王，但他確實了解到在道德實踐上，人必須正視本心被氣質所蔽、情慾所牽、習俗所圍、時勢所移的事實，故二曲在實踐上取之以補陸王的不足。理學家多有在實際政務上有表現，或在政治學問上有發明的，如適用類中的真德秀(大學衍義)、邱濬(大學衍義補)、呂坤(呂氏實政錄)是理學家。二曲提出適用類，乃是更一步的要定立此學的地位，使理學的境界更恢廓，使承學者都有經國的能力。從我們今天來說，二曲的體用全學可以給我們一個通觀理學的角度。從明體類，我們可以看到兩大學派怎樣可以在道德實踐的觀點下統一起來；從適用類，我們可以糾正一些視理學家為腐儒的偏差觀念，並認識到理可能包涵發展的境界。」[11]

　　鄭宗義先生對於李二曲思想的限制曾評判說：「往深一層看，這種體用全學的構想明顯只是二曲自身成學經驗之總結語，是他自證自得、自信得及的個人想法。更有甚者，是二曲完全沒有將之提升到理論層面上來考察箇中的可能性。雖知程朱的踐履工夫在他們的思想系統中是有確定的涵義，如何將之抽離出來接上陸王的思想系統，乃牽涉到一哲學改造的問題。同樣道理，心性道德之學與經史事功之學儘管可以用體用的概念結合起來，但所謂的體用的實義必須有精確的理論說明。如果只是泛說有體有用，以拼湊的方式結合，則宗義又何須苦心建立一心萬殊的架構呢？所以二曲這種缺乏理論支撐的體用全學其實正充分反映出他跟夏峰一樣，是體證有餘而分解不足的頭腦。缺乏分解則無法建立起客觀的學說宗旨，而他那看似規模宏大的體用全學亦只能靠他的身體力行來彰顯，結果自然是隨他踐履生命的結束及身而止。」[12]

　　對於李二曲「體用全學」似乎較缺乏理論思辨，而造成其思想限制的疑難?事實上，由李二曲的生平及其學思歷程轉折而觀，可知，李二曲對承載理學的豐沛資源，其所側重的課題乃在能否適用及躬行實

---

11 鍾彩鈞：〈李二曲思想概說〉，《陝西文獻》第 41 期（1980，4），頁 9。
12 《明清儒學轉型探析－從劉蕺山到戴東原》之〈心學系統內的救正(下)－孫夏峰與李二曲〉，頁 107-108。

踐，且李二曲相當注重自修實證，所以理論的思辨性也就相對失色，
於是取而代之具有濃厚的實踐色彩。因此能否說其體用是單純的拼湊
組合，實有待商榷。另一方面，李二曲「體用全學」思想的提出，是
有其針對性的，也就是在面對當時的政治和學術，有其深刻的危機感。
所以，李二曲的思想在面對時代的挑戰時，是否有其限制?鍾彩鈞先生
認爲李二曲的思想是有其侷限:「這種限制在與顧亭林、黃梨州的思想
對照時，愈爲明顯。他的學問完全扣緊了道德實踐來講，於是他的對
實際問題的探討不夠。他雖然有意培養經世濟民的人才，但只在實際
的政治道德、政治能力上著眼。根本之計，他說:『爲今日計，惟在明
學術。學術明則人才興，人才興則風俗正，而治化翔治矣!』依然還是
講理學。顧亭林、黃梨州的《日知錄》、《明夷待訪錄》諸書，卻能對
政治社會上千百年的根本問題－如制度的缺失，風俗的厚薄－－提出
意見。顧黃之學，才可謂突破了宋明舊轍的限制，二曲則尚差一著。
其次，二曲太注意道德實踐，於是不能給純知識以地位。他雖博學，
卻全歸於致用，他說:『君子爲學，貴博不貴雜。洞修己治人之機，達
開物成務之略，如古之伊傅周召，宋之韓范富馬，推其有，足以輔世
而澤民;而其流風餘韻，猶師範來哲於無窮，此博學也。名物象數，
無賾不探，典故源流，纖微必察，如晉之張華陸澄，明之升菴弇山，
叩之而不竭，測之而益深，見聞雖富，致遠則乖，此雜學也。』顧黃
雖也主張博學以致用，但他們的經史之學卻稱的上『名物象數，無賾
不探，典故源流，纖微必察』，他們也絕不輕視這些知識，因而他們啓
發了有清一代學術。而二曲的學問，在清代學者普遍缺乏『明體』興
趣的風氣之下，只能成爲舊時代的一個總結了。」[13]李二曲與王夫之
皆強調經世致用，透過兩相比較，可看出李二曲的缺點，李二曲對歷
史的研究沒有像王夫之那樣精深，切中時弊，王夫之有史論，以史證
經，以經證史，透過與其歷史的理勢論對話，外王之學比李二曲功夫
要下得深層;也沒有像顧炎武所著之《天下郡國利病書》對實際問題，
能有切中時弊的務實研究。事實上，回顧李二曲的生平，在其早年，

---

13 同註 11，頁 9-10。

曾著述四本相關政體規劃，惜因其治學的轉折，而將書焚毀，以至後人無法窺知書中內容，不能對李二曲的政治主張有更深刻的瞭解，此乃遺憾之處。

然每個思想家的主張，因其所面對的時空及個人生命經驗的歷鍊制約，所以其思想必然有其不足欠缺之處，若以「體用全學」作爲側面考察李二曲自身的思想，則李二曲在「明體」方面的實踐，他本身是有達至並予落實；或許對於其個人的仕隱抉擇，即李二曲不能踐履達用，會有相關的疑難?由李二曲主張真儒須能明體適用，李二曲在其有機會出仕，他卻斷然不仕，李二曲的價值取判乃是以孝爲優位考量，他認爲忠的滿全，當在孝的滿全之下予以滿全。換言之，倘若從其不願出仕之舉，雖可言其具有氣節，但也突顯出其所倡的「適用」之學，似乎受到他個人生命的限制而終歸落空。陳祖武評價李二曲思想說：「李顒『明體適用』學說，講的是『明道存心以爲體，經世宰物以爲用』。就他個人經歷而言，由於他斷然不與清廷合作，所謂『經世宰物』已形同虛設，他給自己留下的，實際上就只是『明道存心』了。這就無怪乎在其晚年，他要把『盡性至命』也稱作實學，主張去追求那種『令胸中空空洞洞，無聲無臭』的虛無境界了。李顒學說的這種局限，是他奉行陸王主觀唯心主義認識路線的必然結果……眼看程朱之學高踞廟堂，爲他所抨擊得『雜學』方興未艾，恪守初衷而不隨俗浮沈，也只能作出這樣的選擇。」[14]其實仕與不仕有其時空限制，李二曲節操不仕，此乃屬其個人抉擇，應予以尊重，至少就其提出問題意識，自覺反省，透過精神層次改變，這是值得肯定的。

李二曲在面對八股及科舉學風，所造成的扭曲價值及行爲悖離，導至士風敗壞，真僞不辨，於是重申對儒之闡釋，對時儒之反思批判，欲正本清源，彰顯儒之真義，爲體用內外，以道德及經濟具呈的體用關係，以揭示「全儒」的條件。他以「體用全學」爲其理論間架，作爲區別「真儒」與否的指標依據。區辨腐儒、霸儒、異端、小人之淹

---

14 陳祖武：《清初學術思辨錄》，河北：中國社會科學出版社，1992，〈李顒與關學〉，頁 177-178。

博、雜學、小道、記誦的爲人之學,建構真儒、全儒之全幅圖像之博學、大道、真體真用的爲己之學,對「真儒」設計出恢宏的格局典範。李二曲面對學問真理懷抱真誠的態度,實事求是,就儒學史之發展過程,對於學說內部的不同主張,了解程朱、陸王之學,各有其優缺利弊,李二曲以兼採眾長的態度,而其兼採眾長並非是囫圇吞棗的全以納進,或僅是單純的折衷。他能肯認兩家優處,並清楚說明二者何以能互相補足,並有其清楚的擇取思考辯證過程,出入優劣正反具立,找出最適合精切的「真儒」義涵。換言之,李二曲在面對明末朱學及王學末流之弊,及二者思想路數的異同,進行批判及修正,建構其「體用全學」,涵攝「真儒」的內聖修養工夫及其外王表現,爲「真儒」理想人格的養成教育,確立了知行並重、德功合一、體用兼學、內外交養、本末一貫等原則。至於適用經濟的向度,倘若欲外王爲仕,對於所須具備的基本訓練,要能廣博涉獵涵養,更須掌握變通的原則,在面對古聖先賢的智慧結晶,能援用以資借鑑,轉化爲符應當下時空環境的良策。因此,整個人格教育的陶成,透過修己於道德及工夫,在推己及人而親民時,才能具有化民成俗的效果。綜觀而知,李二曲「體用全學」爲儒者的終身須學習並努力完成,包括道德、知識及經濟的學習規劃,期理論能落實並與實踐合而爲一的動態歷程。李二曲闡釋「儒」居天地間之樞紐之位,其頂天立地,足以參贊天地之化育,裁成天地萬物,而爲一人文化成世界,彰顯出人的尊貴重要性;所以「真儒」全幅圖像的展現,乃是由修己而安人安百姓。就己與己,須完成個人修身、立志、讀書、治學、實證修養;就己與人,對居家、社會、國家等層層關係的推擴;就己與天,生命的終極關懷,復返人生之本原,期本體工夫合一之境。若由立德、立功、立言三方面來檢視「真儒」人文精神及意義、現世關懷、內聖外王、窮達所展現使命及願景。則立德方面,實可相對應於「體用全學」的明體部分;而立功方面,可對應於「體用全學」的適用部分;至於立言方面,李二曲則持開放保留態度,他更著重在躬行實踐,對於著述議論,須在本立志學的前題基礎下,才能予以滿全。李二曲由明體適用及章句文義區判出許多類型與真儒不同的類型。真儒、君子儒、大人儒、全儒的務實爲己,

其內足以明道存心，外足以經綸萬物，且能康濟群生與開物成務，具有內聖修養部分與外王展現部分的「大道」；與腐儒、小人儒、俗儒、假儒、霸儒、異端之為人、自私自利、沒於章句文義；或經學世道之賊蠹、圖計功利富貴、闇於事功的「小道」，相互對比映照，更凸顯出李二曲「真儒」的理想人格典範－「仰不愧天，俯不怍人；畫不愧影，夜不愧衾；在乾坤為肖子，在宇宙為完人；今日在名教為賢聖，將來冥漠為神明。」[15]及「為天地立心，為生民立命，為往聖繼絕學，為萬世開太平」[16]之安身立命、自利利他、社會義務感及歷史使命感的淑世覺人情懷。

　　其次，李二曲身為知識份子，對社會改革具有使命感，他走在時代的前端，高瞻遠矚，面對時弊，拋出問題意識，講學盛況，影響所及，上至達官貴，下至販夫走卒，無不受其感召，可想見其學問之親和力及魅力。李二曲對當時學術狀況進行考察，發現學術晦闇不明，咎在講學者與受教之學人之間產生一種惡性循環，造成學人所求為務外、為人之學，只知貪求富貴肥自身家，完全悖離聖賢的立言著述或千講萬講，在於啟迪人心，期能徹見人生本原、心性本體，終能安身立命、盡性至命之旨。李二曲在教育中所採用的聯群會講法，與現今各研究機構或學校團體，舉辦短期的學術研討會或學術會議實有些許類似，活動的旨意在於促進彼此學術交流，切磋學業及德業，從事研究中，辨析論證，愛智慧尋真理，不厭反覆，否則易閉門造車，視野囿限，如一灘停滯死水，唯有透過適當地團體共同學習激勵，修德學業上，互相扶持提攜，對於自家治學才能予以豐富，才能不斷注入活水源頭。李二曲對於學術教育的啟迪，就從事教學方面，教學技巧靈活變化，不墨執一規，教育在教學相長之中；就從事課程規劃方面，通才教育的通識課程，跨學科學門的整合以及對於自然科學的重視。

　　而李二曲在學術上的貢獻，展現於其和會學術異同，他對學術所抱持的寬容態度，積極正向面對先賢口訣，透過理性反思，予以尊重，

---

15 卷一〈悔過自新說〉，頁6。
16 同註1，頁122。

有其堅持，亦有其同情理解而能予以涵容，不流於意氣口舌之辨。其中的關鍵契機，乃在李二曲早期治學過程，是屬於由博而約，因其廣博涉獵群籍，包括閱讀釋道二氏之學，所以其學術視域是宏觀開闊的，在知識積累中，李二曲能肯認異質學說的學術成就，不因門戶之見而抹煞異質學說主張的優點及貢獻，此於李二曲肯認「體用」二字由中國禪宗六祖惠能始標出能予以佐證。李二曲面對學術的客觀標準，了知聖賢發掘真理，乃是其處於不同時空，在面對環境衝撞而產生的片羽靈光，李二曲並瞭解人的生命經驗實是受到制約的，因此，對於異質學說的優點，要能有正確及持平的肯認，不能因其屬於異質學說主張，就一味反對拒斥。事實上，李二曲清楚劃分研究學術的知識功夫及涵養身心性命的學問，二者是截然不同的，他認為若僅為滿足自身的生命學問，則讀聖賢語錄足夠受用，但倘若放在治學術態度上，也就是比較哲學的範域中，就須能給予異質學說，提供公平的對話空間，不帶門戶色彩的瞭解，欲達到如此的治學態度，須透過閱讀異質學說，才能入其藩籬，深刻瞭解其學說的主張內涵及理論基礎，對異質學說至少進行基礎內涵的瞭解，才能奪贓定罪，而非僅靠淺層表面的認知，或者學術門戶偏見予以對待，如此無有客觀公正立場，作為學術比較研究的論斷，就難能使異質學說信服。透過比較得知其異於儒學淑世致用主張之所在，於是在攻錯異質學說之時，才能言之有物，中其要害。否則，錯解其義，雞同鴨講，毫無交集，則對於學術研究的進步，無絲毫助益及貢獻。所以，李二曲在區判儒釋道三家之學，對於異質學說，主張不應片面冠罪，務在證據確鑿之下，人贓俱獲，才是合乎情理，且才具有說服力。反觀，顧炎武的學問雖然相當淵博，但卻對於異質學說未曾覽閱，且自囿於自家之學，甚至以儒者不閱佛書為理所當然，在兩相映照之下，李二曲的治學實較顧炎武更具開放之廣度。

　　對於儒釋道三教在核心理論基礎的部分，此為三教的中心價值，李二曲當然是嚴守壁壘分明，秉持身為儒者的一貫態度及原則，於是三教在此部分是無有溝通對話的餘地；但另外一方面，儒釋道三教卻又有彼此能溝通及對話的部分，屬於實踐方法的運用及語彙的使用，對於彼此學說的闡釋或在面臨操作時，能相互借鑑援引，助於自家學

說的闡揚，這是三教能會通的部分。此外，李二曲認爲有些辭彙有其避諱的必要性，但相反的，有些儒家聖賢提出的語彙，則不能因與異質學說相同而避諱不言，也就是不能因使用語彙的相同，即表示兩者的內涵相同，或者兩者的思想有必然聯繫。李二曲在面對儒釋道三教，能夠透過客觀省察，提出三教在當時共同面臨的課題，爲名存實亡，於各個學說系統中，產生應付、俗化失真的第二義取代第一義的現象，進而對三教提出危機意識之反思。李二曲並將傳統面對異質學說則以異端稱之，提出另一種思維，即是以心術之端正與否來重新檢視。換言之，異端並不僅指涉在與儒學不同的教外之異端，儒學內部亦有異端，甚至是通於三教的大異端。對於宋明諸儒，大多以嚴辨儒釋之異，李二曲亦嚴守壁壘分明，他批判釋道的輪迴報應之說，並批判釋氏中的枯寂禪。李二曲也清楚指出儒學對現世社會的真實作用，所以他反對釋氏之空心空理及道氏之虛心不虛理，認爲二者無補於世道人倫。在李二曲「體用全學」與惠能「定慧等學」思想的會通中，雖然藉由諸多線索，得知李二曲在本體的闡發、去蔽的比喻；悔過、靜坐修養工夫；面對語言經典的自覺；實修實證而自成自得等面向，與惠能思想主張有許多相通之處。然而即使儒學與異質之釋道學說，在命題語式、思維方法或工夫路數上看似雷同，但能否因其辭彙用語的量上等同，則認定二者的實質內涵主張即具質上的相等，這是值得辨析探究的。倘欲區判儒釋道三家之學的差異處，由其本體論及終極價值即可分辨出，儒學欲人明其四端之心，復返良知靈原，所以，其終極價值乃是在「轉凡成聖」；反觀，釋氏之學，則欲人明心見性，解脫苦海，其終極目的在「轉識成智」，轉煩惱爲菩提，轉有漏識爲無漏智；而道氏之學，則欲人返樸歸真，自然無爲，逍遙自在，其終極價值乃在「轉俗成真」，齊是非，泯分別。至於儒釋道三家的會通處，即在三家同樣皆須面臨共同的生活世界，所以對於普世價值的肯認，當爲三家所共通的原理原則，因此，就算展現在追求實踐的模式有其共通處，或於辭彙語法的相互借鑑援引，皆不外是期能豐富自家的學說理論，並爲人們指出一條修養實踐而達安身立命的康莊坦途。

　　最後，若欲對本文作一整體宏視，進而評估其優缺所在，包括正

負面評價，或許可藉由下列幾點進行剖析。本文若就學術研究而言，實具有開展性及新穎性，因此論題的研究，能稍微彌補中國哲學著作中未能言及「清初大儒」李二曲所造成的缺口，能向世人推介揭示李二曲的「體用全學」思想，並標舉由研究中所獲得的啟示，此為本文研究成果的正面積極義。至於，李二曲思想的研究，因礙於篇幅及學力之限，雖欲儘可能的將李二曲的思想寶藏予以挖掘，但恐有「以偏概全」之憾。由於本文僅設定以「體用全學」為問題意識的主軸，予以深入探究研討。所以，文中必仍有諸多疏漏之處，此乃本文研究向度的負面消極義。欲以此有限研究成果為基礎，作為開啟研究李二曲思想大門的敲門磚，期於未來能繼續將其深化補足。

　　綜評之餘，擬提出對於本文未來研究的可行向度及建議，筆者認為可透過兩種研究路徑予以深化發展，亦即旁攝研究及縱貫研究。就旁攝研究而言，主要是對於當時學者的研究，例如顧炎武、王夫之、黃梨州等大家的思想，因為論述詳盡完備，可作為相互映照的佐證；另外孫夏峰的思想亦少人研討，所以有其研究發展空間。就縱貫研究而言，可涵括較多問題，除對於二曲學派的源流及發展的研究外，亦可擇選諸如學派交涉論題，因李二曲對於程朱陸王之學，欲合本體工夫路徑，其中程朱陸王派學者，於長期的學術交流中，在面對本體工夫的問題時，是否互相轉折資取等，則須透過深刻的梳理究明，再前溯整個宋明理學的相關核心問題。

李 二 曲 年 譜[1]

年　　代		記　　　　　事	
明清紀元	西元	李 二 曲 事 跡	學 界 大 事
天啓7年丁卯 1 歲	西元 1627	正月二十五日未時，先生生。……世居盩屋。先世無達者，故名字無考。父可從，字信吾，私諡忠武，母邑彭氏。	孫夏峰年 44 黃梨洲年 18 陸浮亭年 17 顧亭林年 15 王船山年　9
崇禎7年乙亥 9 歲	西元 1634	始入小學，從師發蒙。讀《三字經》……僅二旬，嬰疾輟讀，後隨母舅讀《學》、《庸》，舊疾時發，作輟不常。	湯潛庵年 2 陸稼書年 4 王阮亭生 李天生年 2
崇禎14年辛巳 15 歲	西元 1641	是年，李自成擾河南，陝西都御史汪公喬年奉命出關討賊，先生父信吾公以材官隨監紀、西安同知、前盩屋令孫公兆祿出征。十二月二十四日離家數日，慮先生爲讐人所陷，寄書先生及舅氏以致丁寧。	顧習齋年 6 閻若璩年 5 顧梁份年 4 張武蒸年 3 萬季野年 3
崇禎15年壬午 16 歲	西元 1642	信吾公已於十八日出關，於二月十一抵襄城，被賊圍攻。十七日，城陷，汪公被執遇害，信吾公偕監紀孫公俱死之。	高彙旃爲湖南學使 李晉卿生
崇禎16年癸未 17 歲	西元 1643	太翁既征賊陣亡，母子煢煢在疚……所僦邑內小屋，房租不繼被逐，東移西徙，流離失所。癸未之秋，始得茅廈於邑西新莊堡，遂定居焉。	三月，孫夏峰守五峰得全，陳乾初與祝開美入剡從學於劉蕺山。

1　參閱：〈附錄三・二曲先生年譜〉，頁 624-702。

崇禎 17 年 甲申 18 歲	西元 1644	時父執之子與先生同等者，多入籍衙役，或作胥史，或為皁快，咸招先生共事，堅不之從。里中惡少以其不應役養母，目以不孝亦不恤。家僅一桌，饘以易食。……途經社學，聞誦書聲有感，遂卻步返，矢志讀書。母欣然引送舅塾，拒不納。鄉邨有教授者，知不能具束脩，亦弗收，退而自傷者久之。於是取舊所讀《學》《庸》，依稀認識，至《論》《孟》則逢人問字正句。……由是識字漸廣，書理漸通，熟讀精思，意義日融，然後遞及於經，鄉人聞而詫異，以為貧至此，救死弗暇，乃近書冊乎？	孫夏峰膺地方人才薦，敦促就道以病辭。 黃梨洲至南京嗣因黨禍，避歸浙東。 顧亭林南都詔授兵部司務。
順治 2 年 乙酉 19 歲	西元 1645	借《春秋公穀左氏》、《性理大全》、《伊洛淵源錄》，見周程張朱言行，掩卷嘆曰：「此吾儒正宗，學而不如此，非夫也！」至是步趨遂定，嚮往日篤，枵腹忍凍，有以自堅。人見其居恆菜色，咸呼為「李菜」。	黃梨洲兄弟糾合子弟軍號世忠營，七月顧亭林嗣母王氏絕食卅日遺命勿事二姓。 湯若望修補新歷全書成。 劉宋宗愨臺卒。
順治 3 年 丙戌 20 歲	西元 1646	借讀《小學》、《近思錄》、《程子遺書》、《朱子大全集》。	魯王遙授顧亭林為職方司主事，亭林以母未葬，弗就。
順治 4 年 丁亥 21 歲	西元 1647	借讀《九經郝氏解》、《十三經註疏》，駁瑕糾繆，未嘗盡拘成說。	孫夏峰纂輯理學宗傳。 姚際恆立方生。
順治 5 年 戊子 22 歲	西元 1648	借讀司馬公《資治通鑑》、文公《綱目》暨《紀事本末》等集。謂：「《綱目》繼『獲麟』而作，誠史中之經，第成於文公晚年，未及更定，中間不無抵牾。尹氏發明，固有補世教，而持論時偏亦多，不得文公之心。」……是年，與鄠李雪木柏始相見於沙河東村。	王船山舉兵衡山軍敗走桂林，遂至肇慶。 劉獻廷繼莊生。
順治 6 年 己丑 23 歲	西元 1649	借讀《大學衍義》、《文獻通考》、杜氏《通典》、鄭樵《通志》、《二十一史》。謂：「《函史》下編與《治平略》、《文獻通考》相表裏，有補治道。《函史》上編、《史纂左編》不過分門別類，重疊可厭，然猶不失為史學要冊，若夫卓吾《藏書》反經橫議，害教不淺。其《焚書》固可焚，而斯書尤可焚也。」……是秋，里什催納丁銀，貧無以應，拘繫陵轢。入室搜所製之履，見炕無席，瓶無粟，妻餒面腫，母僵臥不能起，惻然周之以錢，先生不受。	孫夏峰南徙至祁州，刀蒙吉掃室留止。 黃梨洲有日本乞師紀海外慟哭紀。

順治 7 年 庚寅 24 歲	西元 1650	邑藏書之家，漸知先生貧而力學，恣其翻閱，於是隨閱隨壁，數載之間，上自天文河圖、九流百技，下至稗官野史、壬奇遁甲，靡不研極，人因目爲「李夫子」，雖兒童走卒，咸以「夫子」呼之矣。	孫夏峰至蘇門 黃梨洲至常熟讀書絳雪樓，十月絳雪樓火。 王船山以王仙澄溝陷去官。 顧亭林變服出遊避怨家構陷。
順治 9 年 壬辰 26 歲	西元 1652	是年閱《道藏》。嘗言：「學者格物窮理，祇爲一己之進修，肄業須醇，勿讀非聖之書。若欲折衷道術，析邪正是非之歸，則不容不知所以然之實。」……冬月製履無本，絕糧幾殆。友人貽之以豆，食之，始有起色。	孫夏峰移居夏峰，黃梨洲著律呂新義。
順治 10 年 癸巳 27 歲	西元 1653	是年，閱《釋藏》辯經、論、律三藏中之謬悠。他若西洋教典、外域異書，亦皆究其幻妄，隨說糾正以嚴吾道之防。	顧亭林至太倉訪陸桴亭，桴亭適至唐市訪亭林，遂兩不相值。 顏習齋爲諸生。
順治 11 年 甲午 28 歲	西元 1654	先生季父爲其寵吏凌辱殞命，季父之子具狀鳴冤，反中吏讒，謂爲先生指使，發役嚴捕，欲斃於獄。賴通邑紳矜營解而免。	侯朝宗方域生。
順治 12 年 乙未 29 歲	西元 1655	是年，究心經濟，謂「天地民物，本吾一體，痛癢不容不關。以學須開物成務，康濟時艱。……」	陸桴亭論學酬答王船山始作周易外傳，始撰老子衍。閻潛邱始擬古文尙書。
順治 13 年 丙申 30 歲	西元 1656	是年究心兵法。嘗謂：「自太公武侯而後，儒者之中，惟王文成通變不迂，文武兼質……」是年夏，河南嵩縣王所錫、劉鑛饗慕先生之論學，有補世道人心，介張密走謁先生於里塾，退而錄其答語，名曰〈鼇屋問答〉。	王心敬爾緝生。 王阮亭詩編年始此。 黃梨洲遭名捕脫死，弟晦木被捕亦得免。
順治 14 年 丁酉 31 歲	西元 1657	夏秋之交，患病靜攝，深有感於「默坐澄心」之說，於是一味切己自反，以心觀心。久之，覺靈機天趣，流盎滿前，徹首徹尾，本自光明。太息曰：「學所以明性而已，性明則見道，道見則心化，心化則物理俱融。躍魚飛鳶，莫非天機，易簡廣大，本無欠缺；守約施博，無俟外索。……自是屛去一切，時時返觀默識，涵養本源。間閱濂、洛、關、閩及河、會、姚、涇論學要語。」	孫夏峰中州人物考成。 陳乾初著性解禪障諸篇。 顧亭林校讀吳才老韻譜。
順治 15 年 戊戌 32 歲	西元 1658	佃種里人之田，欲藉以聊生，值旱枯無成。自壬午年失怙以來，母子未嘗一日溫飽，坎凜阨隩，備極人間未有之苦，危殆垂死者數矣。	孫夏峰幾輔人物考成。 顧亭林登泰山至曲阜，過鄒平。

順治 16 年 己亥 33 歲	西元 1659	是春臨安駱公鍾麟宰邑。下車之始,他務未違,一聞先生名,即謁誠造謁,再往乃見,長跽請誨,嚴奉師事。自是,政暇必趨其廬,從容盤桓,竟日乃去。	孫夏峰四書近指成。 顧亭林著營平二州史事六卷。 李恕谷生(塨) 洪昉思生(昇)
順治 17 年 庚子 34 歲	西元 1660	是秋,母舅病故,子幼僕叛,外侮紛至。先生為言於駱,糾回叛僕,力維門戶,以德報怨,識者咸歎為人所難。是後每遇清明,必出戶躬祭舅墓,至老不廢。	顧亭林寅准上潘力田刻國史考異二卷,顧景范始創讀史方輿紀要,楊光先抗疏論耶穌教及湯若望時憲書之非。
順治 18 年 辛丑 35 歲	西元 1661	提學王公成功檄學,稱先生「超世獨立,學尚實詣」,表其門曰「躬行君子」。是後,當道表閭者甚眾,或曰「理學淵源」,或曰「一代龍門」,或曰「躬超萃類」。先生深恥標榜,有妨闇修,多撤去不存。	孫夏峰聖學錄成黃梨洲著易學象數論,顧亭林山東考古錄成書。 陸桴亭刊思辨錄。 顏習齋始謁刁蒙吉得其所輯斯文正統。
康熙元年 壬寅 36 歲	西元 1662	七月,天水蔡溪巖啟胤年倍於先生,遙肅贄受學。溪巖舉古行高,絕意仕進,弟啟賢司鐸鳌邑,亦賢而慕道,數至先生之廬,溪巖因獲聞先生風範,亟欲北面及門。以二親年皆百歲,不敢離側,乃齋沐遙拜發書,託族弟千里步捧,遙投教下請學。得其條答,必爇香拜受。	孫夏峰書經近指成。 黃梨洲著明夷待訪錄。 七月,顧亭林有天下郡國利病書序。趙執信生。
康熙 2 年 癸卯 37 歲	西元 1663	十月朔,東吳顧寧人來訪,先生與之從容盤桓,上下古今,靡不辯訂。既而歎曰:「堯舜之知,而不偏物,急先物也。吾人當務之急,原自有在,若舍而不務,惟騖精神於上下古今之間,正昔人所謂『拋卻自家無盡藏,沿門持鉢效貧兒』也。」	孫夏峰四書近指刻於大梁。四月,黃梨洲至語溪館於呂晚村家之梅花閣有水生草堂唱和詩,並共選宋詩鈔。黃梨洲明夷待訪錄成。
康熙 3 年 甲辰 38 歲	西元 1664	是年,謝人事。先生本奮自寒微,學無師授。一旦崛起僻壤,孤倡久晦之餘,遠邇乍聞其說,始而譁,既而疑,久之疑者釋,譁者服……不惟士紳忘貴忘年,千里就正,即農工雜技,亦皆仰若祥麟瑞鳳,爭以識面為快。每一他往,行人相與指目聚觀,先生慚赧垂首,進退維谷。歸而終日不怡,以為犯造物之忌,將不知其所終矣。於是斂迹罕出,謝絕應酬。	顧亭林至河南訪孫夏峰。 顏習齋約王法乾訪孫夏峰未果。 錢謙益牧齋卒。

康熙 4 年 乙巳 39 歲	西元 1665	五月，每忽抱恙，初患膈痛，既而暴下。先生傍徨憂虞，延醫療治……夏末小愈，喜躍慶賀。中秋復作，於是徧延名醫，長跽懇療，晝夜掖持，衣不解帶，目不交睫，朝夕率妻泣禱，凡禮拜百餘日，額爲之腫。仲冬十七日，母竟不起，伏抱擗踊悲號，痛不欲生。貧不能斂，駱公爲捐俸置棺。既斂，猶晝夜撫魄嗚咽，久之始釘。	萬充宗季野兄弟受業於黃梨洲。
康熙 5 年 丙午 40 歲	西元 1666	十二月，舉葬。自入斂至是，晝夜未嘗離柩側，每食必呼娘以奉……門外人事盡廢，衒者成讎不恤。是月，招工砌壙，躬親經營，歠粥毀瘠之餘，嘔心勉事，墨摧無復人形。念柩將離家，晝夜悲號，涓滴不納。事竣，頓成骨立。	孫夏峰至內黃講學於明倫堂，舉論語學而時習之義。湯潛菴至夏峰問學。理學宗傳刻於內黃。顧亭林注吳才老韻補正。
康熙 6 年 丁未 41 歲	西元 1667	先生性不喜遊，足未嘗踰邑境。是時因餞駱侯東行，遂登華嶽。	孫夏峰訂家禮酌成。顧亭林南旋始刻音學五書。
康熙 7 年 戊申 42 歲	西元 1668	至蒲城，謁橫渠張子祠，十月七日，抵戶軍里，館於自塾。郡紳李淮安子變等請益踵接。張敦庵長跽受教。李文伯士璜，馬慄若秌、馬仲足逢年等，年倍於先生，咸北面從事，執侍唯謹。鄰邑人士亦聞風爭進。	黃梨洲在角上始有講經會是年始選明文案。王船山編春秋家說成又成春秋世論。吳良樞刻朱子年譜。
康熙 8 年 己酉 43 歲	西元 1669	九月，駱公量移常州，先生祖別於長樂坡，遂遊驪山，浴溫泉，因與同遊發明「洗心藏密」之旨甚悉，乘便東遊太華，張敦庵聞而迎至同州，朝夕親炙，錄其答語爲〈體用全學〉，李文伯錄其答語爲〈讀書次第〉。	張揚園館語水晚村刻二程朱子遺書數十種。顏習齋著存性編，更思古齋曰習齋。
康熙 9 年 庚戌 44 歲	西元 1670	是春，因友人言及時務有感，歎曰：「治亂生於人心，人心不正則致治無由，學術不明則人心不正。故今日急務，莫先於明學術，以提醒天下之人心。」……冬十月既望，赴襄城招魂。……次月初七抵襄，訪太翁原寓主人，求其指引不得，則訪襄人，昔所痤戰亡之骨，繞成偏覓，滴血無從，乃爲文禱於社，晝夜哭不絕聲，淚盡血繼，觀者惻然，邑令張公允中聞而哀之，詢知爲先生，亟郊迎入城，飾館設宴先生以齋戒堅辭，宿於社。	顧亭林初刻日知錄八卷，是年在山東度歲。顏習齋與孫夏峰書論學。馬宛斯繹史付梓。

康熙10年 辛亥 45歲	西元1671	正月……開講於府庠明倫堂及武進邑庠明倫堂會者千人從遊者錄其言爲〈兩庠彙語〉，初二日，吳公偕郝君請先生開講明倫堂，闔邑紳衿咸集，毗陵門人徐超、張瀋生錄其語爲〈錫山語要〉。初四日，彙旃及邑名宿延先生會講於東林書院，超與瀋生錄之爲〈東林會語〉。……初六日秦燈巖松岱同其兄對巖太史邀先生會講於淮海宗祠，敍其答語爲〈梁溪應求錄〉。……十三日，靖江尹鄭公重偕教諭袁君元來迎。是日，宜興官紳擬蕭啟奉迎先生臨其邑講學，而鄭公先至，次日渡江。越二日，會講明倫堂。門人錄其答語爲〈靖江語要〉。	熊青岳欲薦亭林修明史，亭林堅辭之。吳偉業梅村卒。
康熙11年 壬子 46歲	西元1672	是春絕糧，幾不能生。……先生每值困阨，則誦「伯夷、叔齊餓死」並「志士在溝壑」以自振。五月，鍾學憲朗檄縣豎碑母塋，大書賢母彭氏以表墓。	顏習齋與陸桴亭書自述存性學大旨並稱譽桴亭之思辨錄。陸稼書呂晚村始相見，論學甚洽。
康熙12年 癸丑 47歲	西元1673	講學於關中書院……十一月，督撫奉旨促先生起程，先生再三以疾辭。……與論出處之義。	孫夏峰命魏蓮陸輯北學編，湯潛庵輯洛學編成。顧亭林日知錄續錄六卷。
康熙13年 甲寅 48歲	西元1674	四月有旨復徵。……先生以死自矢，督院知不……，賀君麟徵聞而歎曰：「關西夫子，堅臥養疴，正是醫萬世人心之病。移風易俗，力振人紀，有造於世道不淺。」	萬充宗治三禮諸書皆此年後作。張履祥考夫卒。
康熙14年 乙卯 49歲	西元1675	八月初六日，先生挈家避兵富平。是冬，顧寧人書來。……寄書略云：「先生龍德而隱，確乎不拔，真吾道所倚爲長城，同人所望爲山斗者也。今講學之士，其篤信而深造者，惟先生。異日九疇之訪，丹書之受，必有可以贊後王而垂來學者。」	黃梨洲明文案選成後廣爲文海。陸稼書爲嘉定縣裔出處於呂晚村。孫奇逢夏峰卒。
康熙15年 丙辰 50歲	西元1676	四月，張總鎮有疾，回匯同原籍。瀕行，迂道富平別先生。……李太史因篤撰擬山堂記。	黃梨洲再至海昌欲訪陳乾初未果有留別海昌同學序，明儒學案書成。
康熙16年 丁巳 51歲	西元1677	五月既望，遙祭駱公……是冬，顧寧人自山左來訪，因寓軍寨之北，密邇先生，時至臥室盤桓，語必達旦。	黃梨洲序萬充宗學禮質疑。陳乾初卒黃梨洲爲作墓誌銘收南雷餘集。王船山編禮記章句成。

康熙17年 戊午 52歲	西元1678	兵部主政房君廷楨又以「海內真儒」推薦。……先生以疾篤辭……總督……促之愈急，且欲以違旨題參。李太史為先生危甚，涕泣以勸，先生笑曰：「人生終有一死，患不得所耳。今日乃吾死所也！」並滴水不入口者五晝夜，總督知其不可強，十一月……顧寧人詩以誌感。	閻潛邱入都始識王山史，數相往返又交汪鈍翁指正汪之五服考異。
康熙18年 己未 53歲	西元1679	八月八日，西返，十日抵家，十二日謁墓告返、致祭，迎姊就養。先生流寓富平四載，其答人問學之語，門人錄之，名曰〈富平答問〉。	王船山著莊子通李恕各始問學於顏習齋。彭躬庵序顧景范讀史方輿紀要。
康熙19年 庚申 54歲	西元1680	二月，營建母祠。……建正庭三楹，以奉母像，像前置襄城所招太翁魂牌。門房三楹，門內為斗窩棲身。自識云：「人子居親之喪，塗壁令白名曰『堊室』，此亦余之堊室也。……」自是下楗，不復出戶。	黃梨洲自訂南雷文集案授門人萬充宗校鄭禹梅序顧亭林復遊晉，三月著音學五書後序。
康熙20年 辛酉 55歲	西元1681	顧寧人……以書詢先生朱子冠服之製。先生為之圖，詳列其說以貽。	張武承著王學質疑。陸稼書著三魚堂四書大全初稿成。
康熙21年 壬戌 56歲	西元1682	七月，岐山宰茹公儀鳳刻先生〈堊室錄感〉。……十月，鄠縣王爾緝心敬來學。	王船山編說文廣義。顧亭林在曲沃墜馬疾作，次日捐館。顧亭林卒。
康熙22年 癸亥 57歲	西元1683	秋七月，邑宰張公涵擬為先生建書院，先生力卻。	王船山編制義俟解又編噩夢。陸稼書與湯潛庵書論朱陸異同。閻潛邱尚書古文疏證第一卷成。
康熙23年 甲子 58歲	西元1684	是年旱荒，先生家計窮甚，併日而食，玩《易》弗輟。	萬季野為徐健庵輯讀禮通考。呂晚村弟子周在延編晚村之四書語錄。吳漢搓卒。
康熙24年 乙丑 59歲	西元1685	是多，許督學孫莖捐俸梓布先生《四書反身錄》。	王船山編楚詞通釋作周易內傳。徐敬可為高江村撰春秋地名考略。

康熙 25 年 丙寅 60 歲	西元 1686	八月，遣僕訪迎從弟李勔歸。……勔垂 髫時曾從先生授書，遂令溫習舊業。易 曰頤，應試入庠，俾季父無後而有後， 以延季父一綫之脈。	呂晚村門人陳縱編刊 晚村之四書講義。
康熙 26 年 丁卯 61 歲	西元 1687	二月既望，致書許公，勸葺鄠縣橫渠鎮 張橫渠先生祠，公即捐俸百金倡修，規 模煥然改觀。	黃梨洲刊劉子集，閻 潛邱疏證第四卷成 書。 湯斌潛庵卒。
康熙 27 年 戊辰 62 歲	西元 1688	三月，李汝欽來學。先生授以肘後牌， 汝修錄之，名曰〈授受紀要〉。	黃梨洲自訂南雷文 定。閻潛邱尚書古文 疏證第五卷成。
康熙 28 年 己巳 63 歲	西元 1689	春月大疫，老僕李喜病亡。……惠玉虹 大令撫次〈二曲歷年紀略〉止是年。	王船山編識小錄梅定 九入都訪南懷仁。
康熙 29 年 庚午 64 歲	西元 1690	先生生平至友，惠君含真無踰……病 劇，先生例不出戶，遣子代候，旋卒。	王船山編俟解又夕堂 永日緒論內外篇。
康熙 30 年 辛未 65 歲	西元 1691	高爾公造謁……為刊《二曲集》。	馮山公在淮安作淮南 子洪保辨。
康熙 32 年 癸酉 67 歲	西元 1693	《二曲集》刊竣，鄭司寇、高學使各為 之序。	黃梨洲明文海選成又 為明儒學案序。鄭燮 板橋生。
康熙 36 年 丁丑 71 歲	西元 1697	春，無錫倪大令離梧攝邑篆來謁，先生 出示 19 年前所輯〈司牧寶鑑〉，倪即序 而梓行。	閻潛邱為藏玉林序經 義雜記。 胡朏明禹貢錐指二十 卷成又易圖明辨成書 五卷。
康熙 42 年 癸未 77 歲	西元 1703	十月，聖駕西巡。至山西，陝西督撫接 見，即問先生起居。至陝西，欲召 見。……先生以病不能赴，令其子慎言 捧《二曲集》、《四書反身錄》二書，謝 恩於行宮。	四月閻潛邱命子詠進 呈萬壽詩及四書釋 地。
康熙 44 年 乙酉 79 歲	西元 1705	夏四月十五日，先生卒。葬於貞賢里南 先塋之次。	胡朏明詣行在獻平成 頌及禹貢錐指。藏玉 林作四書集解序。

參考書目

一、原典書籍

(一)李二曲著作

1. 清・李顒著，陳俊民點校：《二曲集》，北京：中華書局，1996。
2. 清・王心敬纂，李中孚著：《漢學彙編李二曲全集》，台北：廣文出版社，1980。

(二)李二曲相關年譜、學譜暨傳記

1. 清・吳懷清撰，〔當代〕陳俊民校編：《關中三李年譜》，台北：允晨文化，1992。
2. 清・全祖望：《鮚埼亭集》卷 12〈二曲先生窆石文〉，台北：華世書局，1977。
3. 段忱彥：《孫夏峰（奇逢）學術思想－附：『孫夏峰先生年譜』》，香港：崇文書店，1971。
4. 謝國楨：《孫夏峰李二曲學譜》，台北：臺灣商務印書館，1965。

二、相關史書及學案

1. 明・周汝登：《聖學宗傳》，濟南：山東友誼出版社，1989《孔子文化大全》。
2. 清・孫奇逢：《理學宗傳》，台北：藝文印書館，1969，據《清康熙五年孫氏兼山堂刊本》影印。

3. 清·黃宗羲著，全祖望補修，陳金生、梁運華點校：《宋元學案》，台北：華世出版社，1987。

4. 清·黃宗羲：《明儒學案》，台北：里仁書局，1987。

5. 清·沈佳撰、周駿富輯：《明儒言行錄》明代傳記叢刊·學林類（二冊），台北：明文書局，1991。

6. 清·張烈撰、陸隴敘評：《王學質疑》，台北：廣文書局，1982。

7. 清·徐世昌：《清儒學案》，台北：世界書局，1966。

8. 清·張廷玉等：《明史》，台北：鼎文書局，1975。

9. 清·陳建：《學蔀通辨》，台北：廣文書局，1971。

10. 《仿宋聚珍四部備要書目提要》，台北：中華書局，1965。

11. 容肇祖：《明代思想史》，台北：開明書局，1982。

12. 谷應泰：《明史紀事本末》，台北：中華書局，1977。

13. 孟森：《明代史》，台北：國立編譯館中華叢書編審委員會，1979。

14. 楊向奎：《清儒學案新編》，濟南：齊魯書社，1985。

三、儒學典籍及其註釋

1. 宋·張載：《張載集》，台北：漢京出版社，1983。

2. 宋·程顥、程頤撰：《二程集》，台北：漢京文化事業公司，1983。

3. 宋·朱熹：《朱文公文集》，台北：廣文書局，1972，和刻影印近世漢籍叢刊。

4. 宋·朱熹：《四書集注》，台北：世界書局，1962。

5. 宋·朱熹撰、黎靖德編：《朱子語類》，台北：文津出版社，1986。

6. 宋·陸九淵：《陸九淵集》，台北：里仁書局，1981。

7. 宋·楊簡：《楊氏易傳》，台北：廣文書局，1974。

8. 明·薛瑄：《讀書錄》，台北：廣文書局，1975，和刻影印近世漢籍叢刊，據日本享保七年和刻本影印。

9. 明·薛瑄：《讀書續錄》，台北：廣文書局，1975，和刻影印近世漢籍叢刊，據日本享保七年和刻本影印。

10.明・吳與弼：《康齋集》，景印文淵閣四庫全書。

11.明・吳與弼：《康齋先生日錄》，台北：廣文書局，1975，和刻影印近世漢籍叢刊。

12.明・胡居仁：《胡文敬文集》，景印文淵閣四庫全書。

13.明・胡居仁：《居業錄》，台北：廣文書局，1975，據日本江戶年間和刻本影本。

14.明・陳獻章著，孫海通點校：《陳獻章集》，北京：中華書局，1997。

15.明・陳獻章：《白沙子全集》，台北：臺灣商務印書館，1973。

16.明・湛若水：《甘泉文集》，清康熙刊本。

17.明・王陽明，葉紹鈞點註：《傳習錄》，台北：臺灣商務印書館，1994。

18.明・王守仁：《王陽明全集》，台北：河洛出版社，1978。

19.明・王守仁，陳榮捷評註：《王陽明傳習錄詳註集評》，台北：臺灣學生，1992。

20.明・王艮：《王心齋全集》，台北：廣文書局，1987。

21.明・王畿：《王龍溪全集》，台北：華文書局，1970。

22.明・王龍谿：《龍谿王先生全集》，台北：廣文書局，1975，和刻影印漢籍叢刊，據日本江戶年間和刻本影印。

23.明・王龍溪：《王龍溪語錄》，台北：廣文書局，1986。

24.明・羅欽順著，閻韜點校：《困知記》，北京：中華書局，1990。

25.明・呂柟撰，趙瑞民點校：《涇野子內篇》，北京：中華書局，1992。

26.明・馮少墟：《少墟集》。

27.明・唐荆川：《荆川先生文集》，台北：臺灣商務印書館，四部叢刊正編。

28.明・顧憲成：《小心齋劄記》，四川：四川人民出版社，1998《諸子集成續編(六)》，《顧端文公遺書本》。

29.明・高攀龍：《高子會語》，四川：四川人民出版社，1998《諸子集成續編(六)》，《文淵閣四庫全書本》。

30.明・劉宗周：《劉子遺書》，四川：四川人民出版社，1998《諸子集成續編(六)》，《文淵閣四庫全書本》。

31.孫希旦：《禮記集解》(下)，(台北：文史哲出版社，1990)。

32.楊家駱主編《日知錄集釋》(上、下)，台北：世界書局，1996。

四、道家及佛學原典

1.李耳：《老子》，台北：中華書局，1984。
2.莊周：《莊子》，台北：世界書局，1987。
3.清・郭慶藩：《莊子集釋》，台北：貫雅文化出版社，1991。
4.《卍續藏經》，中國佛教會影印卍續藏經會印行。
5.唐・法海集：《南宗頓教最上乘摩訶般若波羅蜜經六祖惠能大師於韶州大梵寺施法壇經》，《大正藏》卷 48，台北：中華佛教文化館影印，1956，4。
6.唐・惠能註《金剛般若波羅蜜經》，台北：財團法人佛陀教育基金會，1994。

五、現代學術著作

(一)專書研究（依作者姓名筆劃排序）：

中文部分：
1.王孺松：《李顒》，台北：臺灣商務印書館，1999。收於台灣商務印書館《中國歷代思想家》更新版，第十五冊，頁 105-229。
2.林繼平：《李二曲研究》，台北：臺灣商務印書館，1980。

西文部分：
1. Anne D Birdwhistell：*Li Yong（1627-1705） and Epistemological Dimension of Confucian Philosophy*, Stanford, California, Standford University Press, 1996。

(二)相關研究（依作者姓名筆劃排序）：

1.于化民：《明中晚期理學的對峙與合流》，台北：文津出版社，1993。
2.王茂等：《清代哲學》，安徽：人民出版社，1992。

3. 王煜：《新儒學的轉變—宋代以後儒學的純與雜》，香港：中文大學出版社，1990。

4. 古清美：《明代理學論文集》，台北：大安出版社，1990。

5. 牟宗三：《心體與性體》（三），台北：正中書局，1995。

6. 牟宗三：《從陸象山到劉蕺山》，台北：臺灣學生書局，1993。

7. 朱葵菊：《中國歷代思想史》（清代卷），台北：臺灣學生書局，1993，。

8. 朱榮貴：《全體大用之學：朱子學論文集》，台北：臺灣學生書局，2002。

9. 余英時：《中國思想傳統的現代詮釋》，台北：聯經出版社，1987。

10. 余英時：《中國歷史轉型期的知識份子》，台北：聯經出版社，1992。

11. 余書麟：《中國儒家心理思想史》（下），台北：心理出版社，1994。

12. 李紀祥：《明末清初儒學之發展》，台北：文津出版社，1992。

13. 何冠彪：《明清人物與著述》，台北：臺灣商務印書館，1996。

14. 周志文：《晚明學術與知識分子論叢》，台北：大安出版社，1999。

15. 苗潤田：《中國儒學史‧明清卷》，廣州：廣東教育出版社，1998。

16. 林聰舜：《明清之際儒家思想的變遷與發展》，台北：臺灣學生書局，1990。

17. 林繼平：《明學探微》，台北：臺灣商務印書館，1996。

18. 侯外廬等主編：《宋明理學史下卷》，北京：人民出版社，1997。

19. 姜廣輝：《走出理學－清代思想發展的內在理路》，沈陽：遼寧教育出版社，1997。

20. 姜國柱：《中國歷代思想史》（宋元卷），台北：文津出版社，1993。

21. 高全喜：《理心之間—朱熹和陸九淵之間》，北京：三聯出版社，1992。

22. 陶清：《明遺民九大家哲學思想研究》，台北：洪葉文化出版社，1997。

23. 容肇祖：《中國歷代思想史》（明代卷），台北：文津出版社，1993。

24. 張立文：《中國哲學範疇發展史－天道篇》，台北：五南圖書，1996。

25. 張立文：《宋明理學研究》，北京：中國人民大學出版社，1985。

26. 張立文：《宋明理學邏輯結構的演化》，台北：萬卷樓圖書公司，1993。

27. 張學智：《明代哲學史》，北京：北京大學出版社，2000。

28.淡江大學歷史系編：《晚明思潮與社會變動》，台北：弘化出版社，1987。

29.麥仲貴：《王門諸子致良知學之發展》，香港：中文大學出版社，1973。

30.麥仲貴：《明清儒家學著述生卒年表》，台北：臺灣學生書局，1977。

31.陳來：《朱熹哲學研究》，台北：文津出版社，1990。

32.陳來：《有無之境－王陽明哲學的精神》，台北：佛光出版社，2000。

33.陳俊民：《張載哲學與關學學派》，台北：臺灣學生書局，1990。

34.陳祖武：《清初學術思辨錄》，河北：中國社會科學出版社，1992。

35.陳福濱：《倫理與中國文化》，台北：輔仁大學出版社，1998。

36.陳福濱：《晚明理學思想通論》，台北：環球書局，1983。

37.陳鼓應、辛冠洁、葛榮晉主編：《明清實學簡史》，北京：社會科學文獻出版社，1994。

38.陳榮捷：《宋明理學之概念與歷史》，台北：中研院文哲所，1996。

39.梁啓超：《清代學術概論》，台北：臺灣商務印書館，1994。

40.梁啓超：《中國近三百年學術史》，台北：華正書局，1989。

41.梁啓超：《中國學術思想變遷之大勢》，台北：中華書局，1971。

42.黃公偉：《宋明清理學體系論史》，台北：幼獅書店，1971。

43.黃秀政：《顧炎武與清初經世學風》，台北：臺灣商務印書館，1987。

44.曾春海：《陸象山》，台北：東大圖書公司，1988。

45.曾錦坤：《儒佛異同與儒佛交涉》，台北：谷風出版社，1990。

46.彭勝權主編：《中醫師手冊》，台北：百川書局，1991。

47.蒙培元：《理學的演變—從朱熹到王夫之戴震》，台北：文津出版社，1990。

48.蒙培元：《理學範疇系統》，北京：人民出版社，1998。

49.喬清舉：《湛若水哲學思想研究》，台北：文津出版社，1993。

50.楊國榮：《心學之思—王陽明哲學的闡釋》，北京：三聯書店，1997。

51.詹雲海：《清初學術研討會論文集》，台北：文津出版社，1992。

52.稽文甫：《左派王學》，台北：國文天地，1990。

53.稽文甫：《晚明思想史論》，北京：東方出版社，1996。

54.鄭宗義：《明清儒學轉型探析－從劉蕺山到戴東原》，香港：中文大

學出版社，2000。

55.劉宗賢：《陸王心學研究》，濟南：山東人民出版社，1997。

56.劉述先：《朱子哲學思想的發展與完成》，台北：臺灣學生書局，1984。

57.劉蔚華、趙宗正主編：《中國儒家學術思想史》，濟南：山東教育出版社，1996。

58.錢穆：《中國近三百年學術史》，台北：臺灣商務印書館，1968。

59.錢穆：《宋明理學概述》，台北：臺灣學生書局，1984。

60.鍾彩鈞：《王陽明思想之進展》，台北：文史哲出版社，1993。

61.蕭蓮叔、許蘇民：《明清啓蒙學術流變》，瀋陽：遼寧教育出版社，1995。

62.謝祥皓、劉宗賢：《中國儒學》，四川：人民出版社，1994。

63.羅光：《中國哲學思想史》（宋元卷），台北：臺灣學生書局，1988。

64.羅光：《中國哲學思想史》（清代篇），台北：臺灣學生書局，1988。

65.龔鵬程：《晚明思潮》，台北：里仁書局，1994。

六、期刊論文

(一)專文研究(依撰者姓名筆劃排序)：

1.孔令興：〈李二曲的思想及其現代價值〉，《唐都學刊》第 13 卷第 4 期（1997），頁 68-72。

2.王茂：〈倡導理性獨立與精神自由的李顒〉，收於王茂、蔣國保、余秉頤、陶清：《清代哲學》人民出版社，1992，頁 448-462。

3.王煜：〈評：李顒與儒學知識論〔〈 Li Yong and Epistemological Dimensions of Confucian Philosophy 〉Anne D Birdwhistell 著 〕〉，《哲學雜誌》（1997），頁 226-233。

4.方慶雲：〈李二曲的讀書論〉，《逢甲中文學報》（1991，11），頁 187-192。

5.朱康有：〈李二曲心性實學發微〉，《晉陽學刊》第 4 期（2000），頁

30-36。

6. 李澤驚、李育生：〈論李顒對認識論及知識論的貢獻〉,《青海師專學報》（1999，1），頁 33-36。

7. 吳自甦：〈書刊評介—林著《李二曲研究》評介〉,《中華民國哲學會年刊》第 1 期（1981，12），頁 148-157。

8. 林繼平：〈從李二曲成學經歷再究宋明理學真相〉,《中華文化復興月刊》第 7 卷第 1 期（1974，1），頁 3-10。

9. 林繼平：〈從李二曲成學經歷看內聖學的形成〉,《鵝湖月刊》第 7 卷 2 期（1981，8），頁 21-26。

10. 林繼平：〈李二學的志抱與著作〉,《陝西文獻》第 58 期（1985，2），頁 6-13。

11. 林繼平：〈李二學成學的全部經歷(上)〉,《陝西文獻》第 61 期（1985，11），頁 16-31。

12. 林繼平：〈李二學成學的全部經歷(中)〉,《陝西文獻》第 62 期（1986，1），頁 22-34。

13. 林繼平：〈李二學成學的全部經歷(2 續)〉,《陝西文獻》第 63 期（1986，5），頁 27-37。

14. 林繼平：〈李二學成學的全部經歷(3 續完)〉,《陝西文獻》第 64 期（1986，8），頁 8-20。

15. 林繼平：〈中華文化的新出路—自「李二曲研究談起」〉,《陝西文獻》第 49 期（1982，4），頁 2-9。

16. 林繼平：〈李二曲(李顒)的生平及其完人思想〉,《中央月刊》第 9 卷第 7 期（1977，5），頁 114-119。

17. 姜國柱：〈李二曲的人身修養論〉,《咸陽師範專科學校學報》第 15 卷第 4 期（2000），頁 48-53。

18. 姜國柱：〈李二曲的哲學思想〉,《咸陽師範專科學校學報》第 16 卷第 1 期（2001，2），頁 44-48。

19. 孫萌：〈「李二曲及明末清初學術思潮」研討會綜述〉,《唐都學刊》第 13 卷第 2 期（1997），頁 37-40。

20. 孫萌：〈李二曲「悔過自新」的基本內涵〉,《蘭州大學學報》第 29

第 3 期（2001），頁 20-25。

21.陳俊民：〈李顒其人其學與其書－《二曲集》點校整理弁言〉，《中國哲學研究論集》（台北：臺灣商務，1994），頁 137-152。

22.許春雄：〈李二曲研究（上）〉，《臺北商專學報》第 1 期，頁 370-400。

23.許春雄：〈李二曲研究（下）〉，《臺北商專學報》第 2 期，頁 362-395。

24.陳祖武：〈李二曲思想研究〉，《淡江史學》第 5 期（1993，6），頁 185-202。

25.趙吉惠：〈論李二曲堅持實學方向，重建清代儒學〉，《開封大學學刊》第 12 第 4 期（1998，12），頁 65-70。

26.趙馥洁：〈論李二曲建立價值主體的思想〉，《人文雜誌》第 1 期（1997），頁 24-29。

27.劉滌凡：〈李二曲體用思想發微〉，《孔孟月刊》第 32 卷第 6 期（1994，2），頁 40-50。

28.劉學智：〈心學義趣 關學學風－李二曲思想特徵略析〉，《孔子研究》第 2 期（1997），頁 99-114。

29.鍾彩鈞：〈李二曲思想概說〉，《陝西文獻》第 41 期（1980，4），頁 5-10。

30.鍾彩鈞：〈李二曲(顒)思想概說〉，《孔孟月刊》第 18 卷第 3 期（1979，11），頁 16-19。

31.魏文青：〈李顒早期啓蒙思想簡論〉，《山西大學學報》（1997，2），頁 26-31。

32.謝丰泰：〈李二曲與天水學者的交往及影響〉，《天水師範學院學報》第 20 卷第 4 期（2000，12），頁 42-43。

33.龔杰：〈簡論實學家李顒〉，《西北大學學報》第 28 卷（1998，2），頁 29-32。

（二）相關研究(依撰者姓名筆劃排序)：

1.王汎森：〈「心即理」說的動搖與明末清初學風之轉變〉，收於《中央研究院歷史語言研究所集刊》第 65 本第 2 分（1994，6），頁 333-373。

2.方祖猷：〈實學思潮和人文主義思潮－論晚明的虛實之辨〉，《中

哲學》第 16 期（1993，9），頁 80-96。

3.王家儉：〈晚明的實學思潮〉，《漢學研究》第 7 卷第 2 期（1989，12），頁 279-300。

4.石錦：〈略論明代中晚期經世思想的特質〉，《中國歷史學會史學集刊》第 4 期（1972），頁 203-219。

5.包遵信：〈王學的崛起和晚明社會思潮〉，《踱步集》（成都：四川人民出版社，1986），頁 277-310。

6.李伏明：〈論陽明心學的內在矛盾與江右王門心學的發展〉，《吉安師專學報》（1995,2），頁 25-35。

7.姜廣輝：〈理學與人文精神的重建－理學意義追詢〉，《天津社會科學》（1997，3），頁 87-92。

8.姜廣輝：〈「實學」概念的歷史內涵〉，《中國哲學》第 16 輯（1993，9），頁 9-34。

9.陳寒鳴：〈明代中葉以後的平民儒學與「異端」運動〉，《浙江學刊》（1993，4），頁 53-56。

10.張麗珠：〈理學在清初的沒落過程〉，《國文學誌》（2000），頁 99-117。

11.張永儁：〈朱熹哲學思想之「方法」及其實際運用〉，《國際朱子學會議論文集》（中央研究院中國文哲所籌備處，1993），頁 341-371。

12.張永儁：〈清代哲學思想的歷史轉折及其發展〉，（第 11 屆國際中國哲學會議：「跨世紀的中國哲學：總結與展望」國際學術研討會，1999，7，25-29），頁 1-55。

13.陳寶良：〈論晚明實心任事的精神〉，《社會科學研究》（1993，1），頁 77-83。

14.張顯清：〈明代社會思想和學風的演變〉，《中國哲學史研究》（1986，2），頁 62-70。

15.張顯清：〈晚明心學的沒落與實學思潮的興起〉，《明史研究論叢》第一輯（江蘇人民出版社，1982，4），頁 307-337。

16.張灝：〈宋明以來儒家經世思想試釋〉，《近世中國經世思想研討會

論文集》（台北：中央研究院近代史研究所編印，1984，4），頁3-19。

17. 黃仁宇：〈晚明：一個停滯但注重內省的時代〉，《中國大歷史》（台北：聯經出版社，1993），頁 229-250。

18. 程潮：〈儒家「內聖外王」的源流及內涵新探〉，《嘉應大學學報》（1997，2），頁 5-9。

19. 溝口雄三，〈論明末清初時期在思想上演變的意義〉，《日本學者論中國哲學史》（台北：駱駝出版社，1987），頁 427-474。

20. 楊國榮，〈人我之間：成己與無我－論王陽明對主體關係思考〉，《中州學刊》（1996，5），頁 71-77。

21. 楊國榮：〈晚明心學的衍化〉，《孔孟學報》第 75 期（1998），頁 115-133。

22. 楊國榮：〈從現成良知說看王學的衍化〉，《哲學與文化》第 17 卷第 7 期（1990），頁 595-604。

23. 劉輝平，〈王陽明心學與明清之際早期啓蒙思潮〉，《中州學刊》（1994，2），頁 70-74。

24. 謝祥皓，〈略論中國儒學發展的基本脈絡〉，《理論學刊》（1996，1），頁 51-56。

25. 龔鵬程：〈羅近溪與晚明王學之發展〉，《中正大學學報》人文分冊第 5 卷第 1 期（1994），頁 237-266。